Ina Merkel (Hg.)

»Wir sind doch nicht die Meckerecke der Nation«

Briefe an das Fernsehen der DDR

Mit einer Einführung von Ina Merkel und Felix Mühlberg

W0044732

Schwarzkopf & Schwarzkopf

Lieber Herr Kaspar?

Bei uns in Burg hat die Stadträtin im Wohnungsamt
Wohnungen verkauft. Für Westgeld!
Man hat sie abgesetzt. Nun will sie zur KWV.
Dann werden wieder nur Reparaturen gemacht wer Geld hat.
Kümmern Sie sich mal darum!!
Sie halten das unter Kontrolle!

Einer für Viele!
Danke

000023

~~0400~~

INHALTSVERZEICHNIS

VORWORT ZUR 2. AUFLAGE

Zu Beginn der 90er Jahre stieß ich bei Recherchen im Deutschen Rundfunkarchiv auf den ungewöhnlichen Aktentitel: »Zeitgeist-Sammlung«. Dahinter verbargen sich mehrere Aktenordner mit Zuschauerbriefen aus den 80er Jahren. Die Mitarbeiter des Briefbüros der Prisma-Redaktion hatten jeweils 150 exemplarische Zuschriften jeden Jahres, das waren etwa 5% aller Posteingänge, aufgehoben. Normalerweise wurden Briefe dieser Art nach spätestens fünf Jahren vernichtet. Offenbar waren sie sich des Wertes der in den Briefen gegebenen Schilderungen bewußt und behandelten sie deshalb als »Archivgut ..., ... (das) den Zeitgeist repräsentiere(n), der in der historischen Forschung über den Entwicklungsstand der Probleme und den Bewußtseinsstand der Bevölkerung Aufschluß geben kann.«[1] Diese Sammlung ist ein Glücksumstand für Sozial- und Kulturhistoriker/innen, finden sich hier doch zeitgenössische Beschreibungen des Alltagslebens, die man so weder in publizierten Texten finden, noch durch heutige Befragungen rekonstruieren kann.

Viele Briefe haben den Charakter von Eingaben, hier werden Umstände und Verhältnisse kritisiert und Forderungen erhoben. Die für diesen Band ausgewählten Briefe wurden chronologisch nach den folgenden Sachgebieten sortiert: Wohnen, Arbeiten, Konsum und Umwelt/Landschaft/Lebenswelt. Die Reihenfolge spiegelt nicht die quantitativen Dimensionen wider, sondern versucht, für jedes Sachgebiet die Vielfalt der Probleme abzubilden.

Besonders dramatisch stellen sich die Wohnungseingaben dar. Hier spielten sich offenbar regelrechte menschliche Tragödien ab. Das Wohnungsbauprogramm der 70er und 80er Jahre führte gleichzeitig zu einem forcierten Verfall der Altbausubstanz. Erst aus diesen Schilderungen läßt sich im Nachhinein der Wert einer Neubauwohnung ermessen, die heute mit verächtlichen Begriffen wie »Arbeiterschließfach« zu unrecht denunziert wird. Plattenbau war auch in der DDR sozialer Wohnungsbau, wie wir ihn in allen westlichen Industrienationen finden.

Die Schilderungen der Arbeitsbedingungen sollen den Leser/ innen einen Zugang zum Verständnis der Arbeitswelt eröffnen. Hier fällt besonders ins Gewicht, daß die Gegenseite, das geruhsame und oftmals auch schlampige Arbeiten, das den Arbeitsalltag in der DDR so gemütlich machte, nicht dargestellt wird. Es fehlen die Brigadefeiern und die sonstigen kleinen Annehmlichkeiten wie das Abzweigen von Werkzeug und Material für private Zwecke. Dennoch wird der kollektive und solidarische Geist deutlich, der in den Brigaden herrschte, wie auch das hierarchische Verhältnis zu Abteilungsleitern und Betriebsdirektoren.

Die unter dem Stichwort Konsum versammelten Briefe sind wohl die amüsantesten der Sammlung. Die hier erzählten humorigen Geschichten lassen die DDR plastisch wiederauferstehen. Unter den Stichworten Umwelt/Landschaft/Lebenswelt wurden Äußerungen über den Umweltschutz, das Verkommen von Landschaften, historischen Gebäuden und die Verschwendung von Wasser, Lebensmitteln und Energie gesammelt. Diese Zuschriften zeugen vom Gemeinsinn seiner Schreiber/innen.

Die Namen der Briefeschreiber wurden anonymisiert, bei kleinen Orten auch die Ortsnamen. Die Schreibweise wurde im Original belassen. Es wurden keine Korrekturen der Rechtschreibung und Grammatik vorgenommen, um den persönlichen Stil nicht zu verfälschen. Einige anonyme Zuschriften, sowie Briefe von geistig überforderten Menschen wurden in die Sammlung aufgenommen, obwohl sie nicht repräsentativ sind, weil sie das Bild der Briefeschreiber wirkungsvoll erweitern. Es gibt geübte Eingabenschreiber und solche, die es zum ersten Mal tun. Manche schreiben aus spontaner Empörung, bei anderen hat sich der Unmut schon seit längerer Zeit angesammelt. Es gibt penetrante Egoisten unter ihnen und unverbesserliche Idealisten. Kurz, man kann aus diesen Briefen etwas über die individuelle Vielfalt von Lebensstilen und Lebensweisen erfahren. Der Sammlung wurden einige einführende Bemerkungen zum Charakter von Eingaben und zur Funktion der Briefe für ein öffentliches Medium wie das Fernsehen vorangestellt.

Es sei an dieser Stelle sehr herzlich der Stiftung Deutsches Rundfunkarchiv, wo die Briefe lagern, für die großzügige Unterstützung bei der Recherche und Veröffentlichung gedankt. Mein persönlicher Dank gilt Herrn Dr. Fischer, dem Leiter der Historischen Sammlung, Frau Schacher, der Leiterin des Bildarchivs, Herrn Teige, dem Leiter der Außenstelle Berlin und last but not least Herrn Dr. Leonhardt, dem Chef der Stiftung Deutsches Rundfunkarchiv.

Oliver Schwarzkopf ist es zu danken, daß diese Sammlung nunmehr in einer erweiterten Auflage als Taschenbuch erscheinen kann. Es wurden viele Einzelbriefe hinzugefügt, so daß die vorliegende Edition nunmehr 160 Briefe enthält, darunter eine ganze Reihe kompletter Vorgänge bis zur Sendung. Dabei entstanden zwei neue Kapitel, eines mit Briefen aus den Anfangsjahren des Fernsehens und ein zweites, in dem die Kritik der Zuschauer an der Sendung Prisma dokumentiert wird. Zum besseren Verständnis der DDR-Alltagssprache werden am Ende in einem Glossar die häufigsten Abkürzungen erklärt. Einige Kürzel waren auch mir nicht geläufig und harren weiter der Aufklärung durch die geneigte Leserschaft.

Ina Merkel

Ina Merkel • Felix Mühlberg

EINGABEN UND ÖFFENTLICHKEIT

Je länger das Ende der DDR zurückliegt, desto problematischer erscheint die Erinnerung an das damalige Leben. Anekdoten und persönliche Geschichten machen die Runde. Die DDR hat auf so viele verschiedene Weisen existiert, wie sie erinnert wird. Diese Erinnerungen an das Leben in der DDR sind jedoch mittlerweile durch die Ereignisse der Wendezeit und die nachfolgenden Erfahrungen mit dem Transformationsprozeß stark überformt. Die Dominanz des westdeutschen Blicks in Politik, Wirtschaft und Medien und die nahezu vollständige Entwertung ostdeutscher Biographien und Lebenswelten haben eine Polarisierung zwischen Ost und West befördert. Überwiegen im Westen abwertende und stark vom eigenen Überlegenheitsgefühl getragene Umgangsformen mit der Vergangenheit, so hat sich im Osten eine Haltung herausgebildet, die gern mit dem Begriff Ostalgie beschrieben wird.

Nach einer kurzen euphorischen Feier über die möglich gewordenen Reformen in der DDR wurden Ostler bald als »verhunzt und verzwergt« (Arnulf Baring) denunziert. Dahinter steht die simplifizierende Annahme, daß sich der paternalistische Versorgungsanspruch des sozialistischen Staates, sein repressiv ideologischer Erziehungsimpetus und der real vorhandene Mangel am Überfluß direkt in mentalen Eigenarten wie Obrigkeitshörigkeit und Konsumgier niedergeschlagen hätten. In letzter Zeit wird immer deutlicher, daß solche Erklärungsmuster zu kurz gegriffen sind, weil sich die Deutungen aus Klischees herleiten, die nicht weiter hinterfragt worden sind. In der Mehrzahl zielen sie dann am Lebensgefühl der Ostdeutschen vorbei.

In keiner Gesellschaft setzen sich die staatlichen Absichten oder die ökonomischen Verhältnisse unmittelbar in individuelles Verhalten um. Individuen agieren immer alltagspragmatisch. Das heißt nicht nur, daß sie sich mit den Verhältnisse arrangieren und sich anpassen, sondern auch, daß es wirkliche, echte Konsenspunkte – z.B.

über Eigentumsverhältnisse, gerechte Verteilung knapper Güter, So-
zialhilfe usw. – und echte Konflikte und Widersprüche gibt, die auch
artikuliert und ausgetragen werden. Worin solche Konsenspunkte
bzw. Widersprüche/Konfliktpotentiale in der DDR bestanden, ist eine lohnenswerte Forschungsfrage. Die von der westdeutschen Forschung geprägten Begrifflichkeiten wie »Nischengesellschaft« oder
»Unrechtsstaat« erweisen sich zunehmend als ungeeignet, wenn man
erklären will, wie es zu dem Beginn einer Umgestaltung des Systems
von innen heraus, durch Massenproteste und Massenexodus, gekommen ist. Inwiefern ist das auf die besonderen gesellschaftliche
Bedingungen in der DDR zurückzuführen? Ist es dank oder trotz
spezifischer mentaler Besonderheiten der DDR-Bürger dazu gekommen?

In diesem Zusammenhang verdient das Ostalgiephänomen eine
genauere Betrachtung. Abgesehen davon, daß nostalgische Bedürfnisse, der sehnsuchtsvolle Rückblick auf Vergangenes, zu den nor-
malsten menschlichen Regungen gehörten, stellt sich das Ostalgiephänomen bei genauerem Hinsehen als mehr dar, als nur ein ver-
klärender Blick unter dem Motto »Es war nicht alles schlecht«. Sieht
man sich die Ostrockparties mit den »Easty Girls«, Ostproduktelä-
den wie »Zurück in die Zukunft« oder »Mondos-Arts«, die auf ostig
gemachten Szenekneipen wie »Tagung«, »Mauerblümchen«, »Ver-
kehrsberuhigte Ostzone« und von unten initiierte Musealisierungs-
ansätze wie »Wunderwirtschaft«[2] näher an, so fällt schon im Namen
der ironische Umgang nicht nur mit den Symbolen der politischen
Kultur, sondern auch mit der Alltagswelt auf. Ein anderes Moment
ist das Spielen mit Negativklischees: »Ich bin ein arbeitsscheuer Ostler, und das ist mir nicht peinlich«, singt beispielsweise die Rock-
gruppe »Fluchtweg«. Der selbstironische Umgang mit der eigenen
Vergangenheit scheint eine typische Verarbeitungsweise zu sein. Die
Ironie ermöglicht es, zu der Vergangenheit in Distanz zu gehen und
ihr dennoch emotional verbunden zu bleiben. Selbstironie, Galgenhumor, Sarkasmus und teilweise Zynismus bestimmen auch den
Grundton vieler der hier ausgewählten Briefe. Es spricht einiges
dafür, sie als mentale Besonderheit von DDR-Bürgern zu deuten.

LESERBRIEFE UND EINGABEN ALS QUELLE

Im Gewahrwerden enormer kultureller Wissensdefizite entdecken neuerdings nicht nur Werbefachleute und Politiker, sondern auch Zeithistoriker und Politologen die DDR-Alltagsgeschichte. Doch die Quellenlage für einen solchen Zugang zur Geschichte ist problematisch. Nachträgliche Befragungen von Zeitzeugen erweisen sich, je mehr Zeit vergeht, als um so fragmentarischer, wird doch die Erinnerung durch die Wendeerfahrungen und die heutigen Wertungen stark verzerrt und segmentiert. Zeitgenössische Tagebücher, Briefe und andere persönliche Aufzeichnungen sind bislang nur schwer zugänglich und müssen erst mühsam gesammelt und zusammengetragen werden. Archive überliefern in der Regel die Hinterlassenschaften der Bürokratie und nicht die des Alltags der Individuen. Und auch die hier vorgestellte Quelle, Briefe an das Fernsehen der DDR, sind quellenkritisch zu lesen. Diese Briefe lassen sich einordnen in das sehr umfangreiche Konvolut von Eingaben, d.h. Briefen von Bürger/innen aller Generationen und Schichten der Bevölkerung, die sowohl an die jeweiligen Staatsoberhäupter, an den Präsidenten, den Staatsratsvorsitzenden und schließlich den Generalsekretär der SED, als auch an kommunale Behörden geschrieben wurden.

Was diese Quelle so interessant macht, ist, daß in die Schilderung des jeweiligen Vorfalls, der Anlaß für den Brief war, sich dann – fast schon ethnographischen Tagebüchern gleich – alltägliche Geschichten der Eingabenschreiber einbetten. Diese Schilderungen sind faktenreich. Zugleich ist zu bedenken, daß sich die Schreiber in der Regel einer ausgewählten Rhetorik bedienten, um angehört zu werden und erfolgreich zu sein. Insofern gibt die hier vorgestellte Quelle sowohl Aufschlüsse über Themen und Inhalte als auch über Stile, Haltungen und individuelle Strategien. Es scheinen Konfliktpotentiale auf und auch individuelle Handlungsmöglichkeiten bzw. -grenzen. Den nicht in erster Linie wissenschaftlich interessierten Lesern verschaffen die Briefe einen unverfälschten Eindruck von Stimmungslagen und Befindlichkeiten zu DDR-Zeiten. Wie keine andere Quelle dieser Zeit enthalten sie Informationen zum erfahrungs-

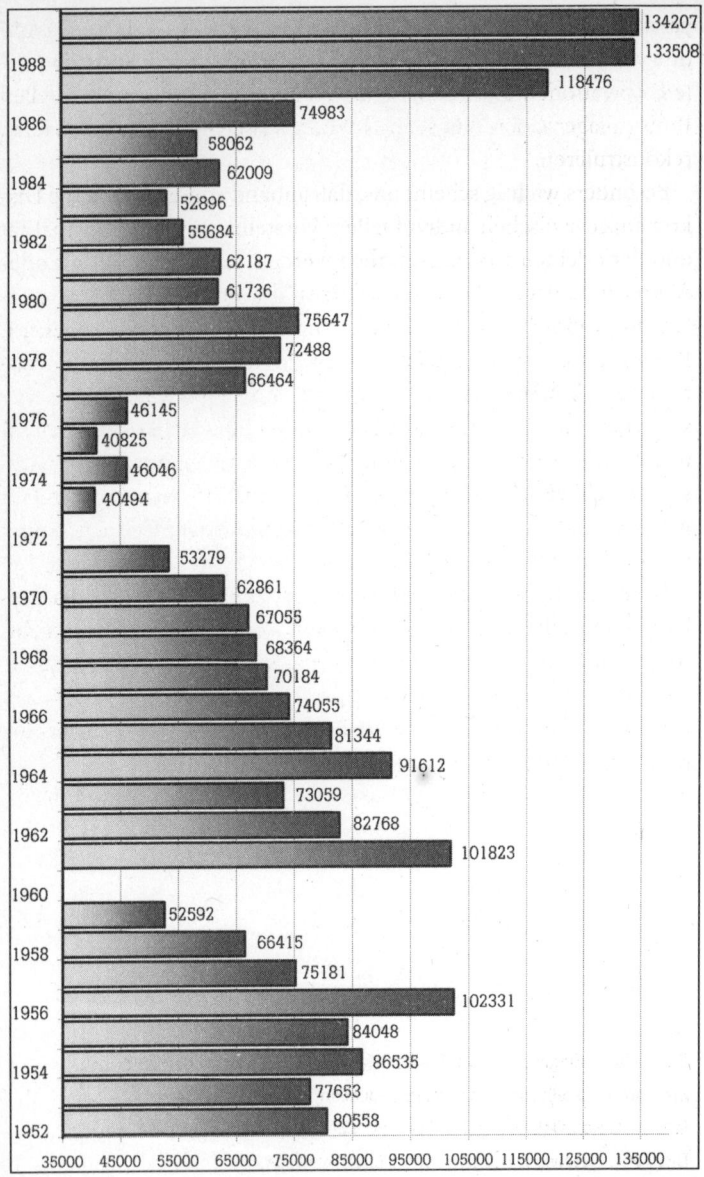

geschichtlichen Kontext des Alltagslebens. Konsumverhalten, Wohnungssituation, soziales Verhalten, Konflikte mit dem Staat, mentale Dispositionen und historische Veränderungen von individuellen Problemlagen oder Wünschen u.v.a.m. lassen sich aus den Briefen rekonstruieren.

Besonders wichtig scheint uns, daß anhand von Eingaben die Diskrepanzen zwischen individuellen Vorstellungen von Normalität und der erlebten Umwelt deutlich werden. Identifikation mit oder Abgrenzung gegen die Gesellschaft sind zwei weitere Aspekte erfahrungsweltlicher Wahrnehmung, die in den Eingaben erscheinen. Problematisch ist diese Quelle insofern, als hier nicht die Alltagsroutinen, sondern ausschließlich die Störungen des Alltags beschrieben wurden. Bedenken muß man auch ein hohes Maß an strategisch eingesetzter Rhetorik und an Übertreibung mißlicher Zustände, schließlich sollte mit den Briefen eine Veränderung erreicht werden. Solche Einlassungen müssen als sprachliche Codes gedeutet und dechiffriert werden.

Die hier ausgewählten Briefe stehen exemplarisch für eine massenhafte kulturelle Praxis – das Eingabenschreiben. Man ist versucht, sogar von einer regelrechten Eingabenkultur zu sprechen. Nie zuvor hat und wird wahrscheinlich auch nie wieder eine deutsche Regierung so viel Post erhalten wie der Präsident der DDR und später die jeweiligen Staatsratsvorsitzenden.

Summe aller Eingaben an den Präsidenten bzw. den Staatsrat der DDR
Zusammengestellt aus verschiedenen Quellen, vgl. Felix Mühlberg,
Informelle Konfliktbewältigung. Zur Geschichte der Eingabe der DDR,
Diss., Philosophische Fakultät der TU Chemnitz 1999.

KONFLIKTREGULIERUNG IN DEN GRENZEN DES SYSTEMS

Die Eingabe, wie sie in der DDR als »unvollkommener Rechtsbehelf« (aber durch ihre gesetzliche Verankerung mit der Gewalt eines Rechtsmittels behaftet) praktiziert wurde, ist einmalig für die deutsche Rechtsgeschichte. Bereits die Frankfurter Reichsverfassung von 1849 und die Weimarer Reichsverfassung sprachen zwar jedem Deutschen das Recht zu, sich schriftlich mit Bitten oder Beschwerden an die Behörden, an die Volksvertretungen und an den Reichstag zu wenden. Jedoch räumte erstmals der Eingabenerlaß von 1953 dem Petenten sowohl gegenüber der Legislative, als auch gegenüber der Exekutive das gesetzlich garantierte Recht auf Antwort innerhalb einer bestimmter Frist ein.

Die Eingabe läßt sich historisch im wesentlichen auf zwei Elemente deutscher Rechtspflege zurückführen. Das ist zum einen die Verwaltungsbeschwerde, die es ermöglicht, ohne förmliche Rechtsmittel Interessen und Ansprüche gegenüber der Verwaltung zu artikulieren. Zum anderen ist es die Bittschrift, die ursprünglich an den Landesfürsten gerichtet und im Verlaufe des 19. Jahrhunderts zu einem politischen Instrument der Legislative wurde. Nunmehr empfahlen sich die Abgeordneten als Petitionsadresse.

Nach dem Ende des zweiten Weltkrieges entwickelte sich auf dem Gebiet der SBZ in kurzer Zeit eine umfangreiche Beschwerdepraxis, sowohl an die Landesparlamente als auch die Einrichtungen der Exekutive. Einen Höhepunkt erreichte diese Praxis mit der Ernennung von Wilhelm Pieck zum Präsidenten der DDR 1949. Als 1952 mit der Verwaltungsreform die Länder aufgelöst und in 15 Bezirke umgewandelt wurden, wurden damit überkommene Strukturen, wie Landesparlamente und Verwaltungsgerichte, wieder abgeschafft. Wenngleich die Verwaltungsgerichte relativ selten in Anspruch genommen wurden, waren sie dennoch ein Instrument, sich gegen ungesetzliche Entscheidungen der Verwaltung zu wehren. Mit ihrer Abschaffung reduzierte sich diese Möglichkeit auf die Eingabe. Die Eingabe jedoch als Ersatz für Verwaltungsgerichte zu betrachten, verkennt ihre Spezifik. Das Zwitterhafte der DDR-Eingabe – sowohl politisches als auch verwaltungsrechtliches Instrument zu sein – als auch seine Grenzen – ohne Verwaltungsgerichte und ohne tatsächliche Parteienlandschaft mit Parteien, die unterschiedliche Interessen vertreten, auskommen zu müssen – machen den Reiz dieses Phänomens aus.

EIN UNIVERSELLES BESCHWERDEMITTEL

Im Verlaufe der DDR-Geschichte veränderte sich der Charakter der Eingabe erheblich und entwickelte eine Eigenlogik. Durch ihre rechtliche Verankerung im ersten Eingabengesetz von 1953 avancierte sie – befreit von den Anforderungen an förmliche Rechtsmittel (wie Fristen und Instanzenwege) – zu einem nahezu universellen Mittel der Auseinandersetzung mit staatlichen Behörden und gesellschaftlichen Einrichtungen. Die Eingabe stellte eine direkte Form der Kommunikation zwischen den Bürgern und ihrem Staat dar. Hier wurden fast alle Probleme des Alltagslebens verhandelt. Die Massenhaftigkeit, mit der Eingaben verfaßt wurden – ohne zu übertreiben kann man behaupten, daß, statistisch gesehen, jeder Haushalt in der DDR wenigstens einmal eine Eingabe geschrieben haben muß – verweist auf die Popularität, die diese Form der Auseinandersetzung mit gesellschaftlichen Mängeln in der DDR genoß. Sie wurde nicht nur dazu benutzt, private Interessen durchzusetzen, sondern hier wurde auch auf gravierende gesellschaftliche Mängel aufmerksam gemacht und Vorschläge für eine Änderung der Politik unterbreitet. In der Eingabe wurden Tabuthemen wie die Armut älterer Bürger, die Lebenslagen Behinderter, Privilegien von Wirtschaftsfunktionären, das Subventionsproblem oder die Abtreibungsfrage angesprochen und von der Politik auch aufgegriffen. In anonymen Eingaben wurden freie Wahlen oder der Abriß der Mauer gefordert. Führende Staatsfunktionäre waren durch die Eingaben über die Stimmung im Lande daher bestens informiert.

Mit massenhaft zu einem Problem geschriebenen Eingaben haben die Bürger partiell Einfluß auf die Korrektur politischer Entscheidungen genommen, natürlich immer in den Grenzen des Systems. Möglich wurde dies durch das Berichtswesen und die statistische

Erfassung aller Eingaben. Insofern erfüllte die Eingabe durchaus ple-
biszitäre Funktionen. Sicher hatte die Eingabe auch die Funktion,
den Mangel an Öffentlichkeit und die durch eine restriktive Infor-
mationspolitik entstandenen Defizite zu kompensieren. In ihrem
massenhaften Auftreten konnte sie die Form eines Bürgerbegehrens
annehmen und somit Druck auf Gesetzesänderungen und Entscheidungen ausüben. In ihren politischen Wirkungen war sie darin
ähnlich begrenzt wie heutige Bürgerinitiativen. Dennoch funktionierte die Eingabe nicht nur im Sinne eines Stillhalteabkommens,
eines privaten Agreements zwischen dem einzelnen Bürger und dem
einzelnen Bürokraten oder Funktionär. Hier wurden gesamtgesell-
schaftliche Interessen angemeldet und eingeklagt.

Zum zweiten wurde die Beschwerdefunktion auf alle Lebensbe-
reiche und alle Institutionen erweitert. Hier profitierte die Bevölkerung ganz offensichtlich vom paternalistischen Versorgungsanspruch des Staates. Der Staat übernahm die Verantwortung in der
Planung und Durchsetzung fast aller Bereiche der Gesellschaft. Ob
Lebensmittel-, Wohnraum-, Brennstoffversorgung usw., alles wurde
von zentraler Hand gelenkt und verteilt. Und das nicht nur in den
ersten Nachkriegsjahren, sondern bis 1989. Diese Struktur machte
es einem Unzufriedenen sehr einfach, seine Beschwerde gleich an
die richtige Adresse zu senden. Es war immer der Staat und seine
höchste Verkörperung, der Präsident oder der Staatsratsvorsitzende.
Zugleich haftete den von oben getroffenen Entscheidungen der Geruch paternalistischer Willkür an. Ob, wie und in welchem Maße
sich die Staats- und Parteiführung vom massiv vorgetragenen Bür-
gerwillen in ihren politischen Entscheidungen beeinflussen ließ, war
jedoch nicht allein der Selbstherrlichkeit einzelner Funktionäre ge-
schuldet. Funktionäre oder Verwaltungsangestellte waren in ihren
Handlungsspielräumen wiederum von politischen Grundsätzen und
vor allem von den zur Verfügung stehenden materiellen Ressourcen
abhängig.

VERTRAUEN IN DEN STAAT?

Diese seine Verantwortung nahm der Staatsapparat gewissenhaft wahr. Die Eingabengesetze und ihre Durchführungsbestimmungen geben ein Zeugnis dafür ab, mit welchem bürokratischen Aufwand der Eingabenpraxis Rechnung getragen wurde. Die massenhaften Eingaben fanden staatlicherseits eine positive Deutung. Es spräche für das Vertrauen des Bürgers zu seinem Staat, wenn er sich mit seinen Sorgen, Nöten und Beschwerden an die staatlichen Organe richtet. In der Tat zeigt die Eingabe an, daß der Versender in der Regel darauf hofft, daß der Adressat die Potenz und Kompetenz besitzt, eine Lösung in seinem Interesse herbeizuführen. Wären solche Bedürfnisse nicht auch befriedigt worden, hätte sich die Praxis des Eingabenschreibens schnell von selbst erledigt.

Eingaben sind andererseits Belege für Konflikte zwischen politischen Instanzen, dem Verwaltungsapparat und Bürgerinteressen. Insofern legalisierte der erste Eingabenerlaß nicht nur eine bereits massenhaft ausgeübte Praxis, sondern wurde vor allem deshalb verabschiedet, um Verwaltungshandeln zu regeln, d.h. die Verwaltung gesetzlich zu zwingen, auf Bürgerinteressen angemessen zu reagieren. Die Eingabenverordnung ist in diesem Sinne als eine Dienstanweisung für »Staatsfunktionäre« zu lesen. Die Bürokraten sollten den Eingaben aus der Bevölkerung mehr Respekt zollen. Trotz aller Versuche, die Bürokratie zu disziplinieren und zu einem bürgernahen Verhalten zu erziehen, blieben die obersten Staatsrepräsentanten die von den Bürgern favorisierte Eingabenadresse.

Als Adressat war Wilhelm Pieck beispielsweise deshalb interessant, weil man hoffte, daß er als oberster Repräsentant genügend Autorität besitzen würde, sich für die Eingabenschreiber bei Auseinandersetzungen mit örtlichen Behörden erfolgreich durchzusetzen. Zum anderen war es auch einfacher, sich an eine Instanz zu wenden, die sich von selbst anbot, bei Problemen angeschrieben zu werden, als sich durch die Behördenstruktur mit ihren Kompetenzen und Hierarchien durchzufinden. Pieck profitierte seinerseits von dieser Praxis. Die vielen Briefe legitimierten sein Amt innerhalb des Staatsgefüges. Eingabehäufungen zu bestimmten Themen verschafften ihm ein unglaubliches Detailwissen über die Zustände im Lande und die Befindlichkeiten seiner Bürger. Und dies war ein entscheidender Heimvorteil gegenüber anderen Institutionen. Durch die statistische Erfassung und analytische Auswertung der eingegangenen Beschwerden wurde der Präsident in die Lage versetzt, noch lange vor der Entwicklung empirischer Sozialforschung oder von Meinungsforschungsinstituten, genaueste Kenntnis über die Nöte, Sorgen und Vorstellungen der DDR-Bürger zu erhalten.

Für die positive Bewertung der Eingabenpraxis spielte sicherlich auch die traumatische Erfahrung des 17. Juni 1953 eine wesentliche Rolle. Die Eingaben kamen dem Wunsch der Parteiführung entgegen, möglichst viel und frühzeitig über die Stimmungen und Meinungen in der Bevölkerung zu erfahren. Eingaben fanden insofern als Seismographen für etwaige Ausbrüche Berücksichtigung. Insofern hatten die Eingaben auch herrschaftssichernde Effekte.

DIREKTER EINGRIFF IN DIE BÜROKRATIE

Der Präsident der DDR konnte auf dieser Grundlage die Funktion eines Ordnungshüters, sowohl über die rechtlich fixierte, als auch über die moralische Ordnung, übernehmen. Als oberste und letzte Instanz des Staates fühlte sich Pieck als Schlichter von Auseinandersetzungen zwischen staatlichen Organen und Bevölkerung. Die Bevölkerung wandte sich, die kommunalen Instanzen umgehend, direkt an den obersten Regierungschef, in der Hoffnung, wie bei einem hochherrschaftlichen Gnadenakt, möglichst schnell und direkt das Problem gelöst zu bekommen. Dies kann man als Obrigkeitshörigkeit deuten, doch dafür fehlte der devote Ton des Bittstellers in den Briefen. Viel eher ist ein solches Verhalten als gewöhnlicher Pragmatismus im Alltag zu interpretieren. Die Bevölkerung nutzte die Instanz, von der sie sich mit dem geringsten Aufwand den größten Erfolg versprach.

Der Präsident besaß zudem nicht die Macht eines Kaisers oder Fürsten und konnte auch nicht Gesetze beugen oder außer Kraft setzen oder willkürlich über Ressourcen verfügen. Seine Attraktivität gründete vielmehr in seiner Person als kulturell-symbolische Verkörperung gesellschaftlicher Ideale und moralischer Werte. Er stand persönlich für kommunistische Gerechtigkeitsvorstellungen, und aufgrund seines Alters gewissermaßen auch für traditionelle Werte wie Ordnungssinn, Tradition und Kontinuität.

Mit dem Tod des ersten und letzten Präsidenten der DDR am 7.9.1960 ging der bis dahin wichtigste Ansprechpartner der Bevölkerung verloren. Doch auch dem weniger beliebten Walter Ulbricht sollte es mit der Schaffung einer neuen Institution, des Staatsrates, gelingen, die Aufmerksamkeit der Eingabenschreiber auf sich zu ziehen. Die hohen Eingabenzahlen an ihn belegen den schnellen Erfolg dieser Institution. Viele Eingaben bedeuteten für Ulbricht eine

wichtige Legitimation seines Amtes. Daher nahm er auch die Informationen aus den Eingaben ernst. Er war offensichtlich davon überzeugt, daß er durch die an ihn gerichteten Eingaben einen genauen Einblick in die Realität der Gesellschaft und insbesondere über die Funktionsweise seines Apparates erhalten würde. Die durch die Eingaben vermittelten Informationen ermöglichten ihm den direkten Eingriff in alle staatlichen Institutionen. Dadurch, daß Ulbricht die Eingabe positiv in sein politisches Konzept einband, erfuhr das Eingabensystem in den 60er Jahren eine weitere Aufwertung.

Zudem schuf sich Ulbricht mit seinem Staatsrat ein praktikables Werkzeug, um die Verwaltung mit Hilfe der Bevölkerung besser zu kontrollieren. Das positive Verhältnis Ulbrichts zu der Eingabe ermöglichte eine »Renaissance« der Eingabe. Zwischen 1961 und 1967 wurden Eingaben in einer Menge an die oberste Staatsführung geschrieben wie nie zuvor und erst Ende der 80er Jahre wieder. In einem Bericht des Staatsrates über die Auswertung der Eingaben 1969 ist ein extra Kapitel der: »Nichtinanspruchnahme gesetzlich garantierter Rechtsmittel zugunsten von Eingaben« gewidmet. Die Analyse verdeutlicht, in welchem Maße die Eingabe in den 60er Jahren andere Formen der Konfliktlösung, wie zum Beispiel Rechtsmittel, verdrängt hatte.

Mit der Machtübernahme Honeckers wurde die Eingabentradition zunächst fortgeführt. Zum Dilemma wurde für Honecker, daß er die sinkenden Eingabenzahlen zu Beginn seiner Amtsperiode auf die Richtigkeit der »neuen Politik der Einheit von Wirtschafts- und Sozialpolitik« zurückführte. Später steigende Eingabenzahlen hätten dann logischerweise als Hinweis auf Fehler in der Politik gedeutet werden müssen. Die stark ansteigenden Eingaben am Ende der 80er Jahre belegen, daß der Unmut zu Problemen der Wohnraumversorgung, der Westreisen und zunehmend auch der Auto- und Autoersatzteilversorgung immer weiter zunahm, ohne daß von Seiten der Regierung ernsthafte Absichten erkennbar waren, die Probleme zu lösen.

WOHNEN, REISEN UND KONSUM

Im folgenden sollen kurz die wichtigsten Eingabenthemen der an den Präsidenten und später an den Staatsrat gerichteten Eingaben vorgestellt und historisch kontextualisiert werden. Das größte Problem in der Geschichte der DDR war die Verfügbarkeit über Wohnraum. In den 50er Jahren wurde die Eingabe als ein Mittel, Wohnungsprobleme zu regeln, geradezu »entdeckt«. 1956 gab es hier einen ersten Höhepunkt. In vielen Eingaben wurde beklagt, daß die Altbausubstanz systematisch verfällt. Aus dem Raum Halle kamen hierzu überproportional viele Eingaben. Zum Ende der 50er Jahre sanken die Wohnungseingaben und nur Eingaben zum Thema innerdeutsche Fragen/Reiseverkehr stiegen an. Dies war auf die Verschär-

fung der Kontrollen an der innerdeutschen Grenze durch die Zoll-
organe der DDR zurückzuführen. Auch wurden viele Reisen als »un-
gerechtfertigt« abgelehnt. Angehörige von »Republikflüchtigen«
durften beispielsweise nicht mehr in die BRD reisen. Darüber hinaus nahmen die Anträge auf Übersiedlung in die BRD, sowie Eingaben von »Republikflüchtigen«, die ihre Kinder in der DDR zurück-
gelassen hatten und sie nachträglich in die BRD übersiedeln lassen
wollten, zu. Betrachtet man die Verläufe als Indikatoren für aktuelle
Probleme in der Bevölkerung, gewinnt man den Eindruck, daß sich
die Versorgungslage, sowohl mit Wohnraum als auch mit Konsumgütern allmählich entspannte. Insgesamt war der Trend in den 50er
Jahren rückläufig.

Anfang der 60er Jahre waren Reiseeinschränkungen weiterhin ein
wichtiges Thema. Mit dem Mauerbau 1961 hatte sich dieses Problem erst einmal erledigt. Beachtenswert ist, daß alle Eingabenthemen eine überdurchschnittliche Zunahme erfuhren. Dies kann unseres Erachtens nicht daraus abgeleitet werden, daß sich innerhalb von
zwei Jahren die Situation in allen Bereichen der Gesellschaft dra-
matisiert hatte, sondern ist auf die Einrichtung des Staatsrates und
die Annahme dieses Amtes in der Bevölkerung zurückzuführen. Die
rückläufigen Zahlen seit der Mitte der 60er Jahre bestätigen das Bild
der »goldenen 60er«, in denen man in der DDR »ankam« und sich
nach dem Mauerbau auch endgültig einzurichten begann.

Die 70er Jahre beginnen mit einem Informationsloch. Nach 20
Jahren sorgfältig geführter Eingabenstatistik ist dies auf einen funda-
mentalen Wandel in der Eingabenpolitik des Staatsrates zurückzuführen. Die Partei- und Staatsführung fühlte sich zunehmend von
der Eingabenpraxis kritisiert und in Frage gestellt. Da die Eingaben
1973 bis 1976 auch einen absoluten Tiefstand erreicht haben, läßt
sich ein weitgehendes Einverständnis mit Honeckers Konsumsozia-
lismus daraus ablesen. Honecker deutete dies als Erfolg der neuen
Wirtschafts- und Sozialpolitik. Der dramatische Anstieg ab 1976
zeigt, daß sich aber gerade im Bereich Wohnungswesen die Probleme
seit Mitte der 70er Jahre wieder verschärften.

Seit 1982 nahmen dann auch die Eingaben zu Reisefragen nach der BRD sprunghaft zu. Mit den ersten Regelungen für »Westreisen« wurden Hoffnungen auf eine allmähliche Normalisierung der Verhältnisse zur BRD geweckt, die sich dann aber aufgrund von Aussagen Honeckers wie, »die Mauer wird es noch in 100 Jahren geben«, getäuscht sahen. Eingaben zu Reisefragen in die BRD überholten erstmals in der Geschichte diejenigen zu Wohnungsfragen. Die Jahre 1986 und 1987 waren, folgt man den Eingabenindikatoren, die entscheidenden Schlüsseljahre für eine massiv zunehmende Unzufriedenheit mit den Verhältnissen und Perspektiven, die sich den Bürgern boten. Weder in Wohnungsfragen, noch in der Normalisierung der Reisemöglichkeiten gab es Hinweise auf grundlegende Veränderungen. Und sogar die Eingaben zu Handel und Versorgung überschritten 1989 die Zahlen von 1961, dem Jahr der großen Versorgungskrise. Wie schon in den 60er Jahren waren es die langen Wartezeiten auf Pkws, die inzwischen auf bis zu 18 Jahren angewachsen waren, die fehlenden Autoersatzteile, fehlende Angebote an Wohn- und Schlafzimmermöbeln, sowie an Polstermöbeln, die in den Eingaben kritisiert wurden. Die ursprüngliche Funktion der Eingabe,

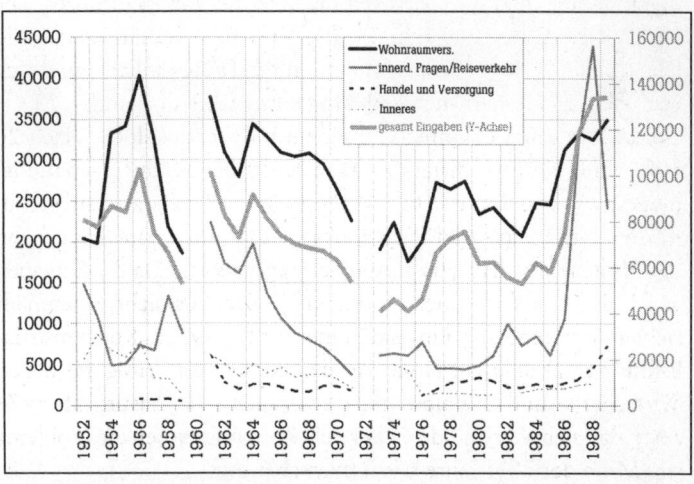

Entwicklung bestimmter Eingabenthemen an den Präsidenten bzw. den Staatsrat

25

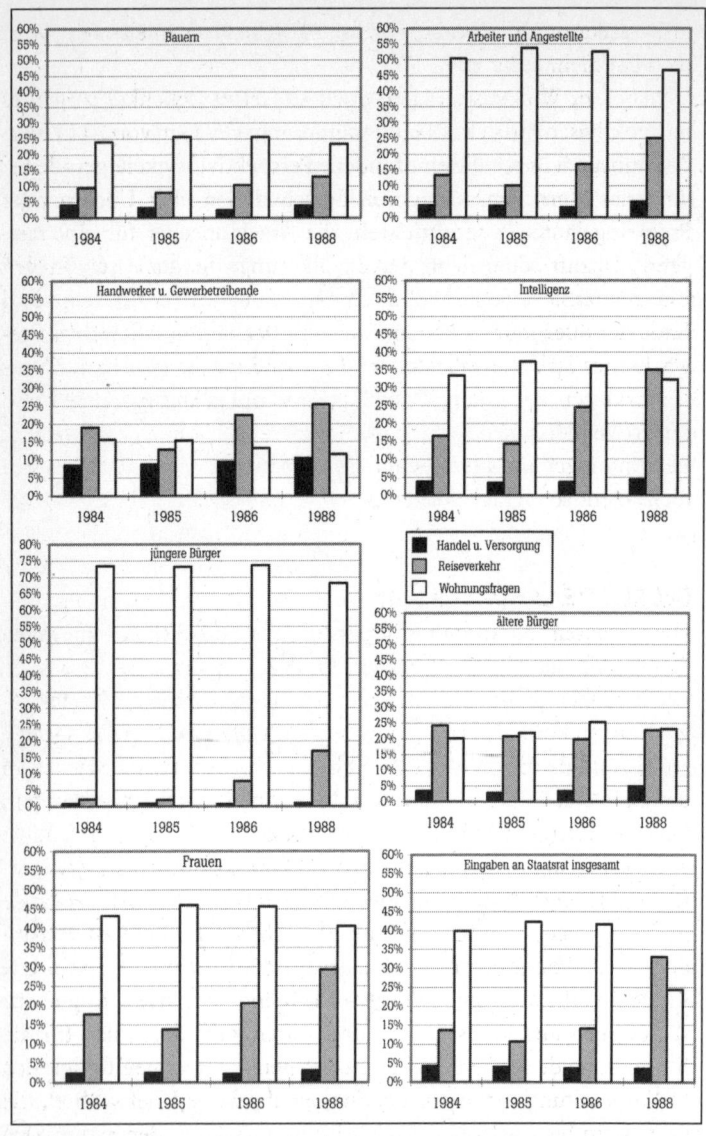

Ausdifferenzierung der Eingaben an den Staatsrat nach sozialen Gruppen

Frühindikator für relevante gesellschaftliche Probleme zu sein, wurde nicht mehr genutzt.

Weder zu Wohnungsfragen, noch zu Reisemöglichkeiten gab es perspektivisch Aussichten auf Veränderung. Der Gau von 1989 wurde dann auch durch die empfundene Perspektivlosigkeit, gerade bei jüngeren Menschen, und deren Entschwinden über Ungarn oder Prag eingeläutet. Insgesamt steht die Ära Honecker für eine steigende Unzufriedenheit in der Bevölkerung, die gemessen an den Eingabenzahlen, den Stand der frühen 60er wieder erreichte und Ende der 80er Jahre eskalierte. In den 80er Jahren läßt sich ein gewachsenes Selbstbewußtsein am Ton der Eingaben ablesen. Politiker beklagen das unduldsame Auftreten und den fordernden und oft drohenden Stil der Briefe. Die Bürger haken nach und fordern Begründungen für die Ablehnung von Reiseanträgen, sie lassen sich nicht mehr so einfach abspeisen.[3]

BEGRENZTE ÖFFENTLICHKEIT

Die in diesem Band vorgestellten Briefe an die Redaktion Prisma beim Fernsehen der DDR wurden, wie es das Gesetz auch vorschrieb, wie Eingaben behandelt, das heißt innerhalb bestimmter Fristen registriert und beantwortet. Es waren auch Eingaben im klassischen Sinne, und dennoch unterschieden sie sich von Briefen, wie sie an den Staatsrat oder kommunale Institutionen geschrieben wurden, in einer Hinsicht: Den Briefeschreibern ging es nicht in erster Linie um die Lösung ihres persönlichen Problems, sondern sie erwarteten und forderten, daß über die von ihnen beschriebenen Zustände und Probleme öffentlich, d.h. im Fernsehen berichtet und verhandelt wird. Von Zuschauern unaufgefordert eingesandte kritische Briefe und die darin geschilderten Mißstände gaben den Impuls für Reportagen und Fernsehspiele und waren auch der Anlaß für die Einrichtung dieser Sendereihe. In den Sendeunterlagen finden sich in Vorbereitung der ersten Sendungen abgelegte Briefwechsel, die bereits ein bis zwei Jahre zurück lagen und die in den ersten Sendungen aufgegriffen wurden. Daß die Sendung auf ein tief sitzendes Bedürfnis nach öffentlicher Verhandlung kritikwürdiger Zustände stoßen mußte, belegt der folgende enthusiastische Brief von 1962, der anläßlich eines kritischen Fernsehspiels geschrieben wurde und sich aus heutiger Sicht wie ein Gründungsaufruf für Prisma liest:

»Ich möchte Euch sagen: ›Macht weiter so! Verbessert Euch in dieser Richtung noch! Werdet gründlicher in der Untersuchung der Probleme! Werdet unversöhnlicher und mutiger in der Darstellung der Problematik! – Hinter Euch steht die Wahrheit und mit der Wahrheit die Arbeiterklasse!‹ ... Die Widersprüche sind überreif und haben sich zu einer Gefahr für die Arbeiterklasse entwickelt! Ihre Überwindung macht die unbesiegbaren, gewaltigen Kräfte und Vorteile unserer Gesellschaftsordnung frei, lässt sie zur Geltung kommen und sich entwickeln. – Das sind genau die Kräfte, die dem Sozialismus die höhere Arbeitsproduktivität und damit den ökonomischen Sieg über den Kapitalismus bringen... Seid Kommunisten! Bringt den Mut auf (und der gehört dazu – das werdet ihr sicher bald feststellen) und untersucht konkrete Betriebe auf derartige Widersprüche – bringt sie mit vollem Namen und Adresse vor die Mattscheibe! Nehmt die politische Ökonomie, das Parteistatut, Gesetzblätter – alle Theorie mit in den Betrieb und arbeitet den Widerspruch zwischen Theorie und Praxis heraus! Nehmt die eigenen Beschlüsse und Verordnungen und Verpflichtungen der Betriebe her und überprüft deren Realisierung! Sprecht diese himmelschreienden Widersprüche an und bedenkt: Ihr tut das nicht für Euch, sondern für die Arbeiterklasse!

Aber wie viele sind trotzdem noch mißtrauisch – wie viele Arbeiter vertrauen Euch trotz dieses Fortschritts noch nicht – weil sie zehn und mehr Jahre lang andere Erfahrungen durch unsere Presse, den Rundfunk – und auch das Fernsehen gemacht haben (bezogen auf solche Erscheinungen, wie Lobhudelei, Betrug am Staat, Schönfärberei, falsche Berichterstattung, Bürokratie, Dokmatismus (sic) und selbstkritische Überheblichkeit usw. usf.?? ...

Ich wünsche Euch patriotischen Heldenmut und das Bewußtsein von Kommunisten, die unbeirrbar und unversöhnlich gegen alles

Schwache, Schlechte und Rückständige in den eigenen Reihen kämpfen! Mit sozialistischem Gruß«[4]

Abgesehen vom pathetischen Stil dieses Briefes, war auch hier, wie in anderen Briefen, das Mißverhältnis von Erfolgsberichterstattung und erfahrener Realität der Ausgangspunkt der Kritik. Der enthusiastische Ton der Anfangsjahre wich bald resignativeren Bemerkungen. So schrieb ein Zuschauer 1969: »Im Gegensatz zu dieser traurigen Wahrheit stehen die Lobeshymnen auf uns selbst, die kaum noch erträglichen Selbstbeweihräucherungen und die in den hellsten Farben geschilderte allseitig günstige Planerfüllung, die wir von Presse, Rundfunk usw. anläßlich des XX. Parteitages hörten.«[5]

Und 1989 wurde schließlich auch mit der Prisma-Redaktion von Seiten der Zuschauer abgerechnet: »Ich frage mich, ob denn Frau Ebner (die Moderatorin der Sendereihe 1989 – M/M) noch nicht gemerkt hat, daß Ihre Sendung seit Jahren eine Alibifunktion für die fehlende kritische Publizistik hierzulande zu erfüllen hatte? ... Mit dieser Auffassung habe ich schon allein deswegen recht, weil in Ihrer Sendung eine kritische Auseinandersetzung mit dem Zustand unserer Medien nicht zu sehen oder zu hören war, obwohl in Ihrem Vorspann das Wort ›Probleme‹ auftaucht. Ihre kritischen Beiträge wurden, das steht für mich fest, auch ›abgesegnet‹. Also tun Sie bitte nicht so, als würden Sie schon immer das getan haben, was andere jetzt entdecken.«[6]

Das Informationsdefizit, die Diskrepanz zwischen öffentlicher Verlautbarung und Wirklichkeitserfahrungen waren bis in die 80er Jahre hinein immer wieder der Anlaß, um Prisma zu schreiben. Daß man solche Äußerungen gegenüber der Redaktion Prisma machte, hatte damit zu tun, daß die Sendereihe den Zuschauern als Ausnahme in einer ansonsten reichlich linientreu anmutenden Berichterstattung erschien. In gewisser Weise identifizieren sich die kritischen Zuschauer mit den Bemühungen des Redaktionsteams. Die Briefe sind daher Ausdruck eines Grundkonsenses über die Reformbedürftigkeit aber auch die Veränderungsfähigkeit des Systems.

ERFOLG DURCH ÖFFENTLICHE KRITIK

Das seit März 1963 monatlich, später vierzehntägig gesendete innenpolitische Magazin untersuchte ausgewählte Mißstände in der Wirtschaft, der Kommunalpolitik und der Versorgung und unterbreitete anhand exemplarischer Fälle Lösungsvorschläge oder forderte die Bestrafung der für schuldig Befundenen. Sie tat dies weniger inquisitorisch denn moralisierend. Die im wesentlichen aus den Zuschauerbriefen gewonnenen Themen wurden analytisch aufbereitet und vor Ort recherchiert. Auch nach der Sendung eines Beitrages blieb Prisma an dem Fall dran. Es gab eine eigene Rubrik, in der einige Monate später vor Ort noch einmal nachgefragt wurde, was inzwischen geschehen sei.

Damit wagte sich der Deutsche Fernsehfunk mit einer Problemsendung ins Abendprogramm, und das zu besten Sendezeit, obwohl die Zuschauer immer wieder Unterhaltung, Spaß und Entspannung forderten. Dieses Konzept schien nicht nur in den ersten Jahren aufzugehen. Prisma gehörte zu den beliebtesten Sendungen und hatte vergleichsweise hohe Einschaltquoten. Ein Beweis für die Popularität der Sendung waren die enormen Mengen an Zuschauerpost, die die Redaktion erhielt (über 11.000 Briefe allein in den ersten drei Jahren, auch in den Folgejahren erhielt die Redaktion rund 300, in den 80er Jahren sogar 600 Briefe im Monat [7]). Aus diesen Briefen gewannen die Redakteure viele ihrer Themen.

Gerhard Scheumann, der erste Moderator der Sendung, hatte sich zur Maxime gestellt: »Näher heran ans Leben, den besten Erfahrungen auf die Spur kommen, die unsere Bürger beim Aufbau des Sozialismus sammeln, und diese dann interessant und anregend in die Breite tragen.«[8] Auch im Westen nahm man die neue Sendung zur Kenntnis. Uwe Johnson verglich Prisma mit Report und führte den Erfolg der Sendereihe darauf zurück, daß sich ihr Moderator zum Anwalt der Zuschauer mache. »Über Mangel an Leserbriefen wird die Redaktion sich kaum beklagen können, nicht nur wegen der vielen Anlässe zur Klage, sondern auch wegen der Zuversicht auf Abhilfe...«[9]

Die Redaktion selbst formulierte ihr Herangehen so: »Die Redaktion wählt ihre Stoffe innerhalb jenes Spannungsfeldes aus, das vom objektiv Möglichen einerseits und vom subjektiv Wirklichen andererseits eingegrenzt ist. Alles, was innerhalb dieses Spannungsfeldes liegt, ist für die journalistisch-publizistische Gestaltung relevant; innerhalb dieser Grenzen gibt es keine ›heißen Eisen‹ und ›Tabus‹... Vor allem geht es darum, die idealen *Verhaltensweisen* der Menschen beispielhaft darzustellen, die die materiellen Veränderungen durchsetzen helfen. Umgekehrt ist die Sendung bemüht, konservative Auffassungen, die den gesellschaftlichen Fortschritt hemmen, öffentlich ad absurdum zu führen. Die Gestalter der Sendereihe fühlen sich nicht als ›Deus ex machina‹ – was die Gesellschaft erreichen kann, wird sie möglicherweise durch einen Prisma-Beitrag schneller erreichen: was die Gesellschaft nicht vermag, vermag auch Prisma nicht.«[10]

In einem Interview mit der Wochenpost 1965 wurde Scheumann deutlicher: »... was nicht (noch nicht) geht, das geht eben nicht. Es wäre sicherlich ungemein effektvoll, unsere Einzelhandelspreise für Autos zu diskutieren, aber es wäre unverantwortlich und dumm zugleich: Der Preis für so erworbene ›Popularität‹ ist undiskutabel (sic). Das alles hinderte Prisma jedoch nicht daran, eine Untersuchung über die Spekulation mit Gebrauchtwaren zu machen...«[11] Die Sendung konzentrierte sich mit ihrer Kritik auf die Darstellung subjektiven Fehlverhaltens, d.h. sie argumentierte moralisch. Alles das, was momentan nicht veränderbar erschien – sei es, weil objektiv die Ressourcen dafür nicht vorhanden waren, sei es, weil die Parteiführung sich dem Problem verweigerte – war im Grunde genommen nicht darstellbar. Insofern gab es natürlich doch Tabus. In den Sendeakten finden sich zahlreiche vergebliche Versuche, ein Thema auf den Sender zu bringen.

Auch Prisma konnte kein Forum für die Diskussion gesellschaftlicher Grundfragen schaffen, von denen die SED nicht wollte, daß sie öffentlich diskutiert werden, wie der Sinn von Subventionen oder die Altersarmut. Ökonomische Entscheidungen und politische Weichenstellungen beim Aufbau der Industrie, bei der Verteilung knapper Ressourcen, der Preisfestsetzung oder ähnliche, gesellschaftlich relevante Fragen konnten nicht öffentlich problematisiert werden. Alle Entscheidungen von einiger Tragweite – ob es nun das Wohnungsbauprogramm war oder die Konzentration der Investitionen auf die Herstellung eines Superchips – wurden im Politbüro getroffen und im besten Falle wurde die Bevölkerung von solchen Entscheidungen informiert.

DAMOKLESSCHWERT WESTFERNSEHEN

Insofern war auch der Handlungsspielraum der Prisma-Redaktion begrenzt. Die Themen und auch die Beiträge mußten »abgesegnet« werden und es kam immer wieder vor, daß Beiträge verschoben oder abgesetzt wurden. Dennoch wird aus den Sendeunterlagen ersichtlich, wie sehr sich die Journalisten für brisante Themen engagierten. Rosi Ebner, Moderatorin und Redaktionsleiterin in den 80er Jahren schilderte 1990 die Prisma gesetzten Schranken folgendermaßen: »Zwei Standardargumente schwebten als Damoklesschwert über nahezu jedem Beitrag: Wir würden 1. dem angenommenen Gegner – insbesondere dem Westfernsehen – Agitationsmaterial liefern und 2. eigene wirtschaftliche Interessen gefährden. Damit ließ sich die bekannte Morgensternsche Palmströmdevise, die zum Motto der Medienpolitik insgesamt wurde, trefflich verwirklichen: Es konnte nicht sein, was nicht sein durfte. Ab und an gelang ein Gegenbeweis auf dem Sender. Das war dann ›Prisma‹, und dieser Umstand genügte, um aus dem Magazin mehr als nur eine Fernsehsendung werden zu lassen.«[12] Sie gestand ein, daß »bei diesem Aufscheuchen die Chefetagen verschont blieben« und hielt sich dabei zugute, daß es durch die Zuwendung zum Zuschauer gelungen sei, Veränderungen zum Besseren zu erreichen. In der Wendezeit fühlte sich die Prisma-Redaktion sogar als »Anwalt und Sozialarbeiter für den Zuschauer«.[13] Die Einschaltquoten, die 1991 zwischen 25 und 33% lagen, bestätigten dieses Engagement. Nach einer Infas-Umfrage vom Sommer 1991, welche Sendungen des Deutschen Fernsehfunks erhalten bleiben sollten, belegte Prisma nach Sandmännchen, Polizeiruf und Kessel Buntes den vierten Platz. Heute wird die Sendereihe in gänzlich veränderter Fassung nur noch vom NDR produziert und ausgestrahlt.

Schon die erste Prisma-Sendung vom 21. März 1963, in der es u.a. um die schlechte Qualität von Exportwaren und um eine Meinungsumfrage über den Ankauf von Westschlagern ging, löste einen Ansturm von Leserbriefen aus. Die Zuschauer sahen sich in ihrem kritischen Blick auf gesellschaftliche Zustände insbesondere in der Produktion bestätigt und lieferten der Redaktion bereitwillig weitere Beispiele aus ihrem Alltagsleben. Kurze Zeit später erhielt die Redaktion ein eigenes Briefbüro, um der Flut Herr zu werden.

Die Zuschauer der Sendung schrieben aus den unterschiedlichsten Motiven. Neben der Zustimmung oder Kritik zu einer gerade gesendeten Folge wurden vor allem Vorschläge für zukünftige Sendungen unterbreitet. Die Zuschauer berichteten von Erlebnissen und Erfahrungen, Problemen und Vorfällen ihres Alltags und sie wollten, daß sich die Redaktion dieser Probleme annahm und ihnen Öffentlichkeit verschafft. Aus einer konkreten Situation heraus verfaßt, in der die Geduld des Einzelnen überstrapaziert wurde, spiegeln sie noch ganz unvermittelt die aufgeregte Stimmung, die Empörung oder die Verzweiflung ihrer Absender wider. Von der Redaktion Prisma, dem Adressaten dieser Schreiben, erhoffte man sich vor allem Zustimmung, aber auch Hilfe in einer manchmal ausweglos erscheinenden Situation. Die Briefe dokumentieren auch, das mag manchen überraschen, einen ausgesprochen kritischen Geist – gegenüber einem bestimmten Mangel, gegenüber Vorgesetzten, Parteifunktionären, Betriebsleitern und Verantwortlichen in den Ministerien – der Bürokratie, wenn man so will und nicht zuletzt auch gegenüber der Medienpolitik als solcher. Darüber hinaus läßt sich ein Hang zum Generalisieren beobachten, die Tendenz, von einem konkreten Problem auf den Gesamtzustand zu schließen und haarsträubende Folgen für die ganze Gesellschaft zu prognostizieren. Dadurch wird aus einem individuellen Einzelfall eine gesellschaftliche Angelegenheit und die Briefeschreiber von privaten Bittstellern zu Bürgervertretern, die ein gemeinschaftliches Interesse einklagen.

RHETORISCHE TRICKS

Um ihr Problem richtig an den Mann zu bringen, bedienten sich die Eingabenschreiber verschiedener rhetorischer Methoden und stilistischer Mittel, von denen sie meinten, daß sie erfolgversprechend sein könnten. Die wichtigsten Elemente sind die Form der Anrede, die Selbstdarstellung, die drastische Schilderung des Problems, die

Einsicht in die Notwendigkeit (»Man sehe ja ein, daß, ... Aber...!«), das Zitat aus Parteidokumenten, die Forderung, die Drohung und die Grußformel zum Schluß. Hier sollen nur drei Elemente, die Selbstdarstellung, die Drohung und das Zitat etwas ausführlicher dargestellt werden.

In Selbstdarstellungen geht es vor allem darum, sich in das rechte Licht zu setzen, um die jeweilige Institution davon zu überzeugen, daß man anspruchs- oder beschwerdeberechtigt sei. Selbstdarstellungen korrespondieren meist mit Fragen zur Ressourcenverteilung. Dazu werden in der Regel zwei aufeinander bezogene rhetorische Figuren aufgebaut. In der ersten stellt sich der Eingabenschreiber als wertvolles Mitglied der Gesellschaft dar und leitet daraus bestimmte Ansprüche ab. In der zweiten zeigt man, daß man ungerechtfertigterweise benachteiligt wird.

In einigen Eingaben wird die Unsicherheit der Autoren deutlich, was eigentlich dazu gehört, sich erfolgreich zu präsentieren und seine Interessen durchzusetzen. Andere haben den Bogen raus und beherrschen die Selbstdarstellung perfekt. Doch es ist schwierig, zwischen kühler Berechnung und naiver Selbstdarstellung zu trennen. Oft sind die Grenzen fließend. Wenn ein Genosse all seine gesellschaftlichen Funktionen und ehrenamtlichen Tätigkeiten aufzählt, liest sich das wie eine ungeheuerliche Inszenierung. Andererseits spiegelt sich in der Darstellung auch seine Selbstwahrnehmung wider: Er schuftet sich für diese Gesellschaft ab, ohne auch nur ein kleines Privileg dafür zu erhalten. Nun möchte er endlich einmal die Früchte dieser Plackerei ernten. Außerdem sei ein Auto ja nicht nur Spaß und Freizeit, sondern erhöhe wiederum die Leistungsfähigkeit.

Die Formen der Selbstdarstellung laufen, bei allen individuellen Unterschieden, darauf hinaus, sich als nützliches und loyales Mitglied der Gesellschaft zu präsentieren. Dies muß sich nicht als direkte politische Zustimmung äußern, sondern kann durch den Verweis auf fachliche Kompetenz und Tüchtigkeit ausgedrückt werden. In jedem Falle nimmt die Selbstdarstellung den Charakter einer Zugehörigkeitserklärung zu diesem, sie umgebenden Staatswesen an und wird von den Eingabenschreibern offenbar als entscheidender Türöffner angesehen. Prisma gegenüber outet man sich gern als eifriger Zuschauer. Zwischen Zuschauer und Redaktion findet so eine Art symbolischer Identifizierung statt.

Drohungen haben eine andere Funktion. Sie verleihen Forderungen Nachdruck und malen Konsequenzen für eine etwaige Ablehnung der Eingabe aus. Drohungen zeigen auch, was in der Vorstellung des Eingabenschreibers als wirksames, beängstigendes Druckmittel gegenüber der angeschriebenen Instanz wirken könnte. Aus den verschiedenen Arten zu drohen, sollen hier einige herausgegriffen werden.

Eingabenschreiber drohen häufig mit einer höheren Instanz, der sie als nächstes – so sie sich hier nicht durchsetzen können – ihre Forderungen mitteilen. Beliebt ist dabei die Drohung, sich an den Staatsrat oder, seltener, an das Zentralkomitee zu wenden. Auch die Drohung Prisma zu schreiben, d.h. die Medienöffentlichkeit anzurufen, scheint ein probates Mittel. Gern wird damit gedroht, nicht zur Wahl zu gehen. Das Aufkommen »unguter Diskussionen unter der Bevölkerung« ist eine weitere Form der Drohung. Die wohl schwerwiegendste und härteste Drohung, die in der DDR möglich war, hieß, einen Ausreiseantrag zu stellen.

Es ist erstaunlich, mit welcher Offenheit und Direktheit diese Drohungen in den Eingaben ausgesprochen werden. Nach klischeehaften Vorstellungen von einer alles kontrollierenden zentralistischen Diktatur sind solche Briefe eigentlich undenkbar. Drohungen können nur aus einer Position der Stärke oder der völligen Verzweiflung geschrieben werden. Bei einer Eingabe nimmt sich dies wie verkehrte Welt aus, tritt doch der Eingabenschreiber mit einem Anliegen an die jeweilige Institution heran. Und trotzdem ist in fast allen Eingaben nichts von einem unterwürfigen, devoten Ton zu lesen. Im Gegenteil, die Eingaben zeigen, daß ihre Autoren mit einem hohen Maß an Selbstbewußtsein den staatlichen Institutionen gegenübertreten. Sie sind in ihrem Selbstverständnis Dienstleistende. Eine wesentliche Basis dieses Selbstbewußtseins ist das Selbstverständnis, der werktätigen Klasse anzugehören, die ja laut Ideologie im Mittelpunkt alles Strebens und Trachtens steht. Eine gute Selbstdarstellung in Kombination mit einer geschickten Drohung ist fast eine gelungene Eingabe, ihr Erfolg schon so gut wie sicher.

Das Pünktchen auf dem I, das Sahnehäubchen, ist hier das Zitieren führender Repräsentanten in der Form: »Wie Erich Honecker ... dort und dort gesagt hat...« Damit wird das eigene Anliegen legitimiert, aus dem privaten Zusammenhang herausgelöst und in einen gesellschaftlichen Kontext gestellt. Außerdem wird die Parteiführung hier beim Wort genommen und an ihre Versprechungen erinnert. Alle drei hier knapp vorgestellten rhetorischen Elemente werden sehr bewußt und kalkuliert eingesetzt. Sie »unterlaufen« den Briefeschreibern nicht und sie wären als Ausdruck devoter Obrigkeitshörigkeit deshalb gründlich mißverstanden.

PRISMA KÄMPFT FÜR SIE!

Die Sendereihe lebte von und durch die vielen Leserbriefe. Viele Themen wurden durch Zuschauerberichte angeregt, und zu jedem einigermaßen brisanten Beitrag erhielt die Redaktion viele bestätigende Zuschriften. Doch für viele DDR-Bürger entwickelte sich Prisma zu einer besonderen Eingabenadresse. Prisma wurde oft in höchster Not angerufen, wenn schon viele andere Versuche, ein Problem zu lösen, fehlgeschlagen waren. Die Moderatoren, von Gerhard Scheumann über Karl-Heinz Gerstner bis zu Axel Kaspar und Rosemarie Ebner, genossen in der Bevölkerung ein großes Vertrauen.

In einem Rückblick formulierten die Mitarbeiter des Büros für Zuschauerpost: »Ziel und Aufgabe dieser Sendereihe ist es entsprechend des Grundsatzes ›Plane mit – arbeite mit – regiere mit‹ die Zuschauer zu aktivem Handeln und zur Entfaltung sozialistischer Verhaltensweise zu veranlassen. Die Sendebeiträge der Redaktion Prisma, die vorwiegend veränderungswürdige Situationen behandelten, veranlaßte sehr viele Bürger sowohl sich zu den Sendungen selbst als auch zu anderen Fragen an die Redaktion zu wenden, weil sie bei der Lösung ihrer Probleme durch die Einflußnahme ›von Prisma‹ sich einen schnellen Erfolg versprachen. Auf diese Weise er-

hielt die Redaktion überdurchschnittlich viel Zuschauerpost, die Veranlassung war, ein eigenes Büro zur Beantwortung bzw. zur Erledigung der als Eingaben behandelten Post einzurichten. So werden die zu den Sendungen eingehenden Zuschriften als auch zu anderen, meist persönlichen Fragen der Zuschauer registriert und an die zuständigen Wirtschafts- oder Staatsorgane weitergeleitet und deren abschließende Beantwortung überwacht.«[14]

Die Redaktion Prisma avancierte zum Eingabenbüro und wurde von den Zuschauern als Vermittler zu einer herzlosen Bürokratie instrumentalisiert. Schon die Ankündigung, einen Brief an Prisma zu schreiben, funktionierte als wirksame Drohung:

»Wir könnten uns ja nun auch wieder an den Magistrat oder an den Staatsrat wenden, es bliebe doch nur der ewige gehabte Kreislauf. Wenn Sie sich einschalteten, wäre das weitaus wirksamer, um nicht zu sagen *massenwirksamer*. Noch schöner, besser: Zu schön, um wahr zu sein, wäre das Erscheinen Ihres Aufnahmeteams.«[15] Der Glaube an die Macht der Öffentlichkeit ist hier scheinbar noch ganz ungebrochen. Die kleine Einfügung »zu schön, um wahr zu sein« deutet aber darauf hin, daß es ein Wissen darüber gibt, daß im Fernsehen wirklich katastrophale Zustände nicht gezeigt werden. Die Vorstellung, das Fernsehen könnte hier eine Ausnahme machen, ist wohl eher als Drohung an die im Verteiler aufgeführten übrigen Empfänger des Briefes zu interpretieren, denn als naiver Optimismus eines DDR-Bürgers.

PRISMA ALS MECKERECKE?

Axel Kaspar, Moderator von Prisma in den 70er und 80er Jahren, wies in einem Interview auf die Bedeutung der Leserbriefe für die Redaktion hin: »Ich möchte hier noch eine Lanze für unsere Zuschauer brechen. Es müssen schon erhebliche Emotionen bei einem Menschen angestaut sein, bevor er uns einen Brief schreibt. Dennoch sehe ich ›Prisma‹ zu keinem Zeitpunkt als ein Ventil für angestauten Unmut an... Der Wille zum produktiven Verändern war immer bestimmend, wir waren niemals die Meckerecke der Nation!«[16]

Die Abwehr der Zuschreibung »Meckerecke« ist doppeldeutig. Zum einen mochte sich die Redaktion nicht als einzige Alibisendung, als Nische der öffentlichen Kritik verstanden wissen. Zum anderen wird die negative Konnotation, die im Begriff »meckern« steckt, zurückgewiesen. Zu einer solchen negativen Deutung neigte auch Erich Honecker, der sich Ende der 80er Jahre über die »ewigen Meckerer und Nörgler« innerhalb der Partei mokierte und die Mitglieder aufforderte, sich von ihnen zu trennen. Der Moderator machte dagegen klar: die Zuschauer »meckerten« nicht, d.h. sie waren nicht immer und mit allem unzufrieden, sondern übten berechtigte und konstruktive Kritik. In der Tat zeugen die Briefe nicht nur von privaten Nöten, sondern auch von Gemeinsinn und einem tief verwurzelten Veränderungswillen.

Sich beschweren, aufregen über etwas, sich empören und kritisieren sind die den überlieferten Briefwechsel dominierenden Darstellungsformen. Die Unzufriedenheit der DDR-Bürger ist geradezu sprichwörtlich und gehörte in der DDR zu den habituell verfestigten Grundmustern der alltäglichen Kommunikation. Abendbrotgespräche, Familienfeiern, kollektives Beisammensein, solidarische Spontanzusammenschlüsse in den Schlangen – überall wurde ihr lauthals Ausdruck verliehen.

In dieser Unzufriedenheit drückte sich nicht nur persönliches Unbehagen oder individuelle Frustration aus, hier wurden gesellschaftliche Zustände kritisch reflektiert. Die Briefe zeugen von einem Verantwortungsgefühl gegenüber der Gesellschaft und von einem Eingebundensein in die Gemeinschaft, denn es ging oftmals um überindividuelle Belange, die da in der Straßen- und Familienöffentlichkeit artikuliert wurden. Eine Eingabe zu schreiben, stellte auch eine Form psychischer Kompensation dar, es entlastete vom Druck des alltäglichen Ärgers und diente der Bewältigung eines schwierigen Alltags. Diese Unzufriedenheit konstituierte den inneren Konsens der DDR-Bürger, im Ärger waren sie sich einig. Es war eine Form der gemeinsamen Verweigerung von Zustimmung zu den von Partei und Regierung, oder auch nur von der Ortsobrigkeit oder dem betrieblichen Vorgesetzten verkündeten Phrasen und Anforderungen.

Mit dem Habitus der Unzufriedenheit korrespondierte ein spezifischer Humor, den die Fähigkeit auszeichnete, über sich selbst und die Unzulänglichkeiten des eigenen Alltags lachen zu können. Der ironische Grundton vieler Briefe ist dafür bezeichnend. Der Eingabe wohnte eine systemstabilisierende Komponente inne, weil sie anzeigte, daß man es noch aushalten konnte und vor allem deshalb, weil sie oftmals einen Vorschlag zur Veränderung enthielt, was wiederum die Reformfähigkeit des Systems unterstellte. Erst wenn die Kritik in Wut, Resignation oder Verzweiflung umschlug, konnte sie systemgefährdend werden. Briefe dieser Art sind fast ausnahmslos anonym. Das Eingabenschreiben bedeutete kulturell sicher noch viel mehr – es war konstruktiv, es war subversiv. Erfahrene Realität und

Vorstellungen von Normalität sind die Pole der individuellen Auseinandersetzung mit der Lebenswelt. Das Spannungsfeld zwischen diesen Polen löste die Beschwerde oder den Zuschauerbrief aus.

Die Radikalität der Zuschauerkritik gründete in ihrem Realitätssinn. Hier suchten vernunftbegabte Wesen nach den Ursachen eines Problems, nach seinem rationalen Kern. Vernünftig waren sie nicht insofern, als sie über die notwendigen Lösungsstrategien verfügten, sondern einfach deshalb, weil sie der Realität ins Auge sahen und sich nicht von schönen Worten und Bildern über die wirklichen Zustände täuschen ließen. Briefeschreiber und Redaktion gingen offenbar beide davon aus, daß der von ihnen beschriebene konkrete Mißstand den zuständigen Behörden nur nicht bekannt sei. Man müsse die Information nur den richtigen Stellen zukommen lassen, dann würde das Problem rational gelöst werden. Die Struktur der Sendung funktionierte nach dem selben Muster: Ein Mißstand wird aufgezeigt, die Zuschauer dürfen sich empören, es werden mutmaßliche Verursacher als Versager oder Egoisten vorgeführt, und es wird ein kleiner Einzelfall gelöst, aber sonst bleibt alles beim Alten. »Bis zum nächsten Mal«, verabschiedet sich die Redaktion.

DER KRITIK DIE SPITZE GENOMMEN

Die teilweise überlieferten Antwortbriefe zeigen deutlich, daß Zuschauer und wohl auch Redaktion – ganz naiv – von den falschen Voraussetzungen ausgingen. Es ging wohl hier und da mal um Gedankenlosigkeit, um Bequemlichkeit oder auch ausgeprägtes Eigeninteresse – und da war der moralische Zeigefinger angebracht. Doch eigentlich wußten die Verantwortlichen längst von dem Problem und fand es eigentlich auch in Ordnung so, wie es war oder man fand es auch nicht in Ordnung, konnte aber sowieso nichts daran ändern. Hinter dem subjektiven Fehlverhalten steckte ein ganzes System objektiver Probleme.

Der angestrebte Diskurs der Vernünftigen über den Zustand der Gesellschaft fand nicht statt, jedenfalls nicht zwischen den Kritikern und den Verantwortlichen. Er konstituierte sich nur indirekt zwischen Zuschauern und Redaktion. Hier stellte sich – zumindest symbolisch – Übereinstimmung her. Die Sendung griff den Gestus der Unzufriedenheit auf und zivilisierte ihn. Mehr oder weniger zurückhaltend wurde ein »Einzelfall« kritisiert. Damit wurde der Kritik aber auch ihre Spitze genommen, die in der Verallgemeinerung und der Rückführung auf systematische Fehlentscheidungen bestand.

Dennoch war es der Versuch, einen Diskurs über das Wohl und Wehe der sozialistischen Gesellschaft, über die Erwartungen, die Ideale und Hoffnungen, die ihre Bewohner damit verbanden, zu führen. Es war ein Diskurs, der von der Unzufriedenheit mit den herrschenden Zuständen lebte und in dem es immer um die Veränderung bestehender Verhältnisse ging. Es war ein Diskurs über etwas, das einem zwar alltäglich passierte, was aber in einer Weise vor sich ging, bei der man immer wieder versucht war zu sagen: »Typisch DDR!« (das wäre die resignative Variante) oder »Das ist doch nicht normal!« (worin sich noch ein Veränderungswille artikulierte). Je größer die Diskrepanz zwischen den Vorstellungen von Normalität und der erlebten Realität, desto aggressiver wurde die Kritik.

In der Sendung jedoch wurden Mißstände stets maßvoll kritisiert, verantwortlich waren immer Personen niederen Ranges. Die Kritik stieß nicht zu den Ursachen vor und begnügte sich damit, persönliches Versagen als Ursache anzuprangern. Darauf nimmt ein ehemaliger Justiziar der Kommunalen Wohnungsverwaltung (KWV) Bezug, als er einen Prisma-Beitrag über Probleme bei der Wohnraumlenkung kritisiert:

»Alle aufgezählten Probleme waren verwaltungsrechtliche ... Probleme, die nahezu ausschließlich in die Kompetenz der Abt. Wohnungspolitik des Rates fallen, aber die KWV/GW-Betriebe sind ja daran gewöhnt, Prügelknabe der Nation = DDR zu sein, an dem man seine Auffassung von kritischer Auseinandersetzung demonstrieren darf, wobei Rechtsvorschriften und materielle Verhältnisse niemanden, insbesondere nicht unsere Medien interessieren, Hauptsache man hat einen Dummen, an dem und über den man sich auslassen darf, ohne wirkliche Zusammenhänge und Gründe aufzudecken bzw. zu untersuchen. Die Folge dieser Praxis ist u.a., daß die Mitarbeiter der KWV-Betriebe, die noch ihren sozialen Auftrag trotz ungenügender materieller und finanzieller Mittel bei oft sehr komplizierten Rechtslagen mit hohem Einsatz erfüllen, zunehmend aufgeben, denn keiner ist gern der Fußabtreter für Leute, die keine Kenntnis haben oder die Augen bewußt verschließen und verantwortet gesellschaftliche Verhältnisse, die er nicht beeinflussen kann. ... Macht weiter so Genossen und Kollegen – die Talfahrt wird rasanter und ihr leistet Euren Beitrag.«[17]

Die in diesem Brief ausgesprochene Wahrheit, daß – in diesem Falle die Mitarbeiter der KWV – für Verhältnisse verantwortlich gemacht werden und sich auch verantwortlich fühlen, auf die sie keinerlei Einfluß haben, verdeutlicht die perverse Lage, in der sich viele Staatsdiener und Bürokraten, Parteiarbeiter und Funktionäre Zeit ihres Lebens in der DDR befunden haben. Dennoch – oder vielleicht gerade deshalb – vermittelte diese Sendung vielen Zuschauern das Gefühl, verstanden zu werden.

Die Zuschauer waren sich der Grenzen der Redaktion zum Teil bewußt. In der Wendezeit brach der jahrelang angestaute Unmut auch über die Alibifunktion von Prisma auf. So schrieb ein Medizinalrat, der zugleich als Abgeordneter tätig war, im September 1989, als von Prisma schon drastischere Töne zu hören waren: »Ihr geht an Erscheinungen heran, ohne zu ihrem Wesen vorzudringen. So hat zum Beispiel ein Bauleiter gar keinen Einfluß darauf, was wann gemacht wird... Wer einzelne Blätter abrupft, erreicht nichts. Man muß schon Wurzeln freilegen. Man macht sich dadurch zwar nicht unbedingt beliebt, kann aber vielleicht helfen, das Tempo zu erhöhen.«[18]

Prisma erscheint so nicht nur als Schaltstelle zwischen Kritikern und Bürokratie, die Sendung fungierte auch noch als eine Art Puffer zwischen Zuschauern und einem Fernsehen, das seiner Rolle als öffentliche Institution kaum gerecht wurde. Einerseits leitete die Redaktion tatsächlich mit großer Ernsthaftigkeit und Menschlichkeit die persönlichen Probleme der Einzelnen an die »zuständigen« Stellen weiter und machte damit der träge dahin arbeitenden Bürokratie häufig Beine. Andererseits funktionierte sie sehr wohl gerade im Sinne dieser Bürokratie, indem sie die Zuschauer/innen zur Mitarbeit und Kritik immer wieder aufforderte und damit den Schein aufrecht erhielt, in dieser Gesellschaft ließe sich mit Vernunft etwas bewegen.

Die gemeinsamen Erwartungshorizonte der Zuschauer und der Redakteure hielten die Gesellschaft zusammen. Wenn aber die Erwartungen nicht mehr geteilt werden, wenn Perspektiven und Hoffnungen aufgegeben oder woanders gesucht werden, dann zerbröselt die Gesellschaft von innen her.

[1] DRA, Zeitgeist-Sammlung, Einleitung der Archivare, unpag.

[2] Die Läden und Kneipen befinden sich alle in Ostberlin. Die Ausstellung »Wunderwirtschaft« wurde von Studenten des Instituts für Europäische Ethnologie, Humboldt-Universität zu Berlin in Zusammenarbeit mit der Neuen Gesellschaft für Bildende Kunst und der Sammlung industrielle Gestaltung erarbeitet und von August 1996 bis Februar 1997 in der Berliner Kulturbrauerei gezeigt.

[3] Auf detaillierte Quellenangaben wurde im Interesse der Lesbarkeit verzichtet.

[4] Deutsches Rundfunkarchiv (DRA), Sendeunterlagen Prisma 1963, Brief vom 7.10.1962, unpag.

[5] DRA, Historisches Archiv, Informationsbericht vom 1.-31.1.1970, unpag.

[6] DRA, Zeitgeist-Sammlung, Brief vom 7.11.1989, unpag.

[7] DRA, Monatsbericht und Halbjahresbericht 1967 vom 17.7.1967, unpag.

[8] Berliner Zeitung am Abend vom 6.5.1963: »Vorstoß in fernsehjournalistisches Neuland«.

[9] Der Tagesspiegel vom 27.6.1964: »Ost: Marktbeeinflussung« von Uwe Johnson.

[10] Fernsehdienst vom 27.9.1964: »Prisma. Porträt einer Redaktion« von Fritz Schulz, S. 3.

[11] Wochenpost Nr. 14 vom 3.4.1965, »Das Profil von Prisma« von Hannes Würtz.

[12] Neue Zeit vom 8.3.1990: »Objektiv und ausgewogen in Bildern und Tönen« von Rosi Ebner.

[13] Fernsehdienst 1-1991: »Eine ›Altlast‹, der wir uns nicht schämen« von Axel Kaspar.

[14] Ebd.

[15] Ebd., Brief vom 19.1.1983, unpag.

[16] Film und Fernsehen 10/1989: »Das ist nicht die Meckerecke der Nation« von Peter Hoff, S.12.

[17] DRA, Zeitgeist-Sammlung, Brief vom 26.4.1989, unpag.

[18] Ebd., Brief vom 2.9.1989, unpag.

BRIEFE AUS DER ANFANGSZEIT
DES FERNSEHENS

ZUM BEWUSTSEIN BRINGEN

Otto Krämer • Werbefachmann • Aue, den 18. Januar 1960

Verbesserungsvorschlag

Der gute Lebensstandart in der DDR wird von vielen Menschen nicht genügend gewürdigt. Ja sogar von manchen mißachtet oder missbraucht oder für selbstverständlich gehalten. Um diesen Bürgern es zum Bewustsein zu bringen, daß es einmal anders war, schlage ich vor, eine Fernsehsendereihe zu bringen mit dem Titel »Weißt Du noch wie es damals war« z.B.

1. Der Lebensstandart eines Arbeiters in der Kaiserzeit
2. Der erste Weltkrieg und die deutsche Arbeiterschaft
3. Die Inflation und die Arbeiterschaft
4. Die Weimarer Republik und die Arbeiterschaft
5. Der Nazistaat und die Arbeiterschaft
6. Der II. Weltkrieg
7. Die DDR von 1945 bis zur Gegenwart

In jeder Sendung müßte besonders der damals bestehende Lebensstandart im Vordergrund stehen.

Hochachtungsvoll

DASS DER PFAFFE

Karl Josef • Industrie-Arbeiter auf dem Dorf • Hosena, 27. April 1960

An die Redaktion Landwirtschaft des Deutschen Fernsehfunks.

In unserem Ort bin ich als Industriearbeiter der Fertigungsbrigade für unsere im Werden begriffene LPG vom Betrieb abgestellt worden. Obwohl ich seit 1957 regelmäßig die Sendungen des Deutschen Fernsehfunks welche Landwirtschaftsfragen behandeln mir ansehe, bleibe ich dennoch blutiger Laie.

Besondere Schwierigkeiten haben wir am Ort mit dem Zustandekommen eines arbeitsfähigen Vorstand der L.P.G. Keiner will die Verantwortung des Vorsitzenden übernehmen. Als besonders erschwerendes Moment möchte ich hervorheben, daß der Pfaffe in unserem Ort unsere Bauern welche eifrige Kirchgänger sind von der Kanzel auffordert: »Nehmt keine Funktion an« beeinflußt. Vom Rias ist ein Bauer mit Namen Alfred Pöpper besonders gelobt worden, weil er den Werbern für die LPG erfolgreich Widerstand geleistet hat und dessen Verhalten wird den anderen Bauern zur Nachahmung empfohlen.

Nun haben wir in unserem Ort einen ehemaligen Teich. Dieser ist etwa 16-18 Hektar groß und mehrere Jahre bewirtschaftet. Es ist Nierungsmoor. Wenn keine Spätfröste eintraten, waren hervorragende Ergebnisse erzielt worden. Nun wird aber seit 2 Jahren nur kleine Teile dieser Fläche bewirtschaftet. Im Gemeindesoll ist aber die ganze Fläche noch drin. Die Futtergrundlage in unserem Ort ist gering. Wenn der Boden des Nierungsmoores untersucht würde und geeignete Grassorten zusammengestellt werden, müßte es doch möglich sein, dort für unser im Entstehen begriffenes vollgenossenschaftliches Dorf Raufutter zu beschaffen.

Vielleicht können Sie uns raten was zu tun ist. Oder einen Experten auf diesem Gebiet für eine Zeit in unser Dorf verpflichten.

In allen Nachbargemeinden geht es hurtig vorwärts nur bei uns ist es als ob man gegen eine Wand anrennt.

Mit sozialistischem Gruß

KAUM NOCH UNTERBOTEN

Hans Meister • Dresden, den 31. Mai 1960

An den Deutschen Fernsehfunk

Ich bin seit einiger Zeit Teilnehmer des Deutschen Fernsehfunks. Aus beruflichen Gründen kann ich mir in der Hauptsache nur die Abendprogramme ansehen und zu einigen dieser Sendungen möchte ich Ihnen unverbindlich meine Meinung darlegen. Zugegeben, das Programm ist sehr abwechslungsreich, aber im Niveau so stark unterschiedlich, daß diese Diskrepanz auch nicht mit der Devise »allen Recht getan ... « entschuldigt werden kann. Als Beispiel sollen hier nur die Montag-Filmsendungen der alten bürgerlichen Filmproduktion angeführt werden. Was hier mitunter den Fernsehteilnehmern serviert wird, kann an Niveaulosigkeit kaum noch unterboten werden. Nehmen wir beispielsweise den Film »Meine Frau Theresa« (Montag, den 23.5.). Offentsichtlich sollte dieser Film der Unterhaltung dienen: ein Modeschriftsteller, selbstverständlich mit großbürgerlicher Umrahmung, Villa, Dienstboten, ein Modedämchen als Frau (nicht zu vergessen das Modehündchen), alles mit einem kräftigen Schuß vulgärer Erotik gewürzt – wem kann dieser bürgerliche Kitsch wohl gefallen? Vielleicht einigen Dämchen, die in der Vergangenheit stehengeblieben sind. Unsere Menschen haben jedenfalls für diesen Blödsinn kein Verständnis. Oder wollte man damit die Niveaulosigkeit des bürgerlichen Unterhaltungsfilms demonstrieren? Schade um die Sendeenergie!

Sicher gibt es in den Archiven andere Filme aus der Vergangenheit, die auch heute noch künstlerisch wertvoll sind und anstelle dieser Schmarren gezeigt werden sollten.

Die beste Abenddarbietung der letzten Zeit war unzweifelhaft das Schauspiel »Jonny Belinda« (Sonnabend, den 28.5.). Dieses Schauspiel in seiner dramatischen Realistik besaß ein hohes künstlerisches Niveau und hat allgemein großen Anklang gefunden. Das bestätigte mir auch eine Umfrage unter den Kollegen meiner Dienststelle. Damit wird zugleich auch die Frage aufgeworfen: Warum bringt unser Fernsehfunk so wenig solcher künstlerisch und kulturell wertvoller Darbietungen? Sollte es nicht möglich sein, anstelle einer der üblichen Sonnabend-20-Uhr-Sendungen – die nach allem zu urteilen, auch mit einem erheblichen Kostenaufwand verbunden sind – ab und zu ein Fernsehschauspiel zu bringen? Die Mehrheit der Fernsehteilnehmer würde Ihnen dafür Dank wissen, zumal die üblichen Sonnabendabendsendungen ihrem Inhalt nach kaum noch etwas Neues bringen. An Schlagersängerinnen und -Sänger hat man des Guten bereits zuviel getan. Lassen Sie deshalb mehr die gestaltende Kunst zu Worte kommen! Damit würde das Fernsehprogramm eine wertvolle künstlerisch-kulturelle Bereicherung erfahren.

HALBNACKTE MÄDCHEN

Kurt Schmidt • Lehrausbilder •
Wiederitzsch/Lpz., den 13. November 1960

Liebe Genossen des Fernsehfunkes!
Ansich hatte ich gleich nach der Sendung des Fernsehspieles »Tanz-mädchen für Istambul« die Absicht, meine persönlichen Eindrücke zu schreiben. Zur Erklärung, ich bin 56 Jahre alt, Lehrausbilder u. Elternbeiratsvorsitzender. Mit tiefer Anteilnahme bin ich den Hand-lungen gefolgt, ich sagte mir, etwas besseres zur Aufklärung u. Abschreckung für unsere jungen Menschen, kann es wohl gar nicht geben! Trotz des besonderen Hinweises »Für Jugendliche unter 18 Jahren nicht geeignet« stellte ich mir die Aufgabe, einmal unter Ju-gendlichen auch darunter, herum zu hören, wie das Fernsehspiel auf sie gewirkt hat. Das Ergebnis war für mich erschütternd!

Jungen von 16-18 Jahren, fast einmütig »So ne Wucht, Elwis Pres-ley hat gesungen – Rockn Roll wurde getanzt – u. halbnackte Mäd-chen«

Mädchen in denselben Jahren »Ach das ist doch alles übertrieben, so was gibt es doch gar nicht«

Warum ich mir grade hierzu so viel Gedanken mache? Genosse Paul Fröhlich stellte in einem Brief an unseren Oberbürgermeister u. die Leipziger Stadtverordneten die Tatsache fest, das es in unse-rer Stadt in der letzten Zeit, wiederholt zu Ausschreitungen junger Meschen gegenüber der sozialistischen Gesellschaft gekommen ist u. forderte, sich mehr um die Jugend zu kümmern. Nun frage ich mich, wie ist das alles nur möglich? Es sind doch alles Kinder die aus unserer sozialistischen Schule hervorgegangen sind, wo sich Lehrer und Erzieher die erdenklichste Mühe gegeben haben, die Kinder zu guten Bürgern unserer Republik zu erziehen. Wo liegt die Ursache? Im Elternhaus? Aber es sind auch Kinder fortschrittlicher Eltern dabei! Oder geht es unseren Kindern zu gut, machen wir ih-nen das Leben zu leicht? Ich denke es ist so, das Verbotene reizt am meisten, besser gesagt das scheinbar verbotene und hier wird wohl die Hauptursache liegen, der Einfluß der westlichen Propaganda durch Rundfunk, Fernsehen u. verderbliche Literatur! Wer hat hier nun die größte Verantwortung? Eben doch in aller erster Linie das Elternhaus. Durch Gedankenlosigkeit oder bewußt bringt es Kinder u. Jugendliche in Widersprüche zum sozial. Denken und Handeln. Es ist gar nicht zu sagen, wieviel Kinder abends Sendungen des Fernsehens mit ansehen dürfen, die mit dem Hinweis »Für Jugendliche nicht geeignet« angesagt werden. Meine Bitte! Sagen Sie es den Eltern noch eindringlicher, wenn die Sendungen von Kindern oder Jugendlichen nicht voll verstanden werden, oder überhaupt nicht geeignet sind.

Im übrigen, herzlichen Dank für die vielen sehr guten Sendungen außer der besprochenen, »Flucht aus der Hölle«, »Der schwarze Kanal« »Erzieher im Examen« und vieles andere.

Mit sozialistischem Gruß

SPEIST MAN MICH SO AB

Gustav Möller • LPG-Mitglied •
Rossow, Kreis Pasewalk, den 27. Dezember 1961

An den deutschen Fernsehsender
Abteilung Landwirtschaftssendungen
Betrifft: Rechtssachen der Landwirtschaftlichen Produktionsgenossenschaft

Als täglicher Fernsehzuschauer komme ich heute mit einer Bitte um eine Auskunft zu Ihnen. Seit 1959 bin ich in der hiesigen LPG »Frieden« Typ III Mitglied. Da ich heute 74 Jahre bin und der LPG durch meine Arbeitskraft wenig Nutzen bringen kann, überredete ich meinen Enkelsohn zum Eintritt in die LPG, gab ihm auch eine Kuh und sonstiges individuelles Vieh. Trotz meiner Jahre und meiner Zuckerkrankheit hütete ich im ersten Jahr meiner Mitgliedschaft die Stärken unserer LPG, verunglückte dabei und zog mir eine Blutstockung im Bein zu. Da ich nun nicht mehr arbeiten kann, will die Leitung der LPG mir 1 1/2 Morgen Land entziehen. Ich soll nur 1/2 Morgen Land bekommen und nichts weiter bekommen.

Nach dem 1. Weltkrieg gründete ich hier in Rossow einen Landarbeiterverband. Als der Vorsitzende dieses Verbandes leitete ich auch einen Streik. Nach 1945 gründete ich hier die Parteigruppe der SED, der ich auch heute noch als aktives Mitglied angehöre. In der zeit von 1918-30 und auch nach 1945 bis jetzt gehöre ich dem Gemeinderat an. War in den ersten schweren Jahren nach dem Umsturz der Bürgermeister. 1933 sollte ich aus der Gemeinde verwiesen werden und nun da ich nicht mehr arbeiten kann, speist man mich so ab. Ich kann nicht glauben, daß dies im Sinne unser Arbeiter und Bauernregierung ist. Und glaube, daß diese handlungsweise dem Statut nach nicht gesetzlich gerechtfertigt ist. Es bittet Sie in dieser Sache um Ihre Hilfe mit freundlichem Gruß

ERNA RÄUMT AUF

Rudolf Lindenberger • Abschnittsbevollmächtigter,
Unterleutnant der Deutschen Volkspolizei •
Altenburg, Bezirk Leipzig, den 17. Februar 1962

Am Donnerstag den 15.2.1962 sendeten Sie den Fernsehschwank Erna räumt auf, von Manfred Petzold.

Das Darstellerkollektiv wurde ihrer Aufgabe gerecht und alles in allen war es ein Schwank wie man ihn sich öfter einmal wünscht. Was mich veranlaßt Ihnen zu schreiben, ist der in diesem Schwank in Blickfeld gestellte Abschnittsbevollmächtigte der Deutschen Volkspolizei. Der Darsteller hat auch hier seine Rolle glänzend erfüllt. Nur der Autor und auch der Dramaturg haben beide keine Ahnung von der Tätigkeit eines ABV's.

Der hier in dem Schwank genannte ABV könnte in der Praxis keinen Tag länger seinen Dienst versehen, wenn er so gegen die demokratische Gesetzlichkeit verstößt wie er es tut.

Ich würde den beiden Herren raten, Herrn Petzold wie Herrn Jarolim, sich schnellstens einmal mit einem ABV in Verbindung zu setzen um die Tätigkeit eines ABV kennen zu lernen. So wie dieser in dem Schwank dargestellt wurde ist dieses nicht nur eine Beleidigung der ABV, sondern kommt einer Verächtlichmachung der Volkspolizei gleich. Was mich besonders empört ist die Tatsache, daß man einen ABV auf die Bühne stellt, der eine Witzfigur darstellt. Besonders sind es einige Szenen die mit der Tätigkeit eines ABV nicht im Einklang zu bringen sind. Ich bin selbst ABV und fühle mich durch Ihre Darstellung beleidigt.

Es ist wohl kaum möglich, daß ein ABV schon am Mittag in der Kneipe sitzt und Schach spielt, noch dazu in Zivil. Wenn schon in Zivil, dann sollte man es aber vermeiden daß man ihn auch zuhause als einen Pantoffelheld darstellt.

Ein ABV der einen anderen Räder von einem PKW abmontiert ist nur nicht unmöglich als ABV sondern hat sich strafbar gemacht. Ein ABV der eine dienstliche Handlung durchführt, siehe den Schwank, und eine Schlägerei im Gasthof klären will, verstößt gegen die demokratische Gesetzlichkeit und wäre als ABV untragbar.

Schon wenn sich ein ABV von einer Zivilperson an seine Pflicht erinnern lassen muß und obendrein noch auf die Verletzung der Gesetzlichkeit belehren lassen muß, ist kein ABV.

Wir haben als ABV's eine verantwortungsvolle Tätigkeit und wehren uns ganz energisch dagegen wenn wir so durch den Schmutz gezogen werden.

Ich möchte noch einmal betonen daß sich die beiden Herren Petzold und Jarolim schnell einmal mit einen ABV in Verbindung setzen um einen wirklichen Einblick in die Tätigkeit eines ABV zu erhalten.

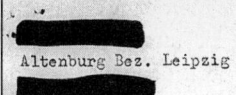

Altenburg, den 17.2.1962

Altenburg Bez. Leipzig

An den
Deutschen Fernsehfunk
Abt. = Unterhaltung = $26\ 13/VII\ .\ 1$
Berlin - Oberschöneweide
Nalepastr. 18 - 5o

Betr.: Fernsehschwank = Erna räumt auf = vom 15.2.1962

Am Donnerstag den 15.2.1962 sendeten Sie den Fernsehschwank
Erna räumt auf, von Manfred Petzold.
Das Darstellerkollektiv wurde ihrer Aufgabe gerecht und alles in
allen war es ein Schwank wie man ihn sich öfter einmal wünscht.
Was mich veranlaßt Ihnen zu schreiben, ist der in diesem Schwank
ins Blickfeld gestellte Abschnittsbevollmächtigte der Deutschen
Volkspolizei. Der Darsteller hat auch hier seine Rolle glänzend er=
füllt. Nur der Autor und auch der Dramaturg haben beide keine Ah=
nung von der Tätigkeit eines ABV,s.
Der hier in dem Schwank genannte ABV könnte in der Praxis keinen
Tag länger seinen Dienst versehen, wenn er so gegen die demokratische
Gesetzlichkeit verstößt wie er es tut.
Ich würde den beiden Herren raten, Herrn Petzold wie Herrn Jarolim,
sich schnellstens einmal mit einem ABV in Verbindung zu setzen um
die Tätigkeit eines ABV kennen zu lernen. So wie dieser in dem Schwank
dargestellt wurde ist dieses nicht nur eine Beleidigung der ABV,
sondern kommt einer Verächtlichmachung der Volkspolizei gleich.
Was mich besondersempört ist die Tatsache, daß man einen ABV auf die
Bühne stellt, der eine Witzfigur darstellt. Besonders sind es einige
Szenen die mit der Tätigkeit eines ABV nicht im Einklang zu bringen
sind. Ich bin selbst ABV und fühle mich durch Ihre Darstellung belei=
digt.
Es ist wohl kaum möglich, daß ein ABV schon am Mittag in der Kneipe
sitzt und Schach spielt, noch dazu in Zivil.
Wenn schon in Zivil, dann sollte man es aber vermeiden daß man ihn
auch zuhause als einen Pantoffelheld darstellt.
Ein ABV der einen anderen Räder von einem PKW abmontiert ist nur
nicht unmöglich als ABV sondern hat sich strafbar gemacht.
Ein ABV der eine dienstliche Handlung durchführt, siehe den Schwank,
und eine Schlägerei im Gasthof so klären will, verstößt gegen die

**Erna räumt auf – »... der Autor und auch der Dramaturg haben beide keine Ahnung von
der Tätigkeit eines ABV's.«**

demokratische Gesetzlichkeit und wäre als ABV untragbar.
Schon wenn sich ein ABV von einer Zivilperson an seine Pflicht
erinnern lassen muß und obendrein noch auf die Verletzung der
Gestzlichkeit belehren lassen muß, ist kein ABV.
Wir haben als ABV,s eine verantwortungsvolle Tätigkeit und
wehren uns ganz energich dagegen wenn wir so durch den Schmutz
gezogen werden.
Ich möchte noch einmal betonen daß sich die beiden Herren Petzold
und Jarolim schnell einmal mit einen ABV in Verbindung setzen
um einen wirklichen Einblick in die Tätigkeit eines ABV zu erhalten.

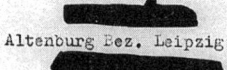

Altenburg Bez. Leipzig

Abschnittsbevollmächtigter, Unterleutnant der
Deutschen Volkspolizei

»Was mich besonders empört ist die Tatsache, daß man einen ABV auf die Bühne
stellt, der eine Witzfigur darstellt.«

NUR EIN GANZ HARMLOSES STÜCK

Albrecht Göschel • Gatzen, den 7. Oktober 1962

Liebe Genossen vom Deutschen Fernsehfunk!

Soeben sah ich das Fernsehspiel »Die neue Losung«.

Ich stehe noch völlig unter dem Eindruck dieses Fernsehspiels und sehe mich genötigt, Ihnen zu schreiben.

Der große Eindruck, den das Fernsehspiel auf mich machte, entsteht aber nicht durch den Inhalt des Stücke und seine »Neuartigkeit«, sondern er entsteht auf Grund der Tatsache, daß ich erstmals ein Fernsehspiel des Deutschen Fernsehfunks sah, das sich mit der Produktion in viel realistischerer Weise als früher befaßte.

Für Euch bedeutet dieses Fernsehspiel einen wesentlichen Schritt vorwärts. Ich möchte Euch dazu beglückwünschen!

Ich kann mich aber nicht des Eindruckes erwehren, daß Ihr glaubt, das sei nur eine »Einzelerscheinung«, eine »Besonderheit« – ein »besonders drastisches Beispiel mit besonders vielen negativen Zügen« (der Betrieb, der im Mittelpunkt des Fernsehspiels steht ist gemeint).

Dem ist aber nicht so, Euer Stück ist im Vergleich zur wahren (d.h. realistischen) Produktionspraxis nur ein ganz harmloses Stück mit vielen Ungenauigkeiten und teilweise Oberflächlichkeiten (in Bezug auf die Herausarbeitung der negativen Zustände, ihrer Ursachen und Zusammenhänge) und mit ein wenig Idealismus in Bezug auf die Lösung der Probleme – auf die Überwindung der Widersprüche.

Ich möchte Euch sagen: »Macht weiter so! Vergessert Euch in dieser Richtung noch! Werdet gründlicher in der Untersuchung der Probleme! Werdet unversöhnlicher und mutiger in der Darstellung der Problematik! – Hinter Euch steht die Wahrheit und mit der Wahrheit die Arbeiterklasse!«

Es gibt wohl kaum einen Betrieb in unserer Republik, in dem die Widersprüche nicht noch schärfer, noch tiefer sind – als in Eurem Fernsehspiel!

Die Widersprüche sind überreif und haben sich zu einer Gefahr für die Arbeiterklasse entwickelt! Ihre Überwindung maht die unbesiegbaren, gewaltigen Kräfte und Vorteile unserer Gesellschafts-

ordnung frei lässt sie zur Geltung kommen und sich entwickeln. –
Das sind genau die Kräfte, die dem Sozialismus die höhere Arbeitsproduktivität und damit den ökonomischen Sieg über den Kapitalismus bringen. Mit dem ökonomischen Sieg über den Kapitalismus schlagen wir diesen auch an allen anderen Fronten des Klassenkampfes, d.h. der Frieden wird gesichert, der Atomtod wird besiegt und der Gefahrenherd Westberlin, sowie das Revanchistenzentrum Westzone werden entschärft!

Seid Kommunisten! Bringt den Mut auf (und der gehört dazu – das werdet ihr sicher bald feststellen) und untersucht konkrete Betriebe auf derartige Widersprüche – bringt sie mit vollem Namen und Adresse vor die Mattscheibe! Nehmt die politische Ökonomie, das Parteistatut, Gesetzblätter – alle Theorie mit in den Betrieb und arbeitet den Widerspruch zwischen Theorie und Praxis heraus! Nehmt die eigenen Beschlüsse und Verordnungen und Verpflichtungen der Betriebe her und überprüft deren Realisierung!

Sprecht diese himmelschreienden Widersprüche an und bedenkt: Ihr tut das nicht für Euch, sondern für die Arbeiterklasse!

Ihr seid Euch vielleicht noch gar nicht bewußt, welch gewaltige Produktivkräfte Ihr dadurch entwickeln könnt, welche revolutionäre Veränderungen Ihr dadurch in unserer Ökonomie vorbereitet!

... Wie Euch diese Zeilen bestätigen werden – habe auch ich durch dieses Fernsehspiel wieder etwas mehr Vertrauen zu Euch gewonnen und schöpfe neue Hoffnung, daß wir unsere Produktionsverhältnisse bald in Ordnung bringen können.

Aber wie viele sind trotzdem noch mißtrauisch – wie viele Arbeiter vertrauen Euch trotz dieses Fortschritts noch nicht – weil sie zehn und mehr Jahre lang andere Erfahrungen durch unsere Presse, den Rundfunk – und auch das Fernsehen gemacht haben (bezogen auf solche Erscheinungen, wie Lobhudelei, Betrug am Staat, Schönfärberei, falsche Berichterstattung, Bürokratie, Dokmatismus und selbstkritische Überheblichkeit usw. usf.??

Wenn ich die Aufgabe hätte, nach meiner Ansicht diese Menschen zahlenmäßig zu schätzen, würde ich, ohne zu zögern, sagen: »Mehr als 60% aller Arbeiter und mehr als 85% aller in der materiellen Produktion körperlich arbeitenden!«

– Vielleicht kann der sechste Parteitag – auf der Grundlage euerer Arbeit – schon eine Kommission beschließen, die sich mit der gesellschaftswissenschaftlichen Untersuchung derartiger Erscheinungen befaßt?

Damit habe ich mir das wichtigste vom Herzen geredet!

Ich wünsche Euch patriotischen Heldenmut und das Bewußtsein von Kommunisten, die unbeirrbar und unversöhnlich gegen alles Schwache, Schlechte und Rückständige in den eigenen Reihen kämpfen!

Mit sozialistischem Gruß

DER VOLKSWIRTSCHAFT ENTZOGENE GELDER

Günter Heise • Kemtau, den 11. Oktober 1962

Werte Kollegen!

Ihr seid dabei, innere Reserven der Industrie und des Handels aufzuspüren und der Öffentlichkeit zugänglich zu machen.

In diesem Zusammenhang tritt mehr und mehr die Diskussion in den Vordergrund, warum und mit welcher Begründung die Mehrzahl der Wirtschafts-, Staats- und Parteifunktionäre auf Kosten des Staates mit staats- und volkseigenen Kraftfahrzeugen private Fahrten unternehmen können. Die Werktätigen unseres Betriebes (VEB Elektrogerätewerk Gornsdorf) sind, soweit ich Zeuge von Gesprächen in dieser Richtung wurde, der Ansicht, daß diese Kollegen auf Grund ihrer Gehälter durchaus in der Lage wären, sich sowohl mit einem eigenen Fahrzeug zu versorgen als auch die damit im Zusammenhang stehenden Ausgaben zu finanzieren.

Ich persönlich bin ebenfalls der Ansicht, daß die dadurch der Volkswirtschaft entzogenen Gelder nicht nur in die Tausende gehen. Sollte dieser Hinweis nicht zu der Sendereihe »Konto 63« passen, dann bitte ich, das Problem einer zuständigen Abteilung des Fernsehfunks zuzuleiten.

Ich würde mich freuen, wenn ich in absehbarer Zeit von Ihnen eine befriedigende Antwort bzw. eine stichhaltige Begründung für die von den Arbeitern und Angestellten im allgemeinen geübte Kritik an dieser Handlungsweise der höheren Funktionäre erhalten würde.

Mit freundlichem Gruß

BEI DEN AMIS, DA IST EIN LEBEN

Liselotte Babst • Altwigshagen, den 19. Oktober 1963

Lieber Fernsehfunk!

Der gestrige Film um 19 Uhr »Schwarzer Kies« war durchaus nicht geeignet, um diese frühe Abendstunde gezeigt zu werden. Durch das Sonderprogramm zu Ehren des Kosmonauten-Paares konnte er auf keine weitere Abendstunde verschoben werden. Doch der Fensehfunk hätte sich das sehr überlegen, und diesen Film an einem anderen Abend in späterer Stunde zeigen sollen. Obwohl es vorher bekannt gegeben wurde, daß der Film für Jugendliche unter 18 Jahre nicht geeignet ist, hat das wohl wenig genützt. – Wir hatten heute morgen vor unserer Schule einige Gespräche mit angehört, die von Schülern von 11-14 Jahren geführt wurden und diesen Film trotzdem sahen, weil deren Eltern zum Teil ins hiesige Kino zu einer sehr guten Filmveranstaltung gingen und die Kinder also doch am Bildschirm saßen, da die Abendstunde zu früh war um ins Bett zu gehen. Die Gespräche, die die Kinder führten waren unter aller Würde. Wir als Erwachsene und Erziehungsberechtigte, darunter eine Lehrerin und Kindergärtnerin hörten folgendes: »Mensch habt Ihr gestern den tollen Ami-Film gesehen? Der war Klasse. Die Liebesszenen einfach groß! Da weiß man wenigstens, wie das gemacht wird. – Wirklich ein prima Film, da konnte man Busen sehen«, »ich konnte mich garnicht davon trennen.«

»Meine Eltern saßen auch dabei, die haben garnichts gesagt«, »Bei den Amis, da ist ein Leben was?« usw.

Diese Kinder haben ja in Wirklichkeit garnicht den richtigen Sinn des Filmes erfaßt nur darinnen das gesehen, was sie innerlich so

»einfach toll und Klasse finden«. – Jedenfalls wir hatten genug gehört und müssen immer wieder sagen, es ist durchaus nicht richtig, in so früher Abendstunde Filme zu zeigen, die für Kinder von 11-14 Jahren nicht geeignet sind, obwohl es vorher bekannt gegeben wird. Danach richten sich die wenigsten Eltern heutzutage, die ihre Kinder ins Bett schicken, und die Jugendlichen unter 18 Jahren, also von 14-17 J. na, die schon garnicht.

Wir sind hier alle der Meinung, daß der Fernsehfunk da eine Abänderung schaffen muß, auch um 20 Uhr ist solche ein freier Film viel zu verfrüht, auf den Bildschirm gebracht zu werden. Dies muß nach 21-22 Uhr geschehen.

Die Jugend in diesem Alter verliert ja sonst alles Schamgefühl. Es gibt so schöne Jugendfilme die man um diese Zeit zeigen sollte, die in den Herzen der Jugendlichen unter 18 J. einen besseren Eindruck hinterlassen. Verschieben und ein anderes Programm einzusetzen, ist immer möglich!

Es wäre viel netter gewesen, man hätte die Sendung mit dem Kosmonauten-Paar, die für die Jugendlichen bedeutender gewesen wäre, eher gebracht.

Mit freundlichen Grüßen

RENNE ICH NUN SCHON RUM

Philipp Strieder • Kraftfahrer •
Weinhübel, den 14. August 1963

Ich habe schon oft Ihre Sendung Prisma verfolgt und bin daher zu dem Entschluß gekommen Ihnen meine Sorgen, die ich mit meiner Neubauwohnung habe mitzuteilen. Juni 1962 bezog ich mit meiner Familie die Neubauwohnung Weinhübel, Thomas-Mann-Allee 34.

Der Wohnzimmerofen war von Anfang an nicht in Ordnung. So müssen nun in diese neuen Wohnblöcke viele Öfen noch einmal gesetzt werden hier kann von Einsparung und Arbeitsproduktivität nicht mehr die Rede sein. Die Öfen sollen noch im 3. Quartal dieses Jahres gesetzt werden, hoffentlich nicht erst zu Weihnachten. Der jetzige Ofen hält den kommenden Winter nicht mehr durch ist nur erstaunlich das er einen Winter durchgehalten hat.

Als nächstes wäre der Balkon zu erwähnen. Erst hieß es wir bekommen Verkleidung so wie es bei alle Wohnblocks ist, aber bis jetzt ist noch keine Verkleidung drum. ...

Seit zwei Monaten ist nun schon die Abflußleitung vom Abort von den Leuten über uns undicht, denn die Leitung geht ja bei uns durch nach unten. Über einen Monat renne ich nun schon rum das mal jemand kommt und den Schaden behebt aber keiner fühlt sich dafür verantwortlich. Ich war bei der Kommunalen Wohnungsverwaltung in Görlitz dann bei der PGH Gesundheitstechnik in Weinhübel und bei der Bauleitung Weinhübel-Süd ich wurde von einem zum andern geschickt und bis jetzt ist mit der Abflußleitung noch nichts gemacht worden. Außerdem ist das hygienisch überhaupt nicht einwandfrei, meine Frau kann jeden Tag die Schweinerei wegwischen. Ich weiß mir keinen Rat mehr. Ich wäre Ihnen sehr dankbar wenn Sie einiges darüber in der Sendereihe Prisma sagen würden vielleicht trägt das dazu bei das die Mängel abgestellt werden.

Hochachtungsvoll

Am 3. September antwortet die Redaktion Prisma:

Lieber Herr Strieder!

Haben Sie herzlichen Dank für Ihr Schreiben vom 14.8.1963, mit dem Sie Ihr Vertrauen zu unserer PRISMA-Reihe bekundet haben.

Was die von Ihnen dargestellten Tatsachen angeht, so sind sie uns aus anderen Zuschriften und eigener Kenntnis (in Berlin tritt vor allem die leidige Ofengeschichte besonders häufig auf!) wohl bekannt. Aus diesem Grunde ist einer unserer Redakteure damit beschäftigt, das Problem zu untersuchen, damit es zu gegebener Zeit auf den Sender gebracht werden kann. Leider sind solche Voruntersuchungen immer sehr langwierig und kompliziert, denn am Ende will es immer keiner gewesen sein und die Verantwortlichkeit ist schwer festzustellen.

Was die weiteren von Ihnen dargestellten Mängel angeht, so autorisieren wir Sie dazu, bei der zuständigen PGH bekanntzugeben, daß Sie sich in dieser Sache an PRISMA gewendet haben. Sollte sich dann immer noch nichts tun, so versprechen wir Ihnen, bei Ihnen und den Verantwortlichen zu erscheinen; die Reparaturleistungen durch die KWV bedürfen ohnehin einmal einer Untersuchung.

Zuletzt raten wir Ihnen, Ihre Angelegenheit auch einmal dem Abgeordneten Ihres Wohngebietes vorzutragen. Gerade die gegenwärtige Wahlperiode ist gut geeignet, solche Mängel aus dem Wege zu schaffen, die – gemessen an der Höhe unserer derzeitigen Entwicklungsstufe – längst der Vergangenheit angehören müßten.

Mit freundlichen Grüßen!

Gerhard Scheumann

Herr Strieder beklagt sich nochmals am 27. September 1963:

Sehr geehrter Herr Scheumann!

Vielen Dank für Ihren Brief vom 3.9.1963. Ich war Ihren Rat befolgend noch einmal bei der Kommunalen Wohnungsverwaltung in Görlitz und habe nochmals meine Mängel vorgetragen. Ich habe der KWV auch wissen lassen wenn das nicht bald was wird das ich mich wieder an Sie wenden werde. Kurz darauf war dann ein Klempner da der sich den Schaden ansah und versprach am selben Nachmittag wieder zu uns zu kommen wir warten heute noch auf diesen tüchtigen Klempner.

Das dritte Quartal ist um der Ofen ist noch nicht gesetzt worden dann kann man den ganzen Winter über in der Küche sitzen weil man im Wohnzimmer nicht heizen kann und 2 kleine Kinder sind auch da. ...

Miete zahlen dazu ist man verpflichtet aber für notwendige Reparaturen ist wohl keiner zuständig obwohl im Mietsvertrag verankert ist das Reparaturen wenn sie gemeldet sind sofort durchzuführen sind. Solche Verantwortungslosigkeit müßte bestraft werden.

Wenn ich meine Arbeit als Kraftfahrer beim Kraftverkehr auch so verantwortungslos durchführen würde hätte es schon so manchen

Verkehrsunfall und Sachschaden gegeben womit unserem Staat nicht gedient wäre und man hätte von mir Schadenersatz und so einiges noch mehr verlangt und darum wundert es mich das einige Leute die dafür bezahlt werden so verantwortungslos handeln dürfen.

Ich würde mich sehr freuen, wenn Sie Herr Scheumann in dieser Sache etwas unternehmen würden.

Mit freundlichen Grüßen

Prisma antwortet am 3. Oktober 1963:

Sehr geehrter Herr Strieder!

Wir danken Ihnen für Ihr erneutes Schreiben und können Ihnen mitteilen, daß eine Untersuchung über die »leidige Ofengeschichte« in einer unserer nächsten PRISMA-Sendungen gebracht wird.

Gerhard Scheumann ist zur Zeit leider erkrankt; sobald er zurückkommt, werden wir ihm Ihren Brief vorlegen, damit er sich Ihrer Angelegenheit annehmen kann.

Wir müssen Sie daher bitten, sich noch etwas zu gedulden, würden es jedoch sehr begrüßen, wenn Sie uns auch weiterhin über den Stand der Reparaturarbeiten unterrichten würden.

Mit freundlichen Grüßen!

Hering

Sekretariat PRISMA

Am 28. November 1963 sendet Prisma einen Beitrag über dieses Thema mit folgender Moderation:

Studio/ Gerhard Scheumann: Guten Tag, verehrte Zuschauer!

Noch im August dieses Jahres erhielt die Redaktion PRISMA einen Zuschauerbrief, der sich mit einem Gegenstand beschäftigte, an den man während sommerlich-warmer Tage gewöhnlich kaum zu denken pflegt: Es handelt sich um den heimischen Ofen, an dessen durchgewärmten Kacheln in unseren Breitengraden die Familien überwintern wollen. Inzwischen ist es wieder soweit: die Tage sind kürzer geworden, und nach dem Heimweg durch feuchte Abendnebel freuen wir uns auf die mollige Stube. Damit ist auch der Zeitpunkt gekommen, an dem wir mit ihrer Aufmerksamkeit für das Ofenthema rechnen dürfen.

Unsere Mitarbeiter Helmut Hess und Gerhard Bombal hatten einige Mühe, zu den Gründen so vieler berechtigter Mieterklagen vorzustoßen. Hier das Ergebnis ihrer Untersuchungen ... (der Beitrag selbst fehlt in der Akte)

Meine Zuschauer – wir sind weder Typenprojektanten noch Ofenspezialisten. Uns interessiert eine andere Frage: Wie wurden in den hier dargestellten Fällen die Menschen behandelt? Hat man ihre doch durchaus berechtigten Beschwerden nicht sehr unterschiedlich bewertet? ... Eines ist sicher: Wir dürfen uns nicht damit zufrieden geben, wenn Hinweise der Bevölkerung jahrelang schleppend behandelt werden. Hier liegt ein großes, vielleicht das größte Aufgabengebiet für unsere gewählten Abgeordneten, für die Leitungen unserer Wohngebiete, in jedem solchen Fall das ganze Gewicht ihrer gesellschaftlichen Repräsentanz geltend zu machen, die Verantwortlichen – wenn es sein muß – mit *Nachdruck* auf ihre Pflichten aufmerksam zu machen und auch nicht zu dulden, daß sich Verantwortliche hinter den oft strapazierten »objektiven Schwierigkeiten« verstecken.

Nehmen wir uns das für die Zukunft vor!

Was freilich diese Ofengeschichte betrifft, so *ist* bereits großer volkswirtschaftlicher Schaden entstanden, und wir meinen, daß die Bürger unserer Republik ein Recht darauf haben, zu erfahren, welche Gewähr gegeben ist, daß sich so etwas in Zukunft nicht wiederholt. Dies ist eine Frage an das Ministerium für Bauwesen, um dessen Antwort wir hiermit bitten.

Herr Strieder schreibt noch einmal an Prisma eine Postkarte ohne Datum:

Ich wollte Ihnen nur mitteilen das ich mich inzwischen mit meiner Angelegenheit (Ofen, Balkon usw.) an den Vorsitzenden des Staatsrates Walter Ulbricht gewendet habe und jetzt alles in Ordnung gebracht wird damit hat sich der Fall erledigt,
mit freundlichem Gruß

SEHR UNHÖFLICHE KUNDEN

Abteilung Haushaltwäsche • HO Warenhaus •
Dresden, den 14. Dezember 1963

Sehr geehrte Kollegen vom Fernsehfunk!
Wir möchten uns bei Ihnen erst einmal vorstellen. Unsere Brigade heißt »Luise-Otto-Peters«. Wir sind ein Kollektiv von jugendlichen und älteren Kollegen, die gemeinsam um den Titel »Brigade der sozialistischen Arbeit« kämpfen.

Viel Kopfzerbrechen bereitet uns nach wie vor die Frage der Verkaufskultur. Obwohl bei uns wirklich jede Kollegin bemüht ist, unsere Kunden zur vollsten Zufriedenheit zu bedienen, zeigen sich Schwierigkeiten – wenn auch in größeren Abständen.

Wir sind nach langem Überlegen zu der Schlußfolgerung gekommen, daß der Umgang mit Menschen sehr schwierig zu lösen ist. Unserer Meinung nach gibt es nur einen Weg, der gegenseitige Erziehungsprozeß. Die Voraussetzung dazu ist die Achtung vor jedem anderen Menschen. Zugegeben, es gibt noch viele Verkäuferinnen mit schlechter Verkaufskultur. Andererseits begegnen uns aber auch sehr unhöfliche Kunden.

Und nun kommt unsere Bitte an Sie, liebe Kollegen vom Fernsehfunk. Helfen Sie uns, das bildlich darzustellen. Von einer Gegenüberstellung guter und schlechter Beispiele von Verkäuferinnen und Kunden erhoffen wir uns einen großen Erfolg. Wir haben vor, dies bei uns in der Abteilung Haushaltwäsche des HO Warenhauses Dresden zu gestalten. Die Freude wäre bei uns allen sehr groß, wenn wir von Ihnen einen positiven Bescheid erhalten würden. Wir sind gern bereit zu einer persönlichen Aussprache, wobei wir Ihnen überlassen, Ort und Zeit zu nennen.

Unsere Brigade wünscht allen Ihren Kolleginnen und Kollegen ein recht frohes Weihnachtsfest.

Prisma greift diese Idee auf und sendet am 23. Juni 1964 einen Beitrag mit dem »Der Kunde hat das Wort«. Hierbei geht es aber weniger um das Verhältnis von Verkäufern und Kunden, sondern vielmehr wird den Ursachen über die herrschende Mißstimmung nachgegangen:

HO-Warenhaus Dresden, im Bereich der Brigade »Louise-Otto-Peters«: Gewohnte Bilder und Töne unseres Alltags – eingefangen durch versteckte Kameras und Mikrophone. Bilder und Töne, in denen wir uns wiedererkennen und wiederfinden. Wir – die Zehntausende Verkäuferinnen und Verkäufer – wir – die Millionen Kunden.

Tagtäglich stehen wir uns Auge in Auge gegenüber – die einen reichen die Ware über den Ladentisch, die anderen das Geld dafür. Eine überschaubare, einfache, gerade Linie zwischen zwei Punkten – so scheint es. Vielfältig sind dabei die Temperamente, Forderungen, Wünsche und Kritiken. Auf beiden Seiten.

Hat es denn aber einen Sinn, daß die Kunden ihre Wünsche und Forderungen vortragen? Schließlich können doch die Verkäuferinnen nur anbieten, was produziert wurde. Sie selbst aber produzieren ja nicht, was sie verkaufen, sondern sie verkaufen, was *andere* produzieren.

Die direkte, optisch überschaubare Linie zwischen den beiden Punkten muß also weitergeführt werden – bis zum Produzenten...

SEIT MONATEN BESCHWERDEN

Konsum-Genossenschaftsverband •
Reichenbach, den 13. März 1964

Werte Kollegen!

Von unseren Fisch-Spezial-Verkaufsstellen kommen seit Monaten Beschwerden darüber, daß Fischkonserven des VEB Fischwerk Saßnitz/Rügen Untergewichte aufweisen.

Wir fügen diesem Brief eine Dose »Heringsfilet in Feinschmeckertunke« aufgedruckte Inhaltsangabe 200 g und eine Dose »Heringsfilet nach Hausfrauenart« aufgedruckte Gewichtsangabe 200 g, bei. Die Dosen wiegen einschl. Verpackung (die etwa 40 g wiegt) 180 bzw. 190 g. Speziell die Fisch-Spezial-Verkaufsstelle in Reichenbach, Zwickauer Straße hat mehrmals und seit Monaten derartige Untergewichte beim »VE Absatz- und Lagerungskontor der Fischwirtschaft« beanstandet, ohne daß dieser Zustand abgestellt wurde ...

Diese, Ihnen überreichten Dosen, wurden aus dem Ladenbestand der vorstehend gen. Verkaufsstelle bereits nach kurzen Nachprüfungen ermittelt ...

Wir möchten Sie bitten, eine kritische Untersuchung im Rahmen der Sendung »Prisma« vorzunehmen.

Prisma greift das Problem in seiner 25. Sendung am 2.4.1964 um 20.00 Uhr in folgender Weise auf:

Diese Aufforderung »Saßnitz – bitte melden« ist durchaus ernst gemeint. Wir hätten gerne einmal gehört, wie sich die Leitung des Herstellerbetriebes zu der gewichtigen Tatsache stellt, daß seine schmackhaften Konserven so häufig *untergewichtig* auf dem Markt erscheinen.

Und diese zwei Büchsen, meine Damen und Herren, sind nur zwei von vielen zweifelhaften Exponaten, die sich im Laufe der Wochen und Monate in unserer Redaktion eingefunden haben und uns ein bißchen ratlos machen.

Wir haben Ihnen heute – aus Anlaß unserer 25. Sendung – einmal eine kleine Schau zusammengestellt und laden Sie ein, in der ersten Abteilung diese Knabenhose zu bewundern, die zwei verschieden-lange Beine aufweist. Kostenpunkt: 55,- DM. Die unegalen Finger, unter denen dieses unegale Beinkleid entstand, sind zu suchen in der Firma Walter Junghähnel – Leipzig N 21.

Tusch! Herzlichen Glückwunsch!

Dieses Päckchen enthält, sorgsam in Holzwolle verhüllt, einen Artikel, für den die Brandschutzorgane der DDR demnächst eine große Prämie auswerfen werden. Es handelt sich um die schwarze Sorte des Kohlenanzünders »Konafix« des VEB Braunkohlenwerkes Nachterstedt, für den wir den Werbespruch empfehlen möchten: »Hast Du Konafix im Haus, kriegst Du jede Flamme aus!«

Tusch!

Frau Hildegard Sauer aus Lüdershagen im Kreis Ribnitz-Dam-garten schickte uns diese reizenden Kinderbücher. Den »Kleinen Troll auf großer Reise« kaufte Frau Sauer vor etwa zwei Jahren zum Preise von 3,90 DM ein – den »Troll im Land der Elefanten« bot der Buchhandel im Dezember 1963 in kaum veränderter Ausstattung und gleichem Umfang zum Preise von 4,40 DM an. Frau Sauer will diese Preiserhöhung nicht begreifen aber vielleicht begreift sie der Dr. Herbert Schule Buch- und Kunstverlag in Leipzig!

Tusch!

Und da wir gerade bei den lieben Kleinen sind: die sollen ja hübsch angezogen herumlaufen. Hier sehen Sie das unerreicht originelle Modell eines Unterrocks, dessen Herstellerfirma auf den ahnungs-losen Namen »Solida« hört! Wer den Schaden hat, braucht für den Spott nicht zu sorgen!

Tusch!

... Verkaufsstellenleiter Georg Müller aus Lauscha in Thüringen schickte uns gleich einen ganzen Karton zwar geschmackvoller, aber geschmacklos liederlich verpackter Nahrungs- und Genußmittel, und zwar von den verschiedenartigsten Firmen. Wir teilen seine Auf-fassung, daß wir das heute einfach nicht mehr nötig haben.

Tusch!

Ja – so sehen sie aus, diese unaufgefordert eingesandten Produkte, die sich nebenbei bei uns ansammeln – nur vom VEB Rotkäppchen in Freyburg ist leider nie etwas dabei.

WIR FRAUEN SIND EMPÖRT

Anneliese Kraft • *Angestellte beim Rat des Kreises* •
Weißwasser, den 12. März 1965

Werter Herr Scheumann!

Nun ist der internationale Frauentag vorüber und man konnte in der Presse lesen, wie schön und sinnvoll dieser Tag für viele Frauen gestaltet wurde. Beim Rat des Kreises Weißwasser lief er so ab:

Früh gingen wir wie immer zum Dienst. Um 11.00 Uhr fand in unserem Kulturraum eine kleine Feierstunden statt, in der ein Kollege eine nicht sehr fesselnde Rede hielt. Aber ob fesselnd oder nicht, wir konnten ihr doch nicht gebührend folgen, weil wir zu sehr fasziniert waren von dem reizenden Souvenier, was auf dem Platz jeder Frau stand.

Die Gesichter der Frauen drückten aus, was sie darüber dachten, die einen lächelten verstohlen in sich hinein, andere wieder überlegten krampfhaft, wofür das Pöttchen wohl gedacht sei und wieder andere machten einen fast beleidigten Eindruck.

In diesen Gefäßen, die man uns nicht etwa leer hinstellte, befand sich das jetzt verbilligt angebotene Konfekt, was voriges Jahr im Sommer hergestellt wurde.

Es schmeckte auch danach.

Die Feierstunde, die nun ihrem Ende entgegen ging, wurde von einer kleinen Pioniergruppe mit Musik und Rezitationen umrahmt, was das Schönste an der ganzen Feier war. Nach einer reichlichen Stunde war alles überstanden und der BGL-Vorsitzende erhob sich, um uns zu sagen, daß die Feierstunde beendet sei und wir nun alle nach Haus gehen können. Er wünschte uns noch schöne Stunden.

Da die Kollegen einiger Abteilungen merkten, daß wir ziemlich mürrisch von dieser Feier kamen und ihnen unsere Pötte zur

Begutachtung unter die Nase hielten, fühlten sie sich irgendwie verpflichtet, etwas gut zu machen, sammelten schnellstens von ihrem streng gehüteten Taschengeld eine Summe, die sie für Kaffee und Torte aufwendeten, und uns damit bewirteten. Auch früh hatten sie uns schon ein kleines Kästchen Konfekt auf den Arbeitsplatz gestellt.

Wir Frauen sahen uns nun wiederum verpflichtet, den Eifer unserer Kollegen anzuerkennen und kauften 3 Flaschen Weinbrand damit sie auch eine Freude haben.

Es war sowieso alles Galgenhumor.

Bitte beachten Sie den reizenden Teller. Es steht nun die Frage, warum schießt der kleine Engel auf die kosenden Frauen aus dem Hinterhalt? Oder ist die Grünbekleidete ein Jägersmann mit wallendem Gewand, vor dessen Füßen ein Falke Wache hält? Wir konnten es nicht ergründen, wissen nur, daß es aus unserem Porzellanwerk in Weißwasser stammt.

Ich schicke Ihnen dieses kleine Gefäß nebst Teller gleich mit, damit Sie mir einmal mitteilen, welchen Standpunkt Sie zu diesem Kitsch, den wir bereits aus unseren Vitrinen verbannt haben, vertreten.

Wir Frauen sind empört, daß man uns sowas anbietet. Eine Karte oder ein Blümchen hätten uns mehr gegeben.

Ich teile Ihnen das alles im Vertrauen mit und bitte Sie, meinen Namen geheim zu halten, da ich irgendwelchen Auseinandersetzungen in der Dienststelle nicht gewachsen wäre.

Sie können dieses Geschirr einer evtl. Sammlung einverleiben oder auch unfrankiert zurücksenden. Das überlasse ich Ihnen. Mich interessiert sehr Ihre Antwort.

Mit sozialistischem Gruß

In der 48. Prisma-Sendung am 1.4.1965 wird der Brief auszugsweise verlesen und folgendermaßen kommentiert:

Das war leider kein Aprilscherz, meine Damen und Herren. Wir meinen, ein paar übriggebliebene Pralinès und ein nicht absatzfähiger Superkitsch sind kein Gruss für die Frauen zum 8. März. In dem Brief an Prisma heisst es weiter: »Ich schicke Ihnen das kleine Gefäss nebst Teller gleich mit, damit Sie mir einmal mitteilen, welchen Standpunkt Sie zu diesem Kitsch ... vertreten.« Natürlich vertreten wir denselben Standpunkt, aber der letzte Satz Ihres Briefes hat uns doch ein bisschen weh getan. Er lautet: »Ich teile Ihnen das alles im Vertrauen mit und bitte Sie meinen Namen geheim zu halten, da ich irgendwelchen Auseinandersetzungen in der Dienststelle nicht gewachsen wäre.«

Wir respektieren selbstverständlich den Wunsch unserer Briefschreiberin, aber eigentlich schade, nicht! Eine so herzerfrischende Offenheit, Gedanken, die ins Schwarze treffen, aber die letzte Konsequenz zur Demokratie ... oder sollte das mit dem Betriebsklima beim Rat des Kreises Weisswasser zusammenhängen ...

WOHNEN

GEHÖRLOSE = ABFALL?

Claudia Steiger • Erzieherin • Dresden, den 9. Januar 1981

Werte Redaktion!

Im UNO-Jahr der Geschädigten wende ich mich mit einem Problem an Sie, da alle bisher unternommenen Anstrengungen in dieser Angelegenheit ergebnislos verliefen.

Ich bin Lehrer im Berufsschulteil der Schwerhörigenschule »Kurt Heinicke« Dresden. Die Lehrlinge dieser Schule kommen aus der gesamten Republik und sind deshalb in einem Internat untergebracht. Dieses Internat ist ein Barackenlager (8 Unterkunftsbaracken, 1 Speisebaracke). Abgesehen davon, daß diese Unterbringung ohnehin nicht als ideal anzusehen ist, gibt es seit der Übernahme der Baracken durch die Abteilung Volksbildung Schwierigkeiten mit der Beheizung dieser Unterkünfte. Ich persönlich bin seit meinem Dienstantritt im Jahre 1974 ! mit diesem Problem konfrontiert. Mir ist vollkommen klar, daß es nicht möglich ist, von heute auf morgen ein neues Lehrlingsinternat zu errichten, aber die vorhandenen Bedingungen sollten doch im Interesse unserer Geschädigten so optimal wie möglich genutzt werden. Meiner Meinung nach ist es deshalb unzumutbar, daß Lehrlinge ihre Freizeit vom Herbst bis Frühjahr in völlig unzureichend beheizten Räumen verbringen müssen. Konkret bedeutet das, daß die Temperatur in den Wohn- und Arbeitsräumen morgens ca. 3 C und nachmittags ca. 10-15 C beträgt (Außentemperatur -5 ... -10 C). Dazu muß noch erwähnt werden, daß die Lehrlinge nur einen kombinierten Wohn- und Schlafraum haben und sich in diesem auch waschen müssen (Duschen und Bad nicht vorhanden).

Hier möchte ich nur einige Folgen dieses Zustandes aufzählen:
- Unzureichende Lernbereitschaft der Lehrlinge
- Unzureichende Anfertigung von Hausaufgaben
- Zeit- und kraftaufwendige Heimreise aller Lehrlinge jedes Wochenende (teilweise mehr als 12 Std. Fahrzeit für 1 Fahrt!)
- häufiges Auftreten von Erkältungskrankheiten und der damit verbundenen Verschlechterung des Hörvermögens.

Bei dieser Aufzählung sind die politisch-ideologischen und moralischen Folgen für die Lehrlinge noch nicht einmal berücksichtigt, die ein solcher Dauerzustand hervorruft. Nur eine Äußerung einer Gehörlosen dafür als Beispiel: Gehörlose = Abfall!

Als Ursache für die genannte Misere konnte ich folgendes in Erfahrung bringen: Außer einer unzulänglichen Versorgung mit Brennmaterial (termin- und sortimentsgerecht) sind v.a. gehäuft auftretende Havarien zu verzeichnen. Beispielsweise trat im Dezember erwartungsgemäß wieder ein Schaden an der Heizanlage auf. Die Niederdruckheizung (2 Stränge) wird von 2 Kesseln betrieben, von denen einer funktionsuntüchtig ist. Der Überlauf zwischen beiden Kesseln ist nicht mehr gewährleistet und in der Zuleitung zu 5 Baracken ist ein Leck. Deshalb muß der Kessel ständig mit kaltem Wasser nachgefüllt werden – das bedeutet Vergeudung von Brennstoff und Wärmeverlust. Außerdem steht dadurch ein Heizungskanal unter Wasser, was wiederum das Auswechseln dreier defekter Rückstauventile unmöglich macht. Zusätzlich ist in allen Baracken eine individuelle Wärmeregulierung (ökonomischer Umgang mit Energie!) nicht möglich.

Alle seit Jahren unternommenen Bemühungen seitens der Direktion der Schule und der Internatsleitung zur Beseitigung dieses Problems hier aufzuzählen, würde den Rahmen dieses Briefes sprengen. Ich möchte deshalb nur die von unserem Internatsleiter Gen. Bauer in den letzten Monaten unternommenen Anstrengungen anführen. Im Mai 1980 bat Gen. Bauer die Energiekommission der Stadt Dresden um die Klärung des Brennstoffproblems und um Unterstützung bei der Generalüberholung der Anlage. Diese Generalüberholung wäre dringend notwendig, weil die Anlage heizungstechnisch nach Aussage von Fachleuten völlig unzulänglich ist. Aus diesem Grund wurde auch eine Übernahme des Heizhauses von der KWV (die für das Internat zuständig ist) vor Jahren abgelehnt. Der Stadtbezirk Nord, Abt. Volksbildung mußte sich also um die Wartung und Reparatur selbst bemühen und bilanzierte damit die »PGH Sanitär Neustadt« Dresden. Diese PGH lehnte über Jahre hinaus die Betreuung der Anlage ab, obwohl mehrmals die Kolln. Bemm (Sachbearbeiterin Stadtbezirk Nord) dazu den Auftrag gab. Auch persönliche Vorsprachen des Heizers bei der PGH blieben ergebnislos. Am 5.1.81 sprach der Internatsleiter nochmals persönlich bei der PGH vor. Hier wurde ihm mitgeteilt, daß keine Aufträge vorlägen und der technische Leiter nicht zu sprechen sei. Auch die Feuerwehr lehnte ein Auspumpen des Heizungskanals ab.

Zusammenfassend kann also festgestellt werden, daß in allen zurückliegenden Jahren noch niemand gefunden werden konnte, der sich für die Beseitigung der genannten Mängel verantwortlich gefühlt hätte.

Ich möchte noch hinzufügen, daß in diesem Internatskomplex außer unseren Lehrlingen noch da. 20 körperbehinderte Hilfsschüler internatsmäßig untergebracht sind. Diese schwerstgeschädigten Kinder leiden unter der Kälte zusätzlich durch ihre eingeschränkte Bewegungsunfähigkeit und haben keine Möglichkeit, das Lager zu verlassen.

Ebenfalls im Internatskomplex befinden sich eine Zweigstelle der Medizinischen Fachschule Bad Berka mit Internats- und Unterrichtsräumen. In dieser Einrichtung werden schwerhörige und gehörlose Jugendliche zu Zahntechnikern ausgebildet. Dieses Studium ist für Hörgeschädigte äußerst schwierig und wegen des Heizungsausfalls gab es bereits beträchtlichen Stundenausfall.

Im Interesse aller der von diesem Problem Betroffenen hoffe ich auf ihre Unterstützung.

Mit sozialistischem Gruß

PS: Seit 10 Jahren stehen in unserem Kesselhaus 2 neue Kessel Typ ECA IV unangeschlossen.

WIE DIE TIERE

Anne-Katrin Seifert • Mutter dreier Kinder im Babyjahr •
Dresden, den 24. Februar 1982

Sehr geehrter Herr Karl Eduard von Schnitzler!

Wir verfolgen ständig Ihre Sendung der schwarze Kanal und auch die Sendung Alltag im Westen. Sie senden oft über die Wohnverhältnisse der BRD Bürger und auch von Ausländischen Arbeitern. Unter welchen unzumutbaren Wohnverhältnissen sie leben müssen.

Ich mit meiner Familie lebe aber auch unter unzumutbaren Wohnverhältnissen, wobei wir von unserem Staat auch keine schnelle Hilfe bekommen.

Wir sind eine junge Familie mit 2 Kindern, 3 Jahre alt und 7 Monate alt. Wir besitzen eine 2 Raum Wohnung. Leider mußte unsere Wohnung im November 1981 durch die Hygiene gesperrt werden, da die Aufsteigende Feuchtigkeit, vor allem in der Küche (die nun nicht mehr heizbar ist) dermaßen gestiegen ist, das uns schon oft Lebensmittel verdorben sind. Die Kinder und die Mutter (da ich z.Z. zuhause bin, durch das Babyjahr) sind sehr oft an Bronchitis erkrankt. Mein kleinstes Kind ist nur an Bronchitis erkrankt, was auf die Dauer sich Chronisch auswirken kann. Aber nirgends bekomme ich Hilfe.

Wir Bemühen uns schon lange um eine größere Ausbauwohnung, vorallem mit Innentoilette und Bad. Zumal mein Mann als Maurer bei der KWV Dresden West arbeitet. Er setzt täglich andere Wohnungen in Stand und bemüht sich den Bürgern gegenüber ein gemütliches Heim zu schaffen. Seit 10 Jahren arbeitet er in der Werterhaltung von Wohnungen. Davon war er 4 Jahre durch die FDJ Iniative nach Berlin delegiert worden. Er arbeitete dort unter anderen RK Scharnhorststraße und im Klinikum Buch, wo er durch seine gute Arbeit zweimal als Aktivist ausgezeichnet wurde. Mein Mann sprach oft bei seinem Vorgesetzten vor, wegen einer größeren Ausbauwohnung, doch leider Ergebnislos. Da man uns auf der Wohnraumlenkung und auf der Wohnungskommission seines Betriebes keine Aussicht auf eine Wohnung machte, schrieben wir aus

Verzweiflung eine Eingabe an den Staatsrat. Daraufhin wurde eine Aussprache von der Wohnraumlenkung mit uns durchgeführt. Um aus der nassen Wohnung herauszukommen, bot man uns die Mitgliedschaft in der AWG an. Der Rat der Stadt Dresden beschloß am 1.10.81 die Notwendigkeit der Vorrängigen Realisierung von hygiene gesperrten Wohnungen. Nach Aussage der Kollegin von der Wohnraumlenkung sagte sie uns, das 1983 eine AWG Wohnung realisiert werden kann. Die AWG Wohnungen werden dann durch die Betriebe verteilt. Danach sprach mein Mann über unsere Wohnverhältnisse wieder beim Betrieb vor, jedoch sagte man ihm dort, daß dieser Beschluß ihnen noch garnicht Bekannt wäre, außerdem warten schon einige Familien jahrelang auf eine AWG Wohnung und ob da unser Antrag berücksichtigt werden kann ist noch fraglich, da der Betrieb nur wenige Wohnungen zur Verfügung bekommt. Nach mehrmaliger Aussprache auf der Wohnraumlenkung gab man uns auf unseren Wunsch hin nichts schriftliches darüber, das wir wirklich 1983 eine AWG Wohnung erhalten.

Ich als Mutter von 2 kleinen Kindern kann es nicht Verstehen, das in solchen dringenden Fällen keine andere Wohnung zur Verfügung gestellt werden kann, zumal in unserem Staat soviel für die Gesundheit und das Wohlergehen der Kinder getan wird. Ehrlich gesagt wäre es mir jetzt lieber jeden Tag zur Arbeit zugehen, als den ganzen Tag in dieser nassen Wohnung zu sehen zu müssen, wie das hart erarbeitete Geld in Form von Möbeln verfault bzw. verrostet.

Ich bin seelisch und moralisch fast am Ende, wenn ich mir vorstellen muß, wie ich den kommenden Winter mit meinen 2 kleinen Kindern in dieser nassen Wohnung verbringen muß. Wo wir im Schlafzimmer nicht einmal Platz haben um ein 2. Kinderbett aufzustellen.

Ich wäre Ihnen sehr Dankbar wenn sie mir und meiner Familie bei der Beseitigung der Mißstände mit Rat zu Seite zustehen.

Hochachtungsvoll

MEINE LETZTE RETTUNG

Peter Ringelt • HGL-Inkassobevollmächtiger und Schriftführer •
Berlin, den 19. Januar 1983:

Liebe Redaktion Prisma!

Ich nehme Bezug auf mein Telefongespräch vom 14.1.1983 mit Ihrem Fachgebiet Zuschauerpost, in dem mir geraten wurde, Ihnen mein Anliegen schriftlich zu unterbreiten.

Mittlerweile glaube ich zwar, daß diese ganze Angelegenheit nichts für die Sendung ist, da es sehr schwer ist, auch bei bestem Willen wenigstens ein positives Moment zu finden, aber vielleicht hilft es schon, wenn Sie diese Eingabe weiterleiten und sie dabei unter wirksame Kontrolle nehmen.

Seit 1961 kämpfen wir darum, daß am Haus die Fallrohre und Balkonabflüsse repariert werden, damit Voraussetzungen für das Abtrocknen der Außenwände geschaffen werden. Bisher ohne entscheidenden Erfolg ...

Wir könnten uns ja nun auch wieder an den Magistrat oder an den Staatsrat wenden, es bliebe doch nur der ewige gehabte Kreislauf. Wenn Sie sich einschalteten, wäre das weitaus wirksamer, um nicht zu sagen *massenwirksamer.*

Noch schöner, besser: Zu schön, um wahr zu sein, wäre das Erscheinen Ihres Aufnahmeteams. Sie sind wirklich meine letzte Rettung und damit auch die für 22 Mieter mit insgesamt 18 Klein- und Kleinstkindern, wovon 6 Mieter so etwas besitzen, was man noch als WOHNUNG bezeichnen kann.

Ich hoffe sehr auf Ihre Hilfe und verbleibe mit sozialistischem Gruß

»MIETER 2. KLASSE«

Stefan Walder • Hausmeister •
Radeberg, den 2. Januar 1984

Werte Mitarbeiter!

Ich bin seit Juli 1982 Hausmeister in einem von der Gebäude-wirtschaft Radeberg verwalteten Grundstück. Das Grundstück ist zum großen Teil durch eine Erbengemeinschaft in BRD-Besitz. Eigentlich durch Ihre Sendung und durch meine Mitmieter ange-regt, möchte ich Sie auf folgendes Problem aufmerksam machen:

Sie berichteten sehr häufig von Initiativen, die den Ausbau der Mittel zur Reparatur von Gebäuden zum Ziel hatten. In Grund-stücken, die in BRD-Besitz sind, scheint das Problem entgegenge-setzt zu sein. Die materiellen Mittel, sprich das Geld, sind nicht da, um notwendige Reparaturen zu bezahlen.

In unserem konkreten Fall sind zum wiederholten Male die Ge-werke bereit und in der Lage, zu reparieren. Aber da kein Geld da ist, kann nicht repariert werden. An eine Modernisierung (WC, usw.) ist überhaupt nicht zu denken. Die Reparaturen werden aus den Mieten gedeckt, die zusammen weniger als 200 M im Monat aus-machen. Da in den letzten Jahren keine größeren Reparaturen statt-fanden, sind die Kosten der notwendigen Reparaturen stets höher als die Miete. Dadurch ist es nicht möglich, den Wohnkomfort zu erhalten, bzw. zu erhöhen, wie das bei Mietern in volkseigenen Grundstücken der Fall ist (vorher bewohnten wir eine solche Woh-nung).

Meiner Meinung nach ist das ein grundsätzliches Problem, denn es kann ja keine »Mieter 2. Klasse« geben, die gegenüber den Mie-tern in volkseigenen Grundstücken benachteiligt sind. Außerdem erlahmt das Interesse der Mitmieter, am ordentlichen Zustand des Hauses, wenn z.B. nach gegebener Bereitschaft der Renovierung des Hausflures nach einem Jahr immer noch nichts geschehen kann, weil das Geld für die Farbe nicht da ist.

Schließlich hat der »Hausmeister« keine Freude an den »bösen Blicken«, die er bei der Gebäudewirtschaft erntet, wenn er wieder eine neue Kleinreparatur beantragt.

Eine konkrete Frage am Schluß: Bleibt die Finanzlage der BRD-Grundstücke weiterhin dermaßen angespannt?

Wir würden uns sehr über eine schriftliche Antwort freuen.

DERMASSEN NASS

Gisela Schneider • Kieselbach, den 9. Januar 1984

An das Kollektiv der Sendereihe Prisma

Ich habe ein großes Problem und möchte mich diesem Problem an sie wenden vieleicht können sie mir helfen.

Ich bin eine Mutter von 3 Kindern, 5 Jahr, 3 Jahre u. 1/2 Jahr alten Klein Kind und bin 25 Jahre alt und alleinstehend.

Ich habe schon des öfteren nach Berlin Abteilung Eingaben geschrieben, dort schickte man diese Schreiben jedoch an unseren Rat des Kreises Döbeln zurück mit dem Vermerk sich um diese angelegenheit zu kümmern. Zweimal kam von Rat des Kreises eine Frau zu mir diese schaut sich meine zumutbare? Wohnung an und mir wurde gesagt das ich eine große Wohnung in Hartha bekommen soll, doch bis heute erhielt ich nichts schriftliches.

Meine Wohnung besteht aus Küche, Stube und Schlafstube (3 Abstellräume). In der Schlafstube schlafe ich mit den 2 Kindern Junge 5 und Mädchen 3 Jahre alt. In dieser Schlafstube ist es dermaßen Naß, das ich die Betten immer umstellen muß auch weiß ich nicht was ich mit der Wäsche machen soll sie ist feucht und Stockig. Was soll ich ihnen noch schreiben. Ich bitte sie dringend darum sich diese Wohnung anzuschauen. Es wäre mal nötig das andere Leute mal erfahren wie Kinderreiche alleinstehende Mütter bei uns hingehalten werden mit versprechungen etwas daran an diesen Zuständen zu ändern.

Meine Tochter Silvana wurde mir wegen Wohnungsverhältnissen vorläufig ins Heim gesteckt bis diese geklärt wären. Meine Tochter wird am 31. Dezember 84 3 Jahre alt und somit in ein anderes Kinderheim geschafft. Anbei ein Schreiben vom Referat Jugendhilfe Döbeln mit dem sie mich als Erzihungsunfähig hinstellen man muß regelrecht betteln damit man die Kinder behalten kann, aber solange ich nicht verheiratet bin wird sich an dieser Schickane sicher nichts ändern, denn anders ist dies nicht mehr zu benennen.

Wir verbrauchen für die Wohnung dermaßen viel Kohlen das ich vom Mitte des Monats November bis heute fast 40 Zentner Kohlen verbrauchte ist das Normal?!! Ich bitte sie meine Wohnung zu besichtigen solange es noch nicht wärmer geworden ist da der Nasse Fleck eine ganze Ecke einnimmt dieses ist schöhn deutlich. Ich wüßte nicht an wem ich mich sonst noch wenden Könnte? Ich wünsche ihnen schönes Fest und ein gesundes neues Jahr 85 ich Danke ihnen

Es antwortet das Referat Jugendhilfe des Rat des Kreises Döbeln am 20. Dezember 1984.

Werte Frau Schneider!

Wir bestätigen den Eingang Ihres Schreibens vom 6.12.84, welches wir sehr aufmerksam gelesen haben.

Wir wissen, daß Sie Ihre Kinder gernhaben und sich auch um sie bemühen. Das allein reicht aber nicht aus. Uns geht es vor allem um eine allseitige Entwicklung aller Ihrer Kinder, für die Sie eine große Verantwortung tragen. Wir erklärten Ihnen in Aussprachen bereits mehrmals, daß wir Ihnen dabei helfen wollen. Ihre Kinder Marcel und Silvana benötigen dringend eine gleichmäßige Erziehung und Betreuung durch die Kindereinrichtungen.

Während unseres Hausbesuches am 22.8.84 erhielten Sie durch uns die Auflage, Marcel ab sofort regelmäßig in den Kindergarten zu bringen. Trotz Ihrer Versprechungen brachten Sie ihn jedoch nach wie vor sehr unregelmäßig in die Einrichtung, was wir absolut nicht verstehen können.

Ihre Tochter Silvana wird am 31. dieses Monats 3 Jahre alt. Sie hat sich bisher unter der fürsorglichen Betreuung und Erziehung im Säuglings- und Kleinkinderheim Steina gut entwickelt. Auch künftig sind wir darauf bedacht, daß sich Ihre Tochter allseitig und gesund entwickeln kann, damit ihre sozialistische Erziehung gesichert wird. Das Ziel besteht darin, daß Ihr Kind in zunehmendem Maße selbständig in der Gemeinschaft tätig sein kann und in angemessener Weise auf das Lernen in der Schule vorbereitet wird.

Um Ihnen dabei zu helfen, insbesondere aber so lange, bis Ihre persönlichen Verhältnisse im Zusammenhang mit Ihrem Wohnungsproblem geklärt sind, halten wir zunächst eine Verlegung von Silvana in eine Vorschuleinrichtung für notwendig und richtig. Um Ihnen Gelegenheit zu geben, auch weiterhin Kontakt mit ihr zu halten, woran auch wir interessiert sind, würden wir uns bemühen, einen Platz für Silvana im Vorschulkinderheim »Clara Zetkin« in Seidewitz zu bekommen. Wir sind gern bereit, gemeinsam mit der Heimleitung und mit Ihnen eine günstige Beurlaubungsmöglichkeit zu finden. Zu welchem Zeitpunkt die Heimerziehung für Silvana aufgehoben werden kann, hängt in erster Linie von den zu schaffenden Voraussetzungen ab.

Zunächst verbleibt Ihre Tochter aber im Säuglings- und Kleinkinderheim in Steine. Wir bitten Sie allerdings darum, Silvana künftig regelmäßig in die Einrichtung zurückzubringen, da sonst der gesamte Erziehungsprozeß unterbrochen bzw. gestört wird. In der Vergangenheit hat dies doch auch in der Regel gut geklappt. Halten Sie sich deshalb bitte an die getroffenen Festlegungen, zumal Sie ja selber an einer regelmäßigen Beurlaubung interessiert sind.

Kürzlich erhielten wir Informationen darüber, daß sich bei Ihnen die Bürgerin Anke Sylvester Maurer aus Halle aufhält. Uns würde interessieren, ob Sie beabsichtigen, diese Frau künftig bei sich zu beherbergen und aus welchem Grunde. Wir hoffen, daß Sie unseren Standpunkt verstehen und sind auch gern bereit, mit Ihnen in den nächsten Wochen ein weiteres persönliches Gespräch zu führen, insbesondere über die weitere Perspektive Ihrer Kinder.

Wir wünschen Ihnen mit Ihren Kindern ein angenehmes Weihnachtsfest und ein gesundes neues Jahr.

Mit sozialistischem Gruß

KEINEN PALAST

Gerlinde Kreuzig • Beiköchin • Seddin, den 28. Dezember 1984

An die Redaktion »Prisma«

Daß ich von Ihnen keine Wunder erwarten kann, das ist mir klar, aber, daß Sie mir helfen, in irgend einer Form, das weiß ich, deshalb schreibe ich an Sie, denn, ich weiß, daß Sie schon vielen Menschen, die Sorgen hatten, in irgend einer Weise geholfen haben.

Wenn Sie beiliegendes Schreiben gelesen haben, so wissen Sie welche Not ich habe. Ich muß Ihnen aber ganz kurz den Sachverhalt schildern.

Ich bin 20 Jahre alt und habe ein Kind von 1 1/2 Jahr. Ich habe vor vier Jahren meine Lehre als Beiköchin im Wärmegerätewerk hier in Rehfeld begonnen, und arbeite noch in diesem Werk in der Küche. In Rehfeld habe ich nun auch meinen zukünftigen Mann kennengelernt, der z.Z. seinen Ehrendienst bei der NVA leistet.

Nun ganz kurz meine Sorgen.

Ich bewohne in Seddin ein Zimmer bei meinen Eltern. Ohne Wasseranschluß. Mein Kind ist aber in der Kinderkrippe in Rehfeld untergebracht. Gut und schön, aber, nun zu den Um- und Zuständen.

Ich muß jeden Tag mein Kind um 3/4 4 Uhr wecken, schnell anziehen, in das Körbchen am Fahrrad, zum Bahnhof in Seddin, Fahrrad in den Gepäckwagen, mit dem Kind in den Personenwagen. Fünf Stationen fahren, Fahrrad raus, Kind ins Körbchen, rauf aufs Rad, und zwei Kilometer bis zur Krippe. Abgeben, ich wieder aufs Rad, zwei Kilometer zurück, zur Arbeit. Da ist es kurz vor Sieben Uhr.

Bis 16 Uhr geht mein Dienst, dann rase ich schnell mal von Geschäft zu Geschäft, um das Nötigste einzukaufen, mit dem Rad wieder in die Krippe, Kind anziehen, rauf aufs Rad, zwei Kilometer bis zum Bahnhof, Rad rein, Kind rein, zurück bis Seddin, Rad raus, Kind drauf, und in mein Zimmer. Da zeigt die Uhr 18 Uhr.

Und diesen Ringelpietz Tag für Tag, bei Wind und Wetter.

Sie werden verstehen, daß mein Kind, trotz daß es warm angezogen ist, des Öfteren krank ist, und ich die Arbeit versäumen muß. Ich bat nun schon die Kinderärztin, daß sie bei dem Rat der Stadt Rehfeld ein Wort sagen möchte, ich bekam aber die Antwort, »Wenn Ihr Kind nicht schwerer krank ist, und nicht öfter, dann interessiert mich ihre Wohnsache nicht!!!«

Es geht nicht um mich, ich bin jung, ich halte das schon durch, aber, hier geht es um mein Kind. Wenn Sie nur einmal die vielen leeren Häuser hier sehen würden, ich glaube, Sie würden nur mit dem Kopfe schütteln. Zu beschreiben ist das nicht!! Bei meinen zukünftigen Schwiegereltern kann ich aber auch nicht wohnen, ist alles zu klein und zu eng. Mir wäre schon gedient, wenn ich in einem heizbaren Raum von Montag bis Freitag wohnen könnte, stellen Sie sich doch meine Lage vor, bis jetzt ging es noch so einigermaßen, aber, lassen Sie doch jetzt mal den Winter kommen, mit Kälte, Schnee und Eis! Ich darf gar nicht daran denken, was mit meinem Kind wird.

Wir wollen jetzt, wenn mein Bräutigam den Urlaub bekommt, heiraten, wenn ich da jetzt schon daran denke, wie wir als Eheleute getrennt leben müssen, ich weiß nicht, wie ich das beschreiben soll. Ich hatte mich auch schon an den Bereichsleiter in meiner Arbeitsstelle gewand, na, ja, alles für die Katz! Ich setze nun meine ganze Hoffnung auf Ihre Hilfe, wenigstens auf Ihren Rat, ich tue alles, nur, daß mir mein Kind erhalten bleibt.

Mit gemischten Gefühlen sende ich diesen Brief ab, wie wunderschön wäre es, wenn Sie mir Hilfe geben könnten, in Rehfeld wurden wohl jetzt Wohnungen gebaut, ich weiß nur von einem jungen Ehepaar, daß sie eine Wohnung in einem dieser Neubaublocks beziehen können, sie haben jetzt eine kleine Wohnung, auch die würde mir reichen. Ich will doch keinen Palast, sondern nur einen Raum, wo ich mit meinem Kinde die Woche über wohnen kann.

Bitte bitte versuchen Sie, mir nur ein klein wenig zu helfen, ich wäre ja so dankbar!

In der Hoffnung, daß Sie mir wenigstens einen Rat zukommen lassen, grüße ich Sie mit den besten Wünschen für das Neue Jahr, helfen Sie durch Ihre Sendungen weiter mit, daß die Menschen immer Zutrauen zu Ihnen haben.

FRIEREN WIE NIE ZUVOR

Manfred Kramer • Leipzig, den 3. Januar 1985

Werte Mitarbeiter von »Prisma«

Häufig sehen wir Ihre Sendung, zu der Sie Anregungen und Zuschriften aus der Bevölkerung erhalten. Auch wir haben ein Problem, daß alle Mieter unseres Wohnblocks betrifft. Wir wenden uns daher an Sie, mit der Bitte um Unterstützung.

Unser Häuserblock wurde vor 25 Jahren gebaut, gewissermaßen das Gegenstück der Berliner Karl-Marx-Allee. In diese Wohnungen zogen vorwiegend Aktivisten der ersten Stunde ein oder Verfolgte des Naziregimes, z.B. wohnte hier auch die Witwe von Alfred Frank. Die Mieter, die jetzt nachziehen weisen meist auch staatliche Auszeichnungen auf.

Da unser Block mit als erster gebaut wurde, erhielten wir ein separates Heizhaus mit Koksfeuerung, jetzt werden nur noch Braunkohlenbrikett geheizt. Durch unser Heizhaus haben wir eine starke Rauchgasentwicklung. Einmal ist der gesamte Innenhof völlig verqualmt, ein ander Mal wird der Rauch auf die Straße gedrückt.

Nach Auskunft der Hygieneinspektion ist der Schornstein des Heizhauses 7 m zu niedrig! und daher die ständige Rauchgasbelästigung während der Heizperiode. Der Schornstein wurde bisher aus verschiedenen Gründen nicht erhöht. Seitdem der Anschluß unseres Blocks an die Fernheizung im Gespräch ist, wird nun ganz bestimmt nichts mehr verändert.

Im Winter 1982 zogen wir in den Block ein und froren, wie wir es zuvor in noch keiner anderen Wohnung erlebt hatten.

Ältere Bewohner erzählten, daß mit Beginn der Heizperiode die Wohnungen immer zu kühl waren und bei winterlichen Temperaturen regelrecht gefroren wurde. Wir hörten, daß die Mieter sogar aus diesem Grunde nicht zur Wahl gehen wollten. Einige Mieter behielten auch die anfangs installierten Gas-Kohleherde. Sie schleichen bei Dunkelheit auf den Hof und holen sich Kohlen, um wenigstens die Küche als einzigen warmen Raum zu haben, andere schalten elektrische Heizkörper ein. Viele Mieter zogen aus, weil sie das Frieren über Jahre hinweg nicht ertragen haben. Beschwerte sich jemand, wurde kurzfristig so sehr eingeheizt, daß die Fenster geöffnet werden mußten und kurze Zeit später war wieder alles beim alten.

Im Februar 1983 brach die Heizung bei uns völlig zusammen. Wir hatten noch 17 Grad, die Nachbarwohnungen nur 15 und 12 Grad Zimmertemperatur. Die Gebäudewirtschaft, als Vermieter, fühlt sich für die Beheizung der Wohnungen nicht zuständig. Sie schiebt die Zuständigkeit hierfür auf den Maschinen- und Heizungsbetrieb beim Rat der Stadt ab.

Daraufhin folgte erneut eine Beschwerde, diesmal an die SED-Stadtleitung. Der beauftragte Oberbürgermeister leitete eine Aussprache ein. Eine Folge davon war, daß nach der Heizperiode 1982/83 der Heizer abgelöst wurde. Bei der Ablösung lagen Berge von Kohlenstaub auf dem Hof, Reste wertvoller Brikett, die bei Wind und Wetter verrotteten, obwohl ausreichend Platz im Kohlenbunker vorhanden war.

Für ein Jahr hatten wir andere Heizer. Die Wohnungen waren warm, die Kohlen wurden in den Bunker geschaufelt, der Hof gereinigt, kein Staub von verrotteten Kohlen flog durch die Luft, mit einem Wort, die Mieter waren vollauf zufrieden. Sie sammelten und überreichten den Heizern zum Weihnachtsfest 1983 ein Dankeschön.

Seit dem Weihnachtsfest 1984 frieren wir wieder – der alte Heizer ist wieder da. Sinken jetzt die Außentemperaturen unter null Grad, so ist die gesamte Wohnung wieder kalt, weil die Heizungen lau sind. Von den zur Zeit herrschenden Temperaturen bei dem strengen Frost wollen wir nichts sagen. Daß die Heizungen auch heiß sein können, bewiesen die anderen Heizer und selbst der jetzige erreicht dies hin und wieder für kurze Zeit. Die ausgekühlte Wohnung wird nur noch auf 17 maximal 18 Grad erwärmt.

Die Verkäuferinnen in diesem Geschäftsviertel haben Wattejacken bzw. Rollkragenpullover an.

Jede Familie greift zum elektrischen Heizkörper, 2 kW pro Wohnung wird stündlich zusätzlich verbraucht – muß das sein? Es liegt

ausreichend schneebedeckte Kohle auf dem Hof und die Asche-
abfuhr klappt auch.

Wegen der unzureichenden Beheizung der Wohnungen habe ich
in meiner Eigenschaft als Hausgemeinschaftsleiter mit anderen beraten, alle resignieren.

Mitte September vergangenen Jahres sollte mit dem Anschluß an
die kaum 100 m entfernt liegende Fernheiztrasse begonnen werden.
Anfang November wurde mit mehreren Unterbrechungen ein Teil
der Baugrube ausgehoben, zwei angrenzende Garagen sind seitdem
blockiert, ohne daß sich beim Bau noch etwas getan hat. Jetzt haben Frost und Schnee Einzug gehalten. An einen endgültigen Anschluß an die Fernheizung glaubt hier langsam niemand mehr, obwohl sich alle Mieter dies sehnlichst wünschten. Es ist doch kaum
vorstellbar, daß Mieter aus 92 Wohnungen und Verkäuferinnen aus
neun Geschäften frieren müssen, ohne daß objektive Gründe dafür
vorliegen.

Mit freundlichen Grüßen

GEHÖRIGE PORTION POLITISCHER BLINDHEIT

Herbert Pietsch • SED-Mitglied •
Dresden, den 30. Dezember 1986

Eingabe!
Betr.: Sendung der Aktuellen Kamera am 29.12.1986, Beitrag des
Bürgermeisters der Stadt Meißen

Werter Genosse Vorsitzender!

Als Mitglied der SED bin ich nicht einverstanden, wie durch
politische Leichtfertigkeit bei der Zuordnung des Auftretens von
Funktionären zu bestimmten Themen, die Glaubwürdigkeit dieser
Sendereihe gemindert wird.

Es gehört doch wohl eine gehörige Portion politischer Blindheit
dazu, den Bürgermeister einer Stadt, die derart mit Wohnungs-
problemen belastet ist wie Meißen, zu den Erfolgen bei der Ver-

besserung der Wohnverhältnisse der Bürger sprechen zu lassen. Zum besseren Verständnis füge ich die Durchschrift eines Briefes an den Bürgermeister von Meißen bei. Dieser Brief wurde durch diese Sendung inspiriert.

Vielleicht überlegen Sie und die verantwortlichen Redakteure einmal, wie ein derartiges Auftreten auf Menschen wirkt, die in solchen Verhältnissen wie meine Tochter leben. Ich glaube Maßnahmen erwarten zu dürfen, die derartige politische Eigentore in Zukunft ausschließen.

Mit sozialistischem Gruß

Er schreibt in derselben Sache auch an den Bürgermeister seiner Stadt.

Werter Genosse Bürgermeister!

Am gestrigen Abend hörte ich in der »Aktuellen Kamera!«, wie Sie über die Erfolge der Stadt Meißen sprachen und Ihren Stolz über die Verbesserung der Wohnverhältnisse der Bürger Ihrer Stadt zum Ausdruck brachten.

Um die Verhältnisse in Ihrer Stadt richtig kennen zu lernen, empfehle ich Ihnen einen Besuch bei der Familie Senf in der Hopfendorfer Straße 45. Dort, unter dem Dach, erhielt vor ca. 4 1/2 Jahren meine Tochter als junge Lehrerin eine Absolventenwohnung, bestehend aus einem Wohnzimmer, einer kleinen Küche und einer kleinen Kammer mit schräger Wand. Meine Tochter verwendete ihren gesamten Urlaub und ihre gesamten Ersparnisse, um mit Hilfe von Freunden und Kollegen diese Wohnung in einen bewohnbaren Zustand zu versetzen.

Heute wohnt dort eine 4-Personen-Familie.

Wohnen heißt für diese Familie:

– Das Ehepaar schläft auf Matratzen am Fußboden, weil keine Möglichkeit zum Aufstellen von Betten besteht. (Jeder Haftentlassene erhält in unserer Republik soviel Wohnraum, daß er sich ein Bett aufstellen kann.)

– In einer zu kleinen Wohnung müssen sie sich den Luxus leisten 2 Babykörbchen aufzustellen, weil es nicht möglich ist, ein Körbchen von der Schafkammer ins Wohnzimmer zu bewegen.

– Die Luftverhältnisse in der Kammer sind derart, daß auch im Winter das Neugeborene bei offenem Fenster schlafen muß.

– Wo in ca. 2 Monaten das notwendige Kinderbett für das zweite Kind aufgestellt werden soll, ist allen ein Rätsel, die die Verhältnisse kennen. (Vielleicht nehmen Sie sich zu Ihrem Besuch einen Innenarchitekten mit; möglicherweise findet der eine Lösung.

– Wo in dieser Wohnung ein Dreischichtarbeiter seine Ruhe zum Schlafen finden soll ist ebenfalls ungeklärt.

– Welche Schwierigkeiten es bereitet, unter den gegebenen Umständen die erforderlichen hygienischen Bedingungen für die Kinder zu gewährleisten, möchte ich hier nicht detailliert darstellen. Ich erlaube mir, Sie darauf hinzuweisen, daß mein Schwiegersohn freiwillig 3 Jahre Ehrendienst an unserer Staatsgrenze leistete, nicht um einen Studienplatz und höheres Stipendium zu erhalten, sondern weil er ein klassenbewußter Arbeiter ist. Nach dem Ehrendienst ging er in seinen Betrieb, den VEB Planeta, als Arbeiter in das 3-Schichtsystem und qualifizierte sich inzwischen.

Meine Tochter wurde, kaum daß ihre Absolventenzeit endete, als stellvertretender Direktor für außerunterrichtliche Tätigkeit an der Hilfsschule Meißen eingesetzt. Beide haben also in ihrem jungen Leben unserem Staat und dem Sozialismus das gegeben, was in ihren Kräften stand. Dazu noch 2 Kinder. Nur Ihre Stadt, werter Genosse Bürgermeister, hat für diese Familie keinen Platz um zwei Ehebetten und ein zweites Kinderbett aufzustellen.

Diese Zustände sind bekannt:

– der Hilfsschule Meißen und dem VEB Planeta,

– dem Kreisschulrat und dem Rat des Kreises Meißen,

– Ihrer Abteilung Wohnungspolitik und

– der Kreisleitung der SED Meißen.

Meine Tochter und ihr Ehemann haben an die zuständigen Stellen mehrfach Hinweise zu leerstehenden Wohnungen gegeben. Versprechen von Funktionären, die Zustände bis zur Geburt des zweiten Kindes zu verändern wurden nicht eingehalten.

Nach Ihrem Auftreten in der »Aktuellen Kamera« erwarte ich nun Ihre konkreten Maßnahmen. Noch immer gilt doch wohl, daß Menschen nicht nur durch Agitation und Propaganda überzeugt werden, sondern sich vor allem an Hand ihrer eigenen Erfahrungen überzeugen. (Vgl. Lenin »Der linke Radikalismus ...«)

Sollten in absehbarer Zeit keine konkreten Schritte zur Lösung dieses Problems erfolgen, werde ich weitere Schritte unternehmen.

Mit sozialistischem Gruß

WOHNUNGEN FÜR WESTGELD

Ein anonymer Brief aus Burg vom 8. Januar 1987

Lieber Herr Kaspar!

Bei uns in Burg hat die Stadträtin im Wohnungsamt Wohnungen verkauft. Für Westgeld!

Man hat sie abgesetzt. Nun will sie zur KWV. Dann werden wieder nur Reparaturen gemacht wer Geld hat.

Kümmern Sie sich mal darum??

Wir halten das unter Kontrolle!

Einer für Viele!

Danke

BADEWANNE HOCHKANT

Karl-Erich Thiemelt • Merseburg, den 6. Januar 1987

Ich möchte Sie in folgender Sache um Hilfe bitten:

Unsere Wohnung in Merseburg, Hermann-Zosche-Straße 13, wird vom VEB Gebäudewirtschaft Merseburg verwaltet. Nach Genehmigung von Neuanschaffungen (Herde, Badewannen etc.) müssen die Mieter sich meist selbst kümmern, diese Gegenstände kaufen und bekommen das Geld dann zurück.

Nun haben wir endlich eine neue Badewanne genehmigt bekommen, nach vielen Bemühungen haben wir auch eine kaufen können, nun fehlt aber noch der Ab- und Überlauf dazu, ehe der Vermieter sie uns einbaut.

Nun geht die Rennerei wieder los und in den einschlägigen Geschäften, wie Handwerkerbedarf, BHG, Sanitärbedarf, ist seit 2 Jahren kein Ab- und Überlauf mehr angeliefert worden. Die Wanne ist ein CSSR-Fabrikat und wurde ohne diesen Überlauf verkauft.

Die Wanne steht nun hochkant in unserem Schlafzimmer, draußen im Flur konnten wir sie nicht solange stehen lassen und im Keller ist wenig Platz. Langsam und sicher ist das nun ein Problem. Der alte Überlauf kann nicht mehr benutzt werden.

Ich bitte Sie herzlichst, mir zu helfen bzw. eine Firma zu nennen, wo ich solchen Ab- und Überlauf kaufen kann. Ich weiß mir keinen Rat mehr.

Für Ihre Bemühungen sage ich Ihnen meinen besten Dank.

WIE IN EINEM ENTWICKLUNGSLAND

Gabriele Gerber • Genossin •
Ottendorf-Okrilla, den 8. Januar 1987

Liebe Genossen! Werte Mitarbeiter der Sendereihe Prisma!

Im Namen meiner Familie und in meinem eigenen Namen möchte ich Ihnen und Ihren Familien noch ein gesundes, erfolgreiches und friedliches neues Jahr wünschen.

Als Einleitung möchte ich sagen, daß ich seit 1972 Genossin bin. In meiner früheren beruflichen Tätigkeit war ich Mitglied der Parteileitung und bin auch jetzt wieder in meinem neuen Betrieb ab Februar als APO- Sekretär vorgesehen. Doch auch trotzdem, oder gerade deshalb, versuche ich Mängel aufzudecken und bin bemüht, eine Änderung negativer Zustände zu erreichen. So bin ich mit Handlungsweisen unserer örtlichen Organe nicht einverstanden.

Um die 750-Jahr-Feier in Berlin wird, sicher mit Recht, ein großer Rummel gemacht, aber sind wir in der »übrigen« DDR nur zweite

Klasse? In Berlin wird viel gebaut (in der Hauptstadt ist das zweifellos auch notwendig), aber die Menschen auf dem Land haben die gleichen Bedürfnisse. Es gibt in Medingen keine Turnhalle für die Kinder, keine Kaufhalle, der Kindergarten ist nur ein Provisorium, die Krippe fehlt auch, von einer Schwimmhalle ganz zu schweigen.

Aber der eigentliche Anlaß dieses Schreibens, mich hier in Ottendorf-Okrilla – Medingen drückt ganz persönlich ein sehr wichtiges Problem – die Sorge um das tägliche Wasser. Ich schreibe erst heute, obwohl dies ein jahrzehnte altes Problem ist, da ich 1986 hierher eingeheiratet habe und im guten Glauben an die örtlichen Organe in naher Zukunft eine Besserung erhoffte. Aber dies scheint nicht der Fall.

Unser Haus, ich habe 3 Kinder und zum gesamten Haushalt gehören 7 Personen, liegt laut Einwohnermeldeliste auf dem Ortsgebiet Ottendorf-Okrilla, räumlich gesehen liegen wir aber in Medingen. Ein Wasseranschluß nach Ottendorf-Okrilla ist von uns aus nicht möglich, Medingen hat zwar eine Hauptwasserleitung, nur kaum Hausanschlüsse. Das uns am nächsten liegende Wohnhaus (400 m), welches von der Hauptleitung nur ca. 40 m entfernt liegt, ist auch noch nicht angeschlossen. Vom Bürgermeister der Gemeinde habe ich persönlich erfahren, daß wir wohl nie, auf Grund der Entfernung, mal an das Wassernetz angeschlossen werden.

Kann denn so etwas in unserer heutigen Zeit möglich sein; im Fernsehen zeigen wir, wie im neuen Park von Potsdam das Wasser in 26 Springbrunnen vor sich hinplätschert; daß ich für den ganz normalen primitiven täglichen Bedarf, essen kochen, Körperpflege und bei 3 Kindern fällt auch viel Wäsche an (habe einen Waschautomat mitgebracht – »ja hier kann man sich so etwas eben nicht leisten«, erfahre ich von meinen neuen Arbeitskolleginnen, welche gewöhnt sind, die ganze Woche in Wannen das Wasser zu sammeln, damit am Wochenende gewaschen werden kann) nur jede Woche mit dem Tankwagen den Brunnen füllen lasse (der Grundwasserspiegel ist zu niedrig und unser Haus steht auf Fels)? Jetzt im Winter kommt er bei minus Graden gar nicht!

Ich spende 30% meines Gewerkschaftsbeitrages (das ist hier in der Gegend gar nicht üblich) für Soli, bin auch dafür, daß den Entwicklungsländern auch gerade bei der Überwindung von Wassermangel geholfen wird, aber diese Probleme sind auch im eigenen Land noch vorhanden! Wenn mich Verwandtschaft oder frühere Bekannte besuchen, die schütteln den Kopf über solche Zustände, auch ich kannte das ja früher nicht.

Mit der Wasserleitung in Medingen wird ja sogar Schildbürgerarbeit geleistet. Vorhandenes Material wird woanders eingesetzt oder z.B. hat jetzt ein Eigenheimbau den Anschluß an die Hauptleitung auf eine Entfernung von ca. 1500 m erhalten, aber die dabei anliegenden 7 Grundstücke wurden nicht mit angeschlossen, sondern die Leitung wurde wieder zugeschüttet. Auch das Datschengelände (zum Blumen gießen und Auto waschen) hängt an der Wasserleitung, nur die Haushalte können warten.

In Medingen findet 1988 die 700-Jahr-Feier statt, ob sich bis dahin etwas geändert hat?

In der Hoffnung, diese Zeilen nicht umsonst geschrieben zu haben, verbleibt, mit sozialistischem Gruß

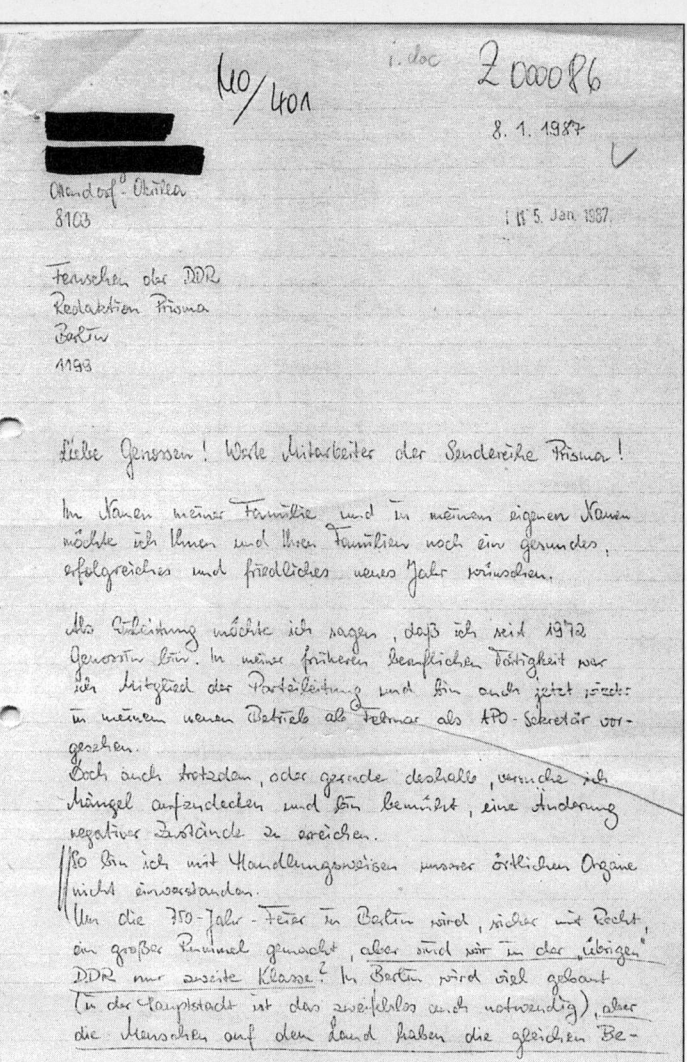

Wie in einem Entwicklungsland –
»So bin ich mit Handlungsweisen unserer örtlichen Organe nicht einverstanden.«

dürfnisse. Es gibt in Medingen keine Turnhalle für die
Kinder, keine Kaufhalle, der Kindergarten ist nur ein Provisorium, die Krippe fehlt auch, von einer Schwimmhalle
ganz zu schweigen.

Aber der eigentliche Anlaß dieses Schreibens, mich hier
in Ottendorf-Okrilla – Medingen drückt ganz persönlich
ein sehr wichtiges Problem – die Sorge um das tägliche
Wasser.

Ich schreibe erst heute, obwohl dies ein jahrzehnte altes
Problem ist, der ich 1986 hierher eingeheiratet habe und
im guten Glauben an die örtlichen Organe in naher Zukunft eine Besserung schaffe. Aber dies scheint nicht der
Fall.

Unser Haus, ich habe 3 Kinder und zum gesamten
Haushalt gehören 7 Personen liegt laut Einwohnermeldeliste auf dem Ortsgebiet Ottendorf-Okrilla, räumlich gesehen liegen wir aber in Medingen.

Ein Wasseranschluß nach Ottendorf-Okrilla von uns aus
ist nicht möglich, Medingen hat zwar eine Hauptwasserleitung, nur kaum Hausanschlüsse. Das uns am
nächsten liegende Wohnhaus (ca 400 m), welches von
der Hauptleitung nur ca 40 m entfernt liegt, ist
auch noch nicht angeschlossen. Vom Bürgermeister der
Gemeinde habe ich persönlich erfahren, daß wir wohl
nie, auf Grund der Entfernung, mal an das Wassernetz angeschlossen werden.

Kann denn so etwas in unserer heutigen Zeit möglich
sein; im Fernsehen zeigen wir, wie im neuen Park von
Potsdam das Wasser in 26 Springbrunnen vor sich
hinplätschert; daß ich für den ganz normalen primitiven
täglichen Bedarf, essen kochen, Körperpflege und bei
3 Kindern fällt auch viel Wäsche an (habe einen

»Vom Bürgermeister der Gemeinde habe ich persönlich erfahren, daß wir wohl nie,
auf Grund der Entfernung, mal an das Wassernetz angeschlossen werden.«

Waschautomat mitgebracht – „ja hier kann man sich
so etwas eben nicht leisten", erfahre ich von meinen neuen
Arbeitskolleginnen, welche gewöhnt sind, die ganze Woche
in Wannen das Wasser zu sammeln, damit am Wochenende gewaschen werden kann) mir jede Woche mit
dem Tankwagen den Brunnen füllen lasse (der Grundwasserspiegel ist zu niedrig und unser Haus steht
auf Fels)?. Jetzt im Winter kommt er bei minus
Graden gar nicht!
Ich spende 30% meines Gewerkschaftsbeitrages (das ist hier
in der Gegend gar nicht „üblich") für Soli, bin auch dafür,
daß den Entwicklungsländern auch gerade bei der Überwindung
von Wassermangel geholfen wird, aber diese Probleme sind
auch im eigenen Land noch vorhanden! Wenn mich Verwandschaft oder frühere Bekannte besuchen, die schütteln
den Kopf über solche Zustände, auch ich kannte das
ja früher nicht.
Mit der Wasserleitung in Medingen wird ja sogar Schul-
kinderarbeit geleistet. Vorhandenes Material wird wo anders
eingesetzt oder z.B. hat jetzt ein Eigenheim-Bau, der
Anschluß an die Hauptleitung auf eine Entfernung
von ca. 1500 m erhalten, aber die dabei anliegenden
7 Grundstücke wurden nicht mit angeschlossen, sondern
die Leitung wurde wieder zugeschüttet. Auch das
Datschengelände (zum Blumen gießen und Auto waschen)
hängt an der Wasserleitung, nur die Haushalte können
warten.
In Medingen findet 1988 die 700.-Jahr-feier statt,
ob sich bis dahin etwas geändert hat?
In der Hoffnung, diese Zeilen nicht umsonst geschrieben
zu haben, verbleibt

mit sozialistischem Gruß

██████████████

»Kann denn so etwas in unserer heutigen Zeit möglich sein...«

SCHLAMMWÜSTE IM STUDENTENWOHNHEIM

Georg Walter • Vater • Naumburg, den 15. Januar 1987

Werte Genossen!

Wir wissen zwar nicht ob es der richtige Weg ist den wir jetzt einschlagen, aber wir wüßten sonst nicht wo wir die nötige Hilfe erhalten.

Seit September 1986 studiert unsere Tochter an der Verkehrshochschule in Dresden. Die Unterbringung erfolgte in der Gutzkowstraße 29-33 im Zimmer 566 rechts.

Gleich bei der Einweisung am ersten Tag wurde Ihnen gesagt welche Mängel im Internat vorhanden sind.

1. Die Toiletten sind kaputt, das ändert sich auch nicht, wir haben keine Handwerker.

2. Das neue Heizhaus funktioniert nicht und das alte schafft es nicht.

3. Das warme Wasser, wenn es warm ist, läuft nur ganz dünn, das ändert sich nicht, wir haben keine Handwerker.

4. Es regnet durch, daß bleibt so, keine Kapazität.

Nun zu dem eigentlichen Problem. Im Zimmer 566 rechts ist unsere Tochter mit weiteren 5 Studentinnen in 2 Räumen (1 Schlafraum ca. 18 m2 und 1 Studierzimmer ca. 28 m2) untergebracht. Dazu gehört noch ein Waschraum mit 2 Waschbecken (ca. 4,5 m2) und eine Duschmöglichkeit für 12 Personen. Schon der sogenannte Duschraum sieht schlimmer aus wie nach einem Erdbeben.

Nun aber zu dem Studierzimmer. An der Decke in der linken Ecke ist ein Loch, so daß der Regen ungehindert »Zutritt« hat. Von dem Studienjahresleiter, Herrn Rasen wurde ihnen gesagt: »Das ist nicht so schlimm, da machen Sie an die Decke Fäden, binden sie unten zusammen und Sie werden sehen das hält Jahre.«

Nach den Feiertagen (es hatte ja sehr viel geregnet), als die Studenten wieder in ihr Zimmer kamen, sah es wie eine Schlammwüste aus. Es standen ca. 3 cm Deckenschlamm auf dem Fußboden. Die gesamte Decke war naß. Sogar die Betten im Nachbarzimmer waren etwas in Mitleidenschaft gezogen.

Nach dem nun am 06.01.1987 wieder Tauwetter eingesetzt hatte, tropfte es an 4 Stellen von der Decke. Auf Anfragen der Studenten, ob es nicht möglich sei etwas zum Unterstellen zu bekommen, wurde Ihnen gesagt: »Trösten Sie sich, der nächste Frost kommt bestimmt und das Tropfen hört auf.« Durch die Nässe wird es nicht mehr lange dauern und in der elektrischen Leitung ist Kurzschluß.

Auch im sogenannten Duschraum ist durch die Einwirkung des Regens die Lampe runtergefallen.

Durch die Nässe ist in diesen Räumen ein starker feucht-modriger Geruch entstanden. Bei der Kälte ist es nicht möglich die Fenster zu öffnen, so daß die Studenten in diesem »Mief« lernen sollen. Die Studenten haben sich jetzt so geholfen, daß Sie einen Regenschirm verkehrt herum aufgehängt haben, um wenigstens den größten Teil des Regens abzufangen.

Wir sind der Meinung, daß dieser Zustand die Lernergebnisse nicht fördert. Man kann ja nur lernen, wo man sich auch wohlfühlt.

Zum Schluß möchten wir noch bemerken, daß unsere Tochter während ihrer Lehrzeit auf vielen Baustellen gearbeitet hat, aber so eine »Räuberhöhle« nie vorgefunden hat.

Wir möchten Sie nun bitten, den Studenten Hilfe zu geben. Vielleicht ist eine Besichtigung durch Ihre Mitarbeiter möglich.

Mit sozialistischem Gruß

SCHUTTHAUFEN ÜBER SCHUTTHAUFEN

Marion Lose • *Neubaubewohnerin* •
Lindenberg, den 13. Januar 1988

Sehr geehrte Mitarbeiter der Redaktion von der Sendereihe »Prisma«!

Nun endlich wird es Zeit, damit ich mich an Sie richte, da sich innerhalb von fast 4 Jahren noch nichts getan hat. Ich werde versuchen so ausführlich wie möglich zu schreiben.

Am 23.3.1984 bin ich nach Lindenberg in die Waldweg 7 gezogen. Auf mich wartete eine 3 Raum-Neubauwohnung. Die Freude war natürlich groß, als wir die Wohnung besichtigten. Aber welch ein Schreck, wie sah es vor dem neuerbauten, bezugsfertigen Wohnblock aus. Schutthaufen über Schutthaufen.

Damals sagte man uns, daß wird noch weggeräumt wenn der nächste 12 WE Block im Waldweg beziehbar ist. Danach sollte eine Rasenfläche vor den beiden Wohnblöcken angelegt werden. Der 2. Block sollte im Oktober 1985 bezugsfähig sein.

Also haben sich die Mieter des Waldweg 5 und 7 zusammengefunden und haben den Bauschutt weggeräumt. Als dieses getan war, wollten wir Muttererde für unsere Rasenfläche haben. Dies war allerdings noch nicht realisierbar durch den Rat d. Gemeinde, da wohl die Fahrzeuge dafür laufend gefehlt haben. Außerdem sagte man uns, Muttererde gibt's erst wenn der 2. 12 WE Block daneben steht. Wir haben dies auch eingesehen. Im Oktober 1985 sind auch die Wohnungen im 2. WE Block belegt worden Allerdings hat sich in der Gestaltung der Außenanlage im Waldweg 5 und 7 noch nichts geändert.

Der Weg zum Bürgermeister wurde langsam notwendig um endlich diesen Schandfleck zu beseitigen.

Da unser Bürgermeister selbst eine Wohnung im Waldweg 9 bezogen hat, kam es zu einer Einwohnerversammlung des Waldweges 5, 7, 9 und 11. Bei der Versammlung wurde festgestellt, daß die Außenanlage nicht eher angelegt werden kann, bis vor den 2 neugebauten Wohnblöcken Drainagerohre gelegt worden sind, da die Keller laufend unter Wasser standen. Darauf hin haben wir einen Arbeitseinsatz gestartet um die Gräben für die Drainagerohre zu schachten. Die Rohre mußten 150 cm – 180 cm tief gelegt werden und jeder der konnte hat mitgeholfen. So wurden die Gräben vor den 2 Blöcken an einem Wochenende unentgeldlich fertig geschachtet.

Das war im Oktober 1986. Aber dabei ist es auch geblieben und das 1 Jahr lang. Die Anfragen beim Bürgermeister wenn nun endlich die Rohre gelegt werden, blieben teilweise unbeantwortet oder die Technik fehlte um weiterzumachen. In dieser Zeit sind die Gräben teilweise wieder eingefallen und wir haben im September 1987 erneut einen Arbeitseinsatz gestartet um die Gräben noch einmal auszuschachten. Daran nahmen aber wieder nur 5 Männer und ich als einzige Frau teil. Die anderen Bewohner mußten teilweise arbeiten, da in der Landwirtschaft auch Wochenende gearbeitet werden muß und einige Mieter haben es nicht eingesehen noch einmal mitzumachen, zumal schon einige Arbeitseinsätze geplant waren, die aber dann kurzfristig abgesagt worden sind oder sie waren zu kurzfristig angesetzt. (2 Tage vorher wurde ein Aushang angebracht!)

Als im September 1987 der Einsatz begann, habe ich gehofft, daß sich nun endlich auch etwas vor unserem Wohnblock tut. Es blieb aber wieder einmal blos bei der Hoffnung. Als der Wohnblock 5 und 7 mit den Drainagerohren fertig war, war auch der Einsatz erledigt.

Auf meine Frage hin, wenn es bei uns in der 8 und 9 weitergeht, habe ich keine Antwort bekommen. Nun bin ich wieder zum Rat der Gemeinde gegangen, um zu fragen wenns endlich weiter geht. Zur Antwort habe ich bekommen, »wir sollen uns am Einsatz mehr beteiligen«.

Nun frage ich mich wie?! Die meisten Mieter des Waldweges 8 und 9 arbeiten im Stall und einige sind alleinstehend mit Kindern.

Darauf hin habe ich am 29.9.87 eine Eingabe an den Bürgermeister geschrieben, die bis heute noch nicht beantwortet ist. Jede Nachfrage zur Beantwortung der Eingabe ist mit der Begründung »wir sollen erst einen Arbeitseinsatz starten« abgetan worden.

Und das vom Bürgermeister persönlich!

Nun frage ich mich, ob das überall in unserer Republik so ist, daß die Bewohner von einem neuerbauten Wohnblock die Drainagerohre selbst legen müssen. Es ist ja nicht blos der jahrelange Ärger über das Aussehen der Außenanlage, zudem ist es aber eine noch viel größere Gefahrenquelle. Unser Gehweg im Waldweg 5 und 7 ist 130 cm breit, danach kommt ein 2 m. breiter Graben. Er ist 1 m tief zur linken und zur rechten Seite und das unmittelbar an der Haustüre. Muß erst ein Unfall passieren bis sich hier etwas bewegt? Seit 1986 sind die Gräben offen und ohne jegliche Abdeckung. Wie lange soll dies noch bleiben?

Ich möchte Sie ganz herzlich bitten, sich dieser Sache anzunehmen da ich nichts erreicht habe und blos vertröstet worden bin.

Im vorraus herzlichen Dank.

Mit soz. Gruß

ABER DER SCHEIN TRÜGT

Andre Steinbach und Sascha Anders • homosexuelles Paar •
Halle-Neustadt, den 17. März 1989

Nachdem wir vergeblich, also mein Freund und ich, Gespräche mit unserem Stadtrat für Wohnungspolitik, der FA Innere Angelegenheiten, dem Oberbürgermeister der Stadt Halle-Neustadt, dem Stellv. für Wohnungspolitik und Wohnungswirtschaft des Rates des Bezirkes und dem Staatsrat geführt haben, oder in Eingaben unser Problem geschildert haben, mußten wir feststellen, daß wir überall gegen Mauern gelaufen sind. Letztendlich sind wir der Meinung, daß die Öffentlichkeit von unserem Problem erfahren soll und wie die Bürger unseres Landes dazustehen.

Es ist bewußt, das es Gesetze in unserem Land gibt und man sich danach halten muß. Aber dennoch steht doch eigentlich der Mensch im Mittelpunkt unserer Gesellschaft. Was bei uns nicht zu merken ist. Zum Sachverhalt: Mein Freund und ich, kennen uns seit über 2 Jahren. Unsere Beziehung war eine Wochenendbeziehung, da wir beide keinen eigenen Wohnraum verfügbar hatten. Wir mußten in Jugentouristhotels und anderen Hotels, an den Wochenenden zusammen wohnen, nur um beieinander zu sein. Mein Freund wohnte in Leipzig zur Untermiete und ich wohnte in Halle-Neustadt bei meiner Großmutter in einer 2-Raum Wohnung. Ich hatte nur eine polizeiliche Anmeldung und wußte nicht, das das kein Wohnrecht nachsichzieht. Jedenfalls wohnte ich seit November 86 bei meiner Großmutter. Diese verstarb im Februar 88. Mein Freund und ich sahen nun endlich die Möglichkeit zusammenzuwohnen, in dieser 2-Raum Wohnung. Ich beantragte den »Eintritt in das Mietrecht« laut ZGB. Diesen Anliegen wurde nicht entsprochen. Seither kämpfen wir darum zusammenbleiben zu können, was wir schon immer wollten. Da ich nun schon vorher bei meiner Großmutter wohnte, bot man mir eine 1-Raum Wohnung. an. Beide lehnte ich ab, da wir wohl kaum auf 16 qm zusammenleben können. Für uns besteht nicht die Möglichkeit eine Ehe einzugehen, und dann schlußfolgernd größeren Wohnraum zu beanspruchen. Und als Lebensgemeinschaft gibt es so eine Möglichkeit nicht.

Unsere Meinung und auch im Bekannten- und Verwandtenkreis zeigt deutlich, daß uns die Wohnung zugewiesen werden sollte. Auch die Mitbewohner unseres Eingangs halten es für unfaßbar, das wir geräumt werden sollten.

Man hat uns keine Alternative angeboten, im Gegenteil man sagte uns, das in den nächsten 5 Jahren kein größerer Wohnraum für uns zu steht.

Aus unserer Verzweiflung heraus stellten wir einen Antrag auf ständige Ausreise. Im Gespräch mit dem Oberbürgermeister wurde zwar gesagt daß damit keine Probleme gelöst werden, man sich aber auch nicht unter Druck setzen läßt. Doch wie man nun dieses Problem löst wurde auch nicht gesagt. Man kann auch kein Verständnis zeigen, wenn wir jetzt einen geordneten Haushalt aufgeben müssen unserer angeschafftes Möbiliar wieder verkaufen müssen und mein Freund sein Hobby in dem Zimmer wo wir dann wohnen werden nicht mehr ausführen kann. Wir betrachten diesen Vorgang eindeutig als Einschränkung unserer persönlichen Lebensqualität. Man kann doch nicht durch Lösung eines Wohnungsproblems ein neues hervorrufen. Wir sind von der Politik unseres Rat der Stadt stark enttäuscht wurden. Man meint homosexuelle Bürger sind mit den anderen Bürgern gleichgestellt aber der Schein trügt. Man kann sehr viel erzählen, wenn die Taten dagegensprechen.

Wir stehen unserem Wohnungsproblem hilflos gegenüber, ich möchte sogar eine Abhängigkeit von den Vertretern des Rates der Stadt zum Ausdruck bringen, welche ja eigentlich von uns gewählt werden. Vielleicht müssen wir doch erst in die Gesellschaft ausreisen, wo wir uns die Wohnung nehmen können, die wir uns leisten können und nicht die, die uns vorgeschrieben wird. Ich und auch mein Freund wissen nicht wie lange wir noch in dieser Wohnung verbleiben können. Wir haben wieder eine Besichtigungskarte für die gleiche Wohnung erhalten und ich zitiere unsere Oberbürgermeisterin »... Meine Fachabteilung bietet jetzt letztmalig eine 1-Raum Wohnung an, setzt einen konkreten Umzugstermin. Bei Nichteinhaltung werden wir einen Antrag zur Räumung auf dem Verwaltungsweg stellen. ...«

Erinnern möchte ich nun an Artikel 2 Abs. 1 der Verfassung der DDR wo es angeblich heißt:

Der Mensch steht im Mittelpunkt der Bemühungen der sozialistischen Gesellschaft und ihres Staates...

oder Artikel 4

... Alle Macht dient dem Wohle des Volkes. Sie sichert sein friedliches Leben, schützt die sozialistische Gesellschaft und gewährleistet die sozialistische Lebensweise der Bürger, die freie Entwicklung des Menschen wahrt seine Würde...

oder Artikel 19 Abs. 2

... Achtung und Schutz der Würde und Freiheit der Persönlichkeit sind Gebot für alle staatlichen Organe, alle gesellschaftlichen Kräfte und jeden einzelnen Bürger...

oder Artikel 30 Abs. 1 u. 3

... Die Persönlichkeit und Freiheit jedes Bürgers der DDR sind unantastbar... Zum Schutze seiner Freiheit und Unantastbarkeit seiner Persönlichkeit hat jeder Bürger den Anspruch auf die Hilfe der staatlichen Organe...

Eine Vielzahl wäre noch zu nennen, die diese Artikel untermauert, doch wir wollen es damit belassen. Sollte es dennoch zur Zwangsräumung kommen, werden wir diese dokumentarisch festhalten und was wir dann damit tun werden, kann sich eigentlich jeder denken.

Für einen sozialistischen Gruß reicht unsere derzeitige Überzeugung nicht mehr aus

Im Anhang finden sich zwei Antwortbriefe auf Eingaben. Das erste ist von der Abteilung Wohnungspolitik und Wohnungswirtschaft Halle vom 23. Juni 1988.

Werter Herr Steinbach!

In der weiteren Bearbeitung Ihrer Eingabe vom 15.3.1988 an den Vorsitzenden des Rates des Bezirkes sowie der im Ergebnis der mit Ihnen am 4.4.1988 beim Rat der Stadt Halle-Neustadt geführten Aussprache getroffenen Festlegungen teile ich Ihnen abschließend mit, daß Ihnen die 2-Raum-Wohnung Ihrer verstorbenen Großmutter nicht zugewiesen werden kann.

Ausgehend von der Tatsache, daß Sie ca. 1 1/2 Jahr mit im Wohnverband Ihrer Großmutter lebten, Ihre Arbeitsstelle und zukünftiger Studienort Halle ist sowie der von uns eingeholten Informationen wird der Rat der Stadt Halle-Neustadt Ihnen eine 1-Raum-Wohnung zuweisen. Eine diesbezügliche Abstimmung ist erfolgt.

Bitte setzen Sie sich deshalb umgehend mit der Abteilung Wohnungspolitik des Rates der Stadt Halle-Neustadt in Verbindung.

Ich betrachte Ihre Eingabe als erledigt.

Mit sozialistischem Gruß

Das zweite Antwortschreiben stammt vom Bürgermeister und ist an den Staatsrat, Abteilung Eingaben, Sektor III gerichtet. Es ist vom 22. Februar 1989.

Werter Genosse Keim!

Ich habe am 21.02.1989 das persönliche Gespräch mit dem Bürger Steinbach in Anwesenheit seines Partners Sascha Anders in meiner Sprechstunde geführt.

Dabei ging es um 2 Probleme a) um das unrechtmäßige Bewohnen der 2-Raumwohnung durch die Bürger S. und A. und b) den Antrag auf Übersiedlung in die BRD. Zu Beginn des Gespräches habe ich den Bürger A. darauf aufmerksam gemacht, daß ich als Oberbürgermeister von Halle-Neustadt für sein Wohnungsproblem nicht zuständig bin, denn sein letzter Wohnsitz ist in Plauen,

Huhnstraße 6, und er ist ohne staatliche Wohnungszuweisung zum Bürger S. nach Halle-Neustadt gezogen.

Zum Sachverhalt:

Herr S. ist am 03.11.86 zu seiner Großmutter nach Halle-Neustadt, ... gezogen. Er kam von Leipzig-Südost, Ernst-Thälmann-Str. 65. Am 28.02.88 ist die Wohnungsinhaberin verstorben und Herr S. beantragte beim örtlichen Organ Halle-Neustadt einen »Eintritt in das Mietrecht« seiner verstorbenen Großmutter. Diesem Antrag wurde nicht entsprochen. Daraufhin reichte Herr S. zahlreiche Eingaben an den Rat des Bezirkes und den Staatsrat ein. Inzwischen hatte Herr S. seinen Freund und Lebensgefährten A., Sascha, geb. 03.09. 61 bei sich aufgenommen, beide Bürger sind homosexuell.

Der Rat des Bezirkes hat am 23.06.88 Herrn S. mitgeteilt, daß die Entscheidung des Rates der Stadt Halle-Neustadt vom 06.06.88 aufrecht erhalten bleibt und die 2-Raumwohnung zu beräumen ist. Herrn S. wurden 2 Einraumwohnungen angeboten. Beide lehnte er ab. Am 08.11.88 wurde die 2-Raumwohnung erfaßt und ihm im Block 335/1-65 eine 1-RWE angeboten. Gleichzeitig wurde eine Frist bis zum 16.11.88 gesetzt, ansonsten würde die Räumung auf staatliche Anweisung erfolgen. Dies ist nicht erfolgt. Bei meinem Gespräch bin ich bei dieser Entscheidung geblieben. Dafür zeigten beide Bürger kein Verständnis. Zur Problematik des Ausreiseantrages habe ich versucht verständlich zu machen, daß damit keine Probleme gelöst werden, wir uns aber damit auch nicht unter Druck setzen lassen.

Vom Bürger S. gab es kein Verständnis zu unserer Haltung. Er und sein Partner waren auch ungehalten darüber, daß ich aufgrund der Eingabe keine andere Entscheidung getroffen habe. Beide Bürger haben das Gespräch als nutzlos angesehen. Meine Fachabteilung bietet jetzt letztmalig eine 1-Raumwohnung an, setzt einen konkreten Umzugstermin. Bei Nichteinhaltung werden wir Antrag zur Räumung auf dem Verwaltungswege stellen.

Werter Genosse Keim!

Zu Ihrer Information noch einige Persönlichkeitsmerkmale beider Bürger. Beide Bürger versuchen jetzt die staatlichen Organe mit allen Mitteln zu erpressen, damit sie die staatliche Zuweisung für die 2-RWE erhalten. So stellten sie am 27.12.88 einen Antrag auf Ausreise in die BRD, gehen beide keinem Arbeitsrechtsverhältnis nach und S. wurde fristlos wegen krimineller Eigentumsdelikte von seinem Betrieb entlassen. Durch den Kaderleiter wurden wir über folgende Aussage des S. informiert:

»Dem Heinrich (Stadtrat Wohnungspolitik/Wohnungswirtschaft) aus Halle-Neustadt werde ich schon zeigen, wer hier was zu sagen hat. Der kriegt mich nie aus der Wohnung raus!«

Wir vertreten die Auffassung, daß mit der Zuweisung einer 1-RWE für Herrn S. großzügig verfahren wird. Eine andere Entscheidung kann ich nicht treffen.

Mit sozialistischem Gruß

NICHT ZUR WAHL

Susanne Welz • Neubäuerin • Schwerin, den 31. Januar 1989

... Ich habe mich mal sehr wohl in unserem Staat gefühlt und auch alles geglaubt, was uns so erzählt wird. Aber jetzt weiß ich, was der Arbeiter bei uns wert ist. Deshalb werden mein Sohn, die Schwiegertochter und ich auch am 7. Mai nicht zur Wahl gehen. Übrigens war die Schwiegertochter letztes Jahr im Krankenhaus und hat sich das 2. Kind abnehmen lassen, weil sie keine Wohnung hat...

Ich bitte Sie helfen Sie mir. Aber bitte nicht meinen Namen im Fernsehen. Sie können mir glauben, wir hausen wie Tiere und das im Sozialismus.

PRÜGELKNABE DER NATION

Anton Gerstig • ehemaliger Justiziar der KWV •
Berlin, den 26. April 89

... Alle aufgezählten Probleme waren verwaltungsrechtliche ... Probleme, die nahezu ausschließlich in die Kompetenz der Abt. Woh-

nungspolitik des Rates fallen, aber die KWV/GW-Betriebe sind ja
daran gewöhnt, Prügelknabe der Nation = DDR zu sein, an dem
man seine Auffassung von kritischer Auseinandersetzung demonstrieren darf, wobei Rechtsvorschriften und materielle Verhältnisse
niemanden, insbesondere nicht unsere Medien interessieren, Hauptsache man hat einen Dummen, an dem und über den man sich auslassen darf, ohne wirkliche Zusammenhänge und Gründe aufzudecken bzw. zu untersuchen. Die Folge dieser Praxis ist u.a., daß
die Mitarbeiter der KWV-Betriebe, die noch ihren sozialen Auftrag
trotz ungenügender materieller und finanzieller Mittel bei oft sehr
komplizierten Rechtslagen mit hohem Einsatz erfüllen, zunehmend
aufgeben, denn keiner ist gern der Fußabtreter für Leute, die keine
Kenntnis haben oder die Augen bewußt verschließen und verantwortet gesellschaftliche Verhältnisse, die er nicht beeinflussen
kann... Macht weiter so Genossen und Kollegen – die Talfahrt wird
rasanter und ihr leistet Euren Beitrag
   PS: Ich erwarte keine Antwort – nur nachdenken

Prisma antwortet Herrn Gerstig am 30. Mai 1989.

Werter Herr Gerstig!
   Wir bedanken uns für Ihre Zuschrift zu unserer PRISMA-Sendung
vom 26.4.89.
   Obwohl Sie ausdrücklich anmerken, daß Sie dazu von uns keine
Antwort erwarten, möchten wir uns dennoch dazu äußern. Es ist
uns unverständlich, daß Sie, als ehemaliger KWV-Justitiar, – sicher
in Kenntnis der bestehenden Probleme – die verantwortungslose
Arbeitsweise der KWV bzw. Abt. Wohnraumpolitik rechtfertigen
möchten, indem Zuständigkeit und Kompetenzen verschoben werden. Uns ist die Rechtslage sehr wohl bekannt und wir können weder
Ihrem Schreiben noch unseren umfassenden Recherchen einen
Grund entnehmen, der die KWV berechtigt, jahrelang ungenutzten
(aber auf dem Papier vergebenen) Wohnraum unangetastet zu lassen
bzw. die notwendige – aber nicht erfolgte – Zusammenarbeit mit
der Abt. Wohnraumpolitik zu unterlassen. Es lag uns absolut fern,

die Mitverantwortung der Abteilung Wohnraumpolitik im Beitrag auszusparen. Im Gegenteil. Um diese Verantwortung besonders deutlich zu machen, ließen wir die Stadtbezirksrätin zu Wort kommen, die sich in ihrer Kompetenz ja verallgemeinernd zur Arbeitsweise und den Schlußfolgerungen beider Organe äußerte.

Aber das ist nur die eine Seite. Uns ging es darum, die Verantwortlichen aus ihrem jahrzehntelangen Dornröschenschlaf zu rütteln und Veränderungen im Interesse der vielen wohnungssuchenden Bürger anzustreben.

Erstes, das können wir Ihnen versichern, ist uns mit diesem Beitrag ganz sicher gelungen. Zum zweiten bereiten wir ein »PS« vor, in welchem wir darüber informieren werden, was aus den genannten Wohnungen geworden ist und wer seiner Verantwortung nun in welchem Umfang nachgekommen ist.

Wir entsprechen damit einer außerordentlich großen Zahl an Zuschauerwünschen und, wie wir hoffen, auch Ihren.

Mit freundlichem Gruß

H. Heller

Redakteurin

ES MACHT KEINEN SPASS

Ursula Stange • Bürgerin • Halle, den 17. Mai 1989

Wohnungsproblem *Eingabe*

Hiermit möchten wir uns an Sie wenden, da alle Versuche unserer Familie bisher ergebnislos waren. Zur Familie gehören 2 Erwachsene sowie 2 Kinder im Alter von 2 und 5 Jahren. Wir bewohnen seit März 1984 eine 3-Raum-Wohnung ohne Bad und mit Außentoilette.

Seit Oktober 1986 läuft ein Wohnungsantrag bei der MLU (Martin-Luther-Universität). Durch die extreme Feuchtigkeit im Sommer 1987 hat sich der Zustand der Wohnung zunehmend verschlechtert. In der Küche ist die Fensterfront und eine Seitenfront total naß und verschimmelt. Die Anbaumöbel fangen an zu verschimmeln, der Kühlschrank ist verrostet. Heizmöglichkeiten bestehen nicht in der Küche, da diese für solche Dinge viel zu klein ist. Das Kinderzimmer ist ebenfalls total naß.

Seit 4 Wochen haben wir einen Riß in der Decke, und es regnet durch. Wir mußten daher die Anbauwand aus dem Kinderzimmer nehmen und mit in die Stube stellen. Kindersachen und -schuhe waren verschimmelt. Das Schlafzimmer ist ebenfalls nicht beheizbar. Möbel und Kleidungsstücke sind durch Schimmelbildung beschädigt bzw. unbrauchbar. Aktivitäten von unserer Seite sind in vielfältigster Weise ausgelöst worden, aber ohne ein konkretes Ergebnis.

Ich möchte Ihnen kurz schildern, was wir bis jetzt unternommen haben:

1. Im Oktober 1987: wurde die Gebäudewirtschaft Halle/Süd (Leninallee) über den Schaden und Zustand der Wohnung informiert – keine Reaktion!

2. Am 8.11.1987: Eingabe an den Staatsratvorsitzenden der DDR!

3. Am 24.11.1987 Antwort vom Staatsrat der DDR – zuständigkeitshalber an den Rat des Stadtbezirkes Süd (Platz der Völkerfreundschaft) verwiesen.

4. Im Dezember 1987 persönliches Gespräch mit der Kolln. Groß!

5. Am 15.1.1988: Besichtigung der Wohnung – keine Reaktion (Rat der Stadt), MLU Halle – Kolln. Helfermann.

6. Am 20.1.1988: schriftlicher Bescheid vom Rat des Stadtbezirkes. In diesem Schreiben wurden wir auch noch angeklagt, durch Trocknen der Wäsche in der Wohnung, selber Schuld an dem Zustand der Wohnung zu sein.

7. Am 15.3.1988: Eingabe an den Gen. Achim Böhme!

8. Am 21.3.1988: Antwort von der Bezirksleitung Halle – zuständigkeitshalber an den Parteisekretär der MLU Halle verwiesen.

9. Am 22.4.1988: Gespräch betreffs Klärung des Wohnungsproblems – anwesend waren Gen. Sall, Gen. Herbert und Gen. Lehmann – ohne Erfolg!

10. Am 22.4.1988: Schreiben von der SED-Bezirksleitung Halle. In diesem Schreiben wurde uns mitgeteilt, daß der Stadtbezirksbürgermeister von Halle/Süd, Gen. Langmut, mit uns ein persönliches Gespräch führen möchte, welches nie stattgefunden hat.
11. Am 5.7.1988: Gespräch mit Gen. Graf (SED-Beziksleitung) ohne Erfolg!
12. Am. 23.11.1988: Eingabe an den 1. Sekretär der Bezirksleitung Halle – kein Erfolg!
13. Am 30.11.1988: Schreiben von der SED-Bezirksleitung Halle. Oberbürgermeister der Stadt Halle würde beauftragt, unser Wohnungsproblem zu überprüfen. Kein Erfolg!
14. Am 6.12.1988: Schreiben vom Rat der Stadt Halle. Oberbürgermeister sollte uns abschließend Bescheid geben – keine Reaktion!
15. Im Januar 1989: werde uns eine 4-Raum-Altbauwohnung (Ausbauwohnung) angeboten.

Es hat 5 Monate gedauert, bis wir nun endlich Bescheid bekommen haben, daß wir die Wohnung nicht nehmen können. Von einem Experten für Holzschutz (Dipl. Ing. Kaschuba) wurde uns gesagt, daß der Holzwurm und der Schwamm in der Wohnung sind. Der Fußboden müßte vollständig erneuert werden.

Unsere Kinder sind ständig krank. Die kleine Tochter ist bronchitiskrank, mit Verdacht auf Asthma und unsere große ist Bettnässer. Wir werden psychisch auf eine harte Probe gestellt und unser Familienleben leidet darunter, denn es macht keinen Spaß mehr nach Hause zu gehen. Wir sind auch nicht mehr bereit, eine Ausbauwohnung zu nehmen, denn uns graut vor dem nächsten Winter. Wir möchten nichts weiter, als für uns und unsere Kinder ein anständiges Zuhause. Anbei ein paar Bilder von unserem derzeitigen »Zuhause«!

Nachtrag: Die Bilder dürften Ihnen noch in Erinnerung sein (siehe Eingabe vom Juli 89). In Halle haben wir von keiner Seite mehr etwas zu erwarten. Wir werden belogen und betrogen. Wo bleiben die Wohnungen von den vielen Ausreisewilligen? Mein Mann kommt am 1.11.89 zur Armee und wir hoffen, daß unser Problem bis dahin geklärt ist. Für uns ist die Eingabe noch lange nicht abgeschlossen. Hier wird einem doch jeder Optimismus genommen. Es ist nur traurig zuzusehen, in welchem Milieu unsere Kinder groß werden. Ich arbeite im Gesundheitswesen, bin jeden Tag bereit mich für die Gesundheit unserer Patienten einzusetzen und werde selber in den Hintern getreten. Ist es denn wirklich zuviel verlangt uns eine ordentliche Wohnung zur Verfügung zu stellen. (Seit einem Jahr ist die Wohnung gesperrt). Sie können sich gerne selbst vom Zustand unsere Wohnung überzeugen.

Mit frdl. Gruß

Mit dem verbindlichen Wohnungsangebot für September das war eine große Lüge. Die Wohnung wurde schon anderweitig verwendet. Vielleicht hätten wir mit genügend Schmiergeldern mehr erreicht, denn ich möchte einmal erleben, daß die Wohnungsvergabe legal verläuft. Und bitte wo steht geschrieben, daß uns mit 2 Kindern keine 4 Raum Wohnung zusteht. Einer Familie mit einem Kind steht ja ebenfalls eine 3 Raum Wohnung zu. Haben unsere Kinder nicht das Recht auf Ihr eigenes Zimmer.

Für eine baldige Antwort wäre ich Ihnen dankbar, denn wir sind mit unseren Nerven am Ende.

ALLES WIRD VERSCHOBEN

Ein anonymer Brief aus Brennstedt vom 8. September 1989

Es ist nicht mehr schön, was in der DDR los ist. Wir bauen schon 3 Jahre aus und bekommen kein Material. Familie Fuchs in 4101 Biesethal bekam alles. Weil die Frau bei der Staatssicherheit ist und der Mann verschiebt Südfrüchte. So ist bei uns es, alles wird verschoben. Oder man muß bei der Staatssicherheit arbeiten, machen Sie dort mal eine Durchsuchung, auch Geldkontrolle. Die Augen würden alle Aufgehen. Wir bekommen keine Heizung und die haben Sie mein Mann hat dort gemauert, Sie sagten Auto verkauft und Garten für viel, viel Geld!

ARBEITEN

URLAUB VERHAGELT

Siegbert Heimann • Schichtarbeiter •
Berlin, den 29. Dezember 1979

Sehr geehrte Kollegen,

leider ist mir nur vom Hörensagen bekannt, daß Sie sich im zu-
endegehenden Jahr u.a. auch mit den besonderen Problemen der
Schichtarbeiter befaßt haben (da ich im Wechselschichtdienst
arbeite, habe ich nur selten Gelegenheit, die Vormittagswiederho-
lungen zu sehen). Ich möchte mit diesem Schreiben Ihre Aufmerksamkeit auf eine spezielle Sache lenken.

Bekanntlich haben wir Dreischichtarbeiter – ich bin Triebfahr-
zeugführer U-Bahn der BVB – nicht nur die 40-Stunden-Arbeits-
woche, sondern auch erhebliche Urlaubsvergünstigungen. Konkret:
ich habe jährlich 29 Tage Urlaub, und das heißt, ich könnte jährlich
zweimal für ca. 2 Wochen mit meiner Ehefrau verreisen. Diese aber
ist keine Schichtarbeiterin und bekommt 18 Tage Urlaub.

Der nach meiner Meinung sicherlich verständliche Wunsch,
wenigstens den Urlaub gemeinsam mit der Familie bzw. Ehefrau verbringen zu können, da wir ja ständig gezwungen sind auf viele freie
Wochenenden und Feiertage zu verzichten, wird jedoch ganz einfach dadurch verhagelt, daß der Ehefrau eine unbezahlte Freistellung
von der Arbeit für die Dauer von etwa 6-8 Tagen nicht gestattet
wird. Diese Haltung kann ich weder verstehen noch akzeptieren.
Zur näheren Erläuterung: von den 52 zusammenhängenden
arbeitsfreien Wochenenden (Sonnabend/Sonntag) des Jahres 1979
konnte ich lediglich 15 mit meiner Ehefrau gemeinsam verleben,
von den 6 arbeitsfreien Werktags-Feiertagen saß meine Frau an 5
Feiertagen allein zuhause, da ich turnusmäßig arbeiten mußte. Wäre es da nicht angemessen, den Ehefrauen der im durchgehenden
Dreischichtsystem arbeitenden Werktätigen und uns Dreischicht-
arbeitern gleichermaßen insofern entgegenzukommen, als man diesem Personenkreis, sofern erwünscht, nicht immer solche Schwierigkeiten mit unbezahlter Freistellung von der Arbeit macht?

Ich wandte mich deshalb an den Bundesvorstand des FDGB und bekam beiliegende Antwort, die für mich ganz einfach unbefriedigend ist.

Der in dem Schreiben enthaltene Hinweis, daß es Sinn des Urlaubs sei, ihn nicht auseinanderzureißen ist zwar ganz schön und gut, – doch wie sieht für mich die Praxis aus? Falls irgend möglich (und oftmals ist das aus Gründen der Zugbesetzung eben gar nicht möglich), versuche ich, alljährlich zwei bis dreimal an den Wochenenden einen Tag (!) Urlaub zu bekommen, eben um das Dilemma des »getrennten« Wochenendes, wenn auch minimal, so doch ein wenig auszugleichen.

Frage: Vereinbart sich das mit der Reproduktion der Arbeitskraft? Zweimal nahm ich je einen Tag Urlaub wegen Geburtstagen in der Familie, fünf Tage wegen Handwerkern in der Wohnung – Reproduktion der Arbeitskraft?

Ich glaube einfach nicht, daß durch eine mögliche Orientierung des § 188 AGB auf befristete Freistellung der Ehefrauen von Wechselschichtarbeitern im durchgehenden Schichtsystem der befürchtete unübersehbare Ausfall an gesellschaftlichem Arbeitszeitfonds auftreten könnte. Ich verfüge über kein genaues Zahlenmaterial, – gehe ich jedoch von den mir bekannten Verhältnissen im Kombinatsbetrieb aus, so würde eine derartige Orientierung zunächst überhaupt nur rund 50-60% unserer Mitarbeiter betreffen (das wären die Verheirateten), von denen arbeiten schätzungsweise 10-15% als Ehepaare gemeinsam im Schichtsystem, so daß sich hier keine Probleme ergeben, von möglicherweise weiteren 5-10% sind die Ehefrauen nicht berufstätig, und vermutlich 5% dürften von der angestrebten Regulierung aus den unterschiedlichsten Gründen keinen Gebrauch machen wollen, – und dann soll der Rest nicht überschaubar sein? Das will mir nicht in den Kopf!

Bei aller Anerkennung der sozialpolitischen Maßnahmen für uns Schichtarbeiter – sie bleiben aus den geschilderten Gründen für uns unter einem gerechten Ausgleich gegenüber jenen Werktätigen, die regelmäßig nur von Montag bis Freitag zu »normalen« Zeiten arbeiten (ganz abgesehen von den nicht zu unterschätzenden und wohl heutzutage unmöglich bestreitbaren gesundheitlichen Nachteilen, die der jahrelang im Schichtsystem arbeitende Werktätige hinnehmen muß und die wohl auch die beste Dispensaire-Betreuung nicht aus der Welt schaffen kann.)

Wenn man nun Wert legt auf die Familie, auf die Ehe – was bleibt zu tun? Selbst die Schichtarbeit aufgeben? Die Berufstätigkeit der Ehefrau in Frage stellen? Arbeitsrechtliche Disziplinarkonsequenzen bewußt einkalkulieren? Das alles können doch wohl erst Recht keine gesellschaftlich vertretbaren Alternativen sein. Und: warum eigentlich wird man zu solchen Überlegungen genötigt wegen vergleichsweise Bagatellfolgen, die durch befristete unbezahlte Freistellung für Ehefrauen vielleicht, und wirklich nur vielleicht, auftreten könnten!

Machen wir uns doch nichts vor: jeder Mensch im etwas »fortgeschrittenen« Alter leidet unter irgendeinem gesundheitlichen Bagatell- oder Schaden, die eine kurzzeitige Arbeitsbefreiung durch den Arzt absolut gerechtfertigen.

Vielleicht ist das geschilderte Problem es wert von Ihnen aufgegriffen zu werden.

Mit freundlichen Grüßen und allen guten Wünschen zum Jahreswechsel

Die Rechtsabteilung des FDGB-Bundesvorstandes hatte ihm am 20. Dezember 1979 folgenden Brief geschrieben:

Werter Kollege Heimann!

Wir bestätigen den Eingang Ihres Schreibens vom 4.12.79. Wir vertreten dazu folgende Auffassung:

Es soll in keiner Weise bestritten werden, daß die im durchgehenden Schichtsystem arbeitenden Werktätigen in bestimmter Hinsicht weniger günstige Bedingungen für die Gestaltung der Freizeit mit der Familie haben als diejenigen Werktätigen, die immer in der Normalschicht tätig sind. Den besonderen Belangen dieser Werktätigen wird u.a. durch die kürzere Arbeitszeit (40-Stunden-Arbeitswoche) und den Zusatzurlaub für Schichtarbeit Rechnung getragen. Es muß jedoch ganz eindeutig klargestellt werden, daß die Regelung des § 188 AGB nicht zu dem Zweck erlassen wurde, auf dieser Grundlage den Urlaub bestimmter Werktätiger zu verlängern. Vielmehr sollen die Werktätigen in die Lage versetzt werden, häusliche oder familiäre Termine (Lieferung von Kohlen, Möbeln u. dgl., Aufsuchen einer Dienststelle, Hochzeit in der Familie u.a.) wahrzunehmen, ohne dafür Urlaubstage zu verbrauchen. Denn dadurch würde der Urlaub zersplittert werden und seinen eigentlichen Zweck – Reproduktion der Arbeitskraft – nicht erfüllen können. Die Formulierung im § 188 AGB läßt zugleich den Ausnahmecharakter der Regelung erkennen und auch die kurze Zeitspanne, für die die Freistellung zu gewähren ist. Die Anwendung der Bestimmung zur Urlaubsverlängerung würde zu einer zentral nicht zu überschauenden Beanspruchung des gesellschaftlichen Arbeitszeitfonds führen, die verständlicherweise ökonomisch nicht vertretbar wäre. Deshalb kann eine Orientierung in dem von Ihnen gewünschten Sinn nicht erfolgen. Wir meinen aber, daß durch die Verlängerung des Urlaubs eines jeden Werktätigen um mindestens 3 Arbeitstage seit Beginn dieses Jahres für alle Familien bessere Bedingungen zur gemeinsamen Erholung gegeben sind.

Mit gewerkschaftlichem Gruß

DASS UNS NUR EIN PAAR KNÖPFE FEHLTEN

Gertrud Stolze • Werktätige •
Karl-Marx-Stadt, den 22. Dezember 1981

Werte Kollegen der Sendung »Prisma«!

Hiermit übersende ich Ihnen einen Durchschlag meiner Eingabe an den Kraftverkehr Karl-Marx-Stadt. Ich erhoffe mir damit, daß der Kraftverkehr dieses Problem, das viele hundert Menschen täglich verärgert, pflichtbewußt prüft und vor allem verändert.

Mit sozialistischem Gruß

Eingabe

Die Vorkommnisse am 21.12.81 in Bezug auf die Personenbeförderung durch den VEB Kraftverkehr auf der Strecke Flughafen – Siegmar, die Buslinien 51 und 38 betreffend, haben mich veranlaßt, diese Eingabe zu schreiben.

Am 21.12.81 früh 6.30 Uhr bei -22 Grad ist der Busplatz am Flughafen wie immer weder geschippt noch gestreut, obwohl dieser Platz täglich von hunderten Menschen angelaufen wird.

Unser Bus, der 6.35 Uhr abfahren soll, kommt nicht. Nachdem sich eine große Menschenmenge angesammelt hat und alle tüchtig durchgefroren sind, kommt 6.50 Uhr ein Bus, obwohl mindestens 2 Busse gebraucht würden, um all die Menschen menschenwürdig zu transportieren.

Als wir, meine Kollegin und ich, endlich im Bus waren und mühevoll wenigstens auf einem Bein standen, wurde eine Frau, die in unserer Nähe stand, ohnmächtig. Sie konnte ja nicht fallen, aber es war ein tüchtiges Stück Arbeit, ehe wir sie auf einem Sitzplatz untergebracht hatten.

Jedenfalls waren wir froh, daß uns nur ein paar Knöpfe fehlten, als wir am Heinz-Fiedler-Stadion den Bus verlassen konnten.

Nachmittags an der Haltestelle Fritz-Heckert-Kombinat, 16.05 Uhr kommt ein Bus schon voll an, es ist völlig unmöglich mitzukommen. In der folgenden Zeit ist weder eine 51 noch eine 38 oder 53 zu sehen. Es hat sich zwischenzeitlich ein riesiger Menschenstrom angesammelt. 16.25 Uhr kommt eine 51, auch dieser Bus ist völlig überfüllt. 16.35 Uhr eine 38, nur wenige haben das Glück und die Kraft, sich in den Bus reinzuschieben. Ebenso ist es 15.45 Uhr. (Sie meint 16.45 – I.M.)

16.55 Uhr kommt ein Bus der Linie 38. Ich kann einen Platz auf dem Trittbrett erwischen, weil ich günstig stand, wohlgemerkt, ich hatte bereits 55 Minuten in eisiger Kälte gewartet und nicht bloß ich! Am Südring mußte ich dann nochmals auf eine 46 warten. Die Stimmung der Werktätigen brauche ich Ihnen wohl nicht zu schildern. Übrigens, die Linie 53 existiert nur im Fahrplan.

Ich möchte noch darauf hinweisen, von meiner Wohnung im Neubaugebiet Kappel, bis zu meiner Arbeitsstelle sind es etwa 5 km. Ich wohne seit 1973 in Kappel. Die Verkehrsbedingungen nach Siegmar haben sich seit dieser Zeit ständig verschlechtert.

Mein Vorschlag:

1 Bus befährt zusätzlich die Neefestraße.

Dadurch würde für viele Werktätige der Umweg über den Südring wegfallen. Die Fahrzeit würde sich verkürzen, die Busse wären nicht derart überladen. Ich hoffe unbedingt auf eine baldige Änderung der derzeitigen unmöglichen Situation im Arbeiterberufsverkehr.

Von diesem Schreiben setze ich die Sendung »Prisma« in Kenntnis.

Mit sozialistischem Gruß

OHNE LICHT

FDJler des VEB Damenoberbekleidung •
Hainichen, den 3. Januar 1983

Werte Prisma-Redaktion!

Wir, die FDJler der Damenoberbekleidung Hainichen bitten um ihre Hilfe.

Wir arbeiten an nicht vollständig ausgestatteten Arbeitsplätzen, da an unseren Nähmaschinen keine Nähleuchten angebracht sind. Seit 5 Jahren fordern wir im Kombinat Nähleuchten an. Auch Neuerervorschläge haben wir deshalb eingereicht. Doch bisher ohne Erfolg. Man riet uns eine Brille zu tragen, um damit besser sehen zu können. Doch schafft eine Brille Ausgleich für Licht? Schließlich wollen wir uns für den niedrigen Facharbeiterlohn von ca. 400,- M die Gesundheit nicht schädigen.

Bitte geben Sie uns einen Rat, wie wir uns weiterhin verhalten sollen. Vielen Dank im Vorraus!

Freundschaft!

Der Bundesvorstand des FDGB, Abteilung Arbeitsschutz, antwortet rechtzeitig zum Frauentag am 2. März 1983:

Werte Kollegen!
Am 27.1.1983 erfolgte von der Arbeitsschutzinspektion Flöha eine Kontrolle zu o.g. Angelegenheit sowie ein Gespräch mit den Jugendfreunden.

Bereits am 3.2.1983 wurde durch die verantwortliche Leiterin, Kollegin Martin, mitgeteilt, daß die Nähleuchten geliefert und auch an die Maschinen montiert wurden. Die Jugendfreunde bestätigten, daß durch die verbesserten Arbeitsbedingungen weitere höhere Arbeitsleistungen möglich sind.

Offensichtlich lag die Ursache für die bisherige Verzögerung der Bereitstellung der Arbeitsleuchten in Leitungsmängeln des Kombinates. Dazu erfolgte eine Auswertung durch die Arbeitsschutzinspektion.

Somit betrachten wir diese Angelegenheit als erledigt.

Mit gewerkschaftlichem Gruß

LEIDER KEINE KOHLENKÖRBE

Anton Glaser jun. • Kommissionär des VEB Kohlehandel •
Halle, den 19. Januar 1983

Da ich mir die meisten Sendungen von Prisma ansehe, möchte ich mich mit einem Problem an Sie wenden. Ich bin Kohle-Kommissionshändler des VEB Kohlehandel Halle und habe das Geschäft von meinem Vater 1973 übernommen. Wir beliefern unsere Kunden zu 99% frei Gelaß (frei Keller). Für diese Dienstleistungen brauchen wir Kohlenkörbe, welche wir bis 1979 von der PGH des Blindenhandwerks »Ernst Thälmann« in Halle bezogen haben. Durch Umstellung der Produktionsgenossenschaft »Ernst Thälmann«, Halle, Bugenhagenstr. 20 verwies man uns an die Einkaufs- und Liefergenossenschaft des Korbmacherhandwerks für den Bezirk Halle

120

4106 Löbejün. Auf unser Schreiben an die ELG erhielten wir folgende Antwort.

»Ihre Planung liegt uns vor, da wir jedoch vertraglich mit dem VEB Kohlehandel Halle gebunden sind, ist uns eine Übernahme Ihres Auftrages leider nicht möglich.«

Auf unser Schreiben an den VEB Kohlehandel wurde uns mitgeteilt. »Kohlenkörbe können von uns leider nicht mehr bereitgestellt werden, da die angelieferte Menge für den VEB Kohlehandel nicht ausreicht.«

Bemerken möchte ich noch, daß für uns Kommissionshändler die 6. Durchführungsbestimmung vom 10.12.1976, Gesetzblatt Teil I, Nr. 44 maßgebend ist. Da steht auf Seite 505 § 13: »Die Kommissionshändler sind von den Räten der Kreise, Abteilung Handel und Versorgung nach einer festzulegenden Rangfolge in die planmäßige Bereitstellung von Handelsausrüstungen einzuordnen. Für die Planung ist der VEB Kohlehandel zuständig.«

Auf allen Kohlenhändler-Versammlungen wird auf das Korb-Problem hingewiesen. Man sagte uns, daß Kohlenkörbe nicht zur Handelsausrüstung gehören. Ich finden, daß es unzumutbar ist, Rentnern, Alleinstehenden oder Schichtarbeitern die Kohlen vors Haus zu schütten. Außerdem brauchen die meisten Kunden ihre Freizeit zur Erholung und Entspannung, um neue Kräfte für die Arbeit zu schöpfen.

Ich möchte Sie bitten, das Problem einmal zu überprüfen.

Mit sozialistischem Gruß

KÄLTE IM VERKAUFSRAUM

Rita Engert • Verkaufsstellenleiterin Backwaren •
Rostock, den 20. April 1983

An die Redaktion »Prisma«

Mein Name ist Rita Engert. Ich bin Filialleiterin der HO Backwarenverkaufsstelle in Rostock, Helmersdorfer Weg 5. Unsere Filiale hat 2 Räume, den Verkaufsraum u. das Büro, welches auch als Aufenthaltsraum genutzt wird. Das Büro wird mit einem Ofen jeden Morgen von uns geheizt. Der Verkaufsraum dagegen wurde nur mit 2 Bahnheizkörpern beheizt, dies reichte zwar auch nicht aus, aber es war besser als ohne sie.

Anfang Dezember setzte unser Bereichsleiter einen Beschluß vom Rat der Stadt Rostock durch, dieser beinhaltet, daß vorhandene Heizkörper aus den Filialen zu entfernen sind. Als Begründung für diesen Beschluß teilte man uns mit, daß diese Heizkörper zu viel Strom verbrauchen. Für Energiesparmaßnahmen haben wir völliges Verständnis, aber diese dürfen doch nicht auf Kosten der Gesundheit der Frauen in der Verkaufsstelle durchgesetzt werden. Die Filiale ist Samstag bis 11.00 Uhr geöffnet. Sonntag und Montag ist geschlossen. In der Schließungszeit wird natürlich nicht geheizt. Am Dienstag morgen haben wir, bei -3 Grad C Außentemperatur eine Verkaufsraumtemperatur von 5 Grad C. Diese Temperaturen haben wir mehrmals gemessen. Das Büro ist vom Verkaufsraum nur durch einen Durchgang, der mit einem Vorhang versehen ist, getrennt. Dadurch wird auch im Büro keine konstante Temperatur erreicht. Der Kohleverbrauch ist aber in dieser Zeit, ohne Benutzung der Heizkörper, auf mehr als auf das doppelte gestiegen.

Unsere tägliche Arbeitszeit beträgt 10 Stunden. Wir sind 3 Kolleginnen in der Filiale. Eine Kollegin steht kurz vor Antritt ihres Schwangerschaftsurlaubes. Es ist bestimmt auch nicht gut, in Ihrem Zustand 10 h täglich in einem kalten Laden zu arbeiten. Ich selbst viel auch schon über eine Woche aus dem Arbeitsprozeß aus, wegen einer Grippe. Ursache dafür ist die Kälte im Verkaufsraum.

Wir wendeten uns mehrmals im Dezember mit unserem Problem an die Bereichsleitung. Man versprach uns, eine Entscheidung beim Direktor einzuholen. Diese Entscheidung sollte beinhalten, ob die Filiale geschlossen wird oder ob eine andere, bessere Heizungsmöglichkeit des Verkaufsraumes geschaffen werden kann. Bis heute aber warten wir noch vergeblich auf diesen Entschluß.

Unsere Filiale und der gegenüberliegende Laden (Tabak-Spirituosen) sind die einzigsten der Ladenstraße, die noch selbst heizen müssen. Nun gibt es den Ministerratsbeschluß vom 13.9.79, in dem die vorgegebenen Raumtemperaturen des Heizstufensystems für alle Bereiche und Betriebsteile verbindlich sind. So ist für unsere Filiale, eine Handelseinrichtung ohne Lager, eine Raumtemperatur von 18 Grad C vorgegeben. Trotz der Heizkörper wurden in den vergangenen Jahren ohnehin kaum diese vorgegebenen Temperaturen erreicht. Ohne Heizkörper liegen die Temperaturen zwischen 7-13 Grad C. Eine Schließung wurde Elektroenergie und Kohle sparen, aber es reißt dann wieder eine Lücke in das Versorgungsnetz der Bevölkerung.

Es wäre doch wohl auch überlegenswert, ob unsere Filiale nicht auch an das Heizungssystem der anderen Filialen angeschlossen werden kann.

Was würden Sie uns raten, wie wir uns nun weiter verhalten sollen, damit wir dieses Problem lösen können.

Mit freundlichem Gruß

Es antwortet der Rat des Bezirkes Rostock, Abteilung Handel und Versorgung am 17. März 1983.

Werter Genosse Gierds!

Die Leserzuschrift von Frau R. Engert über die unzumutbaren Arbeits- und Lebensbedingungen im Verkaufsraum (schlechte Beheizung) in der Backwaren-Verkaufsstelle in Rostock wurde durch die zuständigen Mitarbeiter der HO WtB/Industriewaren Rostock überprüft und ausgewertet.

Im Ergebnis der Aussprache konnte geklärt werden, daß die 2 Heizkörper im Verkaufsraum wieder in Betrieb genommen werden dürfen.

Durch das Energiekombinat wurde zwischenzeitlich die Genehmigung zum Betreiben der 2 Heizkörper erteilt.

Mit soz. Gruß

BETRIEBSDIREKTOR ALS PATRIARCH

Jochen Schlor • Brauereikraftfahrer •
Wietzeldorf, den 19. Dezember 1983

Wehrte Sendung von Prisma.

Ich bin in der Brauerei beschäftigt als Kraftfahrer, ich lade mit den Beifahrer ca. 20 t am Tag von ca. 8-12 Std. die Kisten auf und ab. Überstunden fallen von ca. 30 Std. im Monat an. Semtliche beschlüsse von der BHG werden ohne Kolegenaussprache von der Vorsitzenden unterschrieben, und den Betriebsleiter. Der öffentlich gewählte BGLer gab sein amt auf da er immer mit seinen anligen an den Betriebsleiter schwierigkeiten hatte. Es wurde einfach ohne abstimmung der Kollegen in Betrieb ein neuer eingesetzt, und zwar den Betriebsleiter seine Sekretärin. Haben wir ein neues Gesetzbuch? und seit wann bitte. Der Kollege Betriebsleiter droht jeden mit der Entlassung wenn man auf die gesetze besteht.

Es ist folgendes. Im Juli 1983 bekam ich eine aushilfe Kraft von anderen Betrieb, der die Arbeit nicht gewöhnt war er gab sich sehr viel mühe aber die Kräfte lisen nach ich machte viele hantgriffe für Ihn mit und so wurde ein Arbeitstag zu ca 12 Std. von Montag bis Donnerstag am Freitag bat ich um Pünktlichen feierabend es fürte kein weg rein dies ging bis zum Betriebsleiter, er zwang mich die Arbeit zumach oder ich müßte mich von den Betrieb trennen gab er mir zurantwort. Ich machte meine Arbeit und wieder wurden es 12 Std. so kam ich die ganze Woche nicht zum einkaufen mit der Frau. Ich trug dies der BHG Vorsetzenden vor sie gab mir das Gesetzblatt und mann tut nur alles um seine Arbeitsplatz nicht zu verlieren und hat so viel Angst. obwohl die Kollegen, Ihre Arbeit und ich gerne tun.

Schreiben Sie mir bitte bescheit wenn sie meine Frage im Fernsehn beantworten an was für ein Tag und die Uhrzeit. Oder beantworten sie meine Fragen mit bitte schriftlich damit ich mich richten kann.

Es währe vieleicht angebracht wenn die Gesetze nicht so sind wie sie von den Betriebsleiter und der BGH angewand werden, eine Aussprache mit den Arbeitern und der Betriebsleitung gemacht wird.

Da ich durch die Überstunden wenig Fernsehn schau bitte ich sie uns bescheit gebe.

Es betrifft die Konsum Brauerei Watzdorf

Hochachtungsvoll und mit Sozialistischen Gruß

Ich bitte Sie um keine Namens bekannt gabe da ich sonst mit Strafen rechnen muß.

Es antwortet die Sozialistische Einheitspartei Deutschlands, Bezirksleitung Gera am 30.1.1984:

Werte Genossen!

Wir haben die von Euch zugesandte Eingabe des Kraftfahrers Jochen Schlor aus dem VEB Konsum Brauerei Watzdorf bearbeitet. In der geführten Aussprache mit dem Parteisekretär, Betriebsdirektor, BGL-Vorsitzenden des Betriebes und Jochen Schlor wurden die sichtbar gewordenen ideologischen Probleme vertrauensvoll und sachlich geklärt.

Kollege Jochen Schlor brachte zum Ausdruck, daß die von ihm gestellten Fragen beantwortet und damit die in der Eingabe aufgeworfenen Probleme geklärt sind.

Von uns wird darauf Einfluß genommen, daß der Parteileitung bei der Lösung aller Aufgaben konkrete Hilfe und Unterstützung vor Ort gegeben wird.

Wir bedanken uns für die gute Zusammenarbeit und wünschen Euch in der weiteren Arbeit viel Erfolg.

Mit sozialistischem Gruß

MAL AUFRÄUMEN

Ein anonymer Brief vom 3. Januar 1984

Verehrte Redaktion!

Ich muß heute mal über Recht und Gesetz in unserem Betrieb berichten. Unser Betriebsleiter hat Fahrerlaubnis entzug (Alkohol), aber jetzt lässt er sich fahren, und zwar mit dem Betriebswagen seiner Frau und von Ihr. Sie begleitet auch eine leitende Funktion im Betrieb, Wirtschaftsabteilungsleiterin. Für eine Frau, die keine Fachliche Qualifizierung hat verdient sie daher auch noch 900,- M netto. Unser Vorsitzender 1450,- netto. Beide haben eine Jahresendprämie von da. 4000,- M.

Ein durchschnittlicher Arbeiter etwa 400 – 600,- M. Normalerweise nutzen beide je einen Betriebs-PKW für die Fahrt zu der, bzw. von der Arbeit. Andere Leiter übrigens auch, wobei der einfache Arbeiter öffentliche oder Private Fahrzeuge nutzen muß.

Beide behaupten, daß und Anderes sei gerecht. Ich nicht! Viele Arbeiter lassen das einfach über sich ergehen, aber der Betriebsleiter braucht ja keine Rechenschaft abzulegen, und seine Frau auch nicht. Ich würde ja hoffen, daß wenigstens Sie mal etwas ändern und mal aufräumen, alle Anderen Institutionen schweigen sich zum LPG-Gesetz aus.

Machen Sie mal eine Umfrage unter den Mitgliedern der LPG (P) Grundig, den da kommt bestimmt noch mehr zum Vorschein, z.B. ein Bauleiter und noch ein Bauleiter, eine Sekretärin welche 4-5 mal zur Post geht Täglich!

Ein Problem ähnlicher Weise ist die »Werterhaltung« der Straßen in Zwickau-Süd. Mir ist immer so, als müsse das Material auf die Straße, aber die Straße wird dadurch nicht besser, sondern schlechter. Da wird jährlich 2 x ausgebessert weil keine Qualitätsarbeit vorliegt. Als kleines Beispiel: Beton wird im Regen im Loch versenkt mit der Schaufel glatt gestrichen und das nächste Auto fährt bzw. drückt den Beton breit und das Loch ist wieder da.

Nochmal zum Problem Fahrerlaubnisentzug und Alkohol 6 Monate bei erheblicher Trunkenheit??!

Ein anderer Betriebsleiter hat die Fahrerlaubnis wegen »guter Führung«! 2 Monate eher zurück erhalten (Entzug wegen Alkohol)? Im Voraus vielen Dank!

HEILLOSES DURCHEINANDER

Angelika Heise • Restaurantleiterin •
Brieselang, den 8. Januar 1984

Ich habe heute ein Anliegen, das sicher noch viele andere Werktätige interessieren wird.

Ich arbeite z.Zt. als Restaurantleiter bei der Mitropa Potsdam, BG Hennigsdorf. Mit dem 1.4.84 soll nun auch bei uns der Produktivlohn eingeführt werden. Es ist sicher eine gute Sache, wenn alles ruhig und gesetzlich vorbereitet wird. Doch bei uns herrscht ein heilloses Durcheinander.

Auf Grund einer Strukturveränderung, wir haben 3 Bereiche, die mit dem 1.4.84 alle selbständig arbeiten sollen, erhielten einige Mitarbeiter von uns Änderungsverträge, die mit den uns zuerst genannten Gehältern nicht übereinstimmen und sogar noch niedriger liegen als die bisher gezahlten.

Als Beweis dafür lege ich Ihnen meinen Arbeits- und den Änderungsvertrag bei. Wie am Datum des Änderungsvertrages ersichtlich ist, wurde dieser bereits am 15.12.83 ausgeschrieben, ohne das ein persönliches Gespräch über die Gehaltsverminderung geführt wurde.

Am 28.12.83 wurden diese Verträge unserer Leiterin übergeben mit dem Hinweis, daß sie bis zum 30.12.83 unterschrieben sein müßten. Natürlich weigerten wir uns erst einmal und wollten eine Begründung haben. Unsere VB-Leiterin holte diese telefonisch ein und das Ergebnis war erschütternd. Bei der Erstellung der neuen Lohngruppen wird eine Nichterfüllung des Umsatzplanes bereits berücksichtigt. Ich muß nun erwähnen, daß uns durch die Strukturveränderung jede Grundlage zur Erfüllung des Planes genommen wurde. So darf in unserer Selbstbedienungsgaststätte kein warmes

Essen mehr angeboten werden, weil nur noch vier Stunden gekocht werden darf. Diese Zeit wird aber benötigt, um die Zuarbeit für die Speisegaststätte zu tätigen, die nach Rekonstruktion und Renovierung die Preisstufe III erhalten soll.

Da wird natürlich der Umsatz nicht mehr gewährleistet sein, weil Hennigsdorf kaum noch Reisende, sondern die Bevölkerung zu versorgen hat, darunter vor allen Dingen Schichtarbeiter aus den umliegenden Betrieben.

Es ist ein wenig kompliziert die ganzen Zusammenhänge schriftlich niederzulegen. Man muß sich von den örtlichen Gegebenheiten ein Bild machen können.

Was uns besonders empört ist die Methode, mit der man uns praktisch überfahren will. Durch den Gesetzgeber sollen bei jedem Werktätigen, der Produktivlohn erhält, mindestens 60,- M mehr in der Lohntüte sein wenn er sie auch erarbeitet hat, was uns auch ursprünglich zugesichert wurde.

Doch es ist sicher nicht in seinem Sinn, wenn man dabei so verfährt wie es hier geschieht.

Vielleicht können Sie sich der Sache annehmen!

Vielen Dank im Voraus Ihre

TROSTLOSER ZUSTAND

Die Friseusen des Herren- und Damensalon »Constanze«

• *Bautzen, den 9. Dezember 1987*

Wir, ein Kollektiv von 7 Frauen der PGH »Figaro« Bautzen, wenden uns mit der Bitte wegen Unterstützung an Sie, da wir hier kein Gehör finden. Am 27.4.1987 wendeten wir uns mit einem Einschreiben an den Rat der Stadt Bautzen. Mit der Bitte zu prüfen, wie unser derzeitiger Aufenthaltsraum verbessert werden könnte.

Zur Lage:

Die Fläche unseres Damensalons mit 4 Arbeitsplätzen ist 5 x 6 m und die Höhe 2,30 m. Unser Aufenthaltsraum besteht aus einem Erker an eben diesen Arbeitsraum (Größe des Erkers 2 x 2 m).

Er ist gleichzeitig: Lager für unser, für die Arbeit notwendigen Chemikalien, Abstellraum für Reinigungsgeräte, Lager für gebrauchte Wäsche, Abstellplatz für Abfallkübel. Für 7 Kolleginnen Umkleide- und Speiseraum. Mit beiliegendem Bild möchten wir zeigen, daß unsere Klagen nicht übertrieben sind.

Neben unserem Salon ist seit Jahren eine leerstehende Wohnung. Mit einigen Veränderungen, z.B. eine Tür zumauern, dafür an anderer Stelle einen Durchbruch für eine neue Tür zu dem separaten Zimmer, schaffte die Möglichkeit, daß der Wohnraum mit der gleichen Zahl der Zimmer erhalten bliebe, für uns aber ein zumutbarer Aufenthaltsraum geschaffen würde.

Unsere PGH »Figaro« wäre bereit mit eigenen Mitteln und Kräften diese Veränderungen vorzunehmen. Bisher wurden wir überall mit dem Bescheid abgewiesen, Wohnraum darf nicht für gewerbliche Zwecke verwendet werden.

Das wollen wir ja auch nicht, denn es geht uns nur um das noch nie bewohnte einzelne Zimmer. Unsere PGH wäre natürlich auch bereit, die schon seit langem leerstehende Wohnung auszubauen und somit zumutbaren Wohnraum für eine Kollegin zu schaffen. Bisher hat jedoch weder der Rat der Stadt Bautzen, noch die Gebäudewirtschaft Bautzen sich die Mühe gemacht, die Probleme an Ort und Stelle zu prüfen und mit uns zu sprechen.

Es ist fast peinlich, aber leider Tatsache. Unsere Toilette befindet sich in einem trostlosen Zustand. Löcher im Dach und im Mauerwerk, eine ganze Zeitung reicht nicht zum Verstopfen. Wer aber liebt Zuschauer an solche einem Ort. Wir erwarten kein beheizbares WC, aber wir möchten wenigstens ohne die Angst in eine Grube zu stürzen unser Geschäft verrichten.

Was sollen wir tun, um unsere Lage zu verändern? Alle Bemühungen unseres Vorstandes wurden mit den genannten Argument abgelehnt. Es ist zwar einfach ein Problem mit einer Bestimmung abzutun, da braucht man sich nicht anstrengen.

Für eine derartige Arbeitsweise fehlt uns das Verständnis, zumal diese Bestimmung garnicht verletzt würde. Wir bitten Sie uns zu helfen, damit unsere Arbeits- und Lebensbedingungen endlich einmal verbessert werden. Wir bitten um Antwort.

Mit sozialistischem Gruß

DIE VIETNAMESEN WARTEN GEDULDIG

Anita Graf • Industriekaufmann •
Radebeul, den 24. Januar 1988

Können Sie bitte dieses Problem schnellstens lösen helfen?

Im Juni 1988 packten 17 vietnamesische Kollegen ihre Kisten vom VEB Fortschritt-Mähdrescherwerk Bischofswerda bzw. Neukir‚ch.

Am 17.8.88 fuhren diese vietnamesischen Freunde in ihre Heimat zurück, nachdem sie hier in der DDR ca. 4 Jahre fast alle im 3-Schicht-System gearbeitet hatten. Wir sind mit etlichen dieser Kollegen befreundet.

Äußerst entrüstet war ich, als ich erfuhr, daß diese Kisten immer noch vorm Wohnheim stehen!

Seit 4. November versuche ich, leider bisher ohne Erfolg, mich für die Menschen, die in der Heimat voller Hoffnung auf ihre Kisten warten werden, einzusetzen. (Man bedenke, es ist ihr Lohn – der Erfolg ihrer Leistung von 4 Jahren und sie haben schon alle ca. 3000 M Porto dafür bezahlt!)

In Vietnam gleicht der Wert eines Mopeds z.B. dem eines Autos bei uns! – Und wer von uns würde nicht um sein bezahltes Auto kämpfen oder um den Verdienst von 4 Jahren?? Die Vietnamesen waren geduldig...

Am 4. November telefonierte ich mit dem verantwortlichen Leiter für vietnamesische Belange, Koll. Neumann im Mähdrescherwerk Bischofswerda. Hier erfuhr ich, daß er jede Woche bei »Deutrans Sebnitz« anruft, ohne Erfolg, und daß nicht 17 sondern 120 Kisten im Werksgelände stehen und es ein großes Platzproblem fürs Werk ist.

Ich machte Koll. Neumann Mut, mal an die Regierung zu schreiben, doch er meinte, das Schreiben ginge sowieso zum Überseehafen nach Rostock zurück und es käme auf dasselbe raus, es gäbe z.Zt. keine Schiffe.

Von Zeit zu Zeit erkundigte ich mich bei ihm nochmals, er hatte inzwischen eine persönliche Unterredung mit Deutrans Sebnitz, diese schrieben nach Rostock – doch es gäbe z.Zt. kein Schiff.

Nun steht das Tetfest vor der Tür und 7 Monate stehen die Kisten »vor der Tür« unter freiem Himmel ungeschützt vorm Wetter ohne Abdeckung! Geht man so mit wertvollem Volkseigentum um?

Unsere deutschen Werktätigen haben diese Waren (Mopeds, Fahrräder, Steppdecken, Wolldecken, Stoffe und andere Dinge) in guter Qualität und oft über den Plan erarbeitet – aber nicht zum Verderb!!

Uns wurde als Industriekaufmann gelehrt: Spare mit jedem Pfennig, mit jedem Gramm, mit jeder Minute!! Welcher Unsinn, wenn man die Schiffe mit angerosteten Waren, oder mit vermoderten auf die Reise schickte und welche Enttäuschung für die fleißigen, nicht so im Wohlstand lebenden Menschen, die auch Entbehrungen brachten, über 10 000 km entfernt viele Jahre von ihrer Familie, den kleinen Kindern und den alten Eltern zu leben.

Hier gibt es eine Hilfe, bitte suchen Sie die Stelle!

Da mir bekannt ist, daß »Prisma« kürzlich im Mähdrescherwerk filmte, erkundigte ich mich, ob Kollege Neumann Ihnen dieses Problem schon geschildert hat, er bejahte und so hoffe ich, ist vielleicht schon etwas im Gange?

Ich bitte um eine rechtbaldige Antwort.

Wann wird die Prisma-Sendung vom Mähdrescherwerk Neukirch-Bischofswerda ausgestrahlt?

WÄCHST MIR ÜBER DEN KOPF

Bernd Gabler • Witwer • Goldisthal, den 25. Januar 1989

Auskunft und Beurteilung der Rechtslage über die Gewährung eines Hausarbeitstages

Am 17.1.89 habe ich an den Bundesvorstand des FDGB in Berlin mit der Bitte geschrieben, und um Rechtsauskunft darüber gebeten, ob mir in meiner momentanen schwierigen Situation ein Hausarbeitstag gewährt werden könnte. Eine Ablichtung dieses Schreibens lege ich Ihnen bei, es zeigt meine Situation auf und ich brauche mich an dieser Stelle nicht zu wiederholen. Mit Schreiben vom 16.2.89 (im Antwortschreiben versehentlich mit 16.1.89 angegeben) wird mir vom Bundesvorstand dargestellt, daß diese Regelung nur für werktätige Frauen geschaffen wurde. Auch dieses Schreiben lege ich als Ablichtung bei.

Es wird zwar eingeräumt, daß der Mann in so einem Fall in der gleichen schwierigen Lage ist wie die Frau, daß aber trotzdem die Gewährung eines Hausarbeitstages nicht erfolgen kann, obwohl, und das möchte ich behaupten, ein Mann viele Details im Haushalt schlechter meistern kann als eine Frau. Mir gibt diese Entscheidung ernsthaft zu denken, da sie nach meinem Rechtsempfinden der Korrektheit unseres Rechts- und Sozialstaates widerspricht.

Da ich mich sicher nicht allein in dieser mißlichen Lage befinde und sich viele Männer in unserem Staat in der gleichen Situation sind, bitte ich Sie, dieses allgemein interessante Thema unter Ihr bewährtes Prisma zu nehmen und die Rechtslage unparteiisch bei Beachtung unserer Verfassung, die für alle Bürger gleiche Pflichten setzt und auch gleiche Rechte garantiert, zu untersuchen.

Für Ihre Bemühungen bedanke ich mich im voraus.

Verbindliche Grüße

Goldisthal, 6421

17.2.2

001182

Fernsehen der DDR
-Forum Prisma-
Berlin
1199

Auskunft und Beurteilung der Rechtslage über die Gewährung
eines Hausarbeitstages

Am 17.1.89 habe ich an den Bundesvorstand des FDGB in Berlin
mit der Bitte geschrieben, und um Rechtsauskunft darüber
gebeten, ob mir in meiner momentanen schwierigen Situation
ein Hausarbeitstag gewährt werden könnte. Eine Ablichtung
dieses Schreibens lege ich Ihnen bei, es zeigt meine Situation
auf und ich brauche mich an dieser Stelle nicht zu wiederholen.
Mit Schreiben vom 16.2.89 (im Antwortschreiben versehentlich
mit 16.1.89 angegeben) wird mir vom Bundesvorstand dargestellt,
daß diese Regelung nur für werktätige Frauen geschaffen wurde.
Auch dieses Schreiben lege ich als Ablichtung bei.
Es wird zwar eingeräumt, daß der Mann in so einem Fall in
der gleichen schwierigen Lage ist wie die Frau, daß aber
trotzdem die Gewährung eines Hausarbeitstages nicht erfolgen
kann, obwohl, und das möchte ich behaupten, ein Mann viele
Details im Haushalt schlechter meistern kann als eine Frau.
Mir gibt diese Entscheidung ernsthaft zu denken, da sie nach
meinem Rechtsempfinden der Korrektheit unseres Rechts- und
Sozialstaates widerspricht.
Da ich mich sicher nicht allein in dieser mißlichen Lage be-
finde und sich viele Männer in unserem Staat in der gleichen
Situation sind, bitte ich Sie, dieses allgemein interessante
Thema unter Ihr bewährtes Prisma zu nehmen und die Rechtslage
unparteiisch bei Beachtung unserer Verfassung, die für alle
Bürger gleiche Pflichten setzt und auch gleiche Rechte garan-
tiert, zu untersuchen.
Für Ihre Bemühungen bedanke ich mich im voraus.

Verbindliche Grüße

Wächst mir über den Kopf

133

Rechtsauskunft über Gewährung eines Hausarbeitstages

Mein Name ist Bernd Gabler, ich bin 51 Jahre alt, wohne in Goldisthal im Thüringer Wald und besitze dort ein Eigenheim. Seit Oktober 1988 bin ich verwitwet und alle Hausarbeit muß von mir selbst erledigt werden, da ich nunmehr ganz allein im Haus bin.

Unsere Kinder wohnen in Ilmenau bzw. Ellrich, so daß ich von dieser Seite auch keine Unterstützung habe.

Es kommt noch hinzu, daß ich zwei Zimmer ganzjährig an Urlauber vermiete und auch diese Zimmer mit Reinigung und Bettwäschewechsel einschließlich Bettwäschereinigung zu betreuen habe. Ein weiterer erschwerender Umstand ist der, daß ich als Investbauleiter ein Bauvorhaben von 30 Mio M vorbereite und meine Arbeitsstelle 20 km von meinem Heimatort entfernt liegt. Ich bin also am Morgen und am Abend auf öffentliche Verkehrsmittel angewiesen was wiederum täglich 2 Stunden meiner Freizeit in Anspruch nimmt. Auf Grund zweier Magenoperationen bin ich schwerbeschädigt und Diabetiker. Aus vorgenannten Gründen wächst mir die Arbeit über den Kopf.

Ich möchte Sie demzufolge bitten, mir Rechtsauskunft darüber zu erteilen, ob mir ein Hausarbeitstag gewährt werden kann.

Ich bedanke mich im voraus über die Klärung meiner Angelegenheit und verbleibe mit gewerkschaftlichen Gruß,

Es antwortet der Freie Deutsche Gewerkschaftsbund am 16. Februar 1989:

Werter Kollege Gabler!

Ihre Eingabe ist bei uns am 25.1.1989 eingegangen. Der gesetzlichen Regelung zum Hausarbeitstag liegen im wesentlichen folgende Gedanken zugrunde:

Der Hausarbeitstag wurde nach 1945 als spezielle Vergünstigung für vollbeschäftigte werktätige Frauen eingeführt, zu einer Zeit, in der viele Frauen ihre Kinder allein erziehen mußten, sich unter im

Vergleich zu heute wesentlich ungünstigeren Bedingungen zur Sicherung des Lebensunterhaltes in den Arbeitsprozeß eingliederten und oft erst noch die Berufsausbildung nachholten.

Zusätzliche Freizeit war eine Möglichkeit, für die Frauen die sozialen Bedingungen zu verbessern, die Erfüllung der Pflichten im Beruf und Hauhalt besser in Übereinstimmung zu bringen. Die Regelung war von Beginn an so gestaltet, daß nur Frauen bei Vorliegen der im Gesetz genannten Voraussetzungen einen Rechtsanspruch auf einen Hausarbeitstag haben.

Der anspruchsberechtigte Personenkreis wurde 1976 auf vollbeschäftigte alleinstehende Frauen ab Vollendung des 40. Lebensjahres erweitert. Zu dem Zeitpunkt waren bereit 92 % aller Frauen im arbeitsfähigen Alter – das ist mehr als die Hälfte der berufstätigen Bevölkerung – im Arbeitsprozeß. Der Hausarbeitstag für alleinstehende Frauen über 40 Jahre kommt zum großen Teil Frauen zugute, die Kinder geboren und großgezogen haben, die inzwischen älter als 18 Jahre sind. Diese Frauen sind damit in bezug auf den Hausarbeitstag den verheirateten Frauen gleichgestellt.

Obwohl sich die Bedingungen, die ursprünglich zur Gewährung des Hausarbeitstages führten, im Laufe der Jahre grundlegend verändert haben, wurde bei der Erarbeitung des seit 1978 geltenden Arbeitsgesetzbuches von den zuständigen zentralen staatlichen Organen und den Gewerkschaften entschieden, daß den vollbeschäftigten werktätigen Frauen der Rechtsanspruch auf den monatlichen Hausarbeitstag erhalten bleibt. Damit wird der in der DDR geltende Grundsatz verwirklicht, einmal gewährte sozialpolitische Vergünstigungen nicht wieder rückgängig zu machen.

Zugleich wurde zu diesem Zeitpunkt und wiederholt in den folgenden Jahren klargestellt, daß sich am Charakter des Hausarbeitstages als eine historisch entstandene spezielle Vergünstigung zur Anerkennung der Leistungen vollbeschäftigter Frauen auch in Zukunft nichts ändern soll.

Die Regelungen im § 185 Abs. 4 AGB zur Gewährung eines Hausarbeitstages an vollbeschäftigte alleinstehende Väter bzw. Männer, deren Ehefrau pflegebedürftig ist, wurden unter sozialen Gesichtspunkten getroffen. Sie sind nur bei Vorliegen bestimmter sozialer Ausnahmesituationen anzuwenden. Die Gewährung erfolgt immer erst im Ergebnis einer Leiterentscheidung.

Keinesfalls wollen wir in Abrede stellen, daß alleinstehende Männer durch den Hauhalt in vergleichbarer Weise belastet sind wie alleinstehende Frauen. Deshalb reicht die zur Verfügung stehende Freizeit, auch für sie zur Erledigung der häuslichen Aufgaben oft nicht, zumal bestimmte Dinge manchmal nur innerhalb der Arbeitszeit erledigt werden können.

Dennoch ist es nicht möglich, den Personenkreis mit Anspruch auf einen Hausarbeitstag auf weitere alleinstehende Männer auszudehnen oder sogar den Betrieben die Entscheidung über die Gewährung eines Hausarbeitstages zu überlassen. Jede Freistellung von der Arbeit bedeutet einen Eingriff in unseren gesellschaftlichen Arbeitszeitfond, der – das ist sicher auch für Sie kein Geheimnis – schon in hohem Maße beansprucht wird und ausgelastet ist. Bei der Ausarbeitung weiterer sozialpolitischer Maßnahmen mit Auswirkungen auf die Arbeitszeit ist deshalb stets gründlich zu prüfen, für welchen Personenkreis diese vordringlich zu treffen sind.

Mit § 188 AGB wurde die Möglichkeit geschaffen, aus dringenden familiären oder anderen gerechtfertigten Gründen stunden- oder tageweise unbezahlte Freistellung zu beantragen. Von dieser Möglichkeit müßten Sie gegebenenfalls Gebrauch machen.

Mit gewerkschaftlichem Gruß

Goldisthal
6421

FDGB Bundesvorstand
Fritz-Heckert-Str. 70
Berlin
1026

17.1.89

R e c h t s a u s k u n f t über Gewährung eines Hausarbeitstages
----

Mein Name ist [redacted] ich bin 51 Jahre alt, wohne in Goldisthal im
Thüringer Wald und besitze dort ein Eigenheim. Seit Oktober 1988 bin
ich verwitwet und alle Hausarbeit muß vOn mir selbst erledigt werden,
da ich nunmehr ganz allein im Haus bin.
Unsere Kinder wohnen in Ilmenau bzw. Ellrich, so daß ich von dieser
Seite auch keine Unterstützung habe.
Es kommt noch hinzu, daß ich zwei Zimmer ganzjährig an Urlauber vermiete
und auch diese Zimmer mit Reinigung und Bettwäschewechsel einschließlich
Bettwäschereinigung zu betreuen habe. Ein weiterer erschwerender Umstand
ist der, daß ich als Investbauleiter ein Bauvorhaben von 30 Mio M vorbe-
reite und meine Arbeitsstelle 20 km von meinem Heimatort entfernt liegt.
Ich bin also am Morgen und am Abend auf öffentliche Verkehrsmittel ange-
wiesen was wiederum täglich 2 Stunden meiner Freizeit in Anspruch nimmt.
Auf Grund zweier Magenoperationer bin ich schwerbeschädigt und Diabetiker.
Aus vorgenannten Gründen wächst mir die Arbeit über den Kopf.
Ich möchte Sie demzufolge bitten, mir Rechtsauskunft darüber zu erteilen,
ob mir ein Hausarbeitstag gewährt werden kann.
Ich bedanke mich im voraus über die Klärung meiner Angelegenheit und
verbleibe mit gewerkschaftlichen Gruß,

»Rechtsauskunft über Gewährung eines Hausarbeitstages«

Freier Deutscher Gewerkschaftsbund

Bundesvorstand   Rechtsabteilung

FDGB · Fritz-Heckert-Straße 70 · Berlin · 1026

Kollegen
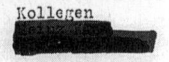

Goldisthal
6 4 2 1

Berlin, 16. Januar 1989
Ar/Oh   107 E

Werter Kollege ▇

Ihre Eingabe ist bei uns am 25. 1. 1989 eingegangen.
Der gesetzlichen Regelung zum Hausarbeitstag liegen im wesentlichen
folgende Gedanken zu grunde:
Der Hausarbeitstag wurde nach 1945 als spezielle Vergünstigung
für vollbeschäftigte werktätige Frauen eingeführt, zu einer Zeit,
in der viele Frauen ihre Kinder allein erziehen mußten, sich unter
im Vergleich zu heute wesentlich ungünstigeren Bedingungen zur
Sicherung des Lebensunterhaltes in den Arbeitsprozeß eingliederten
und oft erst noch die Berufsausbildung nachholten.

Zusätzlich. Freizeit war eine Möglichkeit, für die Frauen die
sozialen Bedingungen zu verbessern, die Erfüllung der Pflichten
im Beruf und Haushalt besser in Übereinstimmung zu bringen. Die
Regelung war von Beginn an so gestaltet, daß nur Frauen bei Vorliegen der im Gesetz genannten Voraussetzungen einen Rechtsanspruch auf einen Hausarbeitstag haben.

Der anspruchsberechtigte Personenkreis wurde 1976 auf vollbeschäftigte alleinstehende Frauen ab Vollendung des 40. Lebensjahres erweitert. Zu dem Zeitpunkt waren bereits 92 % aller Frauen im arbeitsfähigen Alter - das ist mehr als die Hälfte der berufstätigen Bevölkerung - im Arbeitsprozeß. Der Hausarbeitstag für alleinstehende
Frauen über 40 Jahre kommt zum großen Teil Frauen zugute, die Kinder geboren und großgezogen haben, die inzwischen älter als 18 Jahre sind. Diese Frauen sind damit in bezug auf den Hausarbeitstag
den verheirateten Frauen gleichgestellt.

Obwohl sich die Bedingungen, die ursprünglich zur Gewährung des
Hausarbeitstages führten, im Laufe der Jahre grundlegend verändert
haben, wurde bei der Erarbeitung des seit 1978 geltenden Arbeitsgesetzbuches von den zuständigen zentralen staatliche Organen und
den Gewerkschaften entschieden, daß den vollbeschäftigten werktätigen Frauen der Rechtsanspruch auf den monatlichen Hausarbeitstag
erhalten bleibt. Damit wird der in der DDR geltende Grundsatz ver

»Dennoch ist es nicht möglich, den Personenkreis mit Anspruch...«

wirklicht, einmal gewährte sozialpolitische Vergünstigungen nicht
wieder rückgängig zu machen.

Zugleich wurde zu diesem Zeitpunkt und wiederholt in den folgenden
Jahren klargestellt, daß sich am Charakter des Hausarbeitstages als
eine historisch entstandene spezielle Vergünstigung zur Anerkennung
der Leistungen vollbeschäftigter Frauen auch in Zukunft nichts ändern
soll.

Die Regelungen im § 185 Abs. 4 AGB zur Gewährung eines Hausarbeitstages an vollbeschäftigte alleinstehende Väter bzw. Männer, deren
Ehefrau pflegebedürftig ist, wurden unter sozialen Gesichtspunkten
getroffen. Sie sind nur bei Vorliegen bestimmter sozialer Ausnahmesituationen anzuwenden. Die Gewährung erfolgt immer erst im Ergebnis
einer Leiterentscheidung.
Keinesfalls wollen wir in Abrede stellen, daß alleinstehende Männer
durch den Haushalt in vergleichbarer Weise belastet sind wie alleinstehende Frauen. Deshalb reicht die zur Verfügung stehende Freizeit
auch für sie zur Erledigung der häuslichen Aufgaben oft nicht, zumal
bestimmte Dinge manchmal nur innerhalb der Arbeitszeit erledigt
werden können.

Dennoch ist es nicht möglich, den Personenkreis mit Anspruch auf
einen Hausarbeitstag auf weitere alleinstehende Männer auszudehnen
oder sogar den Betrieben die Entscheidung über die Gewährung eines
Hausarbeitstages zu überlassen. Jede Freistellung von der Arbeit bedeutet einen Eingriff in unseren gesellschaftlichen Arbeitszeitfonds, der - das ist sicher auch für Sie kein Geheimnis - schon in
hohem Maße beansprucht wird und ausgelastet ist. Bei der Ausarbeitung weiterer sozialpolitischer Maßnahmen mit Auswirkungen auf die
Arbeitszeit ist deshalb stets gründlich zu prüfen, für welchen
Personenkreis diese vordringlich zu treffen sind.

Mit § 188 AGB wurde die Möglichkeit geschaffen, aus dringenden
familiären oder anderen gerechtfertigten Gründen stunden- oder
tageweise unbezahlte Freistellung zu beantragen. Von dieser Möglichkeit müßten Sie gegebenenfalls Gebrauch machen.

Mit gewerkschaftlichem Gruß

Langer
stellv. Abteilungsleiterin

»... auf einen Hausarbeitstag auf weitere alleinstehende Männer auszudehnen.«

KNOCHEN NUTZEN SICH AB

Brigade 1. Mai und Brigade 8. Mai •
Hammer, den 31. März 1989

Eingabe

Betreff: Arbeits- und Lebensbedingungen

Überall kann man von Verbesserung der Arbeits- und Lebensbedingungen hören und lesen. Das materielle und kulturelle Lebensniveau der Bevölkerung, soll durch Produktionssteigerung, verbessert werden, – und zwar durch den Einsatz von fortschrittlichen Maschinen und Anlagen, wie z.B. d. Mikroelektronik ...

Auch in unserem Betrieb, werden die Pläne von Jahr zu Jahr erhöht. Aber durch welche Arbeitsverbesserungen? Im Maschinenraum, sind nach wie vor die gleichen Maschinen. Die Erhöhung der Produktion, geht zu Lasten unserer – Kraft und Gesundheit, indem die Normen u. Pläne erhöht wurden und wir unter immer gleichbleibend – *schlechten* – Bedingungen, immer mehr leisten sollen. Doch man sollte schließlich auch bedenken, das auch wir nur Menschen sind und nicht von Jahr zu Jahr stärker u. gesünder werden, denn auch unsere Knochen und Gelenke nutzen sich ab. Zwar steht im MR I, seit einiger Zeit die *Wigo* zur Verfügung, doch wissen wir damit umzugehen? wird sie ausgelastet? Entlastet diese Maschine uns, den Menschen? wie es sein sollte? Das bohren von vorwiegend Jörn-Hinterfüßen auf diesem »Halbautomaten«, ist doch nur eine »Daseinsberechtigungs- und Beschäftigungstherapie«, denn mit den z.B. schweren H-26 Hinterfüßen quälen die Frauen sich weiter herum.

Im MR II kommt der Schleifstaub hinzu, der Gesundheitsschädigend ist und in der letzten Zeit immer mehr zunimmt. Es ist ja auch kein Wunder, denn die Rohre der Absaugung, wurden noch nie gereinigt. An den Verzweigungen, wird sich sicherlich viel »Unrat« im laufe der Jahre angesammelt haben. Es platzt oft Holz ab und wird in die Absaugung hinein gezogen. Es ist unzumutbar, mit 2 Personen, am Band »Rundung« zu schleifen, da die vordere Person, völlig eingestaubt wird und den Staub einatmet, was auf die Dauer wohl sehr – Gesundheitsgefährdend ist. Das man bei dieser schlechten Luft, etwas Flüssigkeit zu sich nehmen muß, ist wohl normal. Doch woher nehmen? wenn die Pausenversorgung, fast zum lächerlichen Ausdruck geworden ist. Betriebsverkaufsstelle – geschlossen – ! Kantine kein Personal ! Aber wenn man Durst hat, muß man sich etwas beschaffen! Beschaffen heißt – anstehen – warten – Ausfall für die eigene Tasche und – da es die Masse macht, kommt auch allerhand für unseren Betrieb (Staat) dabei heraus! Durch diesen und dem arbeitsbedingtem Ärger und Streß sind wir im Interesse unserer Gesundheit gezwungen, zusätzliche Pausen einzulegen um uns etwas zu erholen neue Kraft zu schöpfen, die ja gerade für die Frauen auch noch für die 2. Schicht nach 16.00 Uhr reichen muß. Hinzu kommen noch die vielen Dinge, die wir uns auf jeder Versammlung anhören müssen, denn da wird versprochen u. versprochen!! Doch es tut sich nie etwas! Weder werden unsere Hinweise auf etwaige Unregelmäßigkeiten (z.B. Reinigung d. Toiletten u. Instandsetzung) auf Unfallquellen (z.B. durch Unterdruck der Halle der Türen u. der Außentreppe) – beachtet, – noch ändert sich etwas, was wir wirklich nicht aus eigener Kraft tun können. Die Umkleide und Duschräume werden den »Produktionsräumen« der benachbarten LPG (T) immer ähnlicher. Auch die Ab und Unterstellmöglichkeiten für Fahrzeuge aller Art, läßt zu wünschen übrig. Viele Betriebe, so liest man, haben erkannt und handeln dementsprechend das das Wohlbefinden der Menschen ein wichtiger Schritt zur Planerfüllung ist. In unserem Betrieb mißachtet man diesen Fakt, so wie man wertvolle Hinweise vieler Kollegen, die konsequent durchdacht und angewandt sehr wohl zur Produktionssteigerung führen würden – mißachtet! Was soll im übrigen, in einem Kollegen so vorgehen, wenn er das ganze Jahr seine Pflicht tat, darüberhinaus Sonderschichten »fuhr«, sich das Krank-sein verkniff, stolz in der Zeitung liest wie gut der Betrieb den Plan erfüllte und dann *ohne* Erklärung, nur von »Gerüchten« informiert, aus Anlaß der Zahlung der Jahresendprämie erfährt, das Er/Sie doch nicht so fleißig war?

Die sozialistischen Arbeitsbedingungen, zeichnen sich durch das »Schaffen von Arbeitserleichterungen, Arbeitsfreude und Wohlbefinden, sowie durch die Beseitigung von Arbeitserschwernissen und Monotonie aus!!

Das unsere Arbeitsbedingungen nicht zumutbar sind, spiegelt sich auch in dem hohen Krankenstand unseres Kollektivs und dem Gesundheitszustand »einzelner« wieder! Aus Spaß konsuliert wohl kein Arbeiter einen Arzt. In unserer – Gesellschaftsform, dem *Sozialismus*, gibt es den Schutz auf Leben und Gesundheit jedes einzelnen und wir hoffen somit, das auch in unserem Betrieb, der technische Fortschritt beschleunigt wird und Maßnahmen eingeleitet werden unsere Arbeitsbedingungen zu *normalisieren*!!

Das *Machbare* zu verwirklichen ist ohne höhere »Wissenschaft« möglich. Dazu braucht es nur den Willen und ein offenes Ohr für die Hinweise der Kollektive. Es ist nach unserer Meinung höchste Zeit für Veränderungen! Anderenfalls kann niemand von uns die Planerfüllung 1989 auf Kosten der *Gesundheit* garantieren. Wir warten die Eingabenbearbeitung ab und erwarten eine Antwort. Ansonsten leiten wir die Eingabe weiter und werden alle uns von unserem Staat garantierten Möglichkeiten nutzen!!

NICHT ALS MECKERER

Ein Kollektiv von Busfahrern • Luckenwalde, den 25. April 1989

Werte Kollegen der PRISMA-Redaktion!

Wir, ein kleiner Teil eines großen Kollektivs, von Busfahrern des VEB Kraftverkehr Luckenwalde, Betriebsteil Wildau, wenden uns heute stellvertretend für alle Kollegen mit diesem Schreiben an Sie, in der Hoffnung auf offene Augen und Ohren zu stoßen. Mut haben uns Ihre letzten Sendungen gemacht, in denen es um unzumutbare Arbeits- und Lebensbedingungen ging, Bedingungen, wie sie auch in unserem Betrieb anzutreffen sind. Wir möchten nicht als »Meckerer« auftreten, sondern wollen erreichen, daß sich etwas in positiver Hinsicht verändert. Mit dem, was wir bisher in unserem Betrieb versucht haben, ist es uns leider nicht gelungen.

In Stichpunkten wollen wir Ihnen nun schildern, was für uns unzumutbare jahrelange Gegebenheiten sind:

1. Versorgung der Kollegen

   Unsere Kantine ist nur wochentags geöffnet (5.30 – 14.00 Uhr), obwohl wir im Mehrschichtsystem und auch an den Wochenenden arbeiten (4.30 – 14.00 Uhr; 12.00 – 22.00 Uhr). An den Wochenenden werden wir nur versorgt, wenn ein Kollege Kraftfahrer die Kantine übernimmt, wenn die Kantinenkraft krank oder in Urlaub ist. Dieser Kollege hat dann aber keinen Hygienepaß.

   Die Hygiene läßt ohnehin zu wünschen übrig, da die leeren Essenkübel mit Essenresten ca. 24. Std. im WC abgestellt werden, bevor sie von den Reinigungskräften gesäubert werden.

2. WC

   Unsere WC's sind »sehenswert«. Seit ca. 5 Wochen ist der Abfluß verstopft, darum kümmert sich niemand, Reinigungskräfte für das WC gibt es nicht.

3. Umkleideräume

   Sie befinden sich in einem baufälligen Schuppen und mehrere Kollegen haben keinen Schrank. Steht ein Bus auf der Grube nebenan, dringen dessen Abgase in die Umkleideräume und man kann diese nicht mehr betreten.

4. Busse

   Wir waschen unsere Fahrzeuge per Hand, es gibt weder eine Waschanlage, noch Waschbürsten oder Reinigungsmittel. Diese kaufen unsere Kollegen selbst ein.

   2 Schläuche stehen für die Wäsche von 60 Bussen zur Verfügung. Seit Jahren läuft das Waschwasser in den Boden (ohne Ölabstreifer), sickert dort ein. Unmittelbar neben der Buswäsche befindet sich der Brunnen. Oft ist der Hof überschwemmt und bei Regen sowieso nur mit Gummistiefeln zu betreten. Es gibt keine ausreichenden Möglichkeiten für Wartung und Pflege der Fahrzeuge, aber unsere Qualitätszuschläge sind davon abhängig.

   Was uns weiterhin zu schaffen macht und immer wieder Grund für Diskussionen unter den Kollegen ist, wollen wir Ihnen auch schildern:

60% der Reparaturen werden von den Busfahrern selbst ausgeführt, entweder während der Arbeitszeit oder in der Freizeit. Alle 5000 km soll eine technische Durchsicht erfolgen. Auftretende Mängel können zu 90% nicht abgestellt werden. Es fehlen Ersatzteile und vor allem Reparaturkapazitäten. Für Havariefälle steht am Wochenende kein Mechaniker zur Verfügung, auch nachts gibt es keinen Havariedienst. Qualifizierte Busschlosser stehen uns nicht zur Verfügung.

1988 wurde ein Bus von der Teilinspektion abgeholt, Reparaturkosten ca. 50 TM. 8 Monate später wurde dieser Bus verschrottet. Frage: Mußten wir den Schrottplan erfüllen?

Von der Gewerkschaftsarbeit merken wir so gut wie nichts. Obwohl im vergangenen Jahr im Durchschnitt von jedem Kollegen zwischen 500 und 1200 Überstunden geleistet wurden, fielen die Jahresendprämien gering aus. Es gab keinerlei Abstimmung darüber im Kollektiv, wie sie das Arbeitsgesetzbuch vorsieht. Bei der diesjährigen Gewerkschaftswahl sammelte der Abteilungsleiter unsere Stimmzettel in einem leeren »Goldkrone«-Karton ein. Von Wahlvorbereitung kann keine Rede sein.

Uns beschäftigt die Frage nach Einsicht in den RKV (Rahmenkollektivvertrag). Wieviel freie Tage stehen uns zu und ähnliches. Fragen wir nach dem RKV wird uns gesagt, daß wir zur Einsicht kein Recht hätten, wir sollen den Abteilungsleiter fragen, der wüßte was drinsteht.

Wir können Ihnen versichern, daß all diese Probleme unserer Betriebs- und Gewerkschaftsleitung seit Jahren bekannt sind. Wir bekommen Versprechungen, die nicht erfüllt werden und kommen uns deshalb von der Leitung verlassen vor. Irgendwie läuft die Beförderung ja weiter.

Wenn Sie eine Möglichkeit haben, uns zu helfen, möchten wir Sie hiermit einladen mit uns darüber zu sprechen und sich selbst ein Bild von den Gegebenheiten zu machen.

Wir bedanken uns im voraus für Ihr Interesse an unseren Problemen.

Mit sozialistischen Grüßen

ZEITALTER VON HIGHTECH

Marcus Lekram • privater Altstoffhändler •
Wismar, den 27. Juni 1989

Werte Prisma-Redaktion!

Mit diesem Schreiben möchte ich Sie über ein Ereignis unterrichten, das mich trotz meiner 105 kg Körpergewicht fast umgehauen hätte.

Seit ca. 3 Jahren arbeite ich als SERO-Aufkäufer in Wismar. Ich kaufe von der Bevölkerung Sekundärrohstoffe auf, sortiere, wiege, lagere und verkaufe weiter an den VEB SERO. Nun ist zwischen dem VEB SERO und mir vereinbart, daß Wiegeware, d.h. Pappe, Papier, Alttextilien etc. TGL-gemäß in Ballen angeliefert wird.

Pappe und Papier können wir gewerbliche Sammler gleich zur Papierverarbeitung, sprich: VEB Papierfabrik Neu-Kaliß, Werk III Wismar, fahren. Die Ballen, die wir dort abliefern, wiegen je nach Sortiment zwischen 140 kg bei Pappe und ca. 200-220 kg bei Zeitungen und Büchern; sind also von einer Person nicht mehr zu bewegen. Sie müssen mit einem Stapler abgeladen werden. Soviel zum allgemeinen Verständnis.

Jetzt zum eigentlichen Grund meines Schreibens. Sehr oft mußte ich in o.g. Betriebsteil schon auf meine Entsorgung warten. Trotz vorher bestellten Termins. Teils weil die Arbeiter gerade nicht abkömmlich waren, teils, was noch schlimmer ist, weil die Gabelstapler nicht funktionierten. Dieser große Betrieb, der in weiter Ferne der einzige seiner Art ist, hat zwei Gabelstapler, von denen einer ständig kaputt ist.

Bei meiner letzten Lieferung am 26.06.89 hatte ich für 8.00 Uhr einen Termin und konnte diesen Betrieb erst um 10.35 Uhr verlassen. Vor mir standen 3 große Lastzüge, die auf Be- bzw. Entladung warteten. Und das alles mit einem Gabelstapler, der am Montagmorgen (!) nur halb aufgeladen war.

Einer der beiden Gabelstapler ist seit längerem an den Bremsen defekt. Vor ein paar Tagen hat sich nun endlich der Hauptbremszylinder verabschiedet. Und der zweite Stapler kann mangels passenden Ladegerätes nicht mit der vollen Ladestromstärke geladen werden. Als das letzte Fahrzeug von mir entladen wurde, war dieser Stapler soweit entladen, daß vier erwachsene Männer selbigen mit Muskelkraft schieben mußten; der vorhandene Strom reichte noch knapp zum Heben.

Ich frage Sie, ist das normal??? Es kann doch nicht sein, das im Zeitalter der HIGH-TECH solche Pannen passieren! Die Arbeiter in diesem und anderen Betrieben müssen schuften, wie vor 20 oder 30 Jahren.

Ein ähnliches Problem hat der BT Wismar des VEB SERO Rostock mit seinem Dieselstapler. Der ist auch sehr oft kaputt. Ob es Radlager, Hydraulikteile oder Bremsen sind.

Da solche Fälle keine Einzelfälle sind, frage ich mich doch langsam, wo die viel gepriesene Leistungsfähigkeit des Sozialismus bleibt. Ich komme mir vor, wie in einem Laden, in dem die Schaufenster voll und gut dekoriert sind, aber wenn man in den Laden kommt, sieht man nur Schrott.

Wie kann es sein, daß man im ND liest: »Nettoproduktion und AP um ... % gesteigert!«, z.B. in der Fahrzeugproduktion, und es sind einfach keine Ersatzteile, geschweige denn Neufahrzeuge zu kriegen.

Glauben Sie mir, daß ich weiß, wovon ich schreibe. Ich habe für mein Gewerbe einen alten LO (Bj. 1973!) bekommen, der mich in seiner Reparaturanfälligkeit schon fast an den Rand des Ruins und des Wahnsinns getrieben hat. So gibt es viele Dinge, die einem jegliche Motivation zur Arbeit zerstören. Über mangelnde Arbeitseinstellung und Gleichgültigkeit in den volkseigenen Betrieben brauche ich Ihnen nichts zu schreiben. Aber ist es ein Wunder?

Wenn es uns nicht gelingt, unsere Politik, insbesondere unsere Wirtschafts- und Lohnpolitik so zu gestalten, daß viele unserer Mitmenschen wieder einen Sinn im Leben und Freude an der Arbeit finden, dann ist das Chaos vorprogrammiert.

Ich bin kein Pessimist. Aber die eigene und die Erfahrung vieler Mitmenschen und Berufskollegen hat es mich so gelehrt. Werte

Prisma-Redaktion. Ich bitte Sie, o.g. Problemen auf die Spur zu gehen und vielleicht einen Anstoß zur Umgestaltung zu geben.

Mit Dank für Ihre Bemühungen und freundlichen Grüßen

KATASTROPHALE ZUSTÄNDE

Das Kollektiv der Verkaufsstelle 0167
• Zöschen, den 4. August 1989

Werte Mitarbeiter der Fernsehreihe »Prisma«

Mit großem Interesse haben wir Ihre Sendung vom 3.8.89 verfolgt, in welcher die Mißstände des sozialistischen Einzelhandels dargestellt wurden.

Wir haben diese Sendung im Kollektiv ausgewertet und sind zu dem Entschluß gekommen, Ihnen zu schreiben.

Unser Kollektiv arbeitet unter ähnlich unzumutbaren Bedingungen. Unsere Verkaufsstelle ist offiziell seit 21.12.1988 vom Bauamt Merseburg gesperrt. Eine Ausweichsverkaufsmöglichkeit ist in der Ortslage Zöschen jedoch nicht gegeben.

Unsere Umsatzgröße im Jahr beläuft sich auf ca. 1,5 Millionen Mark. Wir sind die einzige Lebensmittel-Verkaufsstelle im Ort mit ca. 900 Einwohnern, außerdem werden 3 Betriebe mit versorgt. Unser Ort liegt an der F 181 zwischen Leipzig und Merseburg, so daß viele Laufkundschaft in unserer Verkaufsstelle einkauft. Der Unmut über die viel zu kleine und veraltete Verkaufsstelle wird unter der Bevölkerung und dem Personal immer lauter. Diese Mißstände sind dem Rat der Gemeinde Zöschen und dem Rat des Kreises Merseburg bekannt.

Die Nachbargemeinden Wallendorf und Günthersdorf (mit viel weniger Einwohnern) haben je eine Kaufhalle erhalten und können sich somit »LEZ« (Landwirtschaftliches Einkaufszentrum) nennen. Bei den Gemeinden Zweimen, Horburg, Friedensdorf und Kötzschlitz sowie Löpnitz wurden durch Um- und Ausbau die Arbeits- und Lebensbedingungen des Personals, sowie die Versorgung der Bevölkerung erheblich verbessert. Trotz mehrfacher Anfragen unsererseits bei der Konsumgenossenschaft Merseburg und dem Rat der Gemeinde Zöschen konnte uns keine verbindliche Auskunft über eine neue Verkaufsstelle gegeben werden.

Es steht jedoch fest, daß wir in diesem gesperrten Objekt nicht mehr länger sicher und gefahrlos verkaufen können. Die erste Etage des Hauses, in der die Verkaufsstelle untergebracht ist, wird schon lange nicht mehr als Wohnraum vermietet. Bei größeren Regenfällen läuft uns das Wasser von der Decken in den Lagerraum, sodaß wir des öfteren z.B. schon hartes Salz und verklebten Zucker abschreiben mußten. Wir räumen nun schon bei starken Regenfällen diese Lebensmittel schnellstens auf Holzpaletten, die dem Großhandel gehören.

Wir erbitten nun von »Prisma« einen Rat, wie wir uns weiter verhalten sollen, um die Verkaufskultur und unsere Arbeits- und Lebensbedingungen verbessern und vor allem sicherer gestalten können.

Mit sozialistischem Gruß

PRIVATBAU DES BAUDIREKTORS

Ilse Niese • aufmerksame Kleinstadtbewohnerin •
Löbau, den 2. September 1989

Werte Mitarbeiter der Sendereihe »PRISMA«!

Ihre letzte Sendung vom 31.08.89 ist mir Anlaß, Ihnen zu schreiben und folgendes mitzuteilen.

In einem Ihrer Beiträge ging es um den Bau eines Kindergartens in Oberoderwitz (Kreis Löbau), der auf Grund fehlender Kapazität des VEB Kreisbau Löbau noch nicht erfolgte. Die Begründung für die Streichung der Bilanz ist ungenügend, da sie nicht die vorliegenden Dringlichkeiten berücksichtigte. Ein Kindergarten ist immer noch dringender als die Neueröffnung einer Baustelle für den Herrn Direktor Kümmel jenes Kreisbaubetriebes in Löbau auf seinem Grundstück in Oppach, Straße der Befreiung. Konkret besteht diese seit Juni 1989 und umfaßt den Bau einer großen Doppelgarage sowie eines Vorhäuschens (mehrstöckig) am Eigenheim des Direktors. Beschäftigt sind auf dieser Baustelle seit Beginn ständig 4-5 Bauarbeiter des Kreisbaubetriebes und das während der normalen wöchentlichen Arbeitszeit. Ein Bauwagen für den Aufenthalt der Arbeiter in den Pausen wurde ebenfalls an Ort und Stelle gebracht. Bis zum heutigen Tag dauern die Arbeiten auf dem Privatgrundstück Kokel an. Anfragen an Kollegen des Kreisbaubetriebes ergaben, daß diese Möglichkeit privaten Bauens innerbetrieblich für Mitarbeiter des Kreisbaubetriebes gesetzlich geregelt ist. Wenn ja, dann aber bestimmt nicht für Garagen zu Lasten Wohnungsbau, Eigenheimerschließung oder Kindergärten.

Ich bin der Meinung, daß dieser Angelegenheit auf den Grund gegangen werden sollte und das ohne Rücksicht auf Name und Ansehen der Person. Weiterhin wäre von Interesse zu welchen Preisen dieser Bau realisiert wird.

Ich bitte Sie, dieser Sache in altbewährter Weise nachzugehen und Verantwortliche öffentlich Rede und Antwort stehen zu lassen.

Mit freundlichem Gruß

Es antwortet die Redaktion am 19. September 1989:

Werte Frau Niese!

Haben Sie recht herzlichen Dank für Ihren Brief – besonders nach unseren Sendungen sind die Hinweise der Zuschauer für uns sehr wichtig. Unser Partner für die Problematik des Kreisbaubetriebes war während unserer Recherchen nicht Herr Kümmel, sondern Herr Heinrich. Für unseren Beitrag spielte der Kreisbaudirektor insofern keine Rolle, als die Entscheidung ja nicht durch ihn gefällt wurde, sondern durch den Ratsvorsitzenden. Ihr Einwand aber ist sicherlich berechtigt, wenn die Tatsachen so liegen wie Sie sie beschreiben. Dies war aber nicht Gegenstand des Beitrages. Wir sind auch der Meinung, daß man solchen Tatsachen nachgehen sollte – nur würde das auf dem Sender wohl nicht viel bringen, denn letztendlich zeige ich einen kritikwürdigen Zustand, der der Veränderung bedarf, der aber für uns keinen wirklich konstruktiven Beitrag zur

Lösung der volkswirtschaftlichen Probleme darstellt. Sicherlich würden es viele Zuschauer gerne sehen, daß der betreffende Herr Direktor Kümmel im Fernsehen Rede und Antwort stehen muß – die Sensation wäre da. Fraglich ist nur, was wir damit gekonnt haben. Ich versichere Ihnen, daß ich Ihren Brief weiterleiten werde an den Ratsvorsitzenden des Rates des Kreises Löbau, und daß man sich dort mit dem Fakt beschäftigen wird.

Vielen Dank für Ihr Vertrauen

Prisma schreibt auch an den Ratsvorsitzenden des Rates des Kreises Löbau:

Werter Genosse Ratsvorsitzender!

In der Reaktion auf unsere Sendung über Oberoderwitz bekamen wir einen Brief von Frau Ilse Niese aus Löbau. Sie wirft Kollegen Kümmel vom Kreisbaubetrieb in Löbau vor, auf seinem Privatgrundstück mit Mitteln des Kreisbaubetriebes zu bauen. Den Briefen schicken wir Ihnen. Von uns forderte sie, Herrn Kümmel in einem Beitrag Rede und Antwort stehen zu lassen – aber erstens sind solche Vorwürfe oft unbegründet und zweitens ist dies überhaupt nicht unsere Praxis. Wir hoffen, daß Sie mit der Bürgerin auf irgendeinem Wege ins vertrauensvolle Gespräch kommen und den Tatbestand, den sie zu kennen glaubt, gemeinsam mit ihr untersuchen.

Mit freundlichem Gruß

Doch auch Frau Niese antwortet noch einmal am 6. Oktober 1989:

Werte Frau Jödicke!

Für Ihre Beantwortung meines Schreibens möchte ich mich bei Ihnen bedanken. Zugleich muß ich aber meine Enttäuschung aussprechen, daß ich offensichtlich nicht in allen Punkten von Ihnen verstanden wurde.

Es dürfte wohl egal sein, wer Ihr Partner während Ihrer Recherchen war. Daß es Herr Kümmel als Direktor des Kreisbaubetriebes nicht war, ist mir vollkommen klar und das spielte auch keine Rolle bei der Darstellung des Sachverhaltes.

Ihre Nachforschungen erfolgten auf einer Stufe höher, nämlich beim Rat des Kreises. Und Ihr Partner, der Herr Heinrich ist ja als Mitglied des Rates und Kreisbaudirektor tätig. Er hätte Antwort geben müssen auf die Frage, warum keine bilanzierten Mittel für den Kindergartenbau vorhanden sind. Und dabei wäre er normalerweise auch auf die Bauvorhaben des Herrn Kümmel gestoßen.

Eines muß man hier nämlich auseinanderhalten: Kreisbaudirektor und Direktor des Kreisbaubetriebes sind zwei völlig unterschiedliche Bereiche und demzufolge auch Personen.

Zum anderen frage ich Sie, wieso die Aufdeckung solch kritikwürdiger Tatsachen keinen konstruktiven Beitrag zur Lösung volkswirtschaftlicher Probleme darstellt?

Oder ist es volkswirtschaftlich unbedeutend, wenn auf Grund fehlender Kindergartenkapazität mehr als ein Dutzend Frauen ihre Arbeit nicht wieder aufnehmen können?

Seit Ihrer Beantwortung meines Briefes sind nun reichlich 2 Wochen vergangen. Da ich voraussetze, daß Sie ebenfalls zur gleichen Zeit diesen Brief an den Rat des Kreises Löbau weitergeleitet haben, muß ich Ihnen mitteilen, daß ich von dort noch keinerlei Stellungnahme erhalten habe.

Das zeigt mir, daß man auf diese Art einfach viel zu labil und oberflächlich auf Hinweise und Kritiken der Bürger reagiert. Anders sähe es aus, wenn kritikwürdige Zustände sachlich, kritisch und optimistisch, wie es aus Ihrer Sendung bekannt ist, behandelt würden. Ich sehe darin nirgends irgendwelche Sensationslust, sondern einen Weg zum Abbau ungerechtfertigter Privilegien, wie sie dem Sozialismus nicht eigen sein sollten.

Vielleicht lohnt es sich doch, noch einmal diese Angelegenheit zu überdenken.

MIT RUHIGEM GEWISSEN WEITERGESCHLAMPERT

Die Brigade »Rosa Luxemburg« • VEB Strumpfkombinat Esda •
Geyer, den 18. September 1989

Sehr geehrte Prismasendung!

Seit vielen Wochen überlegen wir nun schon, ob wir Ihnen schreiben sollen, oder es lieber lassen. Wir Spulerinnen des VEB Strumpfkombinates Max Roscher arbeiten im Zweigbetrieb Herrensocken in Geyer. In unserer Spulerei wurden vor knapp zwei Jahren vier neue Spulmaschinen in einem Wert von 2 Millionen Mark aufgebaut. Seit diese Maschinen nun stehen, reißt bei uns der Ärger nicht ab. Acht unserer ehemaligen Kolleginnen haben wegen dem ständigen Ärger den Betrieb schon verlassen. So wie es jetzt aussieht, werden es noch mehr, denn diese nervliche Belastung hält man nicht lange aus, wenn man zu Hause noch Familie hat. Wir haben schon selber versucht unsere Probleme zu klären mit Eingaben und Beschwerden, aber es hat nichts eingebracht.

Im Mai 1989 haben wir die ABI aus Annaberg-Buchholz eingeschaltet. Kurzzeitig hatte sich auch ein bißchen was getan, aber nun ist wieder alles beim alten und es wird mit ruhigem Gewissen weitergeschlampert. Von der ABI haben wir jedoch nichts mehr gehört.

Nun möchten wir Ihnen unsere Probleme schildern und hoffen das Sie sich daraus etwas entnehmen können.

1. Problem

Wir wissen sehr gut, was ein Paar Strümpfe im Handel kosten, aus diesem Grund schreit es zum Himmel, wenn man sieht, was bei uns so alles auf den Schutt fällt. Vieles davon könnte noch verwendet werden. Einige Bürger unseres Landes sind doch sicherlich nicht dagegen ein Paar Strümpfe zu kaufen, die zwar einen kleinen Fehler aufweisen, aber dafür billig sind.

2. Problem

In unseren neuen Maschinen befindet sich ein Mikroschalter. Das heißt also an jeder Seite einer Maschine sind 24 Gänge und 24 Mikroschalter. Deshalb müssen die Maschinen laut Katalog mindestens alle 4 Wochen gründlich von den Mechanikern gesäubert werden.

Das ist aber nicht der Fall und so fangen die teueren Maschinen langsam aber mit Sicherheit an zu verrotten. Nun fragen wir uns ob unser Staat so viel Geld hat, daß dieses keine Rolle spielt.

3. Problem

An unseren Maschinen befindet sich ein Paraffin, der die Aufgabe hat das Garn geschmeidig zu machen. Wir bekommen diese Paraffine nur alle zwei Jahre in großen Mengen geliefert. Bis die letzten von der alten Lieferung aufgebraucht waren, lief es auch ganz gut. Nun haben wir im 2. Quartal 1988 eine neue Sendung bekommen. Diese Paraffine sind aber zu weich. Daraus ergiebt sich, das der Faden am Paraffin hängen bleibt, so entsteht bei uns sehr viel Fitz, den wir abziehen und wegwerfen. Auch setzt sich dieser weiche Paraffin sehr schnell ab, worauf wir keinen Einfluß haben. So laufen die kleinen Klümpchen bei einer Abzugsgeschwindigkeit von 600 Umdrehungen in der Minute mit auf die gespulten Konen. In der Strickerei geht dann der Ärger weiter. Läuft so ein Klümpchen in die Strickmaschine, brechen dort die Nadeln ab, welche 1.10 DM kostet. Unser Betrieb hat eine Eingabe an das Werk in Apolda gemacht. Dieser antwortete aber nur, daß sie die chemische Zusammensetzung nicht geändert haben. Wir sind aber davon überzeugt, daß da gepanscht wurde. Aber wie sollen wir das Beweißen?

4. Problem

Seit einem Jahr bekommen wir nun regelmäßiger als sonst sehr schlechte Garn-Copse. Der Anfangsfaden dieser Copse muß oben oder spätestens in der Mitte enden. Er endet aber mit etlichen Umdrehungen ganz unten und muß von uns erst so ca. 2 m abgetrieffelt werden bevor wir die Copse verwenden können. Diese 2 m fallen in den Abfall, sind also für uns nicht mehr verwendbar. Seit dieser Zeit, wenn wie dieses Garn auf den Maschinen haben, steigert sich der Abfall um das doppelte, was wir am Lohn sehr deutlich spüren. Von den Copsen triefeln wir also in einer Schicht ca. 3000 Stück ab. Von diesem Abfall könnten noch etliche Paar Stümpfe gestrickt werden. Wir Spulerinnen haben auch selbst schon eine Eingabe an das Werk nach Leipzig gemacht, weil wir von unserer TKO keine Hilfe bekamen. Der Werkleiter von diesem Werk hat uns auch sehr freundlich geantwortet. Er gab zu, das dieser Fehler nur an den Spinnerinnen liegt. Der Werkleiter wollte dieses klären und es sollte sogar vom Lohn der Spinnerinnen abgezogen werden. Seit unserer Eingabe jedoch kommt immer mehr von dem Zeug. Es ist wirklich eine Plage mit diesen Copsen zu arbeiten und uns schmerzen die Hände ganz schön, wenn wir nach Hause gehen.

5. Problem

Wir Spulerinnen putzen unsere Maschinen täglich mit einem Luftdruckschlauch. Seit nun fast zwei Jahren beschweren wir uns nun im Betrieb, das aus dem mittleren Schlauch genügend Wasser heraus kommt um unsere neuen Maschinen langsam aber mit Sicherheit rosten zu lassen. Auch das interessiert hier keinen. Bis zum heutigen Tag hat sich noch nichts getan.

6. Problem

Im ganzen Land hört man von besseren Arbeits- und Lebensbedingungen. Aber wie es scheint bleiben diese vor unserem Werk stehen. Unsere Arbeit ist sehr schmutzig und wir sehen auch dementsprechend aus. (Viele kleine Fussel von Kopf bis Fuß) Die Waschgelegenheiten in unserer Abteilung lassen aber stark zu wünschen übrig. Unsere Waschbecken befinden sich dirckt an der Tür. So können wir nicht mal unsere Schürzen ausziehen um uns richtig zu waschen. Eine richtige abgeschlossene Waschgelegenheit streben wir schon lange an, aber auch dieses verläuft im Sande.

Wir hoffen, daß Sie uns gute Ratschläge geben können, damit wir unsere Probleme klären können. Sollten Sie Rückfragen haben, sind wir gerne bereit diese zu beantworten.

Mit sozialistischen Grüßen

Bitte schreiben Sie uns nicht in den Betrieb, denn sollte der Werkleiter von diesen Brief erfahren, werden sicherlich alle Hebel in Bewegung gesetzt Fehler zu vertuschen. Schreiben Sie an Annette Thomas

HALBWAHRHEITEN UND LUEGEN

Eberhard Richter • Leiter der Rechentechnik •
Eppendorf, den 19. Dezember 1989

Werte Redakteure !

Ich arbeite im VEB Kuechenmoebel »ratiomat« Eppendorf seit ca. zwei Jahren als Leiter ORT – Bin also fuer den Einsatz der dezentralen Rechentechnik in unserem Betrieb verantwortlich.

In der jetzigen Zeit der Veränderungen ueberall in der Gesellschaft stelle ich, wenn ich mich in unserem Betrieb umsehe, fest, dasz diese Veraenderungen um unseren Betrieb einen großen Bogen machen – ja, es ist sogar das Gegenteil der Fall.

Ich moechte Ihnen darlegen, wie ich das meine. Dazu ist es meiner Meinung nach notwendig, dasz ich etwas weiter aushole, um nicht miszverstanden zu werden.

Als es nach der »offiziellen Wende« nicht mehr absolut »lebensgefaehrlich« war, habe ich in einem Wandzeitungsartikel die oeffentliche Klaerung von im Betrieb kursierenden »Geruechten« verlangt. Diese »Geruechte« beinhalteten im wesentlichen betriebliche Miszstaende im Zusammenhang mit der Arbeitsweise unserer Funktionaere von SED und FDGB.

Dieser Wandzeitungsartikel hing jedoch nur zwei Stunden, dann nahm unser Parteisekretaer ihn ab. Nach mehrstuendiger Diskussion mit dem Parteisekretaer gelang es mir schlieszlich, ihn davon zu ueberzeugen, diese Fragen oeffentlich zu beantworten. Er setzte einen Termin zu dieser »Dialogveranstaltung« an und haengte ihn oeffentlich aus. Jedoch wurde diese Veranstaltung durch unseren Betriebsdirektor so kurzfristig auf den naechsten Tag verlegt, dasz nicht mehr alle Interessenten daran teilnehmen konnten.

Dort beantwortete unser BD (Betriebsdirektor) schlieszlich die Fragen die ich an den Parteisekretaer gestellt hatte. Hauptinhalt der Antworten des BD waren Halbwahrheiten und Luegen. Die Teilnehmer versuchten noch weitere betriebliche Ungereimtheiten aus dem betrieblichen Leben zur Sprache zu bringen, wurden jedoch weiterhin mit Halbwahrheiten und Ablenkungsmanoevern abgespeist. Die Veranstaltung endete mit allgemeiner Unzufriedenheit. Mir wurde vom BD vorgeworfen, den »politischen Mob« mobilisiert zu haben.

Trotz dieses Vorwurfs und wegen der Unzufriedenheit nicht nur ueber den Ausgang der o.a. »Dialogveranstaltung« machte ich weiter mit meinen Forderungen noch oeffentlicher Klaerung von betrieblichen »Ungereimtheiten«.

Diesmal waren die Fragen nicht mehr an die betrieblichen Funktionaere gerichtet, sondern ich sprach in meinen an der Wandzeitung veroeffentlichten Fragen einige Dinge an, die ich fuer Fehlentscheidungen des BD hielt bzw. ich fragte oeffentlich nach einem Konzept des Bd, die einigen seiner Handlungen zugrundelag.

Dieser Zettel hing etwa drei Stunden an der Wandzeitung, dann war er vom BD selbst entfernt und worden und ich wurde zum BD bestellt.

Die viereinhalbstuendige »Unterhaltung« begann mit der einleitenden Frage, woher ich das Recht dazu hernehme. Ich antwortete ihm, dasz ich zum Stellen von Fragen eigentlich keine besonderen Rechte mehr brauche. Dies schien aber unserem BD nicht zu genuegen, denn im Verlaufe dieser »Aussprache« war ich neben einem Staatsfeind auch noch ein »Psychopath«, der an Verfolgungswahn leidet. Letzteres wohl deshalb, weil ich auf die Frage des BD: welche Aufgabe unsere Unterhaltung nach meiner Auffassung wohl habe, wahrheitsgemaesz antwortete, dasz ich glaube, jetzt mundtot gemacht zu werden.

Nach ca. 4 Stunden »heiszer Unterhaltung« schwenkte der BD ploetzlich um, und verkuendete dem bisher schweigenden Parteisekretaer und der bisher schweigenden BGL-Vorsitzenden, dasz ich doch eigentlich Recht habe und man kann doch nicht mehr so weiter machen und man muesse doch jetzt nach der Wende alles anders machen. (Spaeter hat er aber in anderen Bereichen versucht, Stimmung gegen meine Wandzeitungsartikel zu machen: »Da gibt es ja einen im Betrieb, mit dem kann man ja nicht reden, der schreibt ja nur noch Wandzeitungsartikel!«) Damals wuszte ich jedoch von seinen Intrigen hinter meinem Ruecken noch nichts. Ich dachte, dasz ich ihn von der Richtigkeit meiner Handlungen ueberzeugt hatte und bot ihm meine Hilfe bei der oeffentlichen Beantwortung der Fragen an. Dies nahm unser BD auch sehr freundlich und dankbar an

Es tat sich jedoch wieder nichts! Statt dessen verfaszte jetzt unser BD einen Wandzeitungsartikel, indem er die alleinige Hilfe fuer unsere Wirtschaft in auslaendischem Kapital sah, irgendwelche Banken mueszten sofort ..., und Verwaltungspersonal musz sofort reduziert werden usw. usf. Alles ohne jegliches Konzept oder vorherige Untersuchungen der Bedingungen im Betrieb. Er streute im Betrieb das Geruecht aus, das er in Verhandlungen mit einer namhaften »westdeutschen Firma« getreten sei und diese sei interessiert, es mueszten nur noch 50% der Angestellten und einige Prozent der Produktionsarbeiter eingespart werden, dann koenne es wohl los gehen.

Die ersten beiden Kolleginnen haben daraufhin ihre Schluszfolgerung gezogen und sind bzw. wollen in die Produktion ueberwechseln, bevor die besten Arbeitsplaetze weg sind.

Zwischenzeitlich hatte nun unsere BGL-Vorsitzende (die einen Arbeitsvertrag als Technologe hatte) eine Aussprache zu Gewerkschaftsproblemen einberufen. Aber auch wieder mit dem Fehler, dasz auch diese Veranstaltung nur im kleinen Kreis und nicht mit der Gesamtbelegschaft durchgefuehrt wurde. Waehrend dieser Veranstaltung aeuszerte ich, dasz ich es fuer die sauberste Loesung hielte, wenn die BGL geschlossen zuruecktreten wuerde und Neuwahlen einer »provisorischen BGL« ausschriebe. Die BGL-Vorsitzende sah dies scheinbar auch ein und ich sollte meinen Vorschlag nochmals vor der gesamten BGL wiederholen. Dies tat ich auch. Nun wurde jedoch unser BD aktiv und er »ueberzeugte« die Mitglieder der BGL, dasz es doch eigentlich reiche, wenn die BGL-Vorsitzende von ihrer Funktion entbunden werde. Dies muessen die Mitglieder der BGL wohl mehrheitlich akzeptiert haben, denn es geschah so und die Kolleginn Beärwolf (Leiterin des Bueros des BD) uebernahm als stellvertretende BGL-Vorsitzende die Leitung der BGL. Sie heftete einen Zettel an die Wandzeitung, dasz sich die BGL den Fragen der Mitglieder stellt und weiter geschah nichts. Die ehemalige BGL-Vorsitzende arbeitet z.Zt. in der Produktion.

In der letzten Novemberwoche wurden dann, nach Aussage des Heizers entgegen jeglicher Archivordnung ca. 50 Reisepaesse auf Weisung des BD verbrannt, nachdem zuvor ebenfalls schon Akten verbrannt wurden. Dem Heizer wurde dafuer eine Strafe angekuendigt, dasz er darueber geredet hatte.

In unserem Betrieb wurde dann vom BD die Versiegelungsordnung mit einer Anweisung auszer Kraft gesetzt, d.h., auch im Bereich der Datenverarbeitung »braucht nicht mehr versiegelt« zu werden. Auszerdem kann jetzt jeder Werktaetige laut muendlicher Anweisung in seine Kaderakten Einsicht nehmen. Alle diese Anweisungen erfolgen jedoch nur muendlich und sind meiner Meinung auch vollkommen unberechtigt, da die Gesetze ja meines Wissens alle noch gelten.

Ich stehe auf dem Standpunkt, dasz ein Betriebsleiter doch kein solches Chaos zulassen bzw. selbst organisieren kann – besonders habe ich Angst davor, wenn dies jemand tut, der so handelt wie ich es in meinem Brief insgesamt beschreibe. Da sich auch in der Folgezeit auszer Winkelzuegen und widerspruechlichen Anordnungen nichts aenderte, berief ich eine DSF-Veranstaltung ein und besprach mit den anwesenden Kollegen neben der DSF-Arbeit auch die Probleme, die mir im Verlaufe der Zeit bekannt wurden. Ich nannte die Geruechte, die im Betrieb mehr oder weniger offen diskutiert wurden, konkret beim Namen und forderte die Klaerung dieser Sachverhalte besonders durch den BD.

Diese vorbereitete Rede besprach ich mit der Hauptbuchhalterin, da ich der Meinung war, dasz sie doch in erster Linie wissen mueszte, was von diesen Geruechten wahr ist und was nicht. Ich forderte sie auf, bei der Veroeffentlichung und Beseitigung der genannten Miszstaende mitzuhelfen. Ihr fehlte aber scheinbar dazu der Mut. Wahrscheinlich hat sie dem BD einen Hinweis auf meine geplante DSF-Veranstaltung gegeben (Was ich ihr nicht uebel nehme, sondern irgendwie auch verstehen kann).

Kurz nach ihrem Besuch beim BD wurde ich zu ihm bestellt und er eroeffnete mir, dasz mein Bereich ORT aufgeloest werden solle, weil er Produktionsarbeiter fuer 12 Mill. Plansteigerung 1990 brauche (meines Wissens gibt es fuer 1990 noch keinen konkreten Plan). Er denke sich die Sache so, dasz die Programmierer den Fachbereichen zugeordnet werden und die Bereichsleitung bleibt uebrig. Ich wies ihn kurz auf meine Konzeption des Bereiches ORT hin, die ihm vorliegt und das Gegenteil aussagt. Er war aber der Meinung, dasz er das zur naechsten Dienstberatung so angehen wuerde. Ich hatte auch kaum Zweifel, dasz er in der Dienstberatung dieses Ziel durchsetzen konnte. Bisher liefen alle Dienstberatungen so ab, dasz die Leitung zwar diskutierten konnte, dies gestattete er ausdruecklich, gemacht wurde aber prinzipiell was er sagte, denn er trage schlieszlich die Verantwortung und er ist der staatliche Leiter. Dieses Prinzip galt auch, wenn seine Leitungsmitglieder mehrheitlich anderer Meinung waren und dies auch sachlich begruenden konnten.

Da ich dieses Verhalten kannte, habe ich die Absicht des BD auch in meiner DSF-Versammlung oeffentlich gemacht. Der BD sprach auch vor den Produktionsarbeitern selbst davon, dasz er Verwaltungspersonal abbauen will und muss. Er sagte den Arbeitern sinngemaesz, dasz bei ca. 700 Beschaeftigten im Betrieb wohl nur ca. 300 Produktionsarbeiter waeren und er hatte wohl zum Teil mit dieser tendenzioesen Bemerkung den Erfolg, dasz die Arbeiter voller Empoerung auf den groszen »Wasserkopf« schauten und z.T. sicher auch der Meinung waren, dasz der weg muesse. Ich stehe aber auf dem Standpunkt, dasz dies nicht in der vom BD praktizierten Art und Weise geschehen darf, dasz dazu ein Konzept gehoeren musz. Ich vermisse im gesamten Handeln des BD ein solches, ja, ueberhaupt ein Konzept – Ich vermisse auszerdem bei unserem BD die Bereitschaft dazu, dies zu entwickeln bzw. entwickeln zu lassen.

Ich sehe es ebenfalls als grob fahrlaessig bzw. grobe Verdummung unserer Werktaetigen an, wenn er Ihnen verspricht, sofort ca. 50% der Angestellten der Produktion zur Verfuegung zu stellen. Wenn dann der Kaderdirektor, der bei uns die Hauptaufgabe hat, Verwaltungsangestellte fuer kurzfristige Produktionseinsaetze zu mobilisieren, keinen Erfolg bei den Angestellten mehr hat und dann noch vom Meister erwartungsvoll gefragt wird, wo denn die versprochenen Leute aus dem aufzuloesenden Bereich ORT bleiben, ist das fuer mich der Gipfel der Unfaehigkeit der Leitungsunfaehigkeit des BD.

Andererseits musz man wissen, dasz bisher in der Produktion eingesetzte Verwaltungsangestellte entweder selbst keine 8,75h arbeiten konnten, weil irgendetwas mit Sicherheit schlecht organisiert war oder aber dasz die eigentlichen Produktionsarbeiter an einem der naechsten Tage standen. Nach dem gleichen Prinzip wurde bei uns auch eine zweite Schicht organisiert, die nach der Meinung mancher Mitarbeiter zwar mehr Kosten verursacht, aber kaum eine hoehere Leistung bringt.

Ich kann im Verhalten des BD keinen Hinweis darauf finden, dasz er jetzt die Dinge ordnet, bzw. Klaerungsprozesse einleitet. Ich sehe nur noch Fallen, Intrigen, Luegen, gegenseitiges Ausspielen, Umgehen von bestehenden Gesetzen, wenn unser BD handelt.

Dann kam der Tag der Dienstberatung. In dieser Dienstberatung wurde gefordert, dasz der ehemalige Kaderdirektor wieder in sein Amt zurueckkehrt, aus dem er durch eine Ausreise seiner Tochter vor der Wende entfernt worden war. Dies geschah von einem Tag auf den anderen durch unseren BD. Dieser gleiche BD stellt sich in der Dienstberatung hin und kann dort verkuenden, dasz er gegen solche Personalrueckumsetzungen sei, da man diese sehr gut ueberlegen musz – man musz dazu ein Konzept haben – aber er diskutiert mal mit den Kollegen. (kein Datum, keine Uhrzeit, keine Aufnahme ins Protokoll)

Es wurde weiterhin gefordert, dasz eine unsaubere Praemierungsaktion der Ehefrau unseres ersten Parteisekretaers geklaert werden muesse. Dort wurde naemlich auf Geheisz des alten Parteisekretaers nicht ein alter, vom Kollektiv vorgeschlagener Kollege mit dem Aktiventitel ausgezeichnet (er war kurz vorher aus der Partei »ausgetreten« besser: es wurde daraus ein Ausschluss gemacht), sondern die Ehefrau des alten Parteisekretaers. Zu einer Klaerung bzw. Korrektur dieses Sachverhaltes war unser BD nicht bereit. Er steht auf dem Standpunkt, den anderen Vorschlag habe die BGL-Vorsitzende gemacht und er hat sich da schon immer raus gehalten, denn er ist sauber und er brauche sich nichts vorzuwerfen. Damit war auch dieses Thema vom Tisch und es begann der Tagesordnungspunkt: Weiterentwicklung des Bereiches ORT. Er bat mich, meine Konzeption vorzulegen und ich antwortete ihm, dasz ich das aus Papiereinspargruenden nicht gemacht habe. Es habe ja schliesslich keinen Zweck, jedem Dienstberatungsmitglied erst noch etliche Seiten Papier in die Hand zu druecken, wenn der Bereich ORT aufgeloest werden soll. Er solle mir nur noch sagen, an welchem Arbeitsplatz in der Produktion ich die 12 Mill. Plansteigerung 1990 bringen soll.

Darauf habe ich dann wieder zu hoeren bekommen, dasz dies ein Hoer-oder Verstaendigungsfehler meinerseits war und es sei nie so geplant gewesen und es habe auch niemand daran gedacht.

Ich kann mir sehr gut die Beweggruende des Handelns des BD bis hierher erklaeren. Es gibt aber darueberhinaus noch einige Entscheidungen des BD, die nicht mit meiner »Aufmoepfigkeit« zusammengebracht werden koennen, da sie zum Teil noch in meine »brave Zeit« fielen. Dazu auch einige wenige Beispiele, wie sie mir als Betriebsneuling bekannt wurden:

1. Eine nagelneue Importmaschine, die nur dadurch in Eppendorf in die Werkhalle reinzubekommen war, indem die Wand herausgebrochen wurde, soll nun, da sie aus unbekannten Gruenden nicht die geplante Leistung bringt, in den BT Schneeberg umgesetzt werden. (dem zustaendigen Leiter hat er bis zum Februar dafuer Zeit gegeben!)

2. Unser BT Zwoenitz, der furnierte Kuechentueren herstellt, denen sicherlich die Zukunft der Kuechenproduktion gehoert, wird unserem BT Schneeberg zugeordnet.

3. In Schwarzenberg (Naehe Schneeberg!) wird immer noch eine Personal- und Technikaufstockung vorgenommen – mit dem Ziel, dort einen Ratiomittelbau aufzubauen, von dem unser BD aber angeblich der Meinung ist, dasz Ratiomittelbau neu ueberdacht werden muesse.

4. Schneeberg soll so schnell als moeglich eine neue Saege erhalten. Ich weisz nicht, woher unser BD diesen Saegeautomaten nehmen will – Im BT Eppendorf steht jedoch eine solche!

5. Wenn das eintritt, was in unserem Kombinat mehr oder weniger besprochen wird, dasz naemlich das Kombinat aufgeloest wird, und evtl. auch Kombinatsbetriebe, so waere sicherlich unser BD der erste aus unserem Betrieb, der dies erfaehrt und er koennte handeln. Das wahrscheinlichste Ergebnis waere dann, ein selbstaendiger Betrieb Schneeberg, was auch sicher objektiv richtig ist und von der jetzigen BT-Leitung schon lange angestrebt wird. Ich glaube jedoch nicht, dasz die gegenwaertige BT-Leitung auch die zukuenftige Betriebsleitung dann ist.

6. Wenn man nunmehr noch weisz, dasz unser BD aus der Gegend um Schneeberg kommt – dort also seine Heimat ist, wird mir um die Zukunft unseres Betriebes in Eppendorf bange. Besonders bange wird mir, wenn ich die bisherigen Verhaltensweisen des BD's beruecksichtige.

Zu letzterem gehoert naemlich auch, dasz unser BD es durchgesetzt hat, mitten in der laufenden Produktion eines Kuechenmodells angeblich aus Materialbeschaffungsproblemen eine duennere Arbeitsplatte fuer unsere Kuechenschraenke einzufuehren. Dadurch kann nicht gesichert werden, dasz Kunden, die sich evtl. Kuechenschraenke nachkaufen wollen, diese in die Front ihrer vorhandenen Kuechenmoebel einordnen koennen. Mit dieser Anweisung hat unser BD eindeutig betriebs- und rufschaedigend gewirkt, obwohl er mehrfach auf diesen Sachverhalt hingewiesen wurde.

Allen Kollegen, denen ich diese 6 Fakten in ihrer Gesamtheit verdeutlichte, sind ohne mein Zutun zur gleichen Schluszfolgerung gekommen wie ich. Es ist mir jedoch bis jetzt nicht gelungen, eine Gesamtbelegschaftsversammlung zustande zu bringen. Auf meine Initiativen hin, habe ich oftmals die Saetze zu hoeren bekommen:

Wer weisz, was der noch fuer Beziehungen hat.

Wie er dem Kombinatsdirektor gegenueber aufgetreten ist, hat vor ihm noch kein BD gewagt.

Was er an Planaenderungen und guenstigen Bedingungen fuer unseren Betrieb erreicht hat, hat vor ihm noch niemand geschafft.

Der kommt schlieszlich vom Bezirkswirtschaftsrat Dresden – wer weisz, wen der noch alles kennt.

Und auszerdem, wer sollte denn machen, wenn nicht er.

Wir haben doch keinen anderen BD.

Trotz dieser Einwaende bin ich der Auffassung, dasz ich hier nicht tatenlos zusehen kann und darf und bitte Sie daher um Ihre Hilfe beim Zustandekommen einer Gesamtbelegschaftsversammlung, auf der keine Tricks und Winkelzuege mehr moeglich sind.

Ich bin nicht in der SED geblieben, um tatenlos zusehen zu muessen, wie zumindest unser Betrieb von einem scheinbar gewissenlosen und skrupellosen Betriebsdirektor ausverkauft wird. Ich bin auch nicht dazu bereit, erst dann zu handeln, wenn ich durch das Ergebnis voellig sicher sein kann, dasz meine Vermutungen richtig waren.

Fuer notwendige Nachfragen Ihrerseits stehe ich Ihnen selbstverstaendlich zur Verfuegung.

In der Hoffnung auf eine baldige Hilfe Ihrerseits; die ich in der oeffentlichen Unterstuetzung sehe, verbleibe ich hochachtungsvoll.

KONSUMKULTUR 1:
VERSORGUNGSMÄNGEL

NUR MIT BEZIEHUNGEN

Marion Mann • Telefonistin • Meißen, den 29. Dezember 1979

An Prisma

Ich möchte mal höflich anfragen, ob die Zustände, welche im Kreis Meißen herrschen, ob es ein Dauerzustand wird. Ich bin 62 Jahr, Schwerstbeschädigter und Diabetiker, gehe trotzdem arbeiten, da Arbeitskräfte fehlen. Bin Telefonistin.

Ich muß früh 4.00 Uhr aufstehen und bin 16.00 Uhr zuhause. Freizeit ist da nichts diese braucht man zum einkaufen. Ohne etwas warmes zu trinken geht man zur Arbeit, denn ich kann doch früh nicht erst den Herd anfeuern. Es gibt schon zwei Jahre keine Tauchsieder und keine elektr. Kocher und wenn dann muß man Beziehungen haben. Da ich arbeite und behindert bin kann ich nicht dauernd auf Reisen sein. Ich wohne auf dem Dorf, da gibt es nicht viel an Fleisch und Fischwaren immer das einerlei. In Nossen gibt es auch nicht viel und wenn dann Dauerschlangen und das halte ich nicht aus. Ölsardinen und Fischfilet sind Fremdwörter für uns. Ja wer Verwandte im Westen hat, die lassen sich alles schicken, das sieht man hier bei uns im Betrieb bei den Genossen. Ich bin völlig alleinstehend und habe keinen, der sich für mich anstellen kann.

Genau mit Bettwäsche, Handtücher und Wischtücher. Wenn es etwas gibt dann nur in der Zeit wo wir arbeiten. Es stehen auch immer wieder die selben Personen an so das diese schon so viel haben was gegen anderes getauscht wird. Gibt es da überhaupt noch eine Gerechtigkeit. Es wird ja mit dem einkaufen immer schlechter, nicht mal Kerzen für den Weihnachtsbaum nur wer Zeit hatte und sich anstellen konnte, da könnte man noch so vieles aufzählen.

Bettwäsche gab es im Herbst für 380 M und Handtücher 1 Stück 33,00. Das kann ich mir allerdings nicht leisten. Ich bin nicht gegen den Sozialismus und begrüße alles was die Partei tut. Habe meine Gesundheit im Bergbau eingebüßt, aber so wie es jetzt gemacht wird finde ich nicht für richtig, nur mit Beziehungen bekommt mann und die habe ich nicht. Ich bin schon gewarnt worden ich sollte nicht

schreiben ich würde nur eingesperrt, aber es ist doch die Wahrheit.
Für eine Antwort wäre ich sehr dankbar.

Mit sozialistischem Gruß

ABER ECHT ENTTÄUSCHT

Horst Fischer • Skiläufer • Großräschen, den 6. Januar 1980

Nachdem ich längere Zeit für meinen 15 jährigen Sohn versuche
Abfahrtsski, dazu die Alpina Schuhe sowie einen Skianzug zu bekommen, muß ich mich heute an Sie wenden.

Ich nahm mir Anfang des Jahres 1980 extra einen Tag Urlaub um
die benötigte Ausrüstung zu bekommen. Zwischen Oberwiesenthal
und Berlin wurde ich aber echt enttäuscht. Nicht einmal gebrauchte
Ausrüstungen dieser Art sind zu bekommen. Fast täglich werden in
Presse, Fernsehen oder Radio auf die Wichtigkeit von Sport, bei der
Erhaltung von Schaffenskraft, Gesundheit und Lebensfreude hin-
gewiesen. Wir sind sehr froh, daß unser Sohn im Laufe der vielen
Jahre ein begeisterter Hobby-Skiläufer geworden ist und jedes Wochenende beim Skilaufen ein absolutes Erlebnis ist. Aus diesem
Grund ist die große Enttäuschung und Verbitterung zu verstehen.
Vor Jahren als er noch nicht so gut fahren konnte, standen diese
Sportgeräte überall herum. Wie können sie dann heute, das heißt
1979 ganz aus den Regalen verschwunden sein? Besonders wenn
ich zwischen Oberwiesenthal und Berlin öfters hören mußte, in diesem Jahr (1980) nicht mehr. Ist dies nur eine fehlerhafte Warenstreuung oder sind sie wirklich nicht mehr erhältlich?

Können Sie mir ein Sportgeschäft mitteilen, wo sie noch vorrätig
sind? Die Entfernung spielt keine Rolle, nur möchte ich die Gewiß-
heit haben, etwas zu bekommen um wieder am Wintersport teilnehmen zu können. Erschwert wird die Suche durch die Größe, die
Schuhgröße beträgt 45-46.

Erwähnen möchte ich noch, daß wir in sehr schlechten Umwelt-
bedingungen Leben müssen, weil in unserer nächsten Umgebung
Betriebe von Lauchhammer, Synthesewerk Schwarzheide, Schwarze

Pumpe, Senftenberg und Lübbenau-Vetschau angesiedelt sind. Auch daraus resultiert der Drang und die Notwendigkeit das Wochenende in der klaren, sauberen und gesunden Winter- und Waldluft zu verbringen. Ich hoffe, Sie können mir einen positiven Bescheid geben, um wieder gemeinsam zum Skilaufen fahren können, um so wieder Kraft und Freude für die kommende Woche zu schöpfen.

Mit sozialistischem Gruß

SCHON OFT MIT ANSTELLEN VERSUCHT

Volker Anders • Hainichen, den 2. Januar 1981

Wertes Kollektiv der Sendung Objektiv!

Heute, am 02.01.81 fuhren meine Schwiegermutter, meine Frau und ich nach Karl-Marx-Stadt. Dort wollten wir für meine Schwiegereltern eine Gefriertruhe GK 150 und für uns einen Aufsatz für den Kühlschrank, in Form einer kleinen Gefriertruhe erwerben. Es wurde uns gesagt, daß im Januar Bestellungen angenommen werden. Vorher hatten wir es schon oft mit Anstellen versucht, aber immer erfolglos. Als wir heute wieder fragten, lautete die Antwort: »Wir schreiben nur für Karl-Marx-Stadt auf und verkaufen nur an Bürger unserer Stadt.« Nun habe ich eine Frage. Ist unser Geld, weil wir »bloß« im Bezirk wohnen weniger wert? Wie soll man sonst zu solchen Dingen kommen, wenn man sie nicht mal in der eigenen Bezirkshauptstadt kaufen kann? In der Verkaufsstelle unseres Ortes (Kreisstadt) werden keine Bestellungen angenommen.

Es ist mir nicht möglich, mich täglich anzustellen bzw. täglich zu fragen, da ich tagsüber arbeiten gehe. Ich bin sehr unzufrieden mit der Antwort, die mir heute gegeben wurde. Ist man berechtigt, uns so abzuweisen? Wenn man die Geräte besser verteilen würde, im ganzen Republikgebiet könnte erheblich Benzin eingespart werden, den man unnötig verfährt.

Ich wäre Ihnen sehr verbunden, könnten Sie mir eine Antwort auf diesen Brief mit einer Lösung des Problems zukommen lassen.

Mit freundl. Gruß

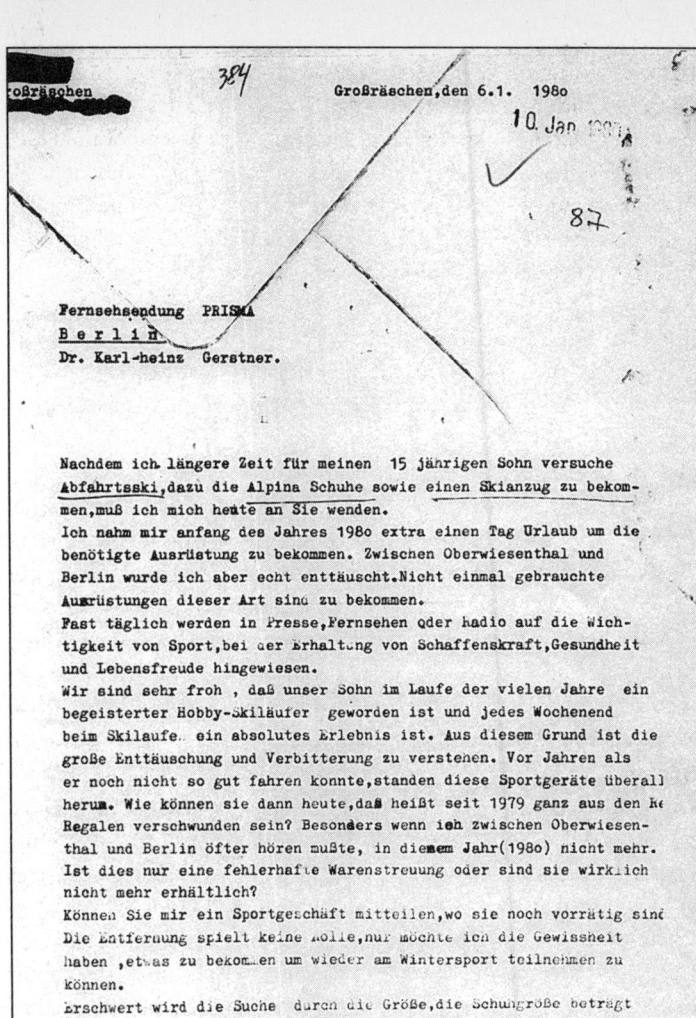

10. Jan 1980

87

Fernsehsendung PRISMA
B e r l i n
Dr. Karl-heinz Gerstner.

Nachdem ich längere Zeit für meinen 15 jährigen Sohn versuche
Abfahrtsski,dazu die Alpina Schuhe sowie einen Skianzug zu bekom-
men,muß ich mich heute an Sie wenden.
Ich nahm mir anfang des Jahres 1980 extra einen Tag Urlaub um die
benötigte Ausrüstung zu bekommen. Zwischen Oberwiesenthal und
Berlin wurde ich aber echt enttäuscht.Nicht einmal gebrauchte
Ausrüstungen dieser Art sind zu bekommen.
Fast täglich werden in Presse,Fernsehen oder Radio auf die Wichtigkeit von Sport,bei der Erhaltung von Schaffenskraft,Gesundheit
und Lebensfreude hingewiesen.
Wir sind sehr froh , daß unser Sohn im Laufe der vielen Jahre ein
begeisterter Hobby-Skiläufer geworden ist und jedes Wochenend
beim Skilaufen ein absolutes Erlebnis ist. Aus diesem Grund ist die
große Enttäuschung und Verbitterung zu verstehen. Vor Jahren als
er noch nicht so gut fahren konnte,standen diese Sportgeräte überall
herum. Wie können sie dann heute,das heißt seit 1979 ganz aus den Re
Regalen verschwunden sein? Besonders wenn ich zwischen Oberwiesenthal und Berlin öfter hören mußte, in diesem Jahr(1980) nicht mehr.
Ist dies nur eine fehlerhafte Warenstreuung oder sind sie wirklich
nicht mehr erhältlich?
Können Sie mir ein Sportgeschäft mitteilen,wo sie noch vorrätig sind
Die Entfernung spielt keine Rolle,nur möchte ich die Gewissheit
haben ,etwas zu bekommen um wieder am Wintersport teilnehmen zu
können.
Erschwert wird die Suche durch die Größe,die Schuhgröße beträgt
45-46.

u.W.

Aber echt enttäuscht

Erwähnen möchte ich noch,daß wir in sehr schlechten Umweltbedin-
gungen Leben müssen,weil in unserer nächsten Umgebung Betriebe
von Lauchhammer,Synthesewerk Schwarzheide,Schwarze Pumpe,Senften-
berg und Lübbenau-Vetschau angesiedelt sind. Auch daraus resultiert der Drang und die Notwendigkeit das Wochenend in der klaren,
sauberen und gesunden Winter-und Waldluft zu verbringen.
Ich hoffe,Sie können mir einem positiven Bescheid geben,um wieder
gemeinsam zum Skilaufen fahren können,um so wieder Kraft und
Freude für die kommende Woche zu schöpfen.

Mit sozialistischem Gruß

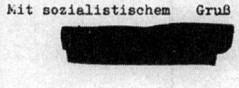

»Ich hoffe, Sie können mir einen positiven Bescheid geben... «

KOMISCH GESTREIFTE SCHLAFANZÜGE

Stefan Uhse • Görlitz, den 15. Januar 1981

Wertes Kollegium der Fernsehsendung »Prisma«!

Mehrfach konnte ich schon miterleben, daß durch Ihr Kollektive ungeschminkt Probleme dargestellt und vielfach einer Lösung zugeführt wurden. Diese Tatsache stimmt mich optimistisch und veranlaßt mich auch zugleich einmal an Sie zu schreiben.

Über viele Wochen hinweg versuche ich gemeinsam mit meiner Frau Unterwäsche sowie einen Schlafanzug zu erhalten. Unsere Bemühungen bleiben jedoch bis heut ergebnislos! Sollte uns jedoch das Glück einmal hold sein und wir einen Schlafanzug erstehen können, so gibt es nach wie vor nur »Gestreifte«. Obwohl schon viele Fernsehsendungen in der Vergangenheit diese Tatsache aufgegriffen hatten (z. Bsp. die Fernsehsendung: »Außenseiter – Spitzenreiter«), werden sicher noch Jahrzehnte vergehen, ehe der Konsument einen gemusterten Schlafanzug erhalten kann.

Wenn man bei den Fernsehsendungen über die komisch-gestreiften Schlafanzüge lachte, so begreifen die Verantwortlichen nicht, daß sie über sich selbst lachten! Und sollte es uns nach weiteren Jahrzehnten doch mal gelingen zusätzlich zu den gestreiften auch gemusterte Schlafanzüge auf den Markt zu bringen, so wird erfahrungsgemäß dieser »Neuentwickelte« finanziell kaum noch erschwinglich sein. Schon jetzt möchte man am liebsten mit einem Schlafanzug für ca. 100,00 M auf die Straße gehen, was auch die besseren Trageigenschaften ohne weiteres rechtfertigen würde.

Es drängelt sich an dieser Stelle förmlich die Frage auf, wo eigentlich die Früchte und positiven Ergebnisse jahrelanger anstrengender Arbeit und Überlegungen, besonders auf dem Gebiet der Rationalisierung und Intensivierung, bleiben. Muß man nicht langsam davor angst haben rationeller und intensiver zu arbeiten, wenn im Endergebnis das selbe Produkt teurer wird? Allein in Görlitz findet man kaum noch einen Herrenschuh unter 110,00 M.

Sicher rechtfertigt die neue Qualität und das neue Material (dessen phantastische Abkürzung auf dem Karton keinesfalls mehr für einen normalsterblichen Bürger zu entziffern ist) den Preis, was ich zu gern bestätigen möchte, wenn nicht zufällig erhaltene Kinderstiefel für meine Tochter (Preis: 45,00 M) nach dem ersten Tragen so wasserundurchlässig wären, daß man selbiges aus dem »Leder« herausdrücken kann und der Stiefel dann nur reichlich 2 Tage zum Trocknen über dem Ofen benötigt.

Hier sei die Frage erlaubt, wo eigentlich in Görlitz die Waren zu niedrigen und mittleren Preisen bleiben? Es kann doch einfach nicht der Normalfall sein, für ein 11-jähriges Kind eine Bluse für über 60,00 M kaufen zu müssen. Analog verhält es sich mit den Preisen für Strickwaren. Eine preiswerte Strickjacke oder einen Pullover zu erhalten gleicht in Görlitz fast einem Wunder! Es hat den Anschein, daß Waren zu noch erschwinglichen Preisen bewußt nicht modisch sein dürfen. Aber was soll es, ein modisches Sakko kann man ja auch zu ca. 800,00 M im Exquisit erhalten.

Im Ergebnis gemeinsamer Einkäufe haben die Kinder schon Angst einmal auf eigenen Füßen stehen zu müssen.

Zu den Dienstleistungen in Görlitz sei angeführt, daß entgegen den Erfolgen in der Zeitung die Wartezeiten für die Reinigung von Übergardinen u.a. bereits 6 Wochen überschreiten. Dennoch sind wir froh, daß unsere Wäsche überhaupt abgenommen wird, wo doch die Wäscheannahme stark reduziert wurde.

Als ich nach unzählichen Male Herumlaufen endlich meiner Frau zu Weihnachten eine Küchenmaschine RG 28 schenken konnte, war die Freude groß. Aber gleichzeitig tritt fast ausnahmslos jeden Bürger förmlich Angstschweiß auf die Stirn, – es könne ja mal an der Maschine kaputtgehen. Und schon geht wegen dem Ersatzteil die Rennerei erneut los. Allein eine einfache Konsole zu erhalten, damit das teure Stück sicher und sachgemäß gelagert werden kann, ist utopisch.

Auch der Erhalt eines Plastegriffes für den Staubsauger vom Typ HSS 11. Obwohl der Farbton des Staubsaugers grau ist, mußten wir nach einem Vierteljahr notgedrungen den letzten »schwarzen Griff« nehmen. Die Frage der Schönheit steht also schon nicht mehr an hinterster Stelle.

Über ein Jahr hat es gedauert, ehe wir für unsere Tochter ein Paar einfache Skier bekamen und auch das nur, weil die Verkäuferin eine ehemalige Schulkameradin war. Ein weiteres Jahr mußten wir auf die entsprechenden Skie-Stöcke warten. Es war zu schön die Kinderaugen betrachten zu können, als sie ein Jahr lang die nicht zu benutzenden Skier betrachteten.

Von Vollbeschäftigung kann doch wohl nicht mehr die Rede sein, wenn man jeden Tag in der Woche wegen einem anderen selbstverständlichen Artikel im Geschäft nachfragen muß und wegen manchen Sachen täglich sogar vorsprechen muß. Das sollte man doch nicht unter »Lauf dich gesund« verstehen. Und sinnvolle Freizeitgestaltung dürfte es wohl auch nicht sein!

Schön ist es aber, wenn man bei all den Laufereien und Nachfragen nach Selbstverständlichkeiten Wohnzimmermöbel für 17,5 TM, neuentwickelte Waschmaschinen für bereits schon 2,5 TM und nebenbei die Neueröffnung eines weiteren »Delikat-Geschäftes« miterleben kann.

Kleinigkeiten, die das Leben netter und freundlicher gestalten fehlen im Angebot schon gänzlich. Ich denke so z. Bsp. an eine kleine Vase und wage nicht in meine Betrachtungen eine Soßenkelle oder einen Flammenverteiler einzubeziehen. Wollen wir hoffen, das keine Neuentwicklungen an Soßenkellen und Flammenverteilern vorgesehen oder gar in Vorbereitung sind, denn dann dürften das wohl die ersten Artikel sein, die mal billiger als ihre Vorgänger wären.

Trotzdem ich alle mir gebotenen Möglichkeiten einer Weiterqualifizierung genutzt habe, beträgt mein monatliches Nettoeinkommen eben leider nur reichlich 600,00 M. Ich kann mir zwar mein Gehalt bis zum Jahr 2000 ausrechnen, aber ich kann mir nicht ausrechnen, wann ich mir und meiner Familie einen Farbfernseher für über 5 TM erspart habe. Auch dann müssen weitere 1 TM als Rücklage vorhanden sein, um gegebenenfalls den Ersatz einer Bildröhre finanzieren zu können.

Auch hier die Frage: Welcher weiterentwickelte Fernseher ist letztendlich billiger geworden, obwohl ständig Arbeitsgänge rationeller gestaltet werden und teures gegen weniger teures Material ersetzt wird?

Bei den augenblicklich erhältlichen Waren und den damit verbundenen Preisen hat es den Anschein, daß 1 TM nichts mehr sind. Schlimm an der ganzen Sache ist nur, daß all dieses auch meine Eltern miterleben müssen, die in jahrzehntelanger gesellschaftlicher Arbeit ganz für unseren sozialistischen Staat aufgegangen sind und sich heute mit ihrem wenigen Geld kaum selbst noch eine Freude, geschweige ihren Enkelkindern machen können. Ihre Gehaltserhöhungen hielten leider nicht Schritt mit den Preisausschilderungen der »neuentwickelten und gebrauchsfähigeren Waren«.

Ich schreibe Ihnen all das aus der ehrlichen Überzeugung heraus, daß Kritik stets eine entscheidende Triebkraft unserer Entwicklung ist. Es kann und darf einfach nicht mehr genügen sich nur Kritik anzuhören, sondern es bedarf ernstlicher Veränderungen. Keinesfalls darf es zum Wesen älterer Bürger in unserem Staat werden, daß sie förmlich die Tage bis zum Rentenalter zählen.

Der noch vorhandenen labilen Haltung vereinzelter Bürger gegenüber der Gesellschaft muß letzenendes ernsthaft entgegengetreten werden. Allein in Görlitz hat nicht zuletzt auch eine solche Haltung verantwortlicher Personen dazu geführt, daß durch eine mehr als schlechte Gebäudeinstandhaltung nunmehr eine sehr umfangreiche Gebäudeinstandsetzung durchgeführt werden muß. Und das in einer Stadt, die einen großen historischen Wert besitzt. Wielange werden solche Funktionäre noch in ihren Funktionen geduldet, wo es doch auch unser aller Geld ist.

In der Hoffnung, einhergehend mit Ihrer Fernsehsendung »Prisma«, auch weitere positive Veränderungen zum Wohle unserer Bürger miterleben zu können zeichnet

mit freundlichem Gruß

AUS HYGIENISCHEM STANDPUNKT

Familie Kirchner • Leipzig, den 5. Januar 1982

Hiermit wenden wir uns an die Sendung »Prisma« des DDR-Fernsehens, da uns keiner eine glaubwürdige Antwort auf die Frage, die uns schon zwei Jahre bewegt, geben kann. Und zwar geht es um Folgendes.

Wir haben zwei Kinder. Wie bekannt ist, müssen bei Kindern, aus hygienischem Standpunkt, Nasen und Ohren sauber gehalten werden. Doch zu welchen Hilfs- oder Ersatzmitteln greift man, wenn es oft wochenlang keine Wattetupfer im Handel zu kaufen gibt?

Oft griff ich aus Verzweiflung schon nach Streichhölzern und Watte. Doch ist das eigentlich vertretbar? Oder stellen wir zu hohe Ansprüche? Doch unserer Meinung nach, ist das kein Luxusartikel. Es gehört einfach zur Hygiene

hochachtungsvoll

ÜBERTRIEBENER LUXUS

Kurt Pfarr • Pennieth, den 22. Februar 1983

Am 15.1.1981 richtete ich an die Zeitungen »Junge Welt« und die Redaktion »Prisma« einen Brief, in dem ich anfragte, warum in der Ausgabe der »Jungen Welt« vom 12.01.81, S. 4 über den Erholungswert des Schielaufens geschrieben und gleichzeitig ein umfangreiches Angebot an Brettern der Marke »Germina« veröffentlicht wird, obwohl es im Handel keinen einzigen Touren- bzw. Abfahrtski zu kaufen gibt. Ich fragte mich nach den Ursachen und erhielt sowohl von den Redaktionen »Junge Welt«, »Prisma« sowie vom Generaldirektor des Zentralen Warenkontors Möbel/Kulturwaren/Sportartikel ausweichende und unbefriedigende Antworten (s. Thermokopien). Auf derartige Antworten war ich dem Inhalt nach eigentlich gefaßt, und da der Winter zu Ende ging resignierte ich und gab mich der Hoffnung hin, daß es sich nur um eine Angebotsschwankung handeln möge.

Nun sind über zwei Jahre ins Land gegangen und die Situation ist alles andere als besser geworden. Ich bin nicht so naiv zu glauben, daß mein heutiger Brief fundamentale Neuigkeiten für Sie enthält, es muß jedoch folgendes noch einmal festgehalten werden:

In der gesamten Zeit seit meinem o.a. Brief sind weder in meiner Heimatstadt Dresden noch in anderen Gebieten der Republik nennenswerte Mengen an Tourenski verkauft worden. Ich möchte sogar weitergehend behaupten, daß in unserer Gegend nicht ein einziges Paar Abfahrtski im Angebot waren.

Nun könnte jemand behaupten, daß Abfahrtski für den Durchschnittsbürger übertriebenen Luxus darstellen. Dagegen müßte ich schärfstens protestieren, würde diese Aussage jedoch als Argument eines uninteressierten noch gelten lassen. Wie wollen Sie aber das fehlende Angebot an Tourenski (und zwar dem heutigen Entwicklungsstand entsprechend mit Plastsohle und Stahlkanten) begründen?

Tausende erholungssuchende Bürger müssen auf einen ihren Wünschen entsprechenden Winterurlaub verzichten, weil sie mit den im Handel angebotenen Spezialski (falls diese, d.h. Loipe- u. Langlaufski, gelegentlich in preiswerter Ausführung zu haben sind) nicht umgehen können, das Erlernen der Grundbegriffe schlechterdings unmöglich ist.

Falls das Argument des Herrn Kluge (nomen est omen?) von der »Jungen Welt«, die eine Sportart sei effektiver als die andere und deshalb vorzuziehen, Schule machen sollte, so könnte ja die Sportartikelindustrie endlich auch von der Herstellung so lästiger Nebenerzeugnisse, wie Schlitten, Schlittschuhe, Eishokeyschläger u.a. befreit werden, man müßte sich nur vorher festlegen.

Der Generaldirektor des Zentralen Warenkontors MKS schreibt, »daß es gegenwärtig noch nicht möglich ist, den in den letzten Jahren sprunghaft angestiegenen Bedarf zu decken«. Nun sind – nicht gerade sprunghaft – wieder zwei Jahre verflossen und die u.a. angekündigten »nächsten Wareneingänge ... Ende Februar (1981 d.V.)« sind möglicherweise im Großhandel gelandet, im Einzelhandel des Bezirkes Dresden kaum. Das glaube ich so genau zu wissen, weil ich dem Rat des Generaldirektors folgend, mit mehr als nur der mir »am nächsten befindlichen Spezialverkaufsstelle für Sportartikel ständig Kontakt halte«, obwohl das nicht meine Aufgabe, sondern eine Zumutung ist.

Der Bedarf meiner Familie nach Sportgeräten ist nunmehr auf folgenden Umfang angewachsen:

1. 1 Paar Tourenski (Plastsohle/Stahlkante) 1,60 – 1,70 m
2. w.v., nur 1,80 m
3. 1 Paar Abfahrtski (vorzugsweise Compaktski) 1,70 – 1,80 m

Falls Sie mir nach nunmehr zwei Jahren nicht den Nachweis erbringen können, wann und wo die o.g. einfachen Sportartikel für mich erhältlich sind, werde ich bis zur letzten Instanz gehen, weil es nicht sein kann, daß in unserem soz. Staat die Form der Erholung und der sinnvollen Freizeitgestaltung von der Meinung gewisser Sportredakteure und deren Gesinnungsgenossen diktiert wird.

Auf Ihre alsbaldige positive Antwort wartend verbleibt wiederum Hochachtungsvoll

EIN BISSCHEN BESCHÄMEND

Edelgard Wilmers • Mühlhausen, den 5. April 1983

Werter Kollege Gierds!
Ich möchte mich für Ihre freundliche Hilfe bei der Lösung meines Problems bedanken. In der Zwischenzeit wurde die Installation des Toilettenbeckens vorgenommen.

Es war für mich ein bischen beschämend, daß ich Ihre Hilfe in einer so profanen Angelegenheit in Anspruch nehmen mußte, aber ich sah wirklich keinen anderen Ausweg mehr.

Mit freundlichem Gruß!

VOR EINGABEN NICHT ZU RETTEN

Waltraud Kamenz • Pirna-Copitz, den 20. April 1983

Am 15.1.83 richtete ich ein Schreiben an Sie, mit der Bitte, doch einmal zu Überprüfen, weshalb es fast unmöglich ist, Musikinstrumente zu kaufen. In meinem Spez. Fall handelte es sich um die Beschaffung einer Gitarre.

Sie waren so freundlich, sich der Sache anzunehmen und über Ministerium und Generaldirektor des Zentralen Warenkontors bekam ich jetzt von Markneukirchen über unser hiesiges Schallplattengeschäft eine Gitarre zugeschickt. Ich möchte mich sehr herzlich für Ihre Bemühungen bedanken. Ich bin sehr froh darüber, daß ich meiner Enkeltochter dadurch helfen konnte. Nur ist damit das Problem als solches nicht gelöst.

Nach wie vor bleiben viele jungen Leute ohne Instrument. Ich kann und möchte ja auch keinem verraten, welchen Weg ich gegangen bin, denn dann könnten Sie sich sicher vor Eingaben nicht retten und es ist mir klar, daß das auch nicht im Bereich Ihrer Möglichkeiten liegt. Vielleicht findet sich auch für die vielen Wünsche auf dieser Strecke eine gangbare Möglichkeit. Sie haben in Ihren Sendungen schon so manchen guten und gangbaren Weg gezeigt. Es würde mich freuen, wenn es Ihnen auch hier gelingen würde. Ich danke Ihnen nochmals herzlich.

NUR MIT VIEL TRINKGELD

Ein anonymer Brief aus Ilmenau vom 3. Januar 1985

Werte Mitarbeiter von Prisma!

Ich wende mich an Sie, da ich die Hoffnung habe, bei Ihnen ein offenes Ohr zu finden und eine Änderung der bestehenden Verhältnisse erwarte. Es geht bei meiner Beschwerde um einen sozialistischen Betrieb, der meiner Meinung nach, nicht mehr den Namen sozialistischer Betrieb tragen dürfte. Es handelt sich um die Trabant- und Skodawerkstatt Ilmenau (Gothaer Str.), VEB Metallgerätetechnik. Diese Werkstatt hat überall im Kreis Ilmenau einen sehr schlechten Ruf, denn die Arbeit an den Fahrzeugen läßt sehr zu wünschen übrig. Wer hier ausgefallene Teile braucht oder sein Auto schnell und in Ordnung wieder haben möchte, erreicht dies nur mit viel Trinkgeld oder er muß sehr lange warten. Die Anmeldezeiten sind hier 1-2 Monate und bringt man dann das Auto, sind meißt die Teile nicht da, obwohl der entsprechende Defekt angemeldet wurde. Besonders empfänglich für Trinkgeld ist hier der Meister Kescher.

Durchsichten und Reparaturen werden in dieser Werkstatt nicht gründlich gemacht und oft werden Fahrzeuge nicht verkehrssicher an den Kunden übergeben. Ich kann dies mit gutem Gewissen schreiben, denn mir ist es schon 3 mal so gegangen und beschwert man sich dann über Mängel, wird man sehr unfreundlich behandelt. Diese Werkstatt ist leider in Ilmenau die einzigste. Sie können sich in den beiden nächsten Werkstätten Griesheim und Schleusingen, die sehr gut sind, erkundigen wie die Ilmenauer Werkstatt arbeitet. Wer einmal in Ilmenau in der Werkstatt war, hat große Schwierigkeiten in die beiden genannten guten Werkstätten unterzukommen, denn dort bekommt man zur Antwort: »Den Pfusch und Mist von Ilmenau machen wir nicht weg, das sollen die mal schön selber machen.« Ich habe mit der Ilmenauer Werkstatt bis jetzt nur negative Erfahrungen gemacht und das seit 10 Jahren, denn die anderen Werkstätten sind zu weit. Im volkswirtschaftlichen Interesse bin ich der Meinung, ist diese ganze weite Fahrerei wegen einer guten Werkstatt nicht vertretbar.

Es muß doch möglich sein, für den Kreis Ilmenau eine ordentliche, zuverlässige Werkstatt zu schaffen. Sie werden sich sicherlich fragen warum ich an Sie schreibe und nicht eine Eingabe an den Rat des Kreises oder an den Rat des Bezirkes richte. Diese Eingabe wäre hier im Bezirk Suhl zwecklos, denn diese Leute schaffen ihre Autos auch in diese Werkstatt und auf Grund ihrer Position haben sie auch keine Mängel an den Fahrzeugen und eine Krähe hackt der anderen kein Auge aus! Probieren Sie es aus; kommen Sie mit einem Suhler Fahrzeug und stecken dem Meister Kescher einen roten oder blauen Schein in die Tasche; Sie werden sehen wie schnell Ihr Fahrzeug wieder läuft. Da werden unmögliche Sachen schnellstens erledigt. Beschweren Sie sich über die Arbeit an Ihrem Fahrzeug und Sie werden sehen, wie »freundlich« Sie behandelt werden. Ich muß diesen Brief leider ohne Absender schreiben, da sonst für mich Nachteile entstehen könnten, hoffe aber trotzdem, daß dieser Brief nicht achtlos im Papierkorb landet und eine Änderung der bestehenden Verhältnisse eintritt. Es ist schwer diese wahren Behauptungen nachzuweisen, aber der schlechte Ruf dieser Werkstatt (Schmiergeldbetrieb) ist weithin bekannt.

ZUCKT SICH NICHTS

Hilde Schock • Dresden, den 7. Januar 1985

Liebe Kollegen des »Prisma«!

Mit Ihrer Hilfe ist lt. Information im Fernsehen schon manches ins Laufen und zur Veränderung gekommen. Vielleicht kann auch im folgenden Fall etwas beschleunigt werden.

Am 8. April 1980 (richtig 1980!) kamen wir auf die Bestelliste für einen Tiefkühlschrankaufsatz in 8023 Dresden, Leipziger Straße. Trotz vielen Nachfragen zuckt sich nichts und wir werden dauernd vertröstet mit den Worten »daß es noch weitere 5 Jahre dauern kann« bis wir in der Belieferung drin sind.

Kommt man nach Berlin oder Suhl (andere Städte können wir nicht nachweisen) wird von den Verkäuferinnen bestätigt, daß diese Aufsätze je nach Wareneingang frei verkauft werden, natürlich nur an die Ortsansässigen. Das kann doch alles nicht wahr sein. Wer hat denn hier bei der Verteilung die Hand im Spiel? 5 Jahre Wartezeit und die Ungewißheit ob es noch einmal 5 Jahre dauert oder nicht, ist doch unvorstellbar und stellt eine Unzumutbarkeit dar. Wir sind jetzt fast 60 Jahre alt. Den Kühlschrankaufsatz benötigen wir jetzt und für uns selbst, nicht für die Kinder und Enkelkinder.

Das Angebot der Umschreibung auf eine große Kühltruhe konnten wir nicht annehmen, da wir unsere große 4-Raum-Wohnung gegen eine kleine 2-Raum-Wohnung tauschten. Es sind bei aller

Aus- und Umrechnung der Stellmöglichkeiten einer solche Truhe keine vorhanden.

Insgesamt sind wir der Meinung, daß es sich nicht um ein Luxusartikel wie z.B. Auto handelt, dort kann man ja die Wartezeiten verstehen, sondern daß heute ein Tiefkühlschrank bzw. Aufsatz zur vollständigen Ausgestaltung einer Küche gehört.

Kürzen wir die Sache ab. Wir bitten um Auskunft, wann mit einer Verteilung zu rechnen ist bzw. wann kann man konkret mit dem Erwerb des vor 5 Jahren bestellten Tiefkühlschrankaufsatzes rechnen.

Bei der Klärung der gesamten Widersprüche wünschen wir viel Erfolg.

Mit sozialistischem Gruß

IM NAMEN ALLER ZIGARRENRAUCHER

Helfried Schreiter • Merseburg, den 8. Januar 1985

Werte Genossen!

Seit Jahren verfolge ich mit Interesse Ihre Sendung »Prisma«. Zeigt sie doch kritisch auf, daß in den verschiedensten Bereichen der Volkswirtschaft noch Mißstände bestehen, die es abzuschaffen gilt. Aus gegebenem Anlaß sehe ich mich gezwungen auch auf einen Mißstand hinzuweisen.

Ich bin Zigarrenraucher (Weiße Elster elegant). Eine Zigarrensorte, die in Qualität und Pries mit keiner anderen vergleichbar ist. Seit Monaten ist die Zigarrenversorgung im Bezirk Halle, genauer Kreis Merseburg sehr schlecht; speziell vorgenannter Marke. Da diese Marke in den letzten Wochen in keinem Geschäft der näheren Umgebung mehr zu bekommen war, habe ich mir Auskünfte eingeholt.

Der Großhandel gab die Auskunft, daß diese Zigarren schon lange nicht mehr geliefert wurden und verwies mich an den Hersteller. Vom VEB Zigarrenfabrik Dingelstädt erhielt ich die Auskunft, daß diese Zigarren nicht mehr hergestellt werden, da der Bedarf zu gering ist.

Mit dieser Auskunft kann ich (und viele andere) mich nicht einverstanden erklären.

In jedem Geschäft, das diese Zigarren führte, mußte man immer wieder feststellen, daß die Nachfrage größer war, als das Aufkommen. Diese Angelegenheit steht doch im Widerspruch zu der von Dingelstädt gemachten Aussage und außerdem zu den Beschlüssen der letzten Parteitage in bezug auf immer bessere Befriedigung der Bedürfnisse der Bevölkerung.

Im Namen aller Zigarrenraucher bitte ich Sie hiermit um Überprüfung und sehe einer baldigen Antwort mit Interesse entgegen.

Mit sozialistischem Gruß

Es antwortet ihm der 1. Stellv. d. Generaldirektors des Zentrales Warenkontors Waren täglicher Bedarf am 18. Februar 1985:

Werter Herr Schreiter!

In Beantwortung Ihrer an die Redaktion »Prisma« gerichteten Eingabe vom 8.1.1985 zur Zigarrensorte »Weiße Elster elegant« nehmen wir wie folgt Stellung:

Da die Sortimentsbreite der vorhandenen Zigarren- und Zigarrillosorten in keinem Verhältnis zur Gesamtnachfrage stand, war es notwendig, die Zahl der Sorten einzuschränken. Diese Einschränkung betraf ausschließlich die Sorten mit geringer Losgröße bzw. solche Zigarren, die unter verschiedenen Namen aber zu gleichem Preis, gleicher Qualität und mit gleichem Format im Angebot waren.

Diese Entscheidung betraf u.a. auch die Zigarrensorte »Weiße Elster elegant«, deren zu produzierende Menge zu gering war, um eine weitere Produktion vertreten zu können. Es ist jedoch garantiert, daß auch in dieser Preislage weiterhin Zigarrensorten gleicher Qualität und Güte der Bevölkerung zur Verfügung stehen.

Wir hoffen deshalb, daß auch Sie in diesem Sortiment eine Zigarre, z.B. »Privat« oder »Brasil-Zauber«, mit Ihrer Geschmacksrichtung finden werden.

Mit sozialistischem Gruß

DES AUFSTECHENS WERT

Susanne Zäsar • Karl-Marx-Stadt, den 8. Januar 1985

Liebe Freunde!

Als eifriger Zuschauer Ihrer Sendungen wende ich mich heute an Sie, um Ihnen ein Problem zu unterbreiten, das des Aufstechens wert ist.

Den Sachverhalt ersehen Sie aus der Abschrift eines Schreibens, das ich am 6. Nov. 1984 an VEB Elektromechanik Stammbetrieb des Kombinates Technische Konsumgüter – 1144 Berlin-Kaulsdorf, Brodauer Straße richtete.

Unter dem 19.11. 1984 datiert erhielt ich ein in Ormig vervielfältigtes Schreiben des Betriebes, in dem nur das Datum eingesetzt wurde, in Form eines Rundschreibens.

Daraus ist wohl zu entnehmen, daß ich nicht der einzige Kunde bin, der mit dem Glaskrug zum Kaffee- und Tee-Automaten K 120/5 Probleme hat. Aber wie lieblos diese Probleme abgetan werden, ist aus dem Ormig-Schreiben wohl deutlich geworden. Wenn alles zwischen den Zeilen gelesen wird, dann komme ich wohl niemals zu einem neuen Krug, denn der Einzelversand an Glas gestaltet sich sehr aufwendig, es liegen eine Vielzahl von Aufträgen vor. Die Bestellung ist registriert worden und es wird gebeten, etwas Geduld zu haben. Das alles ist so undurchsichtig wie nur möglich.

Dabei gibt es doch immer wieder in den Beschlüssen unserer SED und in Referaten zu Tagungen des ZK den Hinweis, daß der Konsumgüterproduktion und den dazu gehörigen Ersatzteilen große Aufmerksamkeit zu schenken ist und die Betriebe der Forderung nachzukommen haben, benötigte Ersatzteile bereitzustellen.

Seitdem der Ormig-Brief bei mir eingegangen ist, habe ich mich immer wieder im Handel bemüht, nach einem Glaskrug zu fragen. Immer wieder erhalte ich die Antwort, seit mindestens einem halben Jahr ist nichts eingegangen. Inzwischen ist die Garantiefrist für den Automaten abgelaufen und ich habe ihn nur zu 2/3 der Garantiezeit nutzen können. Das kann doch nicht wahr sein!

Schließlich kauft man sich keinen Automaten, um ihn dann in die Ecke zu stellen. Vielleicht gelingt es Ihnen, liebe Prisma-Freunde, einmal Licht in die Sache zu bringen und auf rasche Veränderung im Sinne der Kunden zu wirken. Ich bedanke mich für Ihre Bemühungen und würde mich freuen, wieder etwas zu hören.

Mit sozialistischem Gruß

Es folgt ihr Brief an den VEB Elektromechanik vom 6. November 1984:

Am 29. Juni 1984 kaufte ich im Centrum-Warenhaus Karl-Marx-Stadt einen Kaffee- und Teeautomat K 120/5, Gerät Nr. 773 mit Garantiebescheinigung.

Obwohl wir den Automat nicht übermäßig nutzen ist der Krug kaputtgegangen. Am unteren Henkel sind Glasrisse eingetreten, der Glaskrug kann folglich nicht mehr benutzt werden.

Siegeszuversichtlich ging ich ins Centrum-Warenhaus, um mir einen neuen Glaskrug zu kaufen, damit ich den Automat weiterbenutzen kann. Da wurde ich aber arg enttäuscht. Obwohl in der Garantiebescheinigung steht, daß als Einzelteil wie u.a. auch der Krug im Fachhandel erhältlich ist, erklärte die Verkäuferin: Zu diesem Modell haben wir überhaupt noch keine Ersatzteile bekommen und es kann mir nicht geholfen werden.

Nun stehe ich natürlich vor der Frage, was nützt mir die Garantie-Urkunde, wenn ich den Automaten gar nicht betreiben kann?

Deshalb wende ich mich an Sie als Herstellerbetrieb, mit der Bitte, entweder mir einen neuen Krug zuzusenden, oder mir mitzuteilen, wo ich ihn in Karl-Marx-Stadt erhalten kann. Es geht doch wohl nicht an, Gebrauchsgegenstände herzustellen und dann den Handel nicht mit benötigten Ersatzteilen zu beliefern. Das ist mir einfach unbegreiflich. Da ja die Garantie nur für das normale Funktionieren des Automaten gilt, der Automat aber in Ordnung ist, nur ein dazu gehöriges Einzelteil ausfiel, erhalte ich ja auch keine Garantieverlängerung.

Bitte helfen Sie mir aus dieser unangenehmen Lage, die ich ja nicht verschuldet habe, denn auch der Krug wurde sorgsam behandelt. Ich will ihn auch gar nicht auf Garantie ersetzt haben, sondern nur so, daß ich in der laufenden Garantiezeit auch meinen Automaten wirklich nutzen kann.

Nachnahmelieferung des Glaskruges ist möglich.

Es antwortet der Vorsitzende des Wirtschaftsrates des Magistrats von Berlin am 6. März 1985:

Werte Genossen!

Durch das Ministerium für Bezirksgeleitete Industrie und Lebensmittelindustrie wurde mir die Eingabe der Bürgerin Susanne Zäsar zur Klärung übergeben.

Ich möchte Ihnen mitteilen, daß die berechtigten Beschwerden von Frau Zäsar zum Anlaß genommen wurden, sich erneut mit dem Problem der Ersatzteilversorgung zu beschäftigen.

An Frau Zäsar wurde ein Glaskrug K 120/5 übersandt und die Bitte ausgesprochen, ihren Garantieschein zu übersenden, damit eine Verlängerung der Garantiezeit um 6 Monate erfolgen kann.

Mit sozialistischem Gruß

FAND GROSSEN ANKLANG

Die Fach-Drogerie Schulz • Leipzig, den 9. Januar 1985

Sehr geehrte Damen u. Herren der Redaktion »Prisma«!

Schon öfter haben wir Ihre Sendung gesehen und dabei festgestellt, daß Sie auch den kleinen Dingen nachgehen die uns Ärger bereiten, und deren Lösung ohne großen Aufwand möglich ist. Ein solches Problem möchten wir Ihnen schildern und um Stellungnahme in Ihrer Sendung bitten.

Ende Oktober 84 fand die Konsumgüter-Binnenhandelsmesse statt. Der Geschäftsführer der Drogisten-Einkaufsgenossenschaft Leipzig e.G.m.b.H. – DE-DRO – genannt, informierte sich beim

Chemiekombinat Bitterfeld über das Angebot. Dabei fand er »Cekasin«, ein neues Waschmittel für synthetische Gardinen. Er erkundigte sich nach den Liefermöglichkeiten, und kam mit dem Chemiekombinat überein, als Test 3 Paletten = 180 Karton abzuholen. Das geschah dann einige Tage später. Im Stadtgebiet Leipzig erhielten ca. 25 Drogerien Cekasin zum testen. Das Waschmittel fand großen Anklang bei der Bevölkerung. Als nun die DE-DRO weitere Paletten vom Chemiekombinat beziehen wollte, wird ihr abschlägiger Bescheid erteilt. Der Großhandelsbetrieb Industriewaren täglicher Bedarf Leipzig hatte in Bitterfeld Beschwerde eingelegt und das Waschmittel für die DE-DRO gesperrt, mit der Begründung: eingewiesene Waren werden vom GHB geplant und verteilt. Daraufhin übergab die Genossenschaft dem GHB ihre Planvorstellung für den Rest des Jahres 84 und für das Jahr 85. Die Antwort des Großhandels liegt als Abschrift dem Schreiben bei.

Seitdem sind einige Wochen vergangen ohne das Cekasin im Angebot ist. Zwischenzeitlich wurde es kurz in einigen Kaufhallen als »Test« angeboten. Am 19.12.84 erkundigten wir uns im zuständigen Betriebsteil des GHB nach Cekasin. Die Kaufhallen sind bedient, und für 84 sei nicht mehr zu erwarten, lautete die Antwort. Soweit der Sachverhalt.

Daraus ergeben sich folgende Fragen und Probleme:

Die Anstrengungen der Werktätigen der Industrie, die Bevölkerung mit neuen hochwertigen Konsumgütern zu versorgen, werden durch solche Handlungsweisen nicht schnell genug wirksam, ja die Versorgung wird gehemmt. Durch die eingetretene längere Pause in der Belieferung entsteht künstlich eine Marktlücke und danach werden sogenannte Angstkäufe getätigt, die wiederum zur Folge haben, daß der Artikel als Mangelware erscheint. Dazu kommen jetzt noch Artikel und Hinweise in Zeitungen über das neue Mittel, die die Nachfrage vergrößern. Im übrigen, diese Diskrepanz zwischen Werbung in den Zeitungen und Zeitschriften und Angebot, besteht schon seit Jahren, und stiftet immer wieder Unzufriedenheit und Ärger unter der Bevölkerung.

Natürlich muß ein neuer Artikel getestet werden. Aber wo soll er rundum getestet werden wenn nicht im Fachgeschäft? Dabei ist nichts gegen Kaufhallen und schon garnichts gegen Selbstbedienung einzuwenden. Doch bei solch einem Test wird das Kundengespräch und der Kontakt mit dem Kunden gebraucht. Außerdem halten wir eine breite Streuung für wirksamer, weil die Struktur der Bevölkerung unterschiedlich ist und nicht jeder eine Kaufhalle in der Nähe hat.

Bei einem ausreichenden Angebot kann anhand der Nachkäufe festgestellt werden, welcher Bedarf vorhanden ist. Ansonsten entstehen Versorgungslücken, und es fällt schwer exakte Planzahlen zu ermitteln und die Lücken zu schließen.

Im Interesse einer reibungslosen Versorgung wäre es doch wesentlich sinnvoller gewesen, miteinander zu arbeiten, den Testverkauf der Genossenschaft auszuwerten und ihr die Belieferung der Drogerien zu überlassen. Das Angebot hätte im wesentlich konstant gehalten werden können. Dem GHB Industriewaren tägl. Bedarf bleibt noch genügend zu tun, Großabnehmer wie Kaufhalle n etc. zu beliefern. Unerklärlich ist es ohnehin, daß der Großhandelsbetrieb dem Produzenten vorschreibt, wen er beliefert, bzw. einer selbständigen Genossenschaft vorschreibt, welche Artikel sie in ihr Sortiment aufnimmt. Letztendlich sollten alle sich davon leiten lassen eine reibungslose Versorgung der Bevölkerung zu gewährleisten, und damit eine Motivation zur Erzielung noch besserer Ergebnisse in unserer Volkswirtschaft zu schaffen.

In diesem Zusammenhang möchten wir noch darauf aufmerksam machen, daß eine Reihe weiterer, verhältnismäßig neuer Artikel, ebenfalls nicht ausreichend im Angebot sind. Es handelt sich z.B. um »leumikor«, ein keimtötender Starkreiniger, Scheuermittel intensiv, verschiedene Domal-Erzeugnisse usw.. Auch hier ist nicht vorstellbar wie es zu Versorgungslücken kommt.

Wir haben den Eindruck, daß es dem GHB bei der Planung neuer Artikel an Risikobereitschaft mangelt, die aber für ein gut funktionierenden Handel erforderlich ist. Die Zusammenarbeit Großhandel-Einzelhandel in punkto Planung, Nachfrage und Angebot läßt sehr zu wünschen übrig. Vorteilhaft könnten sich Einkaufskollektive auswirken, wie sie es bereits in den 60er Jahren gab.

Abschließend sei uns die Anmerkung erlaubt, daß wir seit über 20 Jahren eine Kommissionshandel-Drogerie führen, und ständig um ein hohes Niveau in unserer Tätigkeit bemüht waren und sind. Das gilt sowohl für die Warenpräsentation, die Auswahl in Qualität und Quantität, wie auch für das äußere Aussehen des Geschäftes. Wir sehen uns in unseren Bemühungen, angesichts solcher Unstimmigkeiten gehemmt, dem Kunden das Bestmöglichste zu bieten, die Versorgung stabil zu gestalten, und somit einen Beitrag zu unser aller Zufriedenheit zu leisten. Dabei verschließen wir nicht die Augen vor den *objektiven* Schwierigkeiten.

In der Hoffnung auf Ihr Verständnis für unsere Probleme, sagen wir im voraus besten Dank für die Unterstützung bei deren Lösung.

Hochachtungsvoll

HABE ICH ES ABGELEHNT
Manfred Holz • Halle-Neustadt, den 18. Dezember 1985

Werte Genossen!

Um bei aufgetretenen Problemen in der Versorgung im Sortiment Kinder-Oberbekleidung einen Lösungsweg zu finden, habe ich mich schriftlich an das Ministerium Handel und Versorgung gewandt. ...

Mir ging es bei den Kinderstrumpfhosen darum, auf die fehlende Größe 170 aufmerksam zu machen. Ferner daß der Hersteller, so wie es allgemein üblich sein soll, auf die Forderungen des Einzelhandels nicht eingeht.

Ähnlich verhält es sich mit Kinderanoraks. Ich war der Meinung und bis es heute noch, daß ich mich in meinem Schreiben verständlich ausgedrückt habe. Um so erstaunter war ich, als ich ein Schreiben vom SGB Konfektion/Meterware Halle erhielt (...), in welchem mir mitgeteilt wurde, mich mit dem Magnet-Kaufhaus Halle/Halle-Neustadt in Verbindung zu setzen.

Ich habe in meinem Schreiben an das Ministerium doch nicht gebeten, mich beim Kauf eines Anoraks zu unterstützen. Mir ging es in der Hauptsache darum, auf diese Versorgungslücke aufmerksam zu machen. Habe ich denn nicht das Recht, auf mein Schreiben vom Ministerium Antwort zu erhalten? Ich denke, daß es sich die Kollegen sehr einfach gemacht haben. Man kann doch Hinweise aus der Bevölkerung nicht in dieser Form behandeln. Eine Angelegenheit ist doch erst dann erledigt, wenn – wie in diesen Beispielen angeführt – der Einzelhandel bedarfsgerecht versorgen kann. Dies ist nur bei einer guten Zusammenarbeit zwischen Handel und Produktion möglich. Daß in dieser Hinsicht noch viel getan werden muß, ist aus den aufgezeigten Beispielen zu erkennen.

Abschließend möchte ich noch zum Ausdruck bringen, daß ich dieses Schreiben an das Ministerium nicht für mich geschrieben habe und somit auch keine Sondervergünstigung in Anspruch nehmen will. Aus diesem Grunde habe ich es auch abgelehnt, den Anorak in Halle-Neustadt zu kaufen. Die Mitarbeiter wurden von mir informiert.

Ich habe mich an Sie gewandt, da ich annehme, daß die Art der Bearbeitung für Sie von Interesse ist.

So werte Genossen, das waren meine Probleme. Ich wünsche Ihnen für das Jahr 1986 viel Gesundheit und Schaffenskraft und weiterhin so interessante Sendungen wie in diesem Jahr.

Mit sozialistischem Gruß

DAS HOFFENTLICH ERFREULICHE ERGEBNIS

Eckhard Biene • Weimar, den 2. Januar 1986

Ich bin 18 Jahre, schwerstkörperbehindert, gehunfähig und dadurch immer an einen Rollstuhl gebunden. Beim Aufräumen fanden meine Eltern die Kataloge der beiden ehemaligen Zentralen Versandhäuser Karl-Marx-Stadt und Leipzig. Da ich und viele andere nur in wenige Geschäfte mit dem E-Wagen hineinfahren können und die Verkäuferinnen nur selten herauskommen oder auch draußen stehende Rollstuhlfahrer nicht sehen können und mich und andere bedienen, ist für mich das Einkaufen fast unmöglich. In den letzten Jahren fuhren wir in mehrere Großstädte, um Kaufhäuser zu besuchen. Doch in allen von uns aufgesuchten Kaufhäusern wurde uns gesagt, daß Rollstuhlfahrer nur im Erdgeschoß bzw. I. Etage bleiben dürfen. Es wäre ein neues Gesetz herausgekommen. So wurde den Rollstuhlfahrern der Einkauf nochmals erschwert.

Da viele Geschäfte für Körperbehinderte nicht zugänglich sind, waren die Kaufhäuser die einzige Einkaufsmöglichkeit, wo Rollstuhlfahrer eine Vielzahl von Artikeln selbst auswählen konnten. Die Dorfbevölkerung muß, um die verschiedensten Gegenstände erwerben zu können, meist in die Kreisstädte oder Bezirksstädte fahren. Im Rentenalter ist eine Fahrt in die verschiedenen Städte mit öffentlichen Verkehrsmitteln nur bedingt möglich.

Die genannten Beispiele sollen zeigen, wie nötig und hilfreich diese Zentralen Versandhäuser waren. Sie waren meiner Meinung nach für die doch recht große Zahl der körperbehinderten Rollstuhlfahrer, die noch größere Zahl der Dorfbevölkerung und auch die Stadtbevölkerung eine große Hilfe. Von diesen Einrichtungen konnte man die unterschiedlichsten Gegenstände beziehen. Das reichliche Angebot der Versandhäuser und die wahrscheinlich große Käuferzahl der DDR-Bevölkerung sollten Anlaß sein wieder solche Zentralen Versandhäuser zu eröffnen.

Als Erleichterung für alle Geschädigten und Hilflosen würde ich mich freuen, wenn bald wieder ein Zentrales Versandhaus eröffnet wird oder generell der Zugang zu den Kaufhäusern in allen Etagen gestattet wird.

Ich bitte im Namen aller Körperbehinderten dieses Problem einmal zu durchdenken, entsprechende Maßnahmen zu ergreifen und mir das hoffentlich erfreuliche Ergebnis schriftlich mitzuteilen.

Mit freundlichen Grüßen

MIR MAL VERRATEN

Ines Hagen • Dresden, den 3. Januar 1986

»Prisma«

Höre nur Ihre Vorträge im Fernsehen und Sie sagen nur, es wird oft sovieles übererfüllt! Mag sein. Ich bin eine 70jährige Witwe mit Mindestrente und fahre und laufe durch die Grenze DDR um einen Glaskrug (490) für die K 104 Kaffeemaschine zu bekommen, kann mir keine neue für 185,- M leisten! Meine K 104 ist völlig in Takt! Nur können Sie mir mal verraten, wann und wo solche Kaffeekrüge hergestellt werden? Kann meine Maschine wegen den Krug nicht wegwerfen ! ??

Ihrer Rückantwort sehe ich mit Interesse entgegen.

Hochachtungsvoll

INTERSHOPS FÜR UNSER GELD

Anneliese Griesel • Greiz, den 26. Dezember 1986

Liebe Redaktion »Prisma«!

Möchte mich heute mal mit ein paar Zeilen an Sie wenden, denn ich brauche einmal eine Auskunft von Ihnen, vielleicht könnten Sie mir da einmal behilflich sein.

Ich habe seit langem gehört, daß es bei uns in der DDR zwei Intershops gibt, wo man auch mit unserem Geld bezahlen kann und nicht nur mit Westgeld. Ich hätte gerne erfahren, ob es stimmt. Könnten Sie mir bitte mal mitteilen, wo diese sich befinden? Ich meine die genaue Anschrift von beiden. Wäre Ihnen sehr zu Dank verbunden. Auch ich nämlich mal interessiert, dort einzukaufen, denn Westgeld habe ich keins und es wäre schön, auch mit unserem Geld dort einkaufen zu können.

So nun möchte ich Ihnen noch ein gesegnetes Weihnachtsfest und ein glückliches Prositz 1987 wünschen auch im Namen meines Gatten

JE NACH BELIEBEN

Hanna Kraft • Brodau, den 4. Januar 1987

In Brodau Kreis Delitzsch Bezirk Leipzig wohne ich, in unserer Gemeinde mit ca. 500 Einwohner ist eine schöne Verkaufsstelle für Lebensmittel des Konsums. Nicht aber in Ordnung ist es mit der Leiterin und ihrer Schwägerin als Kassiererin. Bis August war noch eine Verkäuferin mit beschäftigt. Die Öffnungszeiten dieser Verkaufsstelle sind eine Katastrophe.

Bis August bei drei Beschäftigten waren die Öffnungszeiten wie folgt:

Montag u. Freitag 9-14.00, Dienstag 9-15.00, Mittwoch 9-13.00 u. 14-15.00, Donnerstag 9-16.00. Als die eine Verkäuferin aufhörte, wurden die Öffnungszeiten wieder geändert: Täglich von 9-14.30. Nach vierzehn Tagen war das noch zu lange, so wurde für Mittwoch 10-14.30 geöffnet.

Wenn irgend etwas vorliegt, wird der Laden ab 12.00 oder ganz geschlossen, je nach Belieben, auch ohne Genehmigung. Mehrere Frauen arbeiten je nach Belieben außerhalb und können nicht in Brodau einkaufen, da sie erst nach 16.00 heimkommen.

Der Konsum wird reich an Waren beliefert, das erfuhren wir vom Bürgermeister. Das Warenangebot ist nicht für jedermann zu sehen. Es ist ein Zuteilungskonsum und wird von der Leiterin bestimmt und ausgehändigt wer von bestimmten Sachen etwas haben soll oder nicht! – Brot am Freitag zu erhalten ist Glück und oft hart. Wer am Freitag Milch haben will muß diese Montag-Dienstag bezahlt haben. Leere Milchflaschen bringen Sie dorthin wo Sie die Milch gekauft haben, wurde mir einmal gesagt.

Brauseflaschen nur Montag u. Dienstag Vormittag Annahme. Die Einkellerungskartoffeln müssen 8-14 Tage vor der Lieferung bezahlt werden und das Pfandgeld für die Säcke auch. Manche Familie hat da Schwierigkeiten mit dem Geld. – Wir haben hier eine größere LPG: die Tierpfleger dürfen sich ausnahmsweise ab 7.00 Brötchen einkaufen »hintenherum«.

Sie möchte ein Bestellsystem einrichten, dann weiß keiner mehr was er kauft und bezahlt, weil sie dann einpacken kann wie es ihr gefällt.

Auch hat sie geäußert, nur solange zu arbeiten wie eine Frau in der Industrie. Eine Beschwerde an die Vorsitzende der Konsumgenossenschaft in Delitzsch Frau Fricke ist zwecklos, sie meint das liegt nur am Bürgermeister, der Bürgermeister widerum darf auch »hintenherum« einkaufen und ändert nichts.

Die Einwohner von Brodau aber können keine Kritik laut äußern, denn dann brauchen sie sich nicht mehr im Konsum sehen zu lassen!

Zur Zeit ist die Situation so, daß der größte Teil der Brodauer außerhalb in Zschortau 2 1/2 km oder Delitzsch 4 1/2 km einkauft.

Ich bin Hörer Ihrer vielen Sendungen und sehr erstaunt, was Sie verehrte Frau Ebner schon alles erreicht haben, vielleicht können Sie auch uns helfen? Wir wünschen uns wie früher einen Konsum der von 9-13 u. 15-18.00 geöffnet hat, und ein Warenangebot das für alle Kunden sichtbar ist, dann können alle Brodauer hier einkaufen und müssen nichts von außerhalb heimschleppen.

Hochachtungsvoll

LUXURIÖSE WÜNSCHE

Angelika Grenz • Senftenberg, den 7. Dezember 1987

Sehr geehrte Mitarbeiter der Redaktion »Die Umschau«!

Vor zwei Jahren bekamen meine beiden Kinder (damals 3 und 7 Jahre alt) von Verwandten aus der BRD Seife in Form von kleinen Tieren geschenkt. Obwohl sie sich – sicher wie alle Kinder – nicht gerne waschen, gelang es in dieser Zeit, die beiden fast dafür zu begeistern.

Nun brachte mich das auf die Idee, nach Riesa zu schreiben, aber ohne Erfolg. Im März dieses Jahres kam auch aus Miltitz eine abschlägige Antwort. Sicher ist der Wunsch nach »Kinderseife in Spielzeugform« fast schon luxuriös, wenn ich an das große Produktionsprogramm von »Florena« denke. Aber besonders in der Vorweihnachtszeit, zu Kindergeburtstagen oder Ostern wäre solche ein kleines Geschenk doch etwas ganz Besonderes und »mit Pfiff«. Nun ist es für einen Laien schwer vorstellbar, wie eine Seifenpresse (oder Automat?) funktioniert. Ich kann mir aber denken, daß in Paletten halbe Kastenformen eingelassen sind, in die die Seifenmasse gegossen wird. Es kann doch nicht so schwer sein, (im Zusammenhang mit der Exquisit-Produktion?) einen der Automaten auf lustige Spielzeugformen umzurüsten. Vielleicht eine Aufgabe für eine Jugendbrigade oder ein Neuererkollektiv? Als Geschenkpackung mit 3 verschiedenen Tieren z.B. würde diese Seife viele Kinder erfreuen.

Es gibt Kinderschwämme, Kinderbürsten, aber die Seife ist nach wie vor nur praktischer Natur, schade!

Sicher ist mein Vorschlag nicht lebensnotwendig, würde aber vielen Muttis und Kindern täglich ein Stück Freude schenken. In der Hoffnung, daß dieser letzte Versuch meinerseits nicht umsonst ist, verbleibe ich mit den besten Wünschen.

Das Konsum Seifenwerk Riesa hatte ihr am 25. Juni 1985 geschrieben:

Verehrte Frau Grenz!

Mit Interesse haben wir Ihr Schreiben mit Ihrem Vorschlag zur Kenntnis genommen. Leider müssen wir Sie um Verständnis bitten, daß wir Ihrem Wunsche nach »Kinderseife in Spielzeugform« nicht Rechnung tragen können. Unsere Aufgabe, die Produktion von Konsumgütern mengenmäßig bedarfsgerecht und volkswirtschaftlich optimal zu sichern, gestattet es nicht, von hochproduktiven Anlagen abzugehen und aufwendige Handarbeit mit geringen Losgrößen zu organisieren. Unsere Volkswirtschaft verlangt den sparsamsten Einsatz von Arbeitskräften und Produktionskapazität. Die unter dem Aspekt des scharfen Konkurrenzkampfes in der BRD und anderen westlichen Ländern üblichen Zugeständnisse an den Verbraucher, auch beim Risiko des Verlustes, sind für uns kein Maßstab und auch nicht erstrebenswert.

Unser Bemühen geht dahin, eine Kinderseife zu produzieren und anzubieten, die in punkto dermatalogischer Verträglichkeit dem Kind entspricht und auch ausreichend zur Verfügung gestellt werden kann.

Mit freundlichen Grüßen!

VERLOGENER BEAMTENSTAAT

Emil Stock • Löcknitz-Kamp, den 4. Januar 1988

Betr.: Mein Schreiben u. Päckchen vom 29.9.87

Es geht wegen die Latschen u. das Glockentretlager vom Fahrad.

Die kommen am 20.11.87 zu uns ein Herr u. zwei Frauen. 12.30 Uhr und um 13.00 Uhr gezeichnet von Fricke, der Brief kamm 18.11.87 geschrieben wurde Er am 16.11.87 Rat des Bezirkes Neubrandenburg Friedrich-Engels-Ring 53.

Es wurde mir zu gesagt, das die Latschen Geldlich ersetzt werden. Das Glockentretlager wurde alles mitgenommen und solte mir ein Neues geben lassen. Ich war am 3.12.87 in der HO-Verkaufsstelle für Fahrad- u. Kraftfahrzeuge ist. Ich bekamm nichts aus gehändigt. Sie waren in der HO-Verkaufsstelle. Aber die Verkäuferin aus Rossow sagt Sie gibt ohne Schreiben nichts rauß und eine Mündliche absprache hat bei Ihr kein Wert. Die Beamten lügen, wenn Sie den Mund aufmachen u. wenn Sie Ihn zugemacht haben, dann haben Sie gelogen. Wer soll mir die Fahrt bezahlen. Sie kostet 3,60 M von Löcknitz-Kamp nach Pasewalk. Und wär erstättet das Fahrgeld zurück.

Wir haben einen großen verlognen Beamten-Staat. Es würd immer wieder bestädigt. Und die Gesetze sind wie Schlüpfergummi, bloß Schlüpfergummi übersteht nur meistes eine Wäsche. Aber die Sozi-Gesetze haben kein halt. Mann gibt auf ein Testament nichts. Mein Bruder Friedrich wurde in den Tot getrieben von seiner Geschieden Hurre. Er macht ein Testament wer die Grabpflege übernimmt bekommt alles. Aber das Testament hat im SS-Sozi-Staat keine Gültigkeit. Und der von der Mord.-Staatssicherheit hat mir alle Hilfe

Mo 3307 Senftenberg, 7.12.87

Sehr geehrte Mitarbeiter   15 R/14.12.87
der Redaktion „Die Umschau"!   ± 63/88

Vor zwei Jahren bekamen meine beiden
Kinder (damals 3 und 7 Jahre alt)
von Verwandten aus der BRD Seife in
Form von kleinen Tieren geschenkt.
Obwohl sie sich - sicher wie alle Kinder -
nicht gerne waschen, gelang es in
dieser Zeit, die beiden fast dafür zu
begeistern.
Nun brachte mich das auf die Idee,
nach Riesa zu schreiben, aber ohne Erfolg.
Im März dieses Jahres kam auch
aus Mittitz eine abschlägige Antwort.
Sicher ist der Wunsch nach „Kinderseife
in Spielzeugform" fast schon luxuriös,
wenn ich an das große Produktionsprogramm von „Florena" denke.
Aber besonders in der Vorweihnachtszeit,
zu Kindergeburtstagen oder Ostern
wäre solch ein kleines Geschenk doch
etwas ganz Besonderes und „mit Pfiff".

Luxuriöse Wünsche

196

Nun ist es für einen Laien schwer
vorstellbar, wie eine Seifenpresse
(oder Automat?) funktioniert. Ich
kann mir aber denken, daß in Paletten
halbe Kastenformen eingelassen sind,
in die die Seifenmasse gegossen wird.
Es kann doch nicht so schwer sein,
im Zusammenhang mit der
Exquisit-Produktion?) einen der Automaten auf lustige Spielzeugformen
umzurüsten. Vielleicht eine Aufgabe für
eine Jugendbrigade oder ein Neuererkollektiv? Als Geschenkpackung mit
3 verschiedenen Tieren z.B. würde
diese Seife viele Kinder erfreuen.
Es gibt Kinderschwämme, Kinderbürsten,
aber die Seife ist nach wie vor
nur praktischer Natur, schade!
   Sicher ist mein Vorschlag nicht lebensnotwendig, würde aber vielen Muttis und
Kindern täglich ein Stücken Freude schenken. In der Hoffnung, daß dieser letzte
Versuch meinerseits nicht umsonst ist,
verbleibe ich mit besten Wünschen

» ... Seife in Form von kleinen Tieren... «

Konsum Seifenwerk Riesa

Konsum Seifenwerk Riesa, 84 Riesa, Paul-Greifzu-Straße 24-30

Frau
~~Haldrun Gäns~~

7840   Senftenberg

Leitbetrieb der
Erzeugnisgruppe
Seife, Hand- und
Körperreinigungsmittel
Mitglied der
Kammer für
Außenhandel
der DDR

Ihre Zeichen	Ihre Nachricht vom	Unsere Zeichen	Datum
		521	25.06.85

Betreff:

Verehrte Frau ███ !

Mit Interesse haben wir Ihr Schreiben mit Ihrem
Vorschlag zur Kenntnis genommen. Leider müssen
wir Sie um Verständnis bitten, daß wir Ihrem
Wunsche nach "Kinderseife in Spielzeugform" nicht
Rechnung tragen können. Unsere Aufgabe, die Produktion von Konsumgütern mengenmäßig bedarfsgerecht und volkswirtschaftlich optimal zu sichern,
gestattet es nicht, von hochproduktiven Anlagen
abzugehen und aufwendige Handarbeit mit geringen
Losgrößen zu organisieren. Unsere Volkswirtschaft
verlangt den sparsamsten Einsatz von Arbeitskräften und Produktionskapazität. Die unter dem
Aspekt des scharfen Konkurrenzkampfes in der
BRD und anderen westlichen Ländern üblichen Zugeständnisse an den Verbraucher, auch beim Risiko des Verlustes, sind für uns kein Maßstab und
auch nicht erstrebenswert.

neue Ruf-Nr.: 21282   b.w.

Fernruf Riesa 81 82 / Telex 028832 seife dd / Drahtanschrift Konsumseife Riesa / Bankkonto
Staatsbank der DDR, Kreisfiliale Riesa 4981-15-38 / Postscheckamt Dresden 1618 / Betriebs-Nr.
9325108 0 / Fondsträger 3800 / Versandanschriften: Für Stückgut Riesa, Lade-Nr. 335 / Bahn-
station für Waggonladungen Riesa-Hafen, Anschlußgleis
Übergeordnetes Organ: Verband der Konsumgenossenschaften der DDR 108 Berlin

Ps G 004/79 5000 IV/31/4 441 004

»Die unter dem Aspekt des scharfen Konkurrenzkampfes in der BRD und anderen
westlichen Ländern üblichen Zugeständnisse ...«

Unser Bemühen geht dahin, eine Kinderseife zu
produzieren und anzubieten, die in punkto dermatalogischer Verträglichkeit dem Kind entspricht
und auch ausreichend zur Verfügung gestellt werden kann.

Mit freundlichen Grüßen !
KONSUM Seifenwerk Riesa

i.V. Lindner
Leiter Bereich Absatz

Friedemann
Leiter Absatz/Binnenhandel

» ... an den Verbraucher, auch beim Risiko des Verlustes, sind für uns kein Maßstab
und auch nicht erstrebenswert.«

zugesagt. Es geht mit der Notarin aus Pasewalk in Ordnung. So wurde uns, von unsern Sohn Marcus Kurz geb. 28.2.1972 das Gänsegeld gepfändet. Die Pfändung wurd am 30.9.87 ausgestellt u. am 13.12.87 wurde unsern Jung das Geld geklaut vom Sozi-Staat-SS. Eine Grabpflege ist im SS-Staat überflüßig wie Wasser. Warum räumt Erich Honecker in sein Beamtenstaat nicht auf, wie es Michael Gorbatschow macht. Die Pfändung war gezeichnet von der Obsch. Godeler. Wer Bringt den Schaden in Ordnung der von der Godeler bei uns im Haus u. am Tor gemacht wurde? Warum wird unsere Post nach Erich Honecker und nach dem Westen beschlagnahmt? Unter breiten Sie Honecker in unsern Namen. Aber Er lügt ja auch u. die Beamten sind ganz und gar verlogen. Warum lassen Sie die Menschen nicht in das Freie Deutschland aus Reisen.

Grüßen Sie bitte den Liedermacher Kraftscheck. Ich möchte die Adresse von diesen Ehepaar zu zahlen 43545400-34378 FG

Mit freundlichen Grüßen

Nachträglich ein Gesundes Neues Jahr 1988. Und setzen Sie sich für den kleinen Mann ein. »Wenn die Leute auf die Straße gehen bin ich dabei.«

SCHREIEND BUNTE UMSTANDSKLEIDUNG
Familie Mohrmann • Osteritz, den 10. Januar 1988

Ich wende mich heute ratsuchend an Sie und denke doch, daß Sie mich nicht enttäuschen werden.

Das unsere Republik ein sehr kinderfreundlicher Staat ist, ist bekannt und freut sicherlich nicht nur mich. Eins jedoch verärgerte mich das erstemal im November 1987, dann im Dezember und im Januar '88 erneut. Ich bin im 5. Monat schwanger (das erste Kind) und versuche krampfhaft Umstandsbekleidung zu erwerben, die der Jahreszeit und meinem Alter (25) Jahre entspricht. Leider wie schon erwähnt vergebens. Es ist mir unvorstellbar, daß es keine U-Hosen gibt, und die Blusen und Kleiderröcke die angeboten werden finde ich fast unzumutbar (karriert, schreiend bunt u.a.) Mich würde in diesem Zusammenhang interessieren, welchen Standpunkt unsere Textilindustrie hier bei uns vertritt, unseren jungen werdenden Muttis die Zeit der Schwangerschaft durch modische Garderobe angenehm zu unterstützen, und damit dazu beitragen helfen, das ziel unserer Familienpolitik durchzusetzen. Ich würde mich sehr freuen, wenn Sie sich meinem Problem annehmen würden.

Mit freundlichem Gruß

Die Redaktion antwortet am 22. März 1988:

Werte Frau Mohrmann!

Wir haben uns inzwischen ausführlich zu der von Ihnen aufgeworfenen Problematik informiert. In der DDR ist nur der VEB Kleiderwerke »elegant« Erfurt und sein Betriebsteil in Apolda für die Produktion von Umstandsbekleidung verantwortlich. Dafür wird er auch vorrangig mit geeignetem Material beliefert. Die Bilanzierung der Stückzahlen erfolgt durch das Zentrale Warenkontor in Halle. Dort ist der hohe Bedarf an U-Hosen bekannt, der Plan wird laufend erhöht. Das Problem ist, daß der wahre Bedarf nicht zu ermitteln ist, weil besonders Umstandshosen auch zweckentfremdet benutzt werden. Nämlich von Frauen mit starker Figur. Dieser zusätzliche Kundenkreis schwankt jedoch so stark, daß der Bedarf stets Spekulation bleibt. Dadurch kam es in den ersten Monaten 1988 zu einem ungenügenden Angebot jahrezeitgemäßer Hosen. Industrie und Handel sind derzeit nicht in der Lage, aus o.g. Gründen eine stabile Versorgung zu garantieren.

Ihre Meinung zu Farben und Designs können wir nicht teilen. Gerade die frischen Farben erscheinen uns jugendlich und modisch. Für diesen Zweck fragliche große Karos sahen wir nur bei einem Modell. Wir haben den Eindruck, daß sich die Industrie große Mühe gibt, den schwangeren Frauen ein den gesellschaftlichen Möglichkeiten angepaßtes Bekleidungsangebot zu machen. Einige Wünsche werden dabei noch offen bleiben, da geben wir Ihnen Recht.

Wir danken für Ihr Vertrauen, wünschen Ihnen alles Gute und verbleiben mit freundlichen Grüßen

DASS SICH ETWAS TUT

Gertrud Domdei • Maxen, den 12. Januar 1988

Heute muß ich mich wieder einmal an Sie wenden, um auf einige Probleme aufmerksam zu machen:

1. Ersatzkerzen für Christbaumbeleuchtung.

Dieses Problem steht schon viele Jahre. Jedes Jahr vor Weihnachten ist ein Rennen nach Ersatzkerzen für die Weihnachtsbaumbeleuchtung. Wieviele Male ich unterwegs war und in den einschlägigen Geschäften nachgefragt habe, weiß ich nicht mehr genau. Die Antwort war immer die Gleiche, wir haben keine und wissen auch nicht, wenn solche kommen. Zwei Tage vor Weihnachten hat es dann (nach Informationen vom Hörensagen) welche gegeben. Die Schlange war natürlich riesengroß und wer an diesem Tage nicht zufällig unterwegs war, hat keine erhalten. In unserer Gemeinde konnte wir infolge Fehlens 2er Kerzen für Außenbeleuchtung unseren Weihnachtsbaum nicht beleuchten. Wäre es nicht möglich, daß ab Oktober solche Ersatzkerzen in den Handel kommen, dann käme es nicht zu Stauungen und viele Bürger wären nicht so verärgert. Man müßte doch auch den vorhergegangenen Jahren und den Problemen Schlußfolgerungen ziehen.

2. Regenbekleidung für Kinder.

Auch hier ist ein Engpaß vorhanden. Die Kinder sind durch Unterbringung in Kindergärten und Kinderkrippen doch viel unterwegs und müssen entsprechend gekleidet sein. Aber Regenbekleidung gibt es nicht oder man kommt zufällig einmal dazu, wenn es welche gibt. Wir wohnen etwas ab vom Schuß, habe sehr schlechte Verkehrsverbindungen nach der Kreis- bzw. Bezirksstadt. Was man dadurch für Unkosten hat, darüber möchte ich schweigen. Aber das sind doch alles Dinge, die da sein müßten. Meine Kollegin hat deshalb auch einmal an Sie geschrieben, hat wohl von Ihnen Antwort bekommen und von Berlin Ministerium ebenfalls, daß die Angelegenheit nach Dresden weitergeleitet wurde. Seitdem ist Stillschweigen.

3. Warme Filzschuhe für Kinder.

Warme Filzschuhe für Kinder in allen Größen gibt es ebenfalls nicht. Bereits seit August bin ich in allen einschlägigen Geschäften, aber nur Pantoffeln oder Hausschuhe (leichte), keine warmen hohe Filzschuhe. Man sollte sich daran gewöhnen, daß vor Eintritt der entsprechenden Jahreszeit die Waren im Angebot sind. Das sind alles Dinge, die unsere Bürger verärgern und die nicht zur Zufriedenheit führen. Dies sind nur einige wenige Dinge. Ich könnte noch viele aufführen, aber das würde zu weit führen. Vor ein paar Jahren hatte ich bereits einmal geschrieben, auch Antwort erhalten, aber zuletzt war das ganze Problem auf dem Tisch des Bürgermeisters gelandet. In einer Aussprache mit einem Vertreter des Rates des Kreises; dem Bürgermeister und mir ist alles im Sande verlaufen. Deshalb bitte ich Sie, diese Probleme aufzunehmen und helfen, sie zu verändern. Das ist doch das Wichtigste, daß sich etwas tut.

Mit sozialistischem Gruß!

Sie schreibt noch einmal am 7. März 1988:

Ich komme nochmals auf o.g. Eingabe zurück und danke Ihnen für deren Bearbeitung.

Inzwischen habe ich vom Ministerium für Handel und Versorgung und auch von den zuständigen GHG's Post erhalten und die Zusage, daß ich die Kinderfilzschuhe und die Regenbekleidung personengebunden erhalte. Dieses habe ich mit meiner Eingabe nicht beabsichtigt, mir ging es um das Aufzeigen von Mängeln und die Bitte um Mithilfe bei der Beseitigung derselben. Im Grunde genommen ist mir im Moment nur gedient, aber so viele andere Bürger, die sich mit den gleichen Problemen herumplagen gehen leer aus. Die Meinung vieler Bürger ist doch, es hat doch keinen Zweck, sie resignieren und werden unzufrieden. Dies zu beheben war meine Absicht. Dies habe ich auch an das Ministerium geschrieben. Eine Durchschrift lege ich bei zu Ihrer Kenntnisnahme. Vielleicht haben Sie die Möglichkeit, nochmals etwas zu unternehmen.

Mit sozialistischem Gruß!

Und sie wendet sich in selber Sache an den Ministerrat der DDR:

Ihren Brief habe ich mit Dank erhalten. Inzwischen habe ich auch von den beiden Großhandelskontoren – Textil- und Kurzwaren – und – Schuhe und Lederwaren, Radebeul – Antwort erhalten. Ich werde natürlich die gewünschten Größen den GHG's durchgeben, aber damit ist wohl mein Problem gelöst, aber nicht für alle Bürger, die sich mit den gleichen Dingen rumschlagen, aber nicht den Mut haben, an die entsprechenden Stellen zu schreiben und nur resignierend sagen, das hat ja sowieso keinen Zweck, wir müssen eben immer wieder laufen. Das trifft ja nur nicht nur auf die von mir genannten Dinge zu, es gibt noch vieles an Kleinigkeiten, nach denen man laufen muß. Für uns etwas abseits vom Kreisgebiet ist das immer mit Schwierigkeiten verbunden.

Deshalb nochmals mein Anliegen, doch einmal zu überprüfen, ob man diese Unzulänglichkeiten nicht im allgemeinen abstellen kann, damit allen geholfen wird. Das war eigentlich Sinn und Zweck meiner Eingabe an PRISMA, nicht etwa, um mich Vorteile herauszuschlagen.

Mit nochmaligem Dank für Ihre Unterstützung verbleibe ich mit sozialistischem Gruß!

IMMER HÖHERE PREISE

Eberhard Röhner • Bernsdorf, den 30. April 1989

Werte Mitglieder der Redaktion!

Ermutigt durch die zahlreichen Fälle, in denen Sie durch Ihre Sendung zur Klärung grundlegender Probleme unserer Volkswirtschaft und der Bürger beigetragen haben, möchte ich mich mit dem Ersuchen an Sie wenden, sich eines Problems anzunehmen, an dem Tausende DDR-Bürger interessiert sein dürften, und zwar dem Kauf und der Unterhaltung von PKW. Ich meine, wer sich ein Auto zulegen möchte, der braucht es oder er will sich Erleichtungen und Vergnügen verschaffen. In jedem Falle hat er dafür einen sehr hohen

Preis zu zahlen und ist gewzungen, sich viele Jahre Einschränkungen aufzuerlegen um die hohe Kaufsumme aufzubringen. Und dies ist das erste Problem. Obwohl die Werktätigen, nicht zuletzt durch die Steigerung der Arbeitsproduktivität, immer größere Leistungen vollbringen und immer höhere Werte schaffen, wird auch beim Kauf und der Unterhaltung eines Autos deutlich, daß immer höhere Preise gezahlt werden müssen, der Wert der Arbeit also im Grunde sinkt.

So hat bereits die Ankündigung der Auslieferung des ersten »Wartburg« mit Viertaktmotor wegen des geforderten Preises mehr Empörung als Freude ausgelöst. Ganz und gar unverständlich ist die Tatsache, daß sich der Preis für den »Trabant« nun schon fast verdoppelt hat.

Das zweite Problem ist die enorme Verlängerung der Wartezeiten von der Bestellung bis zur Auslieferung. Sie betragen in unserem Bezirk bis 17 Jahre!!

Daraus resultiert ein drittes Problem. Die lange Nutzungsdauer bringt einen hohen Aufwand an Ersatzteilen (und Kosten für die Unterhalter!) mit sich, denen Industrie und Handel entgegen allen Parteitagsbeschlüssen wie sich zeigt, nicht in erforderlichem Maße gewachsen sind. Besorgnis löst auch die Frage aus, ob die Unterhaltung eines Fahrzeuges so lange gesichert ist, bis eine Neuanschaffung möglich ist.

Schließlich geht es auch um die Frage, was sich der Bürger nach der enormen Wartezeit für sein in langen Jahren erspartes Geld kaufen kann. Selbst nach Ablauf von mehr als 10 Jahren kann man in der einzigen Geschäftsstelle für den PKW-Verkauf im Bezirk keine Auskunft darüber erhalten, welche Typen man in der nächsten Zeit zu welchem Preis erhalten kann. Es gibt keine Prospekte, keine Terminangaben und erst recht keine Beratung. Und das, obwohl die Presse ständig Nachrichten über die langfristige Abstimmung der Handels- und Wirtschaftsbeziehungen die die vage und erfolgreiche Geschäftstätigkeit auf den Messen zu entnehmen sind. Wann und in welchem Umfang werden die neuen sowjetischen Autotypen (OKA, Twrija, Samara, Aletto) eingeführt? Wird es Importe aus der CSSR und anderen Ländern geben?

Von besonderem Interesse ist schließlich auch die Entwicklung unserer eigenen Fahzeugindustrie. Der 11. Parteitag forderte die Ausrüstung unserer Fahrzeuge mit Viertaktmotoren. Wann wird diese Forderung für den Trabant realisiert? Das ist für viele Bürger, abgesehen davon, daß man wohl mit Recht weitere Verbesserungen hinsichtlich des Fahr-Komforts erwarten dürfte, von Interesse. Selbst über sofort realisierbare Veränderungen sollten sich die Verantwortlichen Gedanken machen, ich denke da an die geschmacklosen Farbzusammenstellungen bei den zweifarbigen Modellen und an die Disharmonien zwischen der Farbe des Lackes und der des Polsters! Ob sie den Herstellern wohl selber gefallen?

Es wäre sicher verdienstvoll zu den aufgeworfenen Fragen die Stellungnahmen des zuständigen Ministers und der verantwortlichen Leiter unserer PKW-Industrie publik zu machen und einzuholen.

Ich meine, daß die Werktätigen nicht nur das Recht haben zu erfahren, was sie für Leistungen an ihrem Arbeitsplatz zu vollbringen haben, sondern auch, wofür sie es tun!

Der PKW-Handel mit all seinen Begleit- und Folgeerscheinungen (auch den hier nicht erwähnten!) hat sich zu einem Problem entwickelt, daß im Interesse der Bürger klare Entscheidungen und Offenheit erfordert.

Hochachtungsvoll

DURCH MODESCHÖPFER BESTRAFT

Barbara Freier • Görlitz, den 10. Mai 1989

Meine Fragen:
– Warum gibt es keine Schlüpfer aus Baumwolle, es betrifft die Größen ab 46?
– Warum gibt es keine Strumpfhosen ab der Größe m 50 – 20 den sondern nur 30 den?
– Warum gibt es jetzt, wo es Sommer wird, keine Sommerpullover, Röcke, Kleider, Blusen sondern nur Wintersachen?

Es kann doch nicht möglich sein, daß es in unserem Land nur junge Mädchen gibt, die durchaus in der Lage sind, die zur Zeit im Handel angebotenen Schlüpfer zu tragen. Ich hoffe doch nicht, daß dieses von unserer Marktforschung herausgefunden wurde. Denn eine Frau von einem gewissen Alter kann und will diese Slips, die angeboten werden, nicht mehr tragen. Auch gibt es in der DDR nicht nur superschlanke Leute.

Es ist doch nicht möglich, daß die nicht ganz schlanken Leute durch unsere Modeschöpfer und durch die Hersteller bestraft werden. Denn das es so ist, beweisen die Kleider, Röcke, Blusen und Pullover, die angeboten werden.

Oder ist es wirklich so, wie man von Verkäuferinnen zur Antwort erhält, Sommersachen sind im Winter und Wintersachen im Sommer zu kaufen! Ob das etwas mit soz. Planwirtschaft zu tun hat, kann doch wohl nicht wahr sein.

SCHRAUBEN IN SONDERANFERTIGUNG
Albert Eiskeim • Stendal, den 24. Mai 1989

Heute kann ich Ihnen eine erfreuliche Mitteilung machen. Nunmehr erhielt ich fünf Spannschrauben für die PP50 und zwar von der Fa.C.H. Morgenstern &Co aus Dresden.

Aus der etwas längeren Wartezeit und dem erhöhten Preis für die Schrauben schließe ich, daß sich die Mitarbeiter der Fa. sogar die Mühe gemacht haben, diese Schrauben in Sonderanfertigung einzeln herzustellen. Dafür möchte ich den Mitarbeitern der Fa. Morgenstern & Co meinen herzlichen Dank aussprechen. Und ich kann sagen, gut, daß es noch eine solche Firma in der Republik gibt. Danke.

Aus meiner Sicht kann ich ergänzend noch hinzufügen, daß es bis jetzt in den von mir besuchten Fachgeschäften ›zum Glück‹ noch keine Stichsägen wieder gegeben hat und ich dadurch ca. 200,- M für eine neue gespart habe.

Fernsehen der DDR
Rudower Chaussee 3
Berlin
1199
Redaktion „Prisma"

Bernsdorf, 30.4.89

001454

„Werte Mitglieder der Redaktion!

Ermutigt durch die zahlreichen Fälle, in denen Sie durch Ihre Sendung zur Klärung grundlegender Probleme unserer Volkswirtschaft und der Bürger beigetragen haben, möchte ich mich mit dem Ersuchen an Sie wenden, sich eines Problems anzunehmen, an dem Tausende DDR-Bürger interessiert sein dürften, und zwar dem Kauf und der Unterhaltung von PKW. Ich meine, wer sich ein Auto zulegen möchte, der braucht es oder er will sich Erleichterungen und Vergnügen verschaffen. In jedem Falle hat er dafür einen sehr hohen Preis zu zahlen und ist gezwungen, sich viele Jahre Einschränkungen aufzuerlegen um die hohe Konsumme aufzubringen.

Und dies ist das erste Problem. Obwohl die Werktätigen, nicht zuletzt durch die Steigerung der Arbeitsproduktivität, immer größere Leistungen vollbringen und immer höhere Werte schaffen, wird auch beim Kauf und der Unterhaltung eines Autos deutlich, daß immer höhere Preise gezahlt werden müssen, an Wert der Arbeit also im Grunde sinkt. So hat bereits die Ankündigung der Auslieferung des ersten Wartburg mit Viertaktmotor wegen des geforderten Preises mehr Empörung als Freude ausgelöst. Ganz und gar unverständlich ist die Tatsache, daß sich der Preis für den „Trabant" nun schon fast verdoppelt hat.

Das zweite Problem ist die enorme Verlängerung der Wartezeiten von der Bestellung bis zur Auslieferung. Sie betragen in unserem Bezirk bis 17 Jahre!!

Daraus resultiert ein drittes Problem. Die lange Nutzungsdauer bringt

Immer höhere Preise

einen hohen Aufwand an Ersatzteilen (und Kosten für den Unterhalter!) mit sich, denen Industrie und Handel entgegen aller Parteitagsbeschlüssen wie sich zeigt, nicht in erforderlichem Maße gewachsen sind.
Dieses Ergebnis löst auch die Frage aus, ob die Unterhaltung eines Fahrzeuges
so lange gesichert ist, bis eine Neuanschaffung möglich ist.

Schließlich geht es auch um die Frage, was sich der Bürger nach der
enormen Wartezeit für sein in langen Jahren erspartes Geld kaufen
kann. Selbst nach Ablauf von mehr als 10 Jahren kann man
in der einzigen Geschäftsstelle für den PKW-Verkauf im Bezirk keine
Auskunft darüber erhalten, welche Typen man in der nächsten Zeit zu
welchem Preis erhalten kann. Es gibt keine Prospekte, keine Terminangabe
und viel recht keine Beratung. Und das, obwohl der Presse ständig
Nachrichten über die langfristige Abstimmung der Handels- und Wirtschaftsbeziehungen und die rege und erfolgreiche Geschäftstätigkeit auf
dem Messen zu entnehmen sind. Wann und in welchem Umfang
werden die neuen sowjetischen PKW-Typen (OKA, Tawrija, Samara, Niwa)
eingeführt? Wird es Importe aus der CSSR und anderen Ländern geben?
Von besonderem Interesse ist schließlich auch die Entwicklung unserer
eigenen Fahrzeugindustrie. Der 11. Parteitag forderte die Ausrüstung
unserer Fahrzeuge mit Viertaktmotoren. Wann wird diese Forderung
für den Trabant realisiert? Das ist für viele Bürger, abgesehen davon,
daß man wohl mit Recht weitere Verbesserungen hinsichtlich des Fahr-
komforts erwarten dürfte, von Interesse. Selbst über kurzfristig realisierbare
Veränderungen sollten sich die Verantwortlichen Gedanken machen, ich denke
da an die geschmacklosen Farbzusammenstellungen bei den zweifarbigen
Modellen und an die Disharmonien zwischen der Farbe des Lackes und
der der Polster. Ob sie den Herstellern wohl selber gefallen?
Es wäre sehr verdienstvoll zu den aufgeworfenen Fragen die Stellungnahme des zuständigen Ministers und der Verantwortlichen Leiter

»Selbst nach Ablauf von mehr als 10 Jahren kann man in der einzigen
Geschäftsstelle für den PKW-Verkauf im Bezirk ...«

unsere PKW-Industrie publik zu machen und einzuholen.
Ich meine, daß die Werktätigen nicht nur das Recht haben zu
erfahren, was sie für Leistungen an ihrem Arbeitsplatz zu vollbringen haben, sondern auch, wofür sie es tun!

Der PKW-Handel mit all seinen Begleit- und Folgeerscheinungen
(auch am hier nicht trivialen!) hat sich zu einem Problem entwickelt, daß im Interesse der Bürger klare Entscheidungen und
Offenheit erfordert.

Hochachtungsvoll

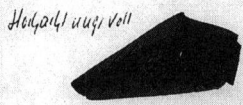

»... keine Auskunft darüber erhalten, welche Typen man in der nächsten Zeit zu
welchem Preis erhalten kann. Es gibt keine Prospekte, keine Terminangaben
und erst recht keine Beratung.«

AUF GNADE ANGEWIESEN

Verkaufsstellenausschuß • Dummerstorf, den 27. Juni 1989

Feinfrost- und Eisversorgung

Bezug nehmend auf unsere telefonische Anfrage möchten wir Ihnen unsere Probleme bezüglich Feinfrost und Eisversorgung für unseren, Versorgungsbereich darlegen. Vielleicht ergibt sich die Möglichkeit, uns und damit vor allem unseren Mitgliedern, Kunden und Gästen zu helfen.

Bis vor etwa 2 Jahren erfolgte die o.g. Versorgung kontinuierlich und in vielfältigen Sortimenten. Aber nach und nach traten immer stärker Sortimentslücken auf. Es fehlten mehr und mehr vor allem Frosterzeugnisse wie z. B. kochfertige Gerichte, Kuchen, Pizza, Obst, Gemüse, Küchenkräuter. Aber vor allem Eis, das in ungenügenden Mengen ausgeliefert wurde. Sie waren nur noch ein Teil der bisherigen Lieferungen und nur ein Bruchteil der bestellten Mengen. Jahrelang erfolgten die Lieferungen wöchentlich. Aber ab März 1989 wurde nur noch 14-tägig ausgeliefert, manchmal waren sogar 3 Wochen zwischen einer Lieferung zur anderen ...

Resultat: Die gelieferten Mengen reichten nur noch für einen Teil der Kunden und waren nach wenigen Stunden ausverkauft. Weitere Frosterzeugnisse fehlten manchmal wochenlang ganz und gar, bis auf hin und wieder angelieferte Kartoffelsuppe und Suppengemüse, etwa 1-2 mal im Quartal.

In den Kundengesprächen wurde immer öfter darüber geschimpft und wir konnten auch nicht sagen, warum das so ist. Bis zur Meinung, es wird immer schlechter bei uns, ist es dann nur noch ein kleiner Schritt. In unseren Beratungen haben wir mehrmals diese Lage ausgewertet und forderten Aufklärung über die Ursachen, um auch unseren Mitgliedern und Kunden eine stichhaltige Erklärung geben zu können.

Die uns gegebene Antwort, daß dieses Problem (auch!) im Versorgungsstab des Rates des Kreises bekannt ist, befriedigt uns keinesfalls. Wir können und wollen uns nicht damit abspeisen lassen, daß im 40. Jahr unserer Republik allein in dieser Warenart eine absolute Verschlechterung gegenüber den Vorjahren eingetreten ist. Darum entschied der Verkaufsstellenausschuß, sich direkt an den Kühlbetrieb Rostock zu wenden, der für die Belieferung zuständig ist. Es kam zur Verhandlung mit der Leiterin für Versorgung und Absatz, welche uns die Situation sinngemäß erläuterte:

Eisproduktion ist bezirksgeleitete Produktion. Somit versorgen sich die Bezirke selbst. Da der Bezirk Rostock diesbezüglich am schlechtesten mit eigener Produktionskapazität dran wäre, ist der Kühlbetrieb auf Eiserzeugnisse aus anderen Bezirken angewiesen, wieweit diese von ihrem Aufkommen abgeben können. (Ursachen: veraltete Technik, nicht ausreichende Hygienebedingungen.) Also kann nur ausgeliefert werden, was gerade kommt. Einen prozentualen Anteil, der uns zustehen würde konnte man uns auch nicht nennen. So gewannen wir den Eindruck, daß wir auf die Gnade des Kühlbetriebes angewiesen sind und was der Lieferwagen uns bringt. Dieser Besuch erfolgte am 25.5.1989, kurz vor dem Internationalen Kindertag. Wir wollten erreichen, daß wir wenigstens zum Kindertag Eis erhalten. Allein die Schulküche wollte 750 Portionen. (Sie hat in diesem Jahr noch nicht einmal Eis als Nachtisch geben können, was in den Vorjahren öfter erfolgte.) Es konnte uns nichts zugesagt werden. So blieb uns nur die eingeschränkte Lieferung von 925 Portionen. Weitere Bemühungen über den Rat des Kreises blieben erfolglos. Am 1.6. nachmittags bekamen wir eine Lieferung von 925 Portionen. Unsere Gemeinde hat rund 2000 Einwohner, davon ca. 750 Kinder bis zum 14. Lebensjahr. Die POS hat aus dem gesamten Einzugsbereich rund 700 Schüler.

Wir müssen hier erklären, daß keine andere Möglichkeit im Ort und der näheren Umgebung besteht, Eis zu essen. Die nächste Eisbar ist 12 km entfernt in Laage (Bez. Schwerin).

Unsere Verkaufsstellenausschuß-Mitglieder stellen immer wieder fest, daß es neben den vielen Möglichkeiten in der Innenstadt Rostocks (Eiswagen, Soffteis, Eiskaffees) auch in den Kaufhallen Eis, Eistorten und anders Delikateis angeboten wird. Selbst die republikweit-bekannte Raststätte und Motel »Dummerstorfer Mühle« wird nur 14-tägig und äußerst knapp beliefert. Da fragen wir uns doch, ob im Verteilerplan die Bedingungen einer ordentlichen Landversorgung berücksichtigt wurden? Wir finden, nein!

Unsere Kaufhalle besteht seit 6 Jahren und gilt als Konsultationspunkt im Bezirk Rostock. Der VdK hat sie als Beispiel für die Republik herausgestellt, weil das Kollektiv alles versucht, ständig ein möglichst volles Warenangebot zu präsentieren. Die ständig Umsatzplan-Übererfüllung beweist, was gemacht werden kann. Die Auszeichnung mit dem Banner der Arbeit sowie immer vordere bzw. erste Plätze im Wettbewerb sind Anerkennung für diese Leistungen. Auch unser Verkaufsstellenausschuß, der sehr eng mit dem Kaufhallen-Kollektiv zusammenarbeitet, kann auf eine erfolgreiche Arbeit zurückblicken. Eine fünfmalige Auszeichnung in Folge als »Hervorragender Verkaufsstellenausschuß« und Eintragung ins Ehrenbuch des VdK, sind auch hier Anerkennung für unsere ehrenamtliche Arbeit.

Neben einigen anderen Problemen drückt uns die Eis-Situation derzeit am meisten. Die uns angebotenen Erklärungen sind oft widersprüchlich und wir können sie nicht akzeptieren. Denn letztendlich sind es die Konsum-Mitglieder, die uns gewählt haben, die weiteren Einwohner Dummerstorfs, die verärgert sind und zuletzt auf die Republik schimpfen. Wir sind nicht in der Lage, weiter zu untersuchen, wo hier Sand im Getriebe ist.

Darum bitten wir Sie zu prüfen, ob Sie dieses Problem aufgreifen, um uns, unserem Dorf und darüber hinaus der gesamten Landbevölkerung im Kreis Rostock-Land helfen können.

Einer positiven Antwort entgegensehend verbleiben wir mit sozialistischem Gruß

WIE IST ES NUR MÖGLICH
Elisabeth Glaser • Lindewerra, den 27. Juni 1989

Werte Genossen vom Prisma-Kollektiv!

Zu Ihrer oben genannten Sendung, betreffs der Bekleidung für Behinderte, möchte ich meine Meinung sagen.

Wie ist es nur möglich, daß verantwortliche Handelsleute auf die Idee kommen, Bekleidung für Behinderte an einem Tag in der Woche und noch dazu nur für eine Stunde und das in einem Kaufhaus in Berlin Mitte? den betroffenen Eltern und Jugendlichen zum Verkauf anzubieten!!? Gehören nicht solche Leute ins Lager zum Sortieren von Schrauben? – Mein Mann schüttelte nur den Kopf und meinte dann: »Vernünftig wäre es doch ein Versandhaus einzurichten, den entsprechenden Personen Bestellkarten zu geben, sodaß auch Bürger, die in entfernten Orten von Kreis- und Bezirksstädten wohnen, die Möglichkeit haben, ihre behinderten Familienangehörigen entsprechend zu versorgen.« – Vor Jahren hatten wir einmal zwei Versandhäuser und zwar in Leipzig und Karl-Marx-Stadt, ebenfalls speziell für Bürger, die in kleinen und abgelegenen Gemeinden wohnen. Die Versandhäuser wurden aufgegeben, weil sie dem Ansturm der Bestellungen (auch aus den Städten) nicht gewachsen waren.

Verständlich bei der wenig guten Lage unserer Konsum-Produktion. Hier aber müßte es möglich sein, alles, was Behinderte benötigen, in einem Versandhaus zu stationieren. Gestern sprach ich mit einer Genossin unserer OPO, die ein 4-jähriges schwerstbehindertes Kind hat. Wie oft, so erzählte sie mir, war sie schon in Heiligenstadt, das ist unsere Kreisstadt, um für Katrin Hosen und andere Kleidungstücke zu kaufen, meistens ohne Erfolg. Unser Dorf liegt 23 km von Heiligenstadt entfernt, direkt an der Staatsgrenze. Mit welchen Problemen wir hier oft konfrontiert werden, wenn wir dringend etwas benötigen, können Sie sich vorstellen. Ich denke, daß der Vorschlag meines Mannes zur Diskussion gestellt werden muß, damit er zum Wohle unserer behinderten Bürger so schnell wie möglich in die Tat umgesetzt werden könnte.

Noch etwas, werte Genossen, zu Ihrer Sendung. Sie ist ein Tropfen auf einen heißen Stein und verzeihen Sie mir meine Offenheit, Sie sind mit den Verantwortlichen, die unsere und Ihre Kritik herausfordern, zu »sanft«! Wenn ich nur an die Sendung denke, die das Wohnungsproblem in Berlin-Köpenick betraf und dann in der gleichen, Sendung die Sache mit den im Handel fehlenden Äxten, die dann beim Großhandel entdeckt wurden. Müßten nicht die Verantwortlichen materiell und finanziell zur Verantwortung gezogen werden?

Ihre Sendung müßte öfter auf dem Bildschirm erscheinen, d.h. Sie müßten mehr Mitarbeiter haben, die nicht nur von Berlin aus agieren, sondern in den Kreisstädten und auch in den kleinen Gemeinden Gleichgültige und Verantwortungslose, zum Teil auch Unfähige der Kritik preisgeben.

Ich könnte meinen Brief noch mit vielen Beispielen, die mich als alte Genossin betrüben und aufregen, ergänzen. Doch das würde heute zu weit führen. So bitte ich Sie, mir evtl. auf mein Schreiben zu antworten und ich wäre sehr froh, wenn ich mit meinem Beitrag zur Verbesserung der Versorgung unserer behinderten Bürger eine Hilfe geleistet hätte.

Mit sozialistischem Gruß!

AUF IN DEN KAMPF

Rosemarie Mehlert • Dresden, den 16. August 1989

Betr.: Erlebnis – Baumwollwindeln

Manchmal bin ich etwas altmodisch. Z.B. kann ich mich nicht an Vließwindeln gewöhnen. Meine Ansicht nach reiben sie eher, ergrauen schneller und sind nicht saugfähig genug. Als 1980 meine große. Tochter geboren wurde, konnte ich mir bei Vorlage meines Schwangerenausweises 10 Stck.weise so nach und nach 100 %ige Baumwollwindeln kaufen. Diese Windeln langten für mein 1. Kind und 1982 für mein 2. Kind. 1987, bei unserem 3. Kind sah es schon etwas kritischer aus, aber ich kam gerade noch so über die Runden. Nun sind aber alle Windeln verschlissen und Ende Januar 1990 erwarten wir unser 4. Kind. Also auf in den Kampf!

Im Kaufhaus Dresden-Gorbitz, Platz der Eisenbahner, sowie im Kaufhaus am Schillerplatz bekomme ich 12 bzw. 9 Stck. Baumwollwindeln im Rahmen der Erstausstattung für ca. 200,—M. Aber meine Babydecken und Kinderbadetücher sind beispielsweise noch

tadellos. Ich brauche keine Erstausstattung, sondern Baumwollwindeln. Im Dresdner Centrum-Warenhaus gibt es einen Service für
Kinderreiche. Dort kann ich Kindersachen – außer aus dem Im-
portsortiment – bestellen. Eine gute Sache. Da Baumwollwindeln
hierzulande hergestellt werden, bestellte ich Mitte Juli 89 30 Stck.
Nach einer Woche hatte ich die Absage mit folgenden Wortlaut:

»Ihre Bestellung kann von uns nicht realisiert werden, da das Aufkommen von Baumwollwindeln so gering ist, daß diese je nach Wareneingang der gesamten Bevölkerung angeboten werden« gez.:
Werner: stellv. VAL

Im Kaufhaus »kontakt« auf der Kesselsdorfer Str. in Dresden (auch
dort gibt es diesen Service) wurde ich meine Bestellung gar nicht
erst los.

Anfang August waren wir in Saalburg in Urlaub. Dort bekam ich
im Textilladen die letzten 8 Windeln (25/75 % VI-F/Bw), mußte aber
8 Moltontücher dazu kaufen. Gut, die benötige ich auch. Im Kaufhaus Wurbach wurden mir Windeln (40/60 % VI-F/Bw) angeboten.
Allerdings sollte ich pro Baumwollwindel auch eine Vließwindel
kaufen. Davon nahm ich Abstand. Ich denke, Koppelgeschäfte sind
bei uns nicht erlaubt?

Im Kaufhaus Lobenstein bekam ich 6 Windeln (25/75 % VI-F/Bw).
Dafür erhielt ich einen Stempel in meinen Schwangerenausweis. Da
14 Stck. nicht ausreichen, versuchte ich es eine Woche später noch
einmal. Erfolglos. Mir stünden nur 6 Stck. zu. Das wäre mit dem
Gesundheitswesen so abgesprochen. Weiß das Gesundheitswesen
davon?

Sogar mein Mann stellte fest, daß die Windeln immer dünner werden. Werden die Fäden mehr in die Länge gezogen?

Warum dieser ausführlicher Brief? Ich möchte gern wissen, ob bei
uns überhaupt noch 100% ige Baumwollwindeln hergestellt werden? Worin liegt der Vorteil der Vließwindeln? Ist er nur von volkswirtschaftlicher Bedeutung? Jährlich werden die Anzahl der Ge-
burten genauestens statistisch erfaßt. Naiverweise glaube ich, daß
man da auch die benötigte Anzahl von Windeln errechnen kann,
oder?

Eigentlich habe ich kaum Hoffnung, daß mein Brief an die Öffentlichkeit gelangt, da zu viele Frauen davon betroffen sind. Aber ein Versuch ist es schon wert.

Hochachtungsvoll!

TOTAL HÄSSLICHE DISKUSSIONEN

Fritz Bammel • Schwanebeck, den 28. August 1989

Ich sehe mir sehr gerne Ihre Sendungen »Prisma« an, weil dadurch mitgeholfen wird bestehende Mißstände und Unzulänglichkeiten aufzudecken und zu beseitigen. Besonders hat mir die Sendung am 17.08.1989 gefallen. Sie war auch Anlaß, daß ich mich heute mit einigen Problemen an Sie wende, die es wert sind, einmal überprüft zu werden.

1. Ich suche für unseren Schnellkochtopf einen Dichtungsring der neuen Ausführung mit T-Profil. Ich war deshalb im Kreis Halberstadt in fast allen Industriewarengeschäften, es gibt nur die Dichtungsringe der alten Ausführung im Angebot, die auf unseren Schnellkochtopf nicht passen. Entweder wir müssen das Kochen im Schnellkochtopf einstellen oder einen neuen kaufen.?

2. In der HO – Industriewaren Schwanebeck – nicht nur in Schwanebeck – gibt es kaum Ersatzteile für Fahrräder wie Bereifung, Beleuchtung, Speichen, Naben, Sattel, Bremsen, Lenker u.a. Die Verkaufsstellenleiterin legte mir den Bestellkatalog für Fahrradersatzteile vor. In diesem sind schon über Monate die bestellten Ersatzteile durch den Großhandel mit Rotstift gestrichen.

3. In den Industriewarengeschäfte gibt es zur Zeit auch keine Bügeleisen, Kaffeemühlen, Kaffeemaschinen und Staubsauger. Die Verkaufspersonal machen dabei den Kunden den Vorschlag, sie mögen eine entsprechende Eintragung in das Buch »Der Kunde hat das Wort« machen. Von den Kunden wird der Vorschlag abgelehnt mit der Bemerkung: »Das hat doch garkeinen Zweck, es ändert sich ja doch nichts daran.« Oder sie haben Angst vor irgend welchen Folgen.

4. Viele Trabantbesitzer können ihren fahrbaren Untersatz bald stehen lassen, weil u.a. Vorschalldämpfer oder die Auspuffanlage defekt sind, und es diese und andere Ersatzteile im Handel nicht zu kaufen gibt. Bei Anmeldungen in den Kfz. Instandhaltungsbetriebe müssen dann auch lange Wartezeiten in Kauf genommen werden. Bei Mopedersatzteilen oder Anmeldungen zur Reparatur sieht ebenfalls trübe aus.

5. Beschäftigte der Landwirtschaftsbetriebe führen auch Klage darüber, daß in den LPG'n und Kreisbetriebe für Landtechnik beschädigte Traktoren und andere Landmaschinen oft sehr lange auf Reparatur warten müssen, weil es eben zu lange dauert die erforderlichen Ersatzteile auf Umwegen zu besorgen. Zu oft müssen Fahrzeuge in der DDR unterwegs sein, um die Ersatzteile heranzuschaffen.

6. Welche Schwierigkeiten und welchen Ärger Eigenheimbauer und Hausbesitzer bei der Beschaffung von bestimmten Baumaterialien haben, könnte an weiteren Beispielen aufgeführt werden.

7. In den Textilgeschäften treten ebenfalls immer wieder Engpässe auf. Zum Beispiel gibt es hier keine Damenschlüpfer, Strumpfhosen mit Muster oder Herrenunterhosen oder andere Sachen. Dazu möchte ich sagen, daß in der vergangenen Woche eine Frau aus Schwanebeck in Frankfurt/Oder zu Besuch war und von dort einen ganzen Plastesack voll mit Schlüpfer, Strumpfhosen mit Muster, Herrenarbeitssocken und Damenblusen mitgebracht hat, Dieses Beispiel beweist doch einmal mehr, daß es fast alles gibt, man muß nur wissen wo.

8. In vielen Kaufhallen kann immer öfter beobachtet werden, daß Kunden bis zu 10 Brote oder paketeweise die Graupen und Haferflocken kaufen und diese an die Tiere verfüttern. Dazu muß gesagt werden, daß Brot, Graupen und Haferflocken billiger sind als das zur Zeit sehr knappe Futtergetreide. Zum Beispiel kosten 100 kg Futtergetreide 70,-M. Für diesen Preis erhält man im Geschäft 75 Stück 1,5 kg Brote zu 0,93 M. Also wird Brot als billiges Futtermittel genutzt. Das hat dann wiederum zur Folge, daß zeitweilig in den Geschäften kein Brot in den Regalen vorhanden ist. In der Kauf-

halle in Schwanebeck war am Montag, dem 21.08.1989 von Laden-
öffnungszeit bis 15.30 Uhr kein Brot im Angebot und am 23.08.1989
war um 12.00 Uhr ebenfalls kein Brot vorhanden.

Es ist dann nur gut zu verstehen, daß jeder, der mit den gesuch-
ten »Mangelwaren« in Berührung kommt, diese versucht zu horten
und Geschäfte damit zu machen.

All' diese aufgezeigten Probleme und andere tragen doch letztendlich dazu bei, daß die Bürger immer unzufriedener werden und
in ihrer Verärgerung total häßliche Diskussionen führen. Oftmals
wird aber auch geäußert, daß man den Verdacht haben muß, daß in
den verantwortlichen Stellen Leute sitzen, die daran drehen, daß es
eben nicht gehen soll, oder ihren Aufgaben nicht gewachsen seien.

Viele Bürger sind aber auch nicht gewillt oder bereit offen bei
dafür bestimmten Stellen gegen Mißstände aufzutreten, weil sie
tatsächlich Angst haben, Repressalien oder Schikanen ausgesetzt zu
werden, wie es schon der Fall war.

Zu persönlichen Aussprachen über die angeführten Probleme bin
ich gern bereit.

FÜR DEN PROLETEN BLEIBT NICHTS ÜBRIG

Eine anonyme Zuschrift aus Leipzig vom 28. August 1989

Scher-Blätter vom bebo-sher waren überall angeblich nur hier nicht
am Lager. Man kann sich helfen mit dem Russenapparat. Bei uns
gibt es schlimmeres. Es gibt doch Nichts. Wenn am neuen Auto das
Blinklicht versagt gibt es keine Blinker, Kerzenstecker nicht zu bekommen. Fürs Fahrrad keine Kettenschlösser. Kein Kirschen konnten wir kaufen. Westgeld-Empfang bei Regierung kann sich alles
kaufen:

Keiner hätte der DDR den Rücken gekehrt, hätte man mehr bekommen. Was nützt die Planerfüllung wenn alles exportiert wird,
für den Proleten bleibt nichts übrig. Dies nennt sich Arbeiter- und
Bauernstaat! Vielleicht kann man nochmal richtig wählen wie in

Polen – Ungarn – UdSSR, dann kann Erich zu Lotte in die Schweiz als Rentner gehen oder als letzter Überläufer in die BRD?

WAREN WIR WIRKLICH SO FAUL

Jürgen Grunert • Jöhstadt, den 30. Oktober 1989

Ich wohne im Ortsteil Buttendorf der Gemeinde Jöhstadt, ca. 2 km etwa 20-25 Min. Fußweg vom Ort und den hauptsächlichen Versorgungseinrichtungen entfernt. Unser Ortsteil sind 4 Wohngrundstücke mit 50 Anwohnern, davon sind mehrere Altersrentner, 10 Kinder. Die Klein- und Kleinstkinder müssen von den Müttern zu Fuß mit den Kinderwagen in die Kindereinrichtungen gebracht werden, was nicht einfach ist, da die Zugangswege zu unseren Grundstücken in einem unzumutbaren Zustand sind, außerdem sehr starke Steigungen, etwa 15-18%. Auch um Einkäufe zu tätigen, müssen diese Wege begangen werden.

Ein ehemaliger Weg, der bequem und einmal in Ordnung war, wurde durch die LPG hingerichtet. Seit 2 1/2 Jahren verspricht uns der Rat der Stadt Jöhstadt in Verbindung mit dem VEB Feuerlöschgerätewerk Jöhstadt, welcher hauptsächlich für den schlechten Zustand des Weges verantwortlich ist, diese Wege und Straßen in Ordnung zu bringen.

Auch der Gebäudezustand, vorallem Fenster und Türen sollten seit Jahren in Ordnung gebracht werden. Bei einigen Wahlversammlungen schon zugesagt, aber genau wie bei den Wegen, wenn die Wahl vorbei ist, sind auch die Zusagen vergessen. Es wird nur immer gesagt: »Wir wissen es, wir kontrollieren die Durchführung!« Wo soll das derzeit soviel gesagte Vertrauen der Bürger herkommen? Bei uns jedenfalls nicht!

Außerdem steht hier im Ort die Frage der Versorgung, die vollkommen im Argen liegt. Gemüse, Obst, Fisch und Südfrüchte sind mehr als Mangelware, da es ja bei uns im Gebirge kaum Selbsterzeuger gibt und »Zuweisungen« sehr karg sind. Wenn etwas angeliefert wird, dann höchstens für den Teil ausreichend, der in der

Lage ist, sich schnell und mit viel Geduld anzustellen. Es gab einmal in diesem Jahr Pflaumen. Diese waren schon so faul, als sie vom GHG kamen, daß schon der stinkende Saft aus den Stiegen lief. Auch Birnen wurden ausgeliefert, die bereits in den Stiegen faul obenauf lagen. Die Pflaumen waren zu 75% nicht einmal mehr als Viehfutter verwendbar. Der Preis der Stiege etwa 4 kg: 2,50 M.

Weintrauben, auch in sehr schlechter Qualität bekamen wir einmal. Erdbeeren kommen überhaupt nicht in den Handel, die muß jeder, wenn er in der Lage dazu ist, bei der LPG selbst pflücken und das ist wohl älteren Menschen kaum zumutbar.

Hinzu kommt noch, daß jetzt im Delikat Butter verkauft wird, das Stück 250 Gramm zu 6,80 M. Was soll das sein? Was essen wir denn da an Butter für 2,40 M? Ich möchte da sagen, was ist da los? Haben wir, die wir heute Rentner sind, unsere Republik von Anfang an so schlecht aufgebaut und was haben unsere Hunderte und mehr Aufbaustunden für die es nur Marken und keine 5,00 M gab, überhaupt gezählt? Sind die Werte, die wir da geschaffen haben, nichts?

Adolf Hennecke und Frieda Huckauf sagten damals: »Wie wir heute arbeiten, so werden wir morgen leben!«

Waren wir wirklich doch so faul, daß wir nichts geschafft haben und man heute nach 40 Jahren immer noch den gleichen Vers sagt und die Versorgung fast schlechter ist als damals. Selbst die Kartoffeln, die wir bekommen, ähneln an Viehfutter.

Ich könnte noch einiges aufzählen, aber es würde zuviel. Für das von mir angeführte bin ich gern bereit, Beweise anzutreten und Zeugen zu bringen.

Ich würde mich freuen, wenn Sie meine Zeilen in Ihren Diskussionen auswerten würden.

Hochachtungsvoll

P.S. Besondere Freude brachte uns der Abschied von Karl-Eduard

ARTET JETZT ZUR HAMSTEREI AUS
Dietrich Falck • Staitz, den 31. Oktober 1989

Bitte um Hilfe zur Lösung eines Problems!

Zur Zeit ist in unserem Land eine Aufbruchstimmung, welche ich in meinem Leben noch nicht erlebt habe. Viele offenen Fragen müssen geklärt werden. Ein ganz bestimmtes Anliegen bedrückt mich schon längere Zeit. Es ist vielleicht zur Zeit in unserer Gesellschaft eine Randerscheinung, was aber für viele allgemeine Schwierigkeiten bedeutet.

Zum Problem!

In unserem Land arbeiten zur Zeit viele Vietnamesen. Diese verdienen ihr Geld durch ihre Arbeit. Damit versorgen sie mit dem Kauf von Waren ihre Familien in ihrer Heimat. Leider ist es nicht möglich, das hier verdiente Geld nach Hause zu schicken. Es ist nicht möglich das Geld in der Währung von Vietnam umzutauschen. Die Verwandten der hier arbeitenden Vietnamesen sind in froher Hoffnung, wenn zu ihrer Unterstützung Pakete ankommen. Nun kaufen die Vietnamesen so lukrativ, wie möglich für sich ein. In ihrem Falle würden wir ähnlich handeln. Das artet jetzt zur Hamsterei aus. Vor allem betrifft das alles was mit Mopeds, Fahrrädern, Fotopapier und Textilien zu tun hat. Mit hohem Transportaufwand wird die gekaufte Ware über den Seeweg fortgeschickt. In vielen Geschäften werden für Vietnamesen Ware als nicht vorhanden ausgesprochen. Die Verkäufer müssen lügen, um noch etwas für die Einheimischen zu retten.

Wird hier nicht der Grundstock für eine gewisse Ausländerfeindlichkeit gelegt? Die Freundlichkeit untereinander ist nämlich schon verloren gegangen. Auf beiden Seiten entsteht Mißtrauen und Agression. Wäre es nicht sinnvoller, daß die Vietnamesen ihr hier verdientes Geld in Vietnam im Umtausch als Dong abholen können? Eine große Spitze des Problems wäre abgebrochen. Ich glaube, daß viele Vietnamesen ihr Geld sofort und wäre es zum Teil in die Heimat schicken würden. Die schon bestehenden Engpässe für Mopeds und Fahrräder könnten sich nicht mehr so extrem auswirken. Ich habe selbst beobachtet, wie vor allem Bereifung in größerer Anzahl auf einemmal von Vietnamesen weggekauft werden. Dieses wird dann in Vietnam wieder verkauft. Zum Beispiel erfuhr ich, daß drei Moped S51 beim Verkauf ein qualitativ besseres Moped »Honda« ergeben. Es wird hier viel mit hochwertigen Materialien aus unserem Land manipuliert.

Wir sollten hier eine wesentliche Ursache der sich entwickelten Ausländerfeindlichkeit begegnen. Eine Lösung auf diplomatischen Wege wäre doch denkbar. Es ist doch warscheinlich, daß durch den vielen Weggang von eigenen Leuten in die BRD wieder viele Ausländer nachkommen. Welcher Massenausverkauf von ganz bestimmtem Artikeln erfolgt dann? Wie begegnen sich dann deutsche und ausländische Kollegen am Arbeitsplatz? Wie sieht dann die Arbeitsmoral auf beiden Seiten aus? Es wird bei der derzeitigen Situation kein gutes Ergebnis.

Für Ihre Bemühungen und Ihr Verständnis dankt

KONSUMKULTUR 2:
QUALITÄT

ENDLOSER PFUSCH

Helmut Gans • Sangerhausen, den 22. Dezember 1979

Liebe Prisma-Kollegen!

Es ist normalerweise gar nicht meine Art, irgendeine Kritik schriftlich zu verfassen. Doch diese hier liegt mir sehr am Herzen. Ich arbeite hier in Sangerhausen als Verkaufsstellenleiter des einzigen Foto-Fachgeschäftes unseres Kreises. Wie Sie ja sicher selbst am besten wissen, sind viele, ja sogar sehr viele Industriewaren nicht in der ausreichenden Menge im Handel. Bei vielen Kunden muß man dann eben mit dem Kopf schütteln. Hinzu kommt die Tatsache: Gerade in diesem jetzt zu Ende gehenden Jahr hat die Qualität sehr vieler bekannter Markenartikel gewaltig nachgelassen. Ich kann mir aus früheren Jahren eigentlich gar nicht vorstellen, daß Zeiss-Objektive, daß teure Practica-Kameras nicht in Ordnung waren. In diesem Jahr war das überhaupt keine Seltenheit. Meine Kolleginnen und ich freuen sich über jede Warenlieferung. Nicht nur des Umsatzes wegen, sondern vor allen Dingen deshalb, weil wir damit doch ab und zu echte Kundenwünsche erfüllen können. In den vergangenen Wochen und Monaten hatten wir Sorgen mit Elektronenblitzgeräten SL 3, 75,- Mark das Stück. Vielleicht noch etwas davor. Mindestens jeder zweite oder dritte Kunde, der unser Geschäft betritt, fragt nach solch einem Blitzgerät. Das ist ganz verständlich, denn auch in dieser Branche steigen die Ansprüche. SL-3-Geräte waren bisher auch in einer einwandfreien Qualität. Ausfälle, die hin und wieder vorkamen, waren meist durch eine unsachgemäße Bedienung durch unsere Kunden entstanden.

Anders war das mit einer Lieferung im September. Alle Geräte – wenn ich mich richtig entsinne waren es 20 oder 25 Stück – hatten einen Fehler. Sie blitzten einmal, und dann gab es im Inneren des Gerätes eine Art leichtes Schnarren – und dann war es aus mit dem Blitzen. Nun könnte man ja annehmen, die Kollegen vom Großhandel hätten die Transportkiste unsachgemäß und hart behandelt, so daß hier die Ursache zu finden sei. Es war aber anders.

Von einer Leipziger Lieferantin erhielten wir ebenfalls 5 SL-3. Der Herstellungstag bzw. der TKO-Stempel war der gleiche wie der von der GHG-Lieferung. Als dann diese 5 Geräte wiederum die gleiche Defekt-Krankheit hatten, schrieb ich dies einmal dem Herstellerbetrieb. Die Antwort füge ich Ihnen bei. Zu diesem Brief schickte mir der Betriebsleiter noch eine SL-3-Bedienungsanleitung, auf welcher die für den Betrieb solcher Blitzgeräte wichtigsten Hinweise fein säuberlich rot unterstrichen waren. Nun, im Kollektiv lachten wir über diese primitiven Hinweise und ließen die Sache ruhen. Bis zur vergangenen Woche. Denn da passierte uns das ganze Theater mit einer kompletten Sendung – wiederum waren es 15 Geräte – noch einmal.

Kauft ein Kunde bei uns ein SL-3, so führen wir das Gerät in seiner Gegenwart vor, d.h., wir blitzen – unter Einbehaltung der Blitzfolgezeit von 10 Sekunden – mehrere Male ab. Nun fiel aber gleich das erste Gerät aus, wiederum nach einem so komischen Geräusch im Inneren. Eine Kollegin machte sich dann an die Arbeit, jedes Gerät mindestens 20mal abzublitzen, genau nach der Uhr, mit Blitzfolgezeiten von 30 bis 60 Sekunden. Bei diesem Test blieben dann 3 Geräte übrig, die wir ganz stolz verkaufen konnten. 2 Tage später hatten uns die Kunden aber auch diese 3 Blitzer wiedergebracht – auch sie gingen nicht mehr.

Foto-Fachgeschäften der HO in Halle, in Weißenfels und auch in Merseburg erging es mit Blitzgeräten aus den beiden geschilderten Lieferungen genauso, nur daß es sich hierbei um noch größere Stückzahlen handelte. Nun soll der Werkleiter sagen, die Geräte seien nicht richtig vorgeführt worden. Ich war 17 Jahre lang als Bildreporter tätig und kenne mich gerade in dieser Branche etwas aus.

Wissen Sie, wie vielen Menschen mit solch einem Pfusch Ärger bereitet wird? Erst laufen sie monatelang nach der Ware – und dann funktioniert das Ganze nicht. Für uns beginnt dann der lange Weg des Reklamierens, es müssen Pakete gepackt werden und das Herstellerwerk muß diese Garatiearbeiten ja auch noch bezahlen.

Vielleicht schreibe ich Ihnen aber noch, wie die defekten Geräte dann weitergeleitet werden. Normalerweise habe ich die Möglich-

keit, diese zusammen mit einem Reklamationsprotokoll dem Großhandel, in unserem Falle dem GHG Technik in Halle, wieder zurück-
zuschicken. Für die Ware erhalte ich dann eine Gutschrift und die
Sache ist erledigt. Nun, mit der Gutschrift kann ich aber nicht viel
anfangen, denn die Ware ist ja weg und unsre Kunden haben wieder
kein Blitzgerät. Wir, und nicht nur wir, schicken die defekten Geräte dann an unsere nächste Vertragswerkstatt in Bad Frankenhausen
und lassen diese schnellstens wieder reparieren. Sehen Sie sich doch
mal einige dieser Reparaturscheine – es handelt sich dabei um diese von der zuletzt geschilderten Dezember-Lieferung – an. Überall
haben die Kollegen der Vertragswerkstatt den gleichen Widerstand
ausgewechselt. Nach dieser Reparatur funktionieren die Geräte bestens. Das war es eigentlich nur, was ich dem Herstellerwerk im Auf-
trage meiner Kolleginnen und in meinem eigenen Interesse im Sinne
unserer Kunden sagen wollte. Und darauf solch eine Reaktion. Welcher Meinung sind Sie in diesem Falle?

Mit freundlichem Gruß

*Der VEB ELGAWA Plauen reagierte am 12. Oktober folgendermaßen
auf das Schreiben des Fotofachverkäufers:*

Werter Kollege!

Bezugnehmend auf Ihr Schreiben vom 5.10.79 teilen wir Ihnen
mit, daß wir dieses als Eingabe im Sinne des Staatsratserlasses registriert haben.

Die von Ihnen geschilderten Ausfälle am Gerät SL 3 können nur
durch unsachgemäße Bedienung Ihrerseits aufgetreten sein.

In der beiliegenden Bedienungsanweisung ist eindeutig die Blitzfolgezeit von > 10 s angegeben. Werden Blitze in kürzeren Zeit-
abständen abgegeben, treten Ausfälle am Gerät auf.

Ihr Vorwurf, daß bei uns »Pfusch« und »Ausschuß« durch die End-
kontrolle gehen, kann von uns nicht akzeptiert werden, da jedes einzelne Gerät nur im funktionstüchtigen und qualitätsgerechten
Zustand den Betrieb verlassen kann.

Wir bitten Sie, beim weiteren Verkauf dieser Geräte die Hinweise der Bedienungsanleitung genau zu beachten.

Mit sozialistischem Gruß

ABSOLUT FUNKTIONSUNTÜCHTIG

Gerd Nieburg • Löbau, den 8. Januar 1980

Werte Redakteure der Sendung Objektiv! (durchgestrichen und »Prisma« darübergeschrieben)

Anbei ein Vorschlag für einen Sendebeitrag. Dieser »Fleischwolf« erwies sich als absolut funktionsuntüchtig. Nachdem wir es mit einem Nachschleifen der Messer versucht hatten, zeigt sich noch immer kein Erfolg. Jetzt haben wir es aufgegeben, dieses Gerät für unseren Haushalt verwendungsfähig zu finden.

Vielleicht können Sie der Sache auf den Grund gehen?

Hochachtungsvoll

EIN BETRUG SONDERSGLEICHEN

Tilo Mainka • Wurzen, den 8. Januar 1980

Am 27.11.1979 kauften wir uns nach zweijähriger Wartezeit eine Forstheizung. Die Freude war jedoch von sehr kurzer Dauer, denn laufend raucht der Ofen und die Innenwände müssen fast täglich abgekratzt werden. Bei jedem Anlegen kommen Rauchschwaden entgegen, so daß die ganze Wohnung nach Rauchgas stinkt.

Nach Rücksprache mit der Vertragswerkstatt wurde mir von dem Kollegen gesagt, daß diese Öfen eine Fehlkonstruktion sind und meine Beschwerde sei nicht die einzige. Die Fachfiliale verkauft fleißig und weiß, daß hier eine Fehlkonstruktion vorliegt.

Das ist doch ein Betrug sondersgleichen. Viertausend Mark sind wohl völlig nutzlos?

Ich bin schwerbeschädigt und hochgradig gehbehindert und zur Fortbewegung nur auf mein Fahrzeug angewiesen, so daß ich den ganzen Tag zu Hause bin und den ganzen Tag das Gift einatmen muß. Nun muß erst der Papierkrieg beginnen, ehe etwas getan wird. Muß hier erst ein Mensch vergiftet werden?

Heute, am 04.01.80, wurde der Ofen von der Vertragswerkstatt besichtigt. Der Kollege brauchte sich nicht den Ofen anzusehen, er roch die giftigen Gase sofort. Aber erst muß eine Eingabe gemacht werden.

Werden die Öfen nicht auf ihre Qualität geprüft? Es ist doch eine Schluderei. Schließlich leben wir in einem sozialistischen Staat, wo nur Qualitätsarbeit geliefert wird! Hier sollte doch der Verantwortliche zur Rechenschaft gezogen werden.

Ich verlange schnellstens einen neuen Ofen, weiß, wie die Bestellung lautet.

Es ist unverantwortlich diesen Ofen in Betrieb zu setzen.

Mein Mann hat sich am 31.12. eine Rauchgasvergiftung zugezogen, da er dringendst den Ofen abkratzen mußte, damit er überhaupt brennt. Die Ohnmachtsanfälle und Erbrechen waren so stark, daß der Notarzt konsultiert werden mußte.

Ihnen zur Kenntnis, daß wir Winter haben und dringendst eine warme Wohnung brauchen.

Auf Grund meines geschilderten Notstandes geht ein Durchschlag dieses Schreibens an Dr. Gerstner, Berlin – Fernsehen der DDR Berlin.

Hochachtungsvoll

SO KANN MAN TÄGLICH LESEN

Friedrich Schäfer • Sorno, den 17. Dezember 1980

Immer wenn ich die Zeit für Ihre Sendung finde bin ich begeistert und freue mich, daß Sie der Schlamperei in den Betrieben Einhalt gebieten. Nun muß man ja Annehmen, daß ebend hier und da, also nur in Ausnahmefällen Abnormitäten vorkommen.

Bei der täglichen Zeitungsschau lese ich von den umwerfenden Erfolgen jahrein und jahraus. Leider machen sich die Erfolge in Handel und Versorgung nicht bemerkbar. Neuerdings werden ja enorme Mengen »Kraftstoff« jeder Art eingespart. Der Menge nach, sind es ja mehrere Güterzüge voll pro Jahr. Sollte dieser Trend so weiter gehen, werden wir wohl die SU bitten müssen uns für einige Zeit die Lieferung des Erdöls zu stoppen, bzw. dieser Rohstoff könnte dann volkswirtschaftlicher genutzt werden. Das Schlimme an der Sache ist, daß viele Zeitungschreiber ebend nur verstehen mit dem Bleistift Wahrscheinlichkeitsrechnungen vorzunehmen, um eine höchstmögliche Menge zu ermitteln. Auch das Fernsehen der DDR demonstriert es z.B. an dem neuen S 51.

Nun hätte ich ja wirklich gern gewußt, wieviel unterm Strich im Jahr 1980 in der DDR an Kraftstoff eingespart wurde? Keine »Wenn oder Sollte« Zahlen »Echte«.

Eigentlich wollte ich auf ein ganz anderes Problem hinweisen. So kann man täglich lesen, daß zu Ehren des X. Parteitages hervorragende Arbeitsleistungen erbracht werden so z.B. der Bersndorfer Holzbauelementehersteller hat gegenwärtig 3 Tagesproduktionen herausgearbeitet. Die 4. Tagesproduktion wird in Angriff genommen. Da kann man nur staunen, wie machen die Leute das nur? Und das steht auch drin, in der Zeitung nämlich mit Hilfe der Partei und dem Bewußtsein, welches die Kollegen der Firma haben. Leider steht nicht drin, daß nun kein Fenster mehr zu öffnen geht bzw. sollte es offen sein, geht es nicht mehr zu schließen. (Die Erfahrung mußte ich persönlich an meinen Fenstern für mein Eigenheim machen) Würden nun alle Kunden um Nacharbeit bitten, käme sicher ein realeres Bild heraus.

Falls Sie mal, rein zufällig, in dieser Richtung Untersuchungen anstellen würde ich mich freuen das Ergebnis zu erfahren. Ihr treuer Fernsehfreund

NUN KAM DER GROSSE SCHRECK

Christa Strauch • Leiterin einer Drogerie •
Bischofswerda, den 27. Dezember 1980

Werte Genossin Ebner!

Das Jahr 1980 wird nun fast abgeschlossen sein. In Ihrer Sendung »Prisma« gibt es oft Momente, wo man sagt: ist so etwas denn in unserer sozialistischen Planwirtschaft möglich? Sie haben sehr recht, wenn Probleme offen angesprochen werden, leider ist 1. die Sendung zu kurz u. 2. sind daher auch nur einige Probleme im Gespräch.

Doch nun zu meinem Grund des Schreibens. Im September u. Oktober kaufte ich für die HO-Drogerie in Bischofswerda, deren Leiterin ich bin, 70 Stück Gala Parfüm zu 30,- M ein. Im November begann die Festversorgung, die Originale (5er Packungen) wurden geöffnet und in die Verkaufsregale einsortiert. Nun kam der große Schreck, von 70 Stück Parfümflacons waren 29 nur halb gefüllt, von 8 Stück fehlte die Flasche mit Verpackung oder besser Kartonage, nur der Umkarton war da, wie bei den Originalen.

Mein Problem:

1. mir fehlt die Ware zum Verkauf von dieser Qualität
2. im Bestand bleibt erst mal der Betrag von 1110,- M stehen und belastet meinen Warenbestand
3. bis zur Klärung der Reklamation kostet es Zeit, Nerven u. viele Telefongespräche,
4. die Protokolle entsprechen nicht mehr den Anforderungen bei den vielen rekl. Artikel (spare Papier und Zeit)
5. das Produkt Parfüm wurde doch hergestellt und es entstanden Kosten?

Wo bleibt die Aussage »Jeder liefert Jedem Qualität«?!

Dies ist nur ein Beispiel aus unserer Palette. Die Reklamationen von Aeroserzeugnissen und auch Crems bzw. Parfümerien des Florenabetriebes (speziell Kartonagen) nehmen von Monat zu Monat zu. In aller 1. Linie eine Qualitätsabfrage, mich bewegt nun die Frage, wie prüfen diese Betriebe ihre Endprodukte, wie Ernst ist die Kostenfrage Energie, Grundstoffe usw.? Wie wir wissen werden in der Kosmetischen Industrie sehr viel Importe verarbeitet. Sollte sich das Nachdenken nicht lohnen? Wo bleibt da unsere Wettbewerbslosung des FDGB?

Viele Reklamationen könnten vermieden werden, gäbe es Ersatzsprüher oder passende Ersatzverschlüsse, um der Ware keine Minderung am Äußeren, an Quantität u. Niveau abzusprechen. Ist nicht jedes Produkt geschaffen, um das Nationaleinkommen zu steigern zum Wohle Aller.

Hier sehe ich große Reserven, Warenlücken etwas zu schließen, die Bevölkerung besser zu versorgen u. Kosten zu senken bzw. zusätzlich keine entstehen zu lassen.

Sollten Sie sich dieser recht ernsten Handelsproblematik widmen können, kommen Sie mal in den Bezirk Dresden nach Bischofswerda. An Ort und Stelle lassen sich unsere Bemühungen zur Lösung dieser Probleme belegen. Jede Ware ist doch ein Produkt unserer fleißigen Menschen in den Betrieben oder sollte man gar annehmen es geschied absichtlich.

Der Handel ist doch ein deutlicher Stimulant in unserem täglichen Leben.

– Verärgerte Kunden
– unfreundliche Verkäuferinnen
– unzufriedene Leiter
– schlecht erfüllt Pläne
– kritikfreudige Institutionen und so ließ sich die Kette weiter führen.

Mein Name ist Christa Strauch. 40 Jahre davon 23 Jahre im Handel, seit 12 Jahren Leiter (Drogerie) Mitglied der SED, Leiter einer sozialistischen Brigade sowie auch Jugendbrigade. Ich kann es nicht mehr mit meiner Gesinnung u. mit meinem Gewissen vereinbaren, wie wir mit Volkseigentum schludern. Werte die man schafft müssen doch von Nutzen sein!!

Mein Beitrag zum X. Parteitag soll es sein, für gute Qualität zu kämpfen und die Qualität zu erhalten und zu pflegen. Die mir und meinem Kollektiv gestellten Aufgaben zu erfüllen und wie die Kollegen in der Industrie überzuerfüllen.

All den Betrieben oder besser Herstellern zu zeigen, daß wir im Handel auch das Wohl der Bevölkerung und die Erfüllung unserer Hauptaufgabe im Auge haben.

Mit soz. Gruß verbunden mit den besten Wünschen für 1981

ALSO KEINE KLEINIGKEIT

Rita Kuhweg • Berlin, den 10. Januar 1983

Liebe Redaktion!

Ich möchte Sie von einem Tatbestand informieren, von dem ich meine, dass er nicht einfach geduldet, sondern überprüft werden sollte. So betrachte ich dieses Schreiben auch als Eingabe.

Nun zum Sachverhalt:

Am 14.12.82 kaufte ich in der Kaufhalle Dörpfeldstraße in Berlin-Adlershof fünf Spraydosen Deodorant dezent frisch aus der Serie Quartett zum Preis von 7,- Mark pro Dose (rotes Behältnis).

Zur gleichen Zeit brachte auch mein Mann ein Deodorantspray mit nach Hause. Es handelt sich hier um das Deodorantspray Quartett (blaues Behältnis) zum Preis von 6,- M. Hersteller beider Deosprays ist der VEB Aerosol-Automat Karl-Marx-Stadt. Beim Wegstellen der Spraydosen merkte ich, dass die roten Spraydosen gegenüber der blauen spürbar leichter waren. Doch der Aufdruck auf beiden Flaschen war gleich und weist als Flascheninhalt 120 ml + 2 ml aus. Nun kann es ja schon einmal durch einen Defekt einer Spraydose zu einem Gewichtsverlust kommen. Trotzdem stellte ich jede der fünf roten Spraydosen auf die Küchenwaage und verglich sie mit der blauen Dose. Das Ergebnis war eindeutig. Gegenüber der blauen Spraydose war jede der roten genau um 30 g leichter. So wog die Spraydose 130 g, die blaue 160 g. Ich habe mir auch noch die Mühe gemacht, das Gewicht einer leeren Spraydose zu ermitteln. Es sind nach meiner Waage 40g. 40 g Leergewicht + 120 Nettogewicht ergeben 160 g. (siehe blaue Dose). Es fehlen also gegenüber dem Aufdruck in jeder Spraydose 30 g, das ist immerhin 1/4 des gesamten Inhalts, also keine Kleinigkeit. Bei dieser »Reihenwirkung«

scheint es mir kein Zufall, kein einmaliger Ausrutscher zu sein, zumal ich zwischen Weihnachten und Neujahr noch einmal eine rote Spraydose käuflich erwerben konnte, leider mit dem gleichen negativen Ergebnis. Nun vermute ich, dass hier betrügerische Absicht dahinter steckt und wäre Ihnen im Interesse vieler Kunden dankbar, wenn Sie dieser Sache einmal nachgehen könnten. Als Beweisstück übergebe ich Ihnen mit diesem Brief eine rote und die blaue und eine leere Spraydose.

Für Ihre Bemühungen bedanke ich mich sehr herzlich.

GENÜGSAM UND GEDULDIG

Richard Bammel • Berlin, den 17. Februar 1983

Beiliegend übersende ich Ihnen von der Fa. VEB Wikama Wittenberg Lutherstadt einige Zwieback oder Biscuit. Dieselben sind halb verbrannt. Leider ist es diesmal nicht das erste mal und wenn es auch das erste mal wäre, dann darf doch nicht so etwas unter das Publikum gebracht werden. Ansonsten sind wir DDR Bürger genügsam und geduldig.

Ich schreibe Ihnen deshalb, weil Sie dem Fehlverhalten vieler Einrichtungen auf die Spur gehen.

Gleichzeitig hätte ich noch ein anderes Anliegen. Unsere Kleingärtner haben im Herbst viel Obst angeliefert. Was davon aber in den Kaufhallen angeboten wurde, war vielfach nicht des Kaufens wert. Wo sind die Boscop, Hasenköppe, Grafensteiner? Wo sind die Birnen Gute Louise, und die William Christ? Warum gibt es kein Backobst? Backobst spielte vor dem Kriege für die Ernährung eine große Rolle. Manches Mittagessen wurde davon bestritten. Da gab es getrocknete Pflaumen. Die billigsten wurden aus Serbien in Säcken geliefert. Die Kalifornischen in Kisten schön verpackt. Dann gab es Ringäpfel. Ich will nicht die Qualitäten alle aufzählen. Uns würden schon die einfachsten genügen. Jetzt komme ich zu den Kartoffeln, was da mitunter angeliefert wird ist der reine Hohn. Im Fernsehen sieht man, wie die Frauen sortieren. Wenn man den

Beutel aufmacht sind mindestens 3 faule dazwischen. Von der Größe garnicht zu sprechen. Gibt es nur eine Sorte Kartoffeln? Vor dem Kriege gab es blaue, gelbe, weiße und Dabersche Kartoffeln. Sie waren aber alle, eine wie die andere. Sie mußten auch gut sein. Wir hatten im Keller ca. 12 Ctr. über Winter zu liegen. Ich will es heute dabei bewenden lassen. Als gelernter Lebensmittel engros Kaufmann vor dem Kriege hätte ich noch vieles zu schreiben.

Mit freundlichem Gruß!

VOM ÄSTHETISCHEN STANDPUNKT

Bruno Heizer • PGH-Vorsitzender •
Königsbrück, den 31. Dezember 1983

Ich habe mir zum Weihnachtsfest 3 Flaschen Weißwein gekauft zum 40. Hochzeitstag. In der Auslage im Geschäft des Kommissionshändlers Herrn Anton Zwickert, sprachen diese vom äußerlichen Aussehen mich an.

Dürnsteiner Nußberg, Qualitätswein, Burgenland-Östreich (VVB 13,00 M), abgefüllt im VEB Vereinigte Thüringer Weinkellterei Gotha, BT Stadtilm. Das etekett ist sehr ansprechend und schön, und man erwartet auch einen guten wohlschmeckenden Wein!

Aber als mein Sohn die erste Flasche öffnete und zwar mit einem Flaschenöffner, wie für eine Selters für 11 Pfennige, war vom esthetischen mir die Butter vom Brot gefallen, ich dachte, das kann doch nicht war sein so eine gute Flasche Wein an einer Festtafel so öffnen zu müssen?

Beleidigen wir da nicht auch unsere Freunde in Östreich, wenn wir dessen Markenweine mit einem Kronenverschluß verschließen? Das mindert vom äußerlichen gleich die Qualität.

Beim einschenken der ersten Flasche, dachte ich, na die Östreicher liefern jetzt auch schon – Perlweine – so wie die Italiener und Franzosen. Aber falsch gedacht er beginnt zu gären an. Und die 2. Flasche war völlig ungenießbar und trübe. Bei der 3. Flasche kam ich voll in den Genuß eines guten Markenweines.

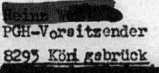

PGH-Vorsitzender

8295 Köri gebrück

Königsbrück, am 31.12.85

Fernsehehn der DDR

- P r i s m a -

11999 B e r l i n

Ich habe mir zum Weihnachtsfest 3 Flaschen Weißwein gekauft zum 40.Hochzeitstag. In der Auslage im Geschäft des Kommissions- händlers Herrn Wolfgang Rohrberg ,sprachen diese von äußerlichen Aussehen mich an.

D ü r n s t e i n e r   N u ß b e r g
Qualitätswein

Burgenland - Östreich   (VVB 13,oo M)

abgefüllt im VEB Vereinigte Thüringer Weinkellterei Gotha

BT II Stadtilm

Das etekett ist sehr ansprechend un schön,und man erwartet auch einen guten wohlschmeeckenden Wein !

Aber als mein Sohn die erste Flasche öffnete und zwar mit einem Flaschenöffner, wie für eine Selters für 11 Pfennige,war von esthetisc mir die Butter vom Brot gefallen, ich dachte,das kann doch nicht war so eine gute Flassche Wein an einer Festtafel so zu öffnen zu müssen ?

Beleidigen wir da nicht auch unsere Freunde in Östreich,wenn wir desse Markenweine mit einem Kronenverschluß verschließen ?
Das mindert von äußerlichen gleich die Qualität.

Beim einschenken der ersten Flasche ,dachte ich , na die Östreicher liefe n jetzt auch schon -Perlweine- so wie die Italiener u. Franzose Aber falsch gedacht er begieg zu gären an. Und die 2.Flasche war völlig ungenießbar und trübe. Bei der 3. Flasche kam ich voll in den Genuß eines guten Markeneines.

Verehrte Freunde !

Was will ich damit sagen, vom Gefühl her paßt das nicht zusammen, so eine gute und auch aussehende Flasche mit einem Kronenverschluß der Bevölkrung für teures Geld anzubieten,da muß es doch noch eine bessere Lösung geben,ich verstehe auch wenn mann nicht in jeden Fall Korkr zur Verfügung hat.

Mit sozialistischem Gruß !

Vom ästhetischen Standpunkt

Verehrte Freunde!

Was will ich damit sagen, vom Gefühl her paßt das nicht zusammen, so eine gute und auch aussehende Flasche mit einem Kronenverschluß der Bevölkerung für teures Geld anzubieten, da muß es doch noch eine bessere Lösung geben, ich verstehe auch wenn mann nicht in jeden Fall Kork zur Verfügung hat.

Mit sozialistischem Gruß!

HOLZABFÄLLE ZU SPIELZEUG!

Monika Glossow • Gosla, den 4. Januar 1984

Werte Prisma Redaktion!

Ich sehe regelmäßig Ihre Sendung und finde sie sehr interessant. Mein Name ist Monika Glossow, ich habe einen zwei jährigen Sohn und diesbezüglich eine Frage an Sie.

In unserer Republik wird großer Wert auf die Erziehung und Entwicklung unserer Kinder gelegt. Überall wird darauf hingewiesen, daß die Kinder im Spiel ihre Persönlichkeit entwickeln. Geht man aber in unsere Spielzeugwarengeschäfte, stehen einem die Haare zu Berge.

Alle Regale sind voll mit dem gleichen Artikel. Z.B. laut Presseberichten im Kreis Forst, sollte der VEB Holzverarbeitung, Holzabfälle seid Herbst vorigen Jahres zu Holzbaukästen verarbeiten. Nur zwei Mal wurden wenige Kästen verkauft.

Wiederrum wurden aber mehrere LKW Hänger dieser Holzabfälle zum verheizen für Betriebe genommen.

Nunmehr fragen wir uns, warum diese Holzabfälle zum verbrennen kommen und nicht zu Holzbaukästen verarbeitet in den Handel kommen.

Hochachtungsvoll

LÄCHERLICHE AUSREDEN

Ines Oberau • Falkenau, den 6. Januar 1984

Werte Gen. Rosi Ebner!

Ich habe am 5.1.84 die Prismasendung gehört. Es ging da im 1. Teil um Sternradio Berlin. Auch ich bin Besitzer eines solchen Gerätes und habe bestimmt solch ein Gerät erworben, daß in die 3,5 Fehler fällt.

Sie glauben garnicht wie ärgerlich mein Sohn und ich sind.

Ich kaufte meinem Sohn dieses Gerät zur Jugendweihe 1982. (Ich habe einen Nettoverdienst von 450,- M, also geht eine sehr lange Sparzeit voraus) Aber unsere Freude hielt nicht lange an. Nach einem halben Jahr gingen die Reparaturen los. 3 mal ziehen des Bandes, 1 mal Tastschalter, 1 mal Lautstärke. Ich kann diese Reparaturen an Hand der Reparatur-Scheine beweisen.

Wir sind darüber schon ganz verzweifelt. Ich wandte mich mit meinem Anliegen an den Direktor der Dienstleistung in Karl-Marx-Stadt, Am Walkgraben 13, Koll. Schmidt (Tel. 36876) und gleichzeitig an die Reklamationsabteilung Sternradio Berlin.

Von Sternradio bekam ich die Antwort, es läge oft an der Qualität der Bänder (lächerlich).

Der Direktor der Dienstleistung in Karl-Marx-Stadt hat uns über Weihnachten ein Austauschgerät zur Verfügung gestellt und will mich informieren, wenn die 5. Reparatur beseitigt ist.

1. Nun frage ich mich, wie soll das weitergehen?
2. Das wir kein Vertrauen zum Gerät mehr haben ist verständlich
3. Und wenn die Reparaturen so weiter gehen, wer soll das finanziell durchstehen?
4. Warum muß ich als Kunde für soviel Geld, so etwas bieten lassen!

Sie können mir auch glauben, wir sind mit dem Gerät sehr sorgsam umgegangen. Es wurde noch nie richtig gefordert. Wir sind über den Kauf richtig verzweifelt. Obwohl ich trotzdem behaupten würde, wenn das Gerät funktioniert, wirklich gut ist. Meiner Meinung nach muß ich als Kunde doch nicht für die Fehler (Schlamperei) des Herstellers büßen. Ich würde mich freuen, wenn Sie sich unseres Problems annehmen wurden um uns zu helfen.

Mit sozialistischem Gruß

DEN PFUSCH ANDERER ANHÖREN

Gustav Markert • Filialleiter • Markkleeberg, den 9. Januar 1984

Wertes »Prisma«-Team!

Zu Ihrer Sendung vom 5.1.84 über die Bemühungen des VEB Stern-Radio Berlin gestatten wir uns als Kollektiv einige »Rand«-bemerkungen:

Wir sind ein Kollektiv in einer Rundfunkverkaufsstelle und führen seit Jahren auch die Erzeugnisse des genannten Betriebes. Sehr oft werden wir vom Kunden gefragt, ob wir z.B. die Radiorecorder R 4100/KR 450 auch empfehlen können. Was sollen wir antworten?

Unsere eigenen Erfahrungen über die überdurchsschnittliche Reparaturanfälligkeit und Rückläuferquote weitergeben und damit auf den Verkauf gegebenenfalls verzichten oder aber wissentlich die Unwahrheit sagen?

Eine Ausfallquote von 5,0 oder 2,5% bis zum Ende des Montageprozesses interessiert doch überhaupt keinen Kunden. Wenn wir die Geräte verkaufen wollen und eine Ausfallquote von über 10% (nach laut Garantierurkunde bescheinigtem Dauerlauf- und Stoßfolgetest) wird von uns bereits auf dem Ladentisch festgestellt, dann sind diese Zahlen bereits aussagekräftiger!

Kauft ein Kunde nun ein Funktionierendes Gerät und nach kurzem Gebrauch stellen sich Qualitätsmängel heraus, dann steht bereits nach wenigen Tagen (manchmal auch nur einen Tag später) ein defektes Gerät auf unserem Ladentisch und ein erboster Kunde davor. »Geld zurück!« oder »Neues Gerät!« sind noch die harmlosesten Ausdrücke, die wir uns für den Pfusch anderer anhören müssen. Aber der arme Kunde ist nun erst einmal der Angeschmierte, den Kaufpreisrückerstattung und Ersatzlieferung stehen ihm ja in der Regel gemäß ZGB und BVO überhaupt nicht zu. Dem Himmel

sei Dank, daß unser ZGB dem Kunden die Wahl der Garantie-
ansprüche offen läßt und dann im besten Juristendeutsch alles wieder auf die Nachbesserung beschränkt.

Wir als Garantiepflichtige haben nun die dankbare Aufgabe, die
Nachbesserung innerhalb von 13 (!) Tagen durchführen zu lassen,
egal ob der Kunde das Gerät 6 Monate oder erst wenige Stunden
im Betrieb hatte. Stellen Sie sich den Kunden vor, der am Morgen
ein gestern gekauftes Gerät zu uns bringt, weil sich Mängel herausstellen und Sie sagen ihm im freundlichsten Ton, er möge sich doch
maximal 13 Tage gedulden, bis alles wieder fein repariert ist!

Die »Uneinsichtigen Verkäufer« könnten ja nun wirklich sofort
ein neues Gerät auf den Tisch stellen oder wenigstens den Kaufpreis
wieder rausgeben. Leider nimmt uns aber der Großhandel das
defekte Gerät unter keinen Umständen ab und die Produktion verwendet wohl auch alle Aktivitäten und Zusatzaktivitäten auf juri-
stischer Strecke, um diese Geräte ja nicht ins Haus zu bekommen.

Also vertrösten wir unsere Kunden und setzen uns mittels der städ-
tischen Nahverkehrsmittel in Richtung Leipzig in Bewegung, um
die einschlägige Vertragswerkstatt von der Notwendigkeit einer
schnellen Nachbesserung zu überzeugen. Außerdem hat ja eine Ver-
kaufskraft auch kaum andere Arbeitsaufgaben.

Oder wir nehmen gleich den Privat-PKW (auch wegen der Ar-
beitszeitauslastung) und transportieren gleich mehrere defekte
Geräte, die ja dank Spezialisierung in verschiedenen Werkstätten repariert werden, natürlich auf eigene Benzinrechnung zur Stadt und
zurück.

Vom Betrieb kann man da kurzfristig kein Fahrzeug erhalten, denn
erstens ist zur Zeit keins frei, zweitens müssen solche Fahren angemeldet werden und drittens hat dann gerade die Werkstatt keine Re-
paraturannahme. Und außerdem steht für diesen Monat gar kein
Vergaserkraftstoff mehr zur Verfügung und wir müssen ja sparen.
Es rechnet sich ja auch statistisch besser ab, wenn wir privat tanken.
Der Betrieb hält dann sein Limit ein.

Nun liegen die zwei Werkstätten auch noch im gesperrten Teil der
Innenstadt Leipzigs und es ist immer ein herrlicher Nervenkitzel,

ob man nun von der VP erwischt wird oder nicht, wenn man im Fußgängerbereich mit dem Kfz. auftaucht. Man kann die Geräte auch vom nächstgelegenen Parkplatz schleppen, aber das ist in der Regel recht kraft- und zeitaufwendig. Also bezahlen wir notfalls auch noch das kleine Bußgeld von 10,- M aus eigener Tasche, wenn man uns ertappt.

Sollten nun alle benötigten Ersatzteile vorhanden sein, der Zulauf an defekten Geräten nicht zu hoch und alle Mechaniker uns wohlgesonnen sein, dann erhalten wir schon innerhalb der nächsten 14 Tage eine Karte, die uns mitteilt, das Gerät steht repariert zur Abholung bereit. Die Abholung erfolgt dann wie oben.

Sollten sich nun während der Garantiezeit von 6 Monaten mehrere Defekte herausstellen, dann kann sich der Kunde für einen anderen Garantieanspruch entscheiden. So macht sich dann (und das passiert des öfteren) eine Kaufpreisrückerstattung notwendig. Das schmälert nicht nur unseren Umsatz, sondern geht auch zu Lasten unseres Verdienstes. Alles für den Pfusch (oder besser: nicht-qualitätsgerechte Lieferung?) der Hersteller!

Nun unsere Frage:

Wie steht ein Betrieb zu diesen Tatsachen? Wie hoch ist die verausgabte Summe für Nachbesserungen während der Garantiezeit je Gerät? Wieviel Geräte tauchen während des ersten Jahres in den Werkstätten auf? Welche Ausgaben entstehen je Gerät für Qualitätsvertragsstrafen? Das wären eigentlich die Fragen, deren Beantwortung Aufschluß über die Qualität geben.

Natürlich räumen wir eine geringe Ausfallquote ein, aber eben nur eine geringe. Und dann muß alles zu Lasten des Verursachers gehen und nicht auf den Schultern der Verbraucher und des Handels abgewickelt werden.

Oftmals hat doch der Endverbraucher das Gefühl, er müsse sich entschuldigen, wenn er Pfusch gekauft hat. »Und nun sag bitte schön ja kein böses Wort, wenn wir Dein Gerät nicht gleich reparieren.«

Aber umgekehrt wird ein Schuh daraus, der Hersteller müßte sich entschuldigen, daß der Kunde nun auch noch Unannehmlichkeiten hat. Ein Fingerzeit in Richtung »Elektronik Gera« oder »Elektrotechnik Eisenach« hilft hier nicht. Aber das sagten Sie ja schon in Ihrer Sendung.

Aber wir werden wohl noch eine Weile mit geballter Bürokratie und allen Paragraphen des ZGB und des Vertragsgesetzes gegen unsere Kunden und Abnehmer kämpfen, um zu beweisen, daß diese dieses und jenes Recht nicht haben, anstatt uns zu entschuldigen und zu sagen:

»Hier ist uns ein Fehler passiert. Wir bitten um Entschuldigung und werden dafür Sorge tragen, daß Ihnen umgehend für Ihr Geld ein einwandfreies Gerät zur Verfügung steht.«

Entschuldigen Sie unseren drastischen und satirischen Stil, aber manchmal hat schon ein »grober Keil« seine Wirkung getan.

Trotz allem, mit freundlichem Gruß für das Kollektiv

WOMIT SPIELEN EIGENTLICH DIE ENKEL DER BETRIEBSDIREKTOREN?

Hans-Peter Homburg im Namen seiner Söhne Pat (6)
und Mike (3 Jahre) • Berlin, den 8. Januar 1984

Werte Kollegen!

Das Weihnachtsfest ist gerade vorüber und in ungezählten Familien hat sich in Variationen die gleiche Geschichte abgespielt: Die anfängliche Freude der Kinder über das geschenkte Spielzeug wich schon bald der Enttäuschung, weil das – nebenbei gesagt nicht gerade billige – Spielzeug sich beim ersten Gebrauch in seine Einzelteile zerlegte oder die versprochene und erwartete Funktion nicht ausführte.

Mit viel Mühen und großem Zeitaufwand beschaffte Geschenke oder aus Verzweiflung angesichts des tristen Angebots erworbene Verlegenheitskäufe liegen unbeachtet im Kinderzimmer herum, weil sie ohne jeden Spiel- oder Unterhaltungswert sind.

Ich wende mich an Sie mit der Bitte, Ihre Aufmerksamkeit in Ihrer Sendung doch einmal der schlimmen Misere auf dem Spielzeugmarkt zuzuwenden. Ich weiß mich in meinem Ärger über untaugliches, lieblos gemachtes, fantasieloses und wenig dauerhaftes Spielzeug eins mit vielen Eltern und kenne aus meiner Mitarbeit im Elternaktiv die Klagen der Krippen- und Kindergartenerzieherinnen zu diesem Thema.

Wie konnte es dazukommen, daß in unserem Land mit großer und langer Tradition in der Spielwarenherstellung sich das Angebot im wesentlichen auf Babyrasseln, Plüschtiere und Puzzles reduziert?

Wer genehmigt die Herstellung von Plastspielzeug aus völlig ungeeigneten Materialien? Ein Spielzeugauto, das aus der Höhe eine Spieltisches herabfällt, zersplittert unweigerlich in scharfkantige, gefährliche Bruchstücke und wandert in den Mülleimer – welch eine verantwortungslose Verschwendung von wertvollen, nicht erneuerbaren Rohstoffen!

Auf jeder neuen Kunstausstellung finden sich vielbesprochene und hochgelobte Beispiele künstlerisch und pädagogisch wertvollen Spielzeugs; in das Angebot der Läden gelangt in den seltensten Fällen etwas davon.

Warum dürfen Spielwaren und Spiele überhaupt hergestellt werden, deren Untauglichkeit, Zerbrechlichkeit oder Langweiligkeit sich schon nach kürzester Zeit bei einem Test in einer Kindereinrichtung oder in familiärem Kreise herausgestellt hätten?

Womit spielen die Kinder oder Enkel der Betriebsdirektoren und Wirtschaftsfunktionäre, in deren Kompetenz die Herstellung und Entwicklung von Spielwaren und Spielen fällt? Ich bin mir bewußt, daß in der gegenwärtigen Zeit an unsere Wirtschaft gewaltige Anforderungen gestellt werden, damit unser weiterer ökonomischer Fortschritt gesichert werden kann. Dennoch glaube ich, daß man trotzdem einen winzigen Teil unseres ökonomischen Potentials sinnvoll und mit moralischem und volkswirtschaftlichem Gewinn für den Spielwarensektor einsetzen kann. Das Spiel unserer Kinder darf nicht als lästige Nebensache behandelt werden.

Ich wende mich mit meinem Brief an die Prisma-Redaktion, weil ich auf die Konsequenz und Kompromißlosigkeit hoffe, mit der Ihre Kollegen schon wiederholt allgemeine Mißstände aufgegriffen und angeprangert haben. Die Väter und Mütter in der Redaktion werden gewiß in meine Klage mit einstimmen können.

Ich wünsche Ihnen und uns allen für 1984 weiterhin diese unduldsame Unnachsichtigkeit mit Verantwortungslosigkeit, Verschwendung und Gedankenlosigkeit.

Mit den besten Grüßen

EWIGES EIS

Anke Wichert • Merschwitz, den 7. Januar 1985

Werte Prisma-Redaktion!

Ich möchte mich heute mit folgendem Problem an Sie wenden:

Im August dieses Jahres erhielt ich eine Gefriertruhe GT 23 Super-Elektronik, hergestellt im VEB Kühlmöbelwerk Erfurt.

Nach ordnungsgemäßer Inbetriebnahme mußte ich jedoch bald Mängel feststellen. Die Funktion »Gefrieren« beginnt ordnungsgemäß, schaltet aber nicht wieder aus. Der Gefrierprozeß dauert also ewig an, daß bedeutet, daß Motor (und Stromzähler) ständig in Betrieb sind. Mit energiesparendem Gefrieren hat das nichts zu tun. Der Gefrierprozeß muß von mir immer durch Umlagerung des Gefriergutes beendet werden. Eigentlich sollte dafür die Elektronik sorgen, die aber leider nicht richtig funktioniert. Nachdem der Monteur schon zweimal bei uns war, ein neues Regelgerät einbaute und sich trotzdem nichts geändert hat, wandte ich mich im Oktober 1984 mit einer Eingabe an das Werk in Erfurt. Im November erhielt ich einen kurzen Bescheid. Inhalt: Eingabe ist eingegangen und wird bearbeitet. Jetzt schreiben wir bereits Januar 1985 und es hat sich nichts getan. Gestern schrieb ich schon zum dritten Mal an das Werk, wieder auf Antwort und definitive Aussagen hoffend, was nun mit der Truhe wird. Ich bitte hiermit Ihre Redaktion, mir einen Rat zu geben, was ich noch tun kann, um eine voll funktionsfähige Truhe zu erhalten. (Für über 3000,- M kann man das wohl auch erwarten!) Ich bedanke mich im voraus für Ihre Bemühungen.

Hochachtungsvoll

KLEINE VIERECKIGE MENSCHEN

Elisabeth Frohgesang • *Verkaufsstellenleiterin* •
Hoyerswerda, den 6. Januar 1986

Beiliegend übersenden wir Ihnen als Anschauungsmaterial dieses »wunderschöne« Modell eines Damen-Pullovers, an uns ausgeliefert in den Größen 46-52. Wir hinter dem Ladentisch wagen uns kaum, diesen Pullover den Kunden anzubieten.

Es wird soviel über die Verantwortung des Handels gesprochen und nach Möglichkeit versucht, ihm den schwarzen Peter zuzuschieben (siehe Beitrag Strickwaren Apolda), obwohl wir nach unserer Meinung bisher noch nie gefragt wurden, weder vom Großhandel und schon gar nicht von der Produktion.

Der mit der Größe 48 bezeichnete Pullover hat die Breite einer Größe 54 und die Länge einer Größe 40. Wir wissen nicht, wie die Mitarbeiter von Mülana zu diesen seltsamen Abmessungen kommen, in Hoyerswerda leben jedenfalls keine so kleinen viereckigen Menschen.

Wenn man diesem Pullover in die Hände bekommt, so fragt man sich – da es ja kaum Damen-Pullover im Angebot gibt – wie es möglich ist, daß so verantwortungslos mit einem hochwertigen Strickmaterial umgegangen werden kann. Aus der Größe 52 hätte man 2 Pullover der Größe 38 machen können und dieser Käuferkreis ist sehr groß.

Es ist übrigens nicht das erste Mal, daß wir von Mülana Pullover mit unglaublichen Abmessungen erhalten haben. Das letzte Mal war es ein Hemdpullover für Herren – sehr gefragt und der einzige, den wir beim SGB einkaufen konnten – aber auch 2-3 Nummern größer wie ausgezeichnet.

Mit freundlichem Gruß

Es antwortet der VEB Mülana am 7. März 1986:

Werte Frau Frohgesang!

Am 4.3.1986 fand im VEB »Mülana« eine Beratung unter Teilnahme von Vertretern des VEB »Mülana«, dem Fachbereich Obertrikotagen und der Abteilung Qualitätssicherung des ZWK Textil- und Kurzwaren statt. Beratungsgrund war die von Ihnen unter Kritik gestellte Paßform von Damen-Pullovern.

Folgender Standpunkt wurde erarbeitet:

Die Maßhaltigkeit des von Ihnen übergebenen Erzeugnisses ist gegeben. Die Oberweite hat eine Weitenzugabe zum Körpermaß von 4 cm. Das heißt, sowohl die Oberweite wie auch die Erzeugnislänge garantieren die Paßform für Personen mit den Körpermaßen der Größe 48 und bewegen sich außerdem im Rahmen der Maßorientierung für Obertrikotagen, die das Modeinstitut erarbeitet. Natürlich muß ich Ihnen recht geben, daß das Erzeugnis, wenn es auf dem Tisch ausgebreitet wird, einen etwas unförmigen Eindruck hinterläßt. Man muß jedoch seine Meinung völlig ändern, wenn man den Pullover angezogen betrachtet. Eine andere Frage ist es, ob diese Schnittform für die Größen 48-54 sehr geeignet ist und vor allen Dingen ob sie vom Verbraucher gewünscht wird.

Aus diesen Gründen wurde festgelegt, daß ähnliche Artikel vom Betrieb nochmals in der Größe 48 gemustert werden und eine Abnahme unter Teilnahme meiner Mitarbeiter erfolgt, so daß für die Kollektion des 2. Halbjahres 1986 Modelle entsprechend der Größenauswahl gefertigt werden, das könnte heißen, daß bestimmte Modelle geändert werden müssen.

Bezüglich der Versorgung des vollen Größensortimentes beauftrage ich den Direktor des SGB Cottbus eine Auswertung vornehmen zu lassen und Sie von deren Ergebnis in Kenntnis zu setzen.

Mit sozialistischem Gruß

06 08 58 41,74
OBERTRIKOTAGEN
7700 Hoyerswerda
Am Ehrenhain 8
Telefon 7 06 33
PAVILLON

Hoyerswerda, 6.1.1986

Fernsehen der DDR
Redaktion Prisma

119o B e r l i n
Rudower Chaussee

Beiliegend übersenden wir Ihnen als Anschauungsmaterial dieses
"wunderschöne" Modell eines Damen-Pullovers, an uns ausgeliefert in den Größen 46 - 52. Wir hinter dem Ladentisch wagen uns
kaum, diesen Pullover den Kunden anzubieten.

Es wird soviel über die Verantwortung des Handels gesprochen
und nach Möglichkeit versucht, ihm den schwarzen Peter zuzuschieben (s. Beitrag Strickwaren Apolda), obwohl wir nach unserer Meinung bisher noch nie gefragt wurden, weder vom Großhandel und schon gar nicht von der Produktion.

Der mit Größe 48 bezeichnete Pullover hat die Breite einer
Größe 54 und die Länge einer Größe 4o. Wir wissen nicht, wie
die Mitarbeiter von Mülana zu diesem seltsamen Abmessungen
kommen, in Hoyerswerda leben jedenfalls keine so kleinen viereckigen Menschen.

Wenn man diesem Pullover in die Hände bekommt, so fragt man
sich - da es ja kaum Damen-Pullover im Angebot gibt - wie es
möglich ist, daß so verantwortungslos mit einem hochwertigen
Strickmaterial umgegangen werden kann. Aus der Größe 52 hätte
man 2 Pullover der Größe 38 machen können und dieser Käuferkreis ist sehr groß.

Es ist übrigens nicht das erste Mal, daß wir von Mülana Pullover
mit unglaublichen Abmessungen erhalten haben. Das letzte Mal
war es ein Hemdpullover für Herren - sehr gefragt und der einzige, den wir beim SGB einkaufen konnten - aber auch 2 - 3
Nummern größer wie ausgezeichnet.

Mit freundl. Gruß

Vst.J-Leiter

Kleine viereckige Menschen

Vst 06 08 58 41 74
Obertrikotagen
Kolln. ███████, Leiterin

7700 H o y e r s w e r d a

Werte Frau ███████ !

Am 4.3.1986 fand im VEB"Mülana" eine Beratung unter Teilnahme
von Vertretern des VEB "Mülana", dem Fachbereich Obertrikotagen
und der Abteilung Qualitätssicherung des ZWK Textil- und Kurzwaren statt. Beratungsgrund war die von Ihnen unter Kritik gestellte Paßform von Damen-Pullovern.

Folgender Standpunkt wurde erarbeitet:

Die Maßhaltigkeit des von Ihnen übergebenen Erzeugnisses ist
gegeben. Die Oberweite hat eine Weitenzugabe zum Körpermaß von
4 cm. Das heißt, sowohl die Oberweite wie auch die Erzeugnislänge garantieren die Paßform für Personen mit den Körpermaßen
der Größe 48 und bewegen sich außerdem im Rahmen der Maßorientierung für Obertrikotagen, die das Modeinstitut erarbeitet. Natürlich muß ich Ihnen recht geben, daß das Erzeugnis, wenn es auf
dem Tisch ausgebreitet wird, einen etwas unförmigen Eindruck
hinterläßt. Man muß jedoch seine Meinung völlig ändern, wenn
man den Pullover angezogen betrachtet. Eine andere Frage ist es,
ob diese Schnittform für die Größen 48-54 sehr geeignet ist und
vor allen Dingen ob sie vom Verbraucher gewünscht wird.

Aus diesen Gründen wurde festgelegt, daß ähnliche Artikel vom
Betrieb nochmals in der Größe 48 gemustert werden und eine Ab-
nahme unter Teilnahme meiner Mitarbeiter erfolgt, so daß für
die Kollektion des 2. Halbjahr 1986 Modelle entsprechend der
Größenauswahl gefertigt werden, das könnte heißen, daß bestimmte
Modelle geändert werden müssen.

Bezüglich der Versorgung des vollen Größensortimentes beauftrage
ich den Direktor des SGB Cottbus eine Auswertung vornehmen zu
lassen und Sie von deren Ergebnis in Kenntnis zu setzen.

                          Mit sozialistischem Gruß

                          i. V. ███
                          S t ö h r

Verteiler
GD
1. Stellv. GD
MHV
SGB Cottbus   Abt. 08

»Natürlich muß ich Ihnen recht geben, daß das Erzeugnis, wenn es auf dem Tisch
ausgebreitet wird, einen etwas unförmigen Eindruck hinterläßt.«

ABENTEUERLICHE SUCHE

Party-Service & Discothek Kai Benson •
Cottbus, den 6. Januar 1986

Werte Kollegen!

Anbei eine der gelungensten Karnevalsbeiträge unserer Papier-
industrie. Für ganze 2.- Mark konnte man diese »wohlgestalteten«
Papierschlangen im Handel erwerben. Dunkel kann ich mich noch
an ordentlich verpackte (Klarsichtfolie), gleichmäßig geschnittene
und farbenfrohe Papierschlangen in vergangenen Jahren erinnern.
Sind sie von der neuen, jetzigen Qualität verdrängt worden? Auch
die Suche nach Luftballons war und ist ja ein abenteuerliches Unternehmen geworden. Na, werte Kollegen, vielleicht kommen Sie der
ganzen Sache auf die Spur!! Viel Erfolg weiterhin für Ihre gern ge-
sehene Sendung!

Mit freundlichem Gruß

DER APPARAT MACHT DIE MÜCKE

Karl Richter • *Großschönau, den 2. Juni 1986*

Anfang Dezember hat Unterzeichneter im (K) Industrieladen 8802
Großschönau für 6250 M einen Colortron 4000 gekauft. Am
10.12.85 wurde mir das Fernsehgerät, ohne Verpakung, von einem
Kollegen angeliefert. Am 11.12. war ich in der Verkaufstelle, um zu
erfahren, warum das Gerät ohne Originalverpakung an den Kunden
geliefert wird. Die Verkäuferin erklärte mir, die Verpakung muß an
die GHG abgegeben werden. Ob Kaffeemaschine oder sonst ein
Gerät, wird in einer Verpakung geliefert. Da ein Fernseher keinen
Griff oder Henkel hat, und die Bildröhre einen stabilen Schutz beim
Transport braucht, muß ich annehmen, daß eine Normalverpakung
im Preis inbegriffen ist.

Wie weit ist denn der Kundendienst gesunken, wenn so ein teures
Gerät ohne Verpakung an den Kunden geliefert wird. Oder füllen
sich hier einige Leute, auf Kosten der Kunden, durch Abgabe der

Verpakung, ihre Taschen? Gesetzt der Fall: der Apparat macht die Mücke, zu dieser Zeit sind aber sportliche Höhepunkte. Man möchte deshalb das Gerät selbst in die Werkstatt schaffen. Eine Originalverpakung ist aus oben angeführten Gründen nicht im Hause. Beim Transport zum Auto stolpert man, der Fernseher rutscht aus der Hand, und es entsteht dabei erheblicher Sachschaden. Wer bezahlt dann den Schaden? wenn die staatl. Versicherung eine Zahlung mit Recht ablehnt. Soll dann ein Mindestrentenbesitzer, der sich das Geld sauer verdient hat, in seine leeren Taschen greifen?

Ich hoffe, das Prisma in dieser Angelegenheit eine Klärung erreicht.

Mit sozialistischem Gruß und Dank im vorraus zeichnet

WÄRMEEFFEKT GLEICH NULL

Karla Leymann • Karl-Marx-Stadt, den 7. Januar 1987

Werte Redaktion!

Im Oktober 1985 kaufte ich in einer Exquisitverkaufsstelle ein Paar Stiefel zum Preis von 282,- M (Originalprodukt Salamander). Ende November wollte ich die Stiefel reklamieren, da sie bei geringer Berührung mit Wasser und auch Schnee durchlässig wurden und dadurch der Wärmeeffekt gleich Null war. Ich kann die Stiefel nur mit warmen Socken anziehen, trotz Fellfutter!

Am 2.12.85 wurde die Reklamation von der Verkaufsstelle abgelehnt, da Wasserdurchlässigkeit kein Reklamationsgrund ist. Mir wurde von der Verkaufsstelle der Hinweis gegeben, mich an das Forschungsinstitut für Schuhtechnologie Weißenfels zu wenden. Dort würde ein Gutachten angefertigt. Die dadurch entstehenden Kosten könnten ca. 50,- bis 70,- M betragen. Das wiederum war mir zu teuer, da ich nicht einsehe, für eine Überprüfung eines Qualitätsmangels noch etwas zu bezahlen. Außerdem hatte ich z.Z. nur ein Paar Stiefel.

Ich kam also schlecht und recht durch den Winter und hatte natürlich des öfteren kalte und nasse Füße. Nur bei relativ trockenem Wetter konnte man zufrieden sein.

Ich habe mir nun vergangenen November ein weiteres Paar Stiefel zugelegt. Deshalb wandte ich mich im Dez. 86 telefonisch an das o.g. Institut. Dort wurde ich verwiesen und zwar nach Leipzig an das Kombinat Schuhe, Gestattungs- und Lizenzproduktion. Ich rief dort erst einmal an und erklärte dem zuständigen Kollegen die Angelegenheit. Leider konnte er mir auch nicht helfen. Er gab mir nur den Rat, die Stiefel mit den entsprechenden Mitteln zu Pflegen, doch das tue ich schon seit dem ich die Stiefel besitze (Salamander-Wetterschutz, Salamander-Schuhcreme). Der Kollege teilte mir mit, daß bis Sommer 86 Stiefel und Leder eingekauft wurden, die nicht den entsprechenden Kälte- und Wasserschutz aufweisen können. Es ist also großes Pech für mich und sicher auch noch für andere Käufer.

Ich bin aber keinesfalls mit dieser Begründung einverstanden, zumal ich für diese Stiefel einen hohen Preis zahlen mußte und auch noch einige Zeit anstehen mußte, um überhaupt diese Stiefel käuflich zu erwerben.

Ich war ja nun auch gezwungen, mir ein zweites Paar Stiefel zuzulegen, um wenigstens ab und zu mal warme Füße zu haben.

Vielleicht können Sie mir einen Rat geben.

Mit freundlichen Grüßen

ODE AN DAS KLOPAPIER

Angela Lang • Lauter, den 3. August 1997

Toilettenpapier TOPA 2-TGL 28977
Um nicht gar so laut zu klagen,
muß ich es trotzdem einmal sagen.
Ihr Klopapier ist superhart,
doch der Mensch, der ist doch ach' so zart!
Der Umsatzplan bei Ihnen sicher trotzdem stimmt,
denn woher man als Kunde so schnell weiches nimmt.

!
Anlage 2 / 1

Abschrift

An
VEB Papierfabriken Heiligenstadt
Flinsberger Str. 4
Heilbad Heiligenstadt
5 6 3 0

Toilettenpapier TOPA 2-TGL 28977
Um nicht gar so laut zu klagen,
muß ich es trotzdem einmal sagen.
Ihr Klopapier ist superhart,
doch der Mensch, der ist doch ach' so zart!
Der Umsatzplan bei Ihnen sicher trotzdem stimmt,
denn woher man als Kunde so schnell weiches nimmt.

Man könnte sich die Haare raufen,
doch leider kann man seit langem kaum mal
        andres Papier für -,30 kaufen.
Als Packpapier kann sich Ihr Produkt gut
        sehen lassen,
doch als Klopapier für -,50, wagt man es
                kaum anzufassen.
Ich hoffe, daß Sie mal alles überdenken
und Ihre Produktion in richtige Bahnen lenken!
Dann wird es mir auf dem "Stillen Örtchen"
                auch nicht mehr bang.
Mit vielen Grüßen Ihre

Ode an das Klopapier –
»Als Packpapier kann sich Ihr Produkt gut sehen lassen,
doch als Klopapier für 0,50 wagt man es kaum anzufassen.«

Man könnte sich die Haare raufen,
doch leider kann man seit langem kaum mal andres Papier für 0,30
kaufen.
Als Packpapier kann sich Ihr Produkt gut sehen lassen,
doch als Klopapier für 0,50 wagt man es kaum anzufassen.
Ich hoffe, daß Sie mal alles überdenken
und Ihre Produktion in richtige Bahnen lenken!
Dann wird es mir auf dem »Stillen Örtchen« auch nicht mehr bang.
Mit vielen Grüßen Ihre Angela Lang.

Nicht ganz so poetisch antwortet der VEB Papierfabriken Heiligen-
statt am 10. August 1987:

Ihre Eingabe Toilettenpapier
   In Beantwortung Ihrer Eingabe teilen wir Ihnen folgendes mit:
   Im Rahmen eines Ministerratsbeschlusses erfolgte die Rekonstruktion unserer Papiermaschine von Schreib- und Druckpapier auf
Toilettenpapier. Gleichzeitig erfolgte der Aufbau einer maschinellen
Konfektionierstraße. Nach Inbetriebnahme wurde unsere konfektionierte Rolle mit 38 m zu einem Endverbraucherpreis von 0,40
M verkauft. In diesem Zusammenhang liegen dem Preisantrag gegenüber dem Amt für Preise umfangreiche Kalkulationen zugrunde, auf deren Basis die Preisbestätigung erfolgte. Diese 38-m-Rolle
hat bei 10 cm Rollenbreite 3,8 m². Im Rahmen ökonomischer Forderungen, wie Transportraumeinsparungen, Einsparungen von
Grundmaterial generell, erfolgte die Umstellung der Technologie
auf 48-m-Rolle. Diese 48-m-Rollen entsprechen einer Erhöhung gegenüber der 38-m-Rolle um 25%. Da dem Verbraucher in diesem
Zusammenhang 25% mehr Ware bereitgestellt wird, wurde ebenfalls der EVP um 25% auf 0,50 M pro Rolle verändert.
   Bei uns in der Republik werden drei verschiedene Preisstufen bei
Toilettenpapier produziert. Dabei handelt es sich um eine Rolle mit
ca. 29 m zu einem EVP von 0,20 M, um eine 38-m-Rolle zu einem

Abschrift

VEB Papierfabriken Heiligenstadt
Betrieb des VEB Kombinat Zellstoff
und Papier Heidenau
Flinsberger Str. 4
Heilbad Heiligenstadt 5630

Datum   10.8.87
Uns.Zei. LQ 130-na
Hausapp. 37
Ihre Nachr.
vom   03.8.87

Frau ▬▬▬▬▬

Lauter
9406

Ihre Eingabe Toilettenpapier

In Beantwortung Ihrer Eingabe teilen wir Ihnen folgendes mit:

Im Rahmen eines Ministerratsbeschlusses erfolgte die Rekonstruktion
unserer Papiermaschine von Schreib- und Druckpapier auf Toiletten-
rohpapier. Gleichzeitig erfolgte der Aufbau einer maschinellen
Konfektionierstraße.

Nach Inbetriebnahme wurde unsere konfektionierte Rolle mit 38 m
zu einem Endverbraucherpreis von 0,40 M verkauft. In diesem Zusammenhang liegen dem Preisantrag gegenüber dem Amt für Preise umfangreiche Kalkulationen zugrunde, auf deren Basis die Preisbestätigung erfolgte. Diese 38-m-Rolle hat bei 10 cm Rollenbreite 3,8 m^2.
Im Rahmen ökonomischer Forderungen, wie Transportraumeinsparungen,
Einsparungen von Grundmaterial generell, erfolgte die Umstellung
der Technologie auf 48-m-Rolle. Diese 48-m-Rollen entsprechen einer
Erhöhung gegenüber der 38-m-Rolle um 25 %. Da dem Verbraucher in
diesem Zusammenhang 25 % mehr Ware bereitgestellt wird, wurde ebenfalls der EVP um 25 % auf 0,50 M pro Rolle verändert.

Bei uns in der Republik werden drei verschiedene Preisstufen bei
Toilettenpapier produziert. Dabei handelt es sich um eine Rolle mit
ca. 29 m zu einem EVP von 0,20 M, um eine 38-m-Rolle zu einem EVP
von 0,30 M (ungefärbt) und um eine 48-m-Rolle banderoliert und gefärbt sowie geprägt zu 0,50 M/Rolle.

In Bezug auf die Qualität teilen wir Ihnen mit, daß unsere Produktionskollektive nach der TGL 28977 produzieren, in der die geforderten Gebrauchseigenschaften exakt festgelegt sind. Wir sind aber
weiterhin bemüht, eine Verbesserung der Gebrauchseigenschaften
durch Veränderung der Produktionstechnologie zu erreichen.

                              R o t h
                              Leiter TKO

»Im Rahmen eines Ministerratsbeschlusses erfolgte die Rekonstruktion
unserer Papiermaschine von Schreib- und Druckpapier auf Toilettenpapier.«

EVP von 0,30 M (ungefärbt) und um eine 48-m-Rolle banderoliert und gefärbt sowie geprägt zu 0,50 M/Rolle.

In Bezug auf die Qualität teilen wir Ihnen mit, daß unsere Produktionskollektive nach der TGL 28977 produzieren, in der die geforderten Gebrauchseigenschaften exakt festgelegt sind. Wir sind aber weiterhin bemüht, eine Verbesserung der Gebrauchseigenschaften durch Veränderung der Produktionstechnologie zu erreichen.

HATTE MEINE FAMILIE DAS GLÜCK

Gerhard Priess • *Nelkanitz, den 14. April 1989*

Wertes Prismakollektiv!

Am 08.02.1989 hatte meine Familie das Glück, nach einer Wartezeit von 15 ½ Jahren (Bestelldatum 16.10.1973) einen Wartburg 1,3 käuflich zu erwerben.

Frohen Mut' ging es auf nach Leipzig zum Autovertrieb. Nach einer Wartezeit von 4 Stunden wurde uns ein Auto, Wartburg 1,3, vorgestellt. Mit den Worten: »Das ist Ihr Fahrzeug, schauen Sie sich es an, inzwischen mache ich die Papiere fertig!« war das Problem des »Autokaufes« erledigt.

Ich persönlich konnte in der Verkaufshalle keine Fehler am Fahrzeug erkennen, denn die Zeit war knapp, es warteten ja noch viele Käufer auf ihre Autos. Also muß so ein Autokauf schließlich, aber für uns unerklärlich, schnell vonstatten gehen.

Nun die Probefahrt. Sie verlief ohne Probleme. Danach machte uns der Verkäufer aufmerksam, daß nur 2 l Kraftstoff im Tank sind, und das ich an der Tankstelle den Ölstand im Motor überprüfen sollte, es wäre »manchmal« etwas wenig Öl drauf. Und das Ergebnis? Es fehlte genau 1 l Öl. Für mich und meine Familie waren es 10,00 Mark!

Ich bin der Meinung, daß, wenn ein Fahrzeug ausgeliefert wird, der Ölstand stimmen sollte und auch der Tank gefüllt sein müßte.

Gehört so etwas nicht zum Service? Warum wird ein Kunde mit solchen Sachen belastet?

Bei 1.000 Fahrzeugen sind das 1.000 l Öl, sprich 10.000,00 Mark, bei 3.000 Fahrzeugen sind das 30.000,00 Mark. Also ein Wartburg gratis für das Autowerk Eisenach!

Aber dem noch nicht genug.

Unser Auto hatten wir nun in unserem Besitz. In dem Autovertrieb Leipzig befindet sich eine Autozubehörverkaufsstelle. Könnte es nicht möglich sein, daß für ein neues und teures Auto auch Schonbezüge (aber nicht gerade nur in weiß) und Radkappen zum Verkauf zur Verfügung gestellt werden?

Wo bekommen wir nun Schonbezüge nach unserem Geschmack und Radkappen her? Sollen wir erst nach Berlin fahren? Wenn wir vom Dorf wegen jeder Kleinigkeit nach Berlin fahren sollen, reicht unser 18tägiger Jahresurlaub einfach nicht zu.

Das war nur als Einführung. Das eigentliche Übel beginnt erst jetzt. Auf der Heimfahrt von Leipzig blies mir von der Seitenlüftung die Luft direkt ins Gesicht. Also, verkehrte Einstellung. Durch Drehen der Belüftungsfächer wollte ich die richtige Einstellung erreichen. Beide Fächer fielen nach innen. Diesen kleinen Fehler beseitigte ich zu Hause selbst.

Mittwochs hatten wir das Fahrzeug geholt, Freitag, Sonnabend und Sonntag sind wir gefahren. Alles war soweit in Ordnung. Montag früh sollte wieder mit dem Wartburg gefahren werden, der Anlasser, sprich Magnetschalter, machte nur noch klick. Die Batterie war fast völlig leer. Nach ausgiebiger Fehlersuche bemerkte ich, daß der Ausschalter im Kofferraum verbogen und der Stromkreis nicht unterbrochen war. Also brannte seit Mittwoch, dem Kauftag, das Licht im Kofferraum. Resultat, die Batterie war vollkommen entladen. Die Ursache war, daß der Winkel an der Kofferklappe, welcher diesen Schalter betätigt, zu weit nach innen reichte. Der Winkel wurde nachgebogen und somit dieser Fehler behoben. Bei dieser Aktion stellte ich fest, daß die Arretierung der Kofferklappe (Abklappsperre) nur links funktionierte. Die rechte Seite rastete nicht ein. Diese Sachen wurden nur unter kleinen Fehlern verbucht.

2 Tage später, nach getaner Arbeit, ging es auf einen Besuch zu Verwandten. Auf der Heimfahrt stellte sich starker Regen ein und die Scheibenwischer sollten in Aktion treten. Aber es tat sich nichts. Kein Scheibenwischer bewegte sich. Nach Abstellen des Motors hörte ich, daß sich der Scheibenwischermotor drehte, aber die Scheibenwischerarme bewegten sich nicht. Die Ursache war, daß sich die Mutter von der Scheibenwischerwelle gelöst hatte und das Gestänge baumelte lustig herum. Auch dieser Fehler wurde von mir beseitigt, denn bei starkem Regen kann man ohne Scheibenwischer nicht fahren.

Aber noch nicht genug. Nach einer größeren Fahrt von Nelkanitz (Kreis Döbeln) nach Nordhausen, Gera, Ronneburg, Karl-Marx-Stadt und nach Hause stellte ich fest, daß das Getriebe eigenartige Geräusche von sich gab. Dieses erwog mich, meine Vertragswerkstatt in Nossen aufzusuchen und das Fahrzeug einer genauen Kontrolle zu unterziehen. (Dazu das Fehler- und Mängelverzeichnis im Anhang)

Von meiner Vertragswerkstatt in Nossen wurde ich gut beraten. Es wurde sofort eine Garantiemeldung an das Autowerk Eisenach eingeleitet.

Am 12.4.1989 war nun der Termin, an dem ein Vertreter vom AEW Eisenach nach Nossen kam.

Unser Fahrzeug war leider nicht das einzige, welches größere Fehler aufzuweisen hatte, es waren 5 oder 6 Stück, so genau kann ich das nicht mehr sagen.

Nach einer genauen Einsicht durch den Vertreter vom Autowerk Eisenach, Koll. Erbse, zu meinen Aufzeichnungen und einer Probefahrt zur Feststellung der Mängel, kam es zu einer unschönen Aussprache. Zu dem Problem »Getriebe« gab es keine Einwände. Es soll ein neues Getriebe eingebaut werden, auch die Türen (sie klemmen) sollten neu eingestellt werden. Alles andere, so sagte Koll. Erbse, seien keine Garantiefälle. Auch die Antriebe weisen Mängel auf. Man sagte mir, daß dieses konstruktionsbedingt sei, was ich nach Aufklärung auch verstand. Es ist und bleibt aber ein Konstruktionsfehler!

Das die Dämmatte fehlt, ist was ganz normales, also auch kein Garantiefall! Hier mußte ich mich an die Verkaufsstelle wenden. Nach meinen Einwänden, daß er, Koll. Erbse, Vertreter des Herstellerwerkes wäre und diese Matte werksseitig schon fehlte, antwortete er kurzentschlossen, daß er für solche Sachen nicht kompetent sei. Auch über die Roststellen schaute er hinweg, er gab mir nur die Anweisung, die Bedienungsanleitung zu lesen. Wer tut dies nicht, wenn er ein teures Auto erwirbt.

Aber was soll denn alle Pflege, wenn schon nach 6-8 Wochen aus allen Pfalzen des Wartburgs 1.3 der Rost austritt? Nach meinen Bemerkungen, daß ich und meine Familie für gutes Geld, durch unserer Hände Arbeit, auch gute Ware verlangen kann, bekam ich zur Antwort, daß dieses nicht sein Problem sei und ich dieses Auto ja nicht kaufen brauchte. Auch er sei bereit, mir für den Wartburg 3.1 30.200,00 Mark zu zahlen und das Auto wäre sein eigen! Will dieser Mann noch Geschäfte machen? Muß man sich so eine Frechheit gefallen lassen? Von einem Vertreter eines Volkseigenen Betriebes kann man oder müßte man etwas mehr erwarten und verlangen können.

Nun meine Frage, habe ich nicht das Recht, für mein gutes, schwerverdientes Geld auch gute, qualitätsgerechte Ware zu erwerben?

Warum ist es nicht möglich, daß man alle Waren in guter Qualität herstellen kann? Würde dieser Koll. Erbse auch so ein mangelhaftes Fahrzeug fahren wollen?

Vielleicht wäre es Ihnen möglich, Ihrerseits dieses Problem, Herstellung, Qualität und Quantität im AWE Eisenach, einmal zu untersuchen.

Mit meinem Brief möchte ich einen Anstoß geben, Probleme zu lösen, welche sicherlich nicht nur mich und meine Familie belasten.

Wenn nur im Bereich Nossen 5 bis 6 Wartburgs 1.3 mit größeren Mängeln zur Vorstellung in die Vertragswerkstatt kommen, wieviele müssen es dann in der ganzen Republik sein?

Können wir uns so etwas, besonders jetzt in der Vorzeit der Kommunalwahlen am 7. Mai 1989 leisten? Mit solchen Leistungen in unserer Volkswirtschaft kann man wohl wenige begeistern, was ich und meine Familie sehr bedauere.

Mit freundlichem Gruß,

Im Anhang befindet sich eine zwei Seiten lange Auflistung aller Mängel.

KONSUMKULTUR 3:
VERKAUFSKULTUR

STÜRMTEN DIE BÜRGER DAS GESCHÄFT

Andreas Hergeth • Frankfurt/Oder, den 28. Dezember 1981

Werte Genossen!

Ich habe beim Einkauf zu Weihnachten im HO-Freizeit und Sportartikel in Frankfurt/Oder einen Vorfall erlebt, der die Einkaufsstimmung nur negativ beeinflußte. Mir geht es nicht darum nur etwas zu kritisieren. Vielleicht bietet sich einmal bei der Programmgestaltung an, die von mir geschilderten Einkaufserlebnisse satirisch zu verarbeiten.

Mit sozialistischem Gruß

Niederschrift über persönlich erlebten Vorfall beim Kauf von Gleitschuhen am 21.12.81 im HO-Freizeit Frankfurt/Oder

Mir geht es darum, an Hand dieses Vorfalls darzustellen, wie durch interessenlose Handelstätigkeit negative Bewußtseinsbeeinflussung stattfindet.

Nun konkret:

Seit 14 Tagen wurden die Bürger durch Beschäftigte der Verkaufsstelle HO-Freizeit darüber formiert, daß am 21.12.81 Gleitschuhe verkauft werden. Am 21.12. standen um 14.00 Uhr 100 – 120 Bürger und warteten auf die Öffnung des Geschäftes.

(Meine Meinung dazu: – Ist es notwendig, daß für ein solches Handelsobjekt (Preis 12,50) ein solcher konzentrierter Verkauf organisiert wird?)

Nach Öffnen stürmten die Bürger in das Geschäft. 70 Bürger gingen bis hinten durch und es bildete sich abermals eine erhebliche Konzentration.

Nach geraumer Zeit wurde ein Container herausgeschoben auf den sich nun die 70 Bürger stürzten.

Es gab Geschrei – Gedränge und ein wühlen, denn die Gleitschuhe gab es nur in unterschiedlichen Größen.

Reaktion der Verkäuferin:

Platz da – Tür freimachen – jeder nur 1 Paar kaufen

Günstiger wäre es gewesen, wenn die Verkaufskräfte eine Vorsortierung vorgenommen hätten anstatt unqualifizierte und unhöfliche Äußerungen gegenüber den Bürgern zu äußern.

Die Organisation welche hier vorherrschte war ein organisiertes Chaos!

Noch ein weitere Vorfall:

Es wurden Holzschlitten angeboten. Bürger erkundigten sich ob es nicht auch Glasfiberschlitten gäbe und ob vielleicht welche nach vorn gebracht werden?

Antwort der Verkäuferinnen:

Ja wir haben welche, ab erst müßen diese Holzsschlitten verkauft werden, dann bringen wir die anderen nach vorne.

Der Schluß!

Am Ausgang gab es eine Rolle Verpackungspapier wo jeder Bürger sich sein Teil abreisen mußte.

Auf dem Papier stand:

»Frohes Weihnachtsfest und guten Einkauf«

386

FJo
den 28.12.1981

Fernsehen der DDR
Unterhaltungs-Redaktion
1199 Berlin-Adlershof
Rüdower Chaussee 3

Werte Genossen!

Ich habe beim Einkauf zu Weihnachten im HO-Geschäft und Sporthotel in Frankfurt/Oder einen Vorfall erlebt der die Einkaufsstimmung mir negativ beeinflußte. [...] geht es mir darum mir etwas zu kritisieren. Vielleicht bietet sich einmal bei einer Programmgestaltung an, die von mir geschilderten Einkaufserlebnisse satirisch zu verarbeiten.

Mit sozialistischem Gruß

Stürmten die Bürger das Geschäft

264

»Nach geraumer Zeit wurde ein Container herausgeschoben auf den sich nun die 70 Bürger stürzten.«

Noch ein weiterer Vorfall:

Es wurden Rodelschlitten angeboten.

Bürger erkundigten sich ob es nicht auch Fleischerschlitten gäbe und ob vielleicht welche nach vorn gebracht werden?

Antwort der Verkäuferinnen:

↓

Ja wir haben welche, aber wir müssen diese Rodelschlitten verkauft werden, dann bringen wir die anderen nach vorn

Am Schluß:

Am Ausgang gab es eine Kelle Verordnungspapier wo jeder Bürger sich eine Teil abreisen müßte.

Auf dem Papier stand:

"Frohes Weihnachtsfest und gutes Einkommen"

»Die Organisation welche hier vorherrschte war ein organisiertes Chaos!«

266

DIE KÜHNSTEN TRÄUME ÜBERTROFFEN

Felix Reimer • Görlitz, den 30. Dezember 1985

Liebe Prisma-Redaktion!

Noch im alten Jahr möchte ich Ihnen eine Geschichte mitteilen die wirklich nicht dazu angetan ist in Jubelrufe auszubrechen. Vom Ifa-Verkaufsbüro Görlitz bekam ich nach langjähriger Wartezeit eine Karte, ich solle mir am 18.12.85 zwischen 9h und 11h im Auslieferungslager Großräschen den bestellten Lastenanhänger H 400 abholen.

Was dort zu erleben war, möchte ich Ihnen mitteilen.

Gegen 10.10 h gab ich in Großräschen meine Benachrichtigungskarte ab und damit begann eine Wartezeit, die meine kühnsten Träume weit übertraf.

Das Platzangebot im dortigen Warteraum ist so bemessen, daß mitunter ein Teil der Kunden stehen muß bis wieder jemand von den Sitzenden aufgerufen wird und ein Stuhl frei wird. Muß man zwischendurch mal hinausgehen, wird der Stuhl sofort wieder von einem Wartenden besetzt.

Die Zeit verging. Es wurde 11h, es wurde 12h und mein Mann wurde immer noch nicht aufgerufen. In der Zwischenzeit konnte man durch Unterhaltungen feststellen, daß es den anderen Kunden, egal ob sie ein Auto oder einen Anhänger kaufen möchten, ebenso ergeht. Gegen 12.05h sah man plötzlich einen nagelneuen Lada ohne Nummernschild vollbesetzt mit Verkaufspersonal aus der Halle fahren und die Rolläden der Verkaufshalle schlossen sich. Jedem Normalbürger war jetzt klar, es ist Mittag.

Etwa um 12.40h kam der Lada zurück und es entfaltete sich wieder Verkaufstätigkeit. Gegen 14h endlich wurde mein Mann aufgerufen und ich wurde in die Verkaufsprozedur einbezogen, das fängt an mit der Abgabe des DPA, geht über die Übernahme des Anhängers bis zum eigenhändigen Ziehen des Anhängers aus der Halle und heißt dann wieder warten. Jetzt muß man sich wieder in Geduld üben bis die Papiere ausgefertigt werden und man zur Bezahlung des Anhängers aufgerufen wird.

Da ich in Senftenberg noch einen Termin wahrnehmen wollte, aber nicht mit solch einer langen Wartezeit gerechnet hatte, sprach ich einen Herrn vom Verkaufspersonal an, wo man sich hinwenden könne. Er sagte mir ich solle zur Kasse gehen. Das hatte ich jedoch schon versucht. In der Kasse war wohl noch das Licht an, aber niemand im Raum, denn das konnte man durch die Scheibe in der Tür sehen. Da sagte mir der Herr ich solle eine Tür vorher klopfen. Ich tat das und mußte feststellen, dort saßen vier Frauen bei Kerzenschein und machten gemütlich Kaffeepause und das gegen 14.40h. Endlich gegen 15.10h durfte ich dann an der Kasse meinen Hänger bezahlen, alles weitere wie VP und Versicherung war Minutensache und ich konnte endlich das Verkaufslager verlassen.

Die Beobachtungen die man während der Stunden des Wartens macht sind erwähnenswert, stellen sie doch ein besonderes Erlebnis sozialistischer Verkaufskultur dar.

Ein Kunde hatte ein Zugfahrzeug mit 6 V-Anlage und die 12 V Lampen des Hängers mußten auf 6 V umgerüstet werde. Aber 6 V Sofitten für Kennzeichenbeleuchtung und Schlußleuchten waren keine da und der Kunde wurde so losgeschickt und das gegen 15 h bei schlechtem Wetter und man kann schon sagen, Einbruch der Dunkelheit. Weiterhin ist bei den übergebenen neuen Autos kein Tropfen Wasser in der Scheibenwaschanlage und die Kunden müssen mit Behelfsgefäßen von der Wasserleitung im Bürogang bis zu ihren Autos, die sie eben erworben haben, so lange hin- und herrennen bis die Scheibenwaschanlage gefüllt ist.

Bei einem übergebenen Skoda fehlten drei Schutzkappen für die Radmuttern. Als der Kunde das bemängelte, wurde gesagt, es sind keine mehr da.

Als ich dort einen Weinbrand trinken wollte, da eine ganze Flaschenbatterie am Büfett ausgestellt war, entgegnete man mir eine ganze Flasche könne ich kaufen, Ausschank gibt es nicht.

Man darf an die ökonomische Seite dieser ganzen Angelegenheit überhaupt nicht denken, denn da bekommt man Schwindelgefühle wieviel kostbare Zeit dort durch das Warten der Volkswirtschaft verloren geht. Die Berechnung dafür überlasse ich Ihnen wobei ich noch zu bedenken gebe, daß auch von Zittau nach Großräschen und zurück Leute fahren müssen, um Hänger bzw. Autos zu kaufen.

Für meinen Sohn, der z.Zt. seinen dreijährigen Ehrendienst bei der NVA absolviert und einen Tag seines Urlaubs opferte um den Vater zu fahren, war das auch unbegreiflich.

Ich hoffe, sie werden mein Schreiben nicht beiseite legen. Vielleicht bekomme ich einmal etwas zu hören, daß die Arbeit dieses Kollektivs etwas kundenfreundlicher und rationeller wird. Die vielen Urkunden dazu hängen ja schon in dem schönen Warteraum aus!

Freundliche Grüße

WIE SO OFT MIT SACK UND PACK

Grete Schmidt • Markkleeberg, den 28. März 1989

Eingabe!

Abgabe von Sekundärrohstoffen, sowie Öffnungszeiten bei Wareneingang der Verkaufsstellen in Markkleeberg

Heute wollte ich, wie so oft mit Sack und Pack Altstoffe mit meinem Sohn und mit meiner Tochter in der Sero-Annahmestelle Markkleeberg-Mitte abgeben. Ach, wie so oft stand ich vor verschlossener Tür, der Grund war, wegen Überfüllung geschlossen.

Dies ist mir schon oft so gegangen, deshalb sah ich heute morgen 8.55 Uhr nach, jedoch zu dieser Zeit konnte ich kein Schild erkennen.

Verärgert lief ich mit den Kindern nach Hause und rief auf dem Rathaus »Rat der Stadt Markkleeberg« an. Dort, nachdem ich meine Beschwerde vorbrachte bekam ich zur Antwort Sero wäre nicht in der Lage die Annahmestelle zu räumen und somit müßte sie geschlossen werden, oder ich kann ein LKW versorgen oder gar verkaufen damit die Annahmestelle die Räumung selbst vornehmen könne.

Nun frage ich mich, warum werden dann überhaupt Rohstoffe aufgekauft, wenn wir nicht in der Lage sind, sie weiter zu verarbeiten. Bereits im Kindergarten, sowie in der Schule wird den Kindern über die Wichtigkeit von Rohstoffen/Altstoffen berichtet, aber wie schaut die Wirklichkeit in der DDR aus?

Nun zum 2. Punkt meiner Eingabe. Unser Sohn hat in diesen Jahr am 20.05.89 Jugendweihe. Nun beginnt die Rennerei nach jugendgerechter Bekleidung, eine Hose bekam ich zum Jugendweihesonderverkauf nach einer Wartezeit von 2 ½ Stunden. Die Rennerei geht weiter nach Schuhe. Die Schuhläden ob HO oder Konsum werden bei Wareneingang einen ganzen Vormittag oder Nachmittag geschlossen. Nun bildet sich bei der nächsten Öffnungszeit eine Riesenschlange jedoch neue Schuhmodelle kann man kaum entdecken. Eins sei noch erwehnt, in den Verkaufsstellen sind immer mindestens zwei Verkäuferinnen.

Jedoch hat sich diese Methode in Markleeberg sehr verbreidet einfach den Laden zu schließen bei Wareneingang, an der Ladentür wird irgend ein Zettel ohne Genehmigung befestigt, fertig.

Nun meine Frage dazu:

Wird es in unseren heutigen Tagen wieder gefördert die Schlangen vor unseren Läden zu bilden?? Ich glaubte immer es gehört zur Geschichte, wenn Oma erzählt aber auch hier habe ich mich getäuscht. Kaum Ware im Regal, Riesenschlangen vor dem Laden und sooo freundliches Verkaufspersonal, daß man sich nicht getraut eine Frage zu stellen.

Wird so unsere heutige Zeit bestimmt??

An einer persönlichen Aussprache währe ich nicht interessiert, jedoch an einer Veränderung in den Verkaufsstellen, sowie an einer schriftlichen Stellungsnahme.

TÄGLICH DAMIT ZU RECHNEN

Heike Müller • Altenburg, den 21. April 1989

Betrifft: Eingabe über Ihren sozialistischen Möbelhandel Borna »Einrichtungshaus« gegen die Leiterin der Möbelabteilung

Mitte März waren mein Mann und ich im Einrichtungshaus in Borna. Seit längerer Zeit suchen wir eine Küchenanbauwand mit

Eckteil. Die Verkäuferin war sehr freundlich und teilte uns mit, daß im April die Küche »Ratiomat« mit Eckteil geliefert werden soll. Da wir in Altenburg wohnen, gab sie uns die Telefonnummer und sagte, daß wir täglich ab April anrufen sollen. Das tat ich ca. 14 Tage lang.

Am Montag, dem 17.4.89 gegen 17 Uhr telefonierte ich wieder mit Borna und erhielt die Auskunft, daß noch nichts gekommen ist, aber täglich damit zu rechnen ist. Dienstag, dem 18.4.89 16 Uhr rief ich wieder im Einrichtungshaus an und da wurde mir gesagt, daß die Ratiomat gerade verkauft wird, einige Teile seien aber noch da. Ich fragte sofort nach dem Eckteil, da bekam ich zur Antwort, daß alle Eckteile bereits verkauft sind. Darüber war ich sehr erbost, denn ich kann nur eine Küche mit Eckteil stellen.

Dennoch fuhren wir am Mittwoch früh nach Borna. Denn mir war es unverständlich, warum ich am Montag nicht die Auskunft bekommen habe, daß die Küche eingetroffen ist und ab Dienstag verkauft wird. Darum habe ich ja täglich angerufen.

Von einer Bekannten habe ich dann noch erfahren, daß eine Küche bereits am Montag vor Ladenschluß verkauft wurde (unterm Ladentisch, bei Notwendigkeit kann ich auch Name und Addresse angeben).

Im Einrichtungshaus kam es dann zu einer angeregten Diskussion mit der Leiterin der Möbelabteilung (ich nehme an, daß es die Leiterin war, vorgestellt hat sie sich nicht, meinen Namen hat sie aber aufgeschrieben). Jedenfalls sagte sie mir, daß am Telefon nie gesagt wird, ob etwas eingetroffen ist und wann es verkauft wird. Sie erklärte es mir mit folgendem Beispiel:

Da rufen 20 Mann an und die würden dann alle an dem Tag und der Zeit da sein, aber sie hatten nur 5 Küchen zum Verkauf. Ich konnte mich da nur wundern, warum bekam ich dann die Telefonnummer um täglich anzurufen???

Ich wurde doch von vorn und hinten belogen und »verarscht«, von meinen Unkosten ganz zu schweigen. Jeder weiß ja, daß unsere Versorgungslage nicht die Beste ist und man hat schon für vieles Verständnis, aber hier hört doch wohl der Spaß auf.

Außerdem nannte sie mich egoistisch, weil ich eine Küche käuflich erwerben wollte. Die Frage drängt sich auf, ob die Frau auf dem richtigen Platz steht. Und mit Kundenfreundlichkeit in einem sozialistischen Staat hat das sicher nichts zu tun!

Wäre mir am Montag gesagt worden, daß die Küchen eingetroffen sind, hätte ich wenigstens die Chance gehabt, aber so ...

Unser Eigenheim ist zwar unter vielen Schwierigkeiten fertig, aber ohne Küche kann man doch nicht einziehen. Der Kollegin teilte ich mit, daß ich diese Sache nicht auf sich beruhen lasse und die Antwort war »Ich könnte mich beschweren wo ich will, aber eine Küche bekäme ich dort nie«.

Ich hoffe, daß dieser Vorfall die entsprechende Aufmerksamkeit Ihrerseits bekommt. Ich erwarte Ihre Antwort und auch eine Stellungnahme dieser Kollegin. Außerdem möchte ich Ihnen noch mitteilen, daß gleichzeitig ein Durchschlag an das DDR-Fernsehen Abt. »Prisma« geht.

Mit freundlichem Gruß

KONSUMKULTUR 4:
DIENSTLEISTUNG

WAS MACHEN DIE ABSATZLOSEN

Rainer Posner • Karl-Marx-Stadt, den 12. Januar 1981

Wertes Prisma-Kollektiv!

Ich möchte mich mit einem Problem an Sie wenden, das ich für volkswirtschaftlich untragbar halte und das mir einiger Sendeminuten in Prisma wert scheint.

Jeder Bürger kennt doch langsam die Schlangen vor den Schuhreparaturläden und die endlos langen Reparaturzeiten. Und wenn nicht, dann lernt er sie spätestens zu dem Zeitpunkt kennen, wenn bei seinen eigenen Absätzen die Sohle runter ist.

Jedem Bürger sind die Notwendigkeiten eines umfassenden Leistungsanstieges in unserer Volkswirtschaft, und jedem ist auch die Rolle der Rationalisierung im Produktionsprozeß bekannt. Und damit zurück zu den Absätzen.

Da hat die Industrie (z.B. Bella, Altenburg) die Schuhe so konstruiert, daß die Absätze bei Damenschuhen (Pumps, Stiefel) steckbar und austauschbar sind. Das ist echte Rationalisierung. Aber was macht der Kunde? Er fragt zuerst mal in den Schuhläden nach solchen steckbaren Flecken. Antwort – nie gehabt, gibt es nicht! Und bei den Handwerkern? Die schneiden die alten Absätze ab, kleben und nageln einen neuen Gummiflecken darunter, – immer nach der altbewährten Methode! Die Steckabsätze bekommen ja nicht mal sie. Sonst könnten sie ja in die Lage versetzt werden, die Reparaturzeiten mal wieder abzubauen.

Und auf eine spezielle Eingabe an den Werkleiter von bella-Altenburg zu diesem Thema bekam ich überhaupt keine Antwort, nur zwei Paar Ersatz-Steckabsätze, mit freundlichen Grüßen. Mir war damit sehr geholfen, aber den vielen anderen Absatzlosen?

Soweit mein Problem, vielleicht finden Sie es Prisma-würdig.

Ich verbleibe mit freundlichen Grüßen,

LIEF DIE MASCHINE EINWANDFREI

Stephan-Wolfram Großmeier • Lugau, den 1. Februar 1981

Verehrte Genossen!

Nach langen Zögern hab ich mich entschlossen, Ihnen einen Fall Kundendienst wie er nicht sein soll zu berichten und ich würde mich sehr freuen wenn Sie folgendes in Ihr Arbeitsprogramm aufnehmen Kundendienst wie er nicht sein soll.

Am 8.8.1980 gab ich meine Wäscheschleuder Fabrikat ERMAFA in die Reparatur-Annahmestelle der Elektro PGH siebenter Oktober in Lugau Flockenstr. No. 64 mit dem Hinweis Kurzschluß. Nach drei Tagen erhielt ich den Bescheid Maschine abholen, wird nicht mehr repariert. Nach Abholung bat ich einen Elektriker aus der Nachbarschaft mir behilflich zu sein und siehe da, nachdem der Stecker erneuert und Schalter gereinigt (1 Stunde Arbeitszeit) lief die Maschine einwandfrei. Nun frage ich den Leiter der PGH was sagt er zu dem Handeln seiner Mitarbeiter?

Es ist doch höchst unögonomisch wenn man wegen einen defekten Stecker die ganze Schleuder (500 M.) auf den Schrotthaufen schmeißt und dann wenn es gut geht 2-3 Jahre sich bemühen muß um eine Neue zu erlangen. Ich erwarte eine Stellungnahme von den Leiter der PGH.

Das ist genau der Text den ich an die Redaktion der Freien Presse Stollberg/Erzgebirge brachte um zu veröffentlichen. Da aber die Redaktion wie mir scheint nur Kritiken mit der Genehmigung des Kreises veröffentlichen darf, sagte mir der Redakteur ich bekomme Bescheid. Wir haben uns mit dem Leiter der PGH Elektro in Thalheim in Verbindung gesetzt und erwarten seine Stellungnahme. Als ich nach 5 Wochen immer noch keine Nachricht erhielt bin ich wieder in die Redaktion Freie Presse dort mußte ich feststellen, daß der Redakteur die Elektro PGH gar nicht fragte indem er sagte, die Maschine ist über das Alter hinaus und es gibt dazu keine Ersatzteile. Somit war meine Bemühung meinen Artikel zu veröffentlichen nicht mehr aktuell, der wirklich vielen Bürgern denen es ebenso erging zugesprochen hätte.

Mir ging es nur um die Handlungsweise der PGH daß nicht einmal nach den Fehler gesucht wurde und die Maschine gar nicht erst angenommen wurde.

Das wäre derselbe Fall. Ich besitze einen PKW Skoda 1000 MB Baujahr 1969 also über 10 Jahre. Wenn die Bremse oder Hupe nicht mehr funktioniert, muß ich das Auto auf den Schrott fahren, da ich mit schlechter Bremse nicht fahren darf. Wo bleibt da die Ökonomie? von der man immer in der Zeitung liest? Gilt das nur für Betriebe? Ich denke doch daß eine KFZ Reparaturwerkstatt Autoreparateure und eine Elektro PGH Elektriker beschäftigt und nicht nur schlechthin Ersatzteileinbaumonteure?

Nachdem die Red. Fr. Presse meinen Vorhaben nicht nachkam ging ich zum Rat des Kreises Stollberg/Erzgebirge Genossen Müller = Leiter. Der gab nicht zu daß die Handlungsweise der Elektro PGH Thalheim nicht in Ordnung ist bemühte sich aber nicht, daß mein Artikel veröffentlicht wird, sondern machte einen Termin zu einer gemeinsamen Aussprache mit dem Leiter der PGH Thalheim und mir im Kreisamt Stollberg aus, der am 19.11.1980 stattfand.

Dort erschien der Leiter der PGH mit einen Brigadier der Abteilung. Nachdem sie das Wort ergriffen und mir die alte Leier von den Ersatzteilen erklärt hatten, wies ich sie darauf hin, daß meine Schleuder ohne Ersatzteile repariert wurde. Darauf bezweifelten sie die Güte der Reparatur und die Sicherheit, was für mich und den Elektriker als eine Drohung galt. Somit wurde der Angeklagte zum Kläger. Dann ging es um die Arbeitszeit die im Falle nach suchen des Defektes und wirklich nicht repariert werden kann, wer die Zeit bezahlen soll. Ich habe ihm den Vorschlag gemacht, den Kunden mit seiner Unterschrift darauf hinzuweisen, daß der Eigentümer des Gerätes die Zeit bezahlen muß und der Betrieb im Falle einer unehrlichen Handlung indem er Kosten berechnet und trotzdem sich nicht bemühte den Fehler abzustellen ebenfalls zur Verantwortung gezogen werden kann.

Nach langen hin und her machte der Genosse vom Rat des Kreises den Vorschlag sich mit dem Betrieb ERMAFA Karl-Marx-Stadt in Verbindung zu setzen zwecks Ersatzteillieferung. Ich betrachte das nur als ein Abweichen meines Vorhabens und weiß schon jetzt was der Betrieb an den Rat des Kreises berichtet. Für mich völlig einleuchtend: Keine Ersatzteile vorhanden, falls er überhaupt verständigt wurde. Ich warte nun seit 18.11.1980.

Um es kurz zu machen: Ich verurteile

P1) Die Handlungsweise der Elektro PGH Thalheim

P2) Die Nichtveröffentlichung meiner Kritik Redaktion Freie Presse Stollberg

P3) Das Beistehen des Rates des Kreises zu den Handlungen von P1 und 2

zu Punkt 2 möchte ich noch hinweisen, daß sehr viele Selbstverständlichkeiten als besonderes Lob in der Freien Presse erscheinen. Z. Bsp. viele Jahre lang ist das Lugauer Bahnhofsgebäude ein Schandfleck für die Stadt. Wurde auch schon von Manfred Ulig in Alte Liebe rostet nicht durch den Kakao gezogen. 1980 hat man sich bemüht das Gebäude zu renovieren. Es wurde aber nur eine Giebelseite renoviert, die anderen 3 Seiten vielleicht in den nächsten 5 Jahren. Aber: – Von dieser einen Seite waren schon 5 Berichte und Fotos in der Freie Presse als besonders lobenswerte Tat erschienen. Oder wenn die LPG Rüben, Heu oder Kartoffeln erntet was doch eine Selbstverständlichkeit ist, davon sind jährlich 10 Fotos mit Lobesartikel zu lesen. Aber um Gottes Willen keine Kritik.

Oder in Lugau wurde eine Eisengießerei zu einer Auto Reparatur Werkstatt umgebaut. Der Bau ging immer langsamer und es haben sich sehr viele Bürger gedacht der Bau ist ganz eingestellt. Eines Tages erschien ein Lobesartikel in der Freien Presse: Der Bau an der Auto Reparatur Werkstatt geht zügig voran. Ich frage den Bürgermeister was er zu diesem Artikel sagt da bekam ich zur Antwort: Ein Lob tut auch Wunder. Diese Antwort kam für mich wie ein Genickschlag und ich mußte feststellen daß ein kleiner gewöhnlich sterbender Rentner mit guten Vorsätzen kein Gehör findet. Ich habe kein Verständnis dafür, daß ich jemanden deren Handlungsweise schlecht ist loben soll um daß er besser wird. Wenn man Allgemeines, Selbstverständliches lobt, das schmälert die Taten des wirklich lobenswerten. Solche Taten wurden auch in einer Rundfunksendung

Gedanken zum Sonntag bekritisiert, welcher ich mit Begeisterung folgte. Dort wurde gesagt, daß man schlechtes bekritisieren und überdurchschnittliches öffentlich loben sollte.

Um aber in mir keinen Volksmeckerer zu sehen, möchte ich Ihnen Einiges zu meiner Person mitteilen: 1913 geboren, Vater Bergmann u. Maurer. Ich erlernte das Schmiedehandwerk 1940-45 Soldat, 1945-49 Gefangenschaft UdSSR. 1949-75 SDAG Wismut Schweißer unter Tage 1947 Eintritt in die Reihen der SED. 6 x Aktivist. Vvk. ZK SED für 20 jährige Tätigkeit der Kampfgruppen. Außer 4 x Aufbaunadel in Gold der nat. Front (je 600) dazu mind. 1000 Stunden zum Bau eines Kinderspielplatzes wo ich 20 verschiedene Spielgeräte allein baute und Material besorgte. Zum Schluß bitte ich Sie, Falls Sie keine Möglichkeit haben die 3 erwähnten Punkte zu bearbeiten, wenigstens eine Antwort zu erhalten. Ein herzliches Dankeschön.

Mit sozialistischem Gruß

ÖKONOMISCHER BLÖDSINN

Arnim-Michael Blau • Dresden, den 11. Januar 1982

Werte Genossen!

Viel wurde durch »PRISMA« schon kritisiert und gelobt. Viel wurde durch »PRISMA« auf den rechten Weg gebracht und auf das richtige Geleis geschoben. Und trotzdem!!!

Immer wieder stößt man auf Dinge bei denen man nur den Kopf schütteln kann weil man es nicht wahrhaben will, daß es sowas nach dem X. Parteitag und nach der Inangriffnahme der Strategie der 80er Jahre noch gibt.

Wenn schon die einfachsten Dinge, die gar nicht der Rede wert wären, nicht gemeistert werden, wie will man dann die komplizierten Dinge anpacken!!

Man sollte auch mal über Dinge reden, die gar nicht der Rede wert sind.

Ich kaufte einen Kurzzeitwecker. Wert 20,- M. Er überstand gerade die Vorführung beim Kauf. Dieses Produkt wird in Dresden beim VEB Feinmechanik, 8029 Dresden, Hölderlinstr. 9 hergestellt. Die Uhrmacher Dresdens lehnen eine Reparatur mit dem Hinweis auf dazu festgelegte Vertragswerkstätten ab. Sie können aber keine nachweisen.

Das HO Geschäft »Uhren« Dresden Altmarkt 12 nimmt die Garantiereparatur an. Hinweis der Annahmekraft: »Sie müssen sich aber lange gedulden, denn wir müssen den Wecker nach Thüringen schicken. In Dresden gibt es keine Reparaturmöglichkeiten.«

Wenn das Effektivität ist?

Ein Gegenstand von 20,- M.

Eine mögliche Reparatur von ca. 30 Minuten. (Das ist schon viel.) Alles andere Verpacken, versenden, auspacken, wieder einpacken, versenden, auspacken, einsortieren, Karten an den Kunden verschicken. Alles benötigte Arbeitskraft und Geld.

Maximale Wartezeit nach Erfahrungswerten 6 – 7 Wochen.

Aber in Dresden wird der Wert von 20,- M produziert. Keine der einschlägigen Leistungen findet einen besseren Weg. Muss das ein Problem sein?

Mir persönlich geht es gar nicht um die Wartezeit. Mir geht es um den ökonomischen Blödsinn der so schlecht in unsere Welt passt. Der Wert des Gegenstandes 20,- M und die Reparatur alles in allen 50,- M.

Man sollte darüber Reden auch über das an sich kleinste Problem, was so klein ist das es manche gar nicht mehr sehen.

Deshalb habe ich Ihnen geschrieben.

Mit freundlichen Grüßen

DAS GIBT ES DOCH NICHT

Emil Kleister • Klostermannsfeld, den 8. Januar 1984

Werte Frau Ebner

Mit Interesse verfolge ich gern Ihre Sendungen (Prisma) und freue mich immer wieder über Ihre konsequente Haltung und Darlegungen zu den entsprechenden Themen. Nun hätte ich auch mal gern Ihre Meinung zu einer entsprechenden Angelegenheit gewußt:

Ich Emil Kleister bin Rentner und im Besitz eines PKW Trabant 601 s. Am 05.08.1983 wurde ich durch den Fahrer eines PKW VW Golf angefahren. Dabei wurde an meinen PKW der linke vordere Kotflügel zerdrückt. Der Schuldige war der »Golffahrer«.

Ich meldete diesen Unfall meiner Versicherung und meiner Vertragswerkstatt. Der Vertragswerkstättenleiter Herr Hempel in Klostermannsfeld konnte mich aber nicht hoffen, da es zur Zeit kein Ersatz gäbe. Wiederholt war ich vorstellig um mein Auto reparieren zu lassen. Am 06.01.1983 war ich abermals diesbezüglich vorstellig, aber immer noch keine Ersatzteile.

4 Wagen stehen in dieser Werkstatt mit gleichen Schäden aber keine Ersatzteile. Ich habe alles versucht auch, anderweitig Ersatzteile zu bekommen, aber alles ohne Erfolg. Das gibt es doch wohl nicht, daß es soetwas nicht gibt, oder wie ist dazu Ihre Meinung Frau Ebner.

Ihre baldige Antwort entgegensehend danke ich im vorraus

DAS GEHT ZU WEIT

Die Renterin Sophie Petermann und die Abgeordnete
Liesbeth Klamann • Neuleben, den 11. Januar 1988

Vor ca. 15 Jahren hat unser ehemaliger Bürgermeister mit dem Dienstleistungskombinat Grevesmühlen eine Vereinbarung getroffen, wonach die Gemeinde Neuleben in die Ambulante Dienstleistungstour mit einbezogen wurde.

1986 wurde diese Dienstleistungstour für uns in Groß Neuleben aufgehoben, als Grund wurde Krafftstoffeinsparung angegeben. Unsere jetzige Bürgermeisterin war der Meinung, daß diese Tour nicht mehr erforderlich sei. Bei dieser Tour handelt es sich mit Hin- und Rückfahrt um insgesamt 2 km. Diese Meinung hat die Bürgermeisterin allerdings ohne Wissen des Rates der Gemeinde vertreten.

Vermerken möchten wir, daß in Groß Neuleben die meisten Rentner wohnen.

Im Sommer 1987 fand beim Rat der Gemeinde eine Frauenversammlung statt, als Gast nahm die Genossin Licht vom Rat des Kreises Abt. Gesundheits- und Sozialwesen teil. Zu den angesprochenen Problemen gehörte auch die Dienstleistungstour. Genossin Licht versprach sich dafür einzusetzen, daß der Dienstleistungswagen wieder fahren sollte. An dem besagten Tag standen sieben Rentner in Groß Neuleben und warteten, leider warteten sie vergebens auf den Wagen. Die Vorsitzende der Nationalen Front führte danach ein Gespräch mit dem Rat des Kreises und erhielt wieder einen ablehnenden Bescheid.

Grund: Krafftstoffeinsparung.

Alle Bürger und besonders wir als Rentner von Groß Neuleben können diese Handlungsweise nicht verstehen. Kraftstoffeinsparung ist eine gute Sache, sie darf aber nicht auf Kosten der Verbesserung der Arbeits- und Lebensbedingungen der Bürger geschehen. Es vereinbart sich auch nicht mit den ganzen sozial-politischen Maßnahmen unserer Partei und Regierung. Wir wenden uns an Sie, in der Hoffnung Verständnis für unser Problem bei Ihnen zu finden. Sie haben doch schon so manche Unzulänglichkeit aufgedeckt. Wir danken Ihnen für Ihre Bemühungen und verbleiben mit den besten Grüßen

Die beiden Damen schreiben noch einmal am 18. August 1988:

Werter Herr Petermann!

Da wir wiederholt vergeblich versucht haben Sie telefonisch zu erreichen wenden wir uns jetzt schriftlich an Sie. Unser großes Problem (Dienstleistungswagen) ist leider immer noch nicht geklärt. Termin war der 31. Mai 1988. Inzwischen sind fast drei Monate vergangen und nichts hat sich geändert. Es wurden zwar Ratssitzungen und Volksvertretersitzungen zu diesem Problem durchgeführt, an denen auch der Kollege Franz, der inzwischen in Rente ging, teilnahm. Von den Ratsmitgliedern und Volksvertretern hat er sich harte Worte anhören müssen, alle vertreten den Standtpunkt, der Dienstleistungswagen kann wieder nach Groß-Neuleben fahren. Die Übernahme durch LPG- oder Privatfahrzeuge wäre keine Lösung für unsere Bürger. Eindeutig wurde dem Kollegen Franz gesagt, für den Kraftstoff der zu diesem Problem schon verfahren wurde, könne der Dienstleistungswagen 10 Jahre fahren.

Wie wir nun von unserer Bürgermeisterin erfuhren, ist die Sache für den Rat des Kreises abgeschlossen. Die Gemeinde soll sich um eine Lösung bemühen. Da von dieser Seite keine Lösung in Aussicht ist, wenden wir uns noch einmal an Sie. Es wäre gut, wenn wir noch einmal Rücksprache nehmen könnten, inzwischen ist so einiges vorgefallen, das mündlich besser zu klären wäre.

In der Hoffnung von Ihnen zu hören oder Sie noch mal zu sehen verbleiben mit den herzlichsten Grüßen

Es antwortet schließlich der Vorsitzende des Rat des Kreises Grevesmühlen am 5. Oktober 1988

Werter Genosse Kiesel!

Am 04.10.1988 war ich in der Gemeinde Neuleben und habe mit beiden Bürgerinnen das Gespräch zu der mir übergebenen Eingabe geführt. An der Aussprache haben die Bürgermeisterin, Genossin Hebe, und das Ratsmitglied für ÖVW des Rates des Kreises, Kollege Schuster, teilgenommen.

Es stimmt, daß nach der Prismasendung für das Dorf Groß Neuleben keine Veränderung eingetreten ist. Obwohl wir uns intensiv bemüht haben aus der Gemeinde heraus eine Lösung zu finden, ist das aus den verschiedensten Gründen dem Kollegen Franz nicht gelungen. Wie ist die Lage? Bei uns ist jede Gemeinde zumindest einmal durch eine stationäre oder ambulante Annahmestelle an das Dienstleistungsnetz angeschlossen, die Gemeinde Neuleben durch eine ambulante Annahmestelle mit dem Haltepunkt in Klein Neuleben, (Entfernung von Groß Neuleben bis Klein Neuleben 1,2 km). Groß Neuleben wurde bis 1983 auch angefahren.

Da wir aber erheblich die VK-Fonds reduzieren mußten, waren wir gezwungen, die Tourenpläne zu ändern und einige Dörfer herauszunehmen. Das waren im Kreis 24 Dörfer. Das volkswirtschaftlich Machbare mußte mit dem Zumutbaren für die Bürger in Übereinstimmung gebracht werden. Das ist uns auch überall im wesentlichen gelungen.

Einige Groß Neulebener Bürger sind besonderes deshalb verärgert, da in der Tat mit ihnen diese Problematik ungenügend beraten wurde. Persönlich erhielt ich davon auch erst durch Genossen Petermann Kenntnis.

In der Aussprache mit den Bürgerinnen sind wir so verblieben, daß nach wie vor eine Lösung mit Unterstützung der Gemeinde gefunden werden muß. Daran wird weiter gearbeitet. Wir werden dazu am 19.10.1988 und am 27.11.1988 mit den Einwohnern und Gemeindevertretern zu einer Lösung kommen.

Betrachte deshalb mein Schreiben als Zwischenbescheid. Ich werde Dich abschließend bis 01.12.1988 entsprechend informieren.

Als Anlage übersende ich Dir zur persönlichen Information eine Übersicht zur Gemeinde Neuleben. Sie soll Auskunft geben, daß diese Gemeinde nicht vergessen wurde.

Von damals Klein und Groß Mist (so hießen die Gemeinden) ist in der Tat seit der sozialistischen Umgestaltung auf dem Lande eine schöne Gemeinde Neuleben entstanden.

Mit sozialistischem Gruß

Schwanitz
Gemeinde Neuleben
Einwohner insgesamt: 262 ...
Haushalte 98
Durchschnittsalter 37,1 ...
Kommunale Einrichtungen der Gemeinde:
– Konsumverkaufsstelle WtB Kl. Neuleben geöffnet: Mo-Fr

- Kommissionsgaststätte Boitin Restdorf m. Saal (3 km) geöffnet:
  Mi – So 16.00 – 22.00 Uhr
- Friseurstube geöffnet: Do 7.30 – 16.30
  (auf Wunsch auch nach 16.30)
- ambulantes Fahrzeug VEB »Ideal«
  (Reparaturen und Dienstleistungen) 14 tägig jeden Mi
- ambulante Fischversorgung jede Woche Do
- Hausmüllentsorgung 14 tägig Mi
- Fahrradreparaturen in Kl. Neuleben und Boitin Restdorf
  alle 14 Tage Fr
- Schülerverkehr täglich nach Lüdersdorf
- Werkverkehr LPG (T) u. LPG (P) nach Notwendigkeit
- Linienverkehr 3 x am Tag nach Lüdersdorf,
  3 x am Tag nach Schönberg (außer Sa und So)
- Arztsprechzimmer jede Woche Do Arztsprechstunde
- Mütterberatungsstelle
- Jugendzimmer vorhanden
- Raum für Veranstaltungen gesellschaftlicher Organisationen
  vorhanden

FÜR IHREN PAPIERKORB

Hans Gebert • Ingenieur • Dresden, den 25. August 1989

Werte Koll. der Redaktion!

Anbei übergebe ich Ihnen ein Exemplar einer von mir verfaßten Eingabe an das Ministerium für Verkehrs- und Nachrichtenwesen sowie das Ministerium für allgemeinen Maschinen-, Landmaschinen- und Fahrzeugbau zu Ihrer Verfügung bzw., sollte die angesprochene Problematik zu heiß sein, für Ihren Papierkorb.

Machen Sie was draus!

Vielleicht einen satirisch-humoristischen Beitrag (wenn's auch weh tut).

Oder eine gezielte jurnalistische Recherche der Situation auf dem Gebiet der KfZ-Instandsetzung im Bezirk Dresden.

Oder eine »prismatische« Sendung, die versucht, die Ursachen für diese unbeschreiblichen Zustände aufzudecken.

Ich bin mir völlig sicher, daß von den 2.3 Millionen Autobesitzern in unserem Land mehr als 90% ebenfalls an derartigen Untersuchungen und Beiträgen interessiert sind.

Für weitere Auskünfte stehe ich Ihnen gern zur Verfügung.

Hochachtungsvoll

EINGABE

Nachdem ich innerhalb eines halben Jahres bereits 3 mal mehr oder weniger große Schwierigkeiten mit der Instandsetzung meines 1988 gebraucht gekauften PKW Trabant hatte, und ich weder gewillt noch aufgrund meiner politischen Überzeugung und beruflichen Belastung dazu in der Lage bin, diesen Zustand weiter kommentar- und kritiklos zu dulden. wende ich mich mit dieser *Eingabe* direkt an die zuständigen Ministerien (Eine Eingabe mit gleichem Wortlaut habe ich auch an das Ministerium für Verkehrs- und Nachrichtenwesen gerichtet!) mit der Bitte, mir verschiedene Zusammenhänge zu erklären, die mir trotz meiner Bildung und Qualifizierung (Dr.-Ing. auf dem Gebiet der Landmaschinenkonstruktion/Instandhaltung), meiner politischen Organisation (Mitglied der SED) und der täglichen Information in der Tages- und Fachpresse unerklärlich sind.

Zum Gegenstand meiner Kritik:

1. Im gesamten Monat März 1989 versuchte ich vergebens, für meinen im Mai 1988 gebraucht gekauften PKW Trabant in Dresden eine Werkstatt zu finden, die sich bereit erklärt, die Betreuung des Fahrzeuges zu übernehmen. Dabei wurden telefonisch bzw. durch persönliche Vorsprache die folgenden Werkstätten angesprochen, die alle als Vertragswerkstätten des Automobilwerkes Zwickau im Branchen-Fernsprechbuch des Bezirkes angegeben sind. (Es folgen 12 Adressen.) Keine dieser Werkstätten erklärte sich bereit, die Betreuung des Fahrzeuges zu übernehmen, wohl wissend, daß sie damit vorsätzlich gegen den mit dem Automobilwerk abgeschlossenen Werkstättenvertrag verstoßen. Die dabei benutzten Ausflüchte, so-

fern sich die Werkstätten überhaupt dazu herabließen, Gründe für ihre ablehnende Haltung zu nennen, sind:

1. völlige Überlastung, nicht einmal Neufahrzeuge werden aufgenommen
2. fehlendes Personal, Schlosser bei Armee usw.
3. fehlende Ersatzteile (Firma Rausch: »Ich habe 1988 30 Bremsbacken bekommen. In Ihrem Fahrzeug sind 8. Da können Sie sich ausrechnen, wie weit ich damit reiche!«)

In einem Telefongespräch, daß ich daraufhin im März mit dem Zuständigen des Rates des Bezirkes ... führte, wurde mir bestätigt, daß diese Praktiken bekannt sind und daß die entsprechenden Organe diesen Machenschaften ebenso hilflos gegenüber stehen. Es gibt zwar das Recht für mich, in jeder Vertragswerkstatt einen z.B. Durchsichtstermin zu erzwingen, aber die Folgen einer solchen Vorgehensweise können bereits im voraus abgesehen werden (die Zulassung wird von der Werkstatt einbezogen, da ein ganz bestimmtes Ersatzteil nicht am Lager ist).

Damit ist es aus meiner Sicht völlig sinnlos, sowohl die entsprechenden Örtlichen Organe als auch unsere gewählten Volksvertreter (der Vorsitzende der PGH Süd, Koll. Gimpel, kandidierte bei den Kommunalwahlen und trat in Vorbereitung diese Wahlen mit einem Artikel in der »Sächsischen Zeitung« auf, in dem er zwar seine Bereitschaft erklärte, im Einzelfall möglichst vielen Kunden behilflich sein zu wollen, aber auch unumwunden eingestand, daß ungenügende Ersatzteillie-ferungen eine ständige Bremse sind) zu bemühen, da sie zwar im Einzelfall u.U. bei der Lösung eines Problems behilflich sein könne, man aber damit weder das Problem an sich löst, noch gewährleisten kann, daß sich derartige Fälle nicht wiederholen.

2. Im Mai / Juni 1989 wollte ich mit meiner Familie (2 kleine Kinder, 2 und 4 Jahre) zu meinen Schwiegereltern nach Cottbus. Kurz vor Ruhland riß das Rohr vom Vorschalldämpfer. Ohne Auspuffanlage fuhr ich bis nach Senftenberg, wo mir der Meister der bereitschafthabenden Werkstatt mit echten Bedauern mitteilte, daß er mir den Vorschalldämpfer zwar liebend gern wechseln würde, aber

leider sind schon mehrere Monate keine Vorschalldämpfer geliefert worden. Ohne Auspuff fuhr ich bis ins KIB in Cottbus, wo ich glücklicherweise einen neuen Vorschalldämpfer bekam.

3. Da ich am 28.8.1989 an die Ostsee in Urlaub fahren will, unterzog ich mein Fahrzeug einer gründlichen Inspektion und stellte dabei fest, daß das rechte vordere Radlager oder die Radnabe ausgeschlagen sind. Da mir das Risiko zu groß erschien, mit diesem Schaden bis an die Ostsee zu fahren, und ich im Autoreparaturwerk einen Durchsichtstermin erst für Oktober binden konnte, versuchte ich mein Glück in der Schnellreparatur des Autoreparaturwerkes am Morgen des 23.08.89.

4.30 Uhr angekommen, war ich fast der letzte Kunde, der sein Anliegen dem Meister unterbreiten durfte! Verständnisvoll teilte mir der Meister mit, daß er das Radlager sofort wechseln läßt, vorausgesetzt, daß ich den dafür benötigten Radsimmerring (Radial-Wellendichtring) bereitstelle, da im ganzen Autoreparaturwerk keine vorrätig sind.

Diese Aussage des Meisters war der Auslöser dafür, diese schon lange beabsichtigte Eingabe zu verfassen. In Vorbereitung der Eingabe versuchte ich (zumindest für mich) ein wenig Licht in das Dunkel der Kompetenzen und Verantwortlichkeiten in diesen angeführten Fällen zu bringen. Zu meiner eigenen Schande muß ich gestehen, daß mir weder der Koll. Klaue (Abt. Kfz.-Instandsetzung beim Rat des Bezirkes), noch der Koll. Esser (Direktor für Instandsetzung im Verkehrskombinat) und auch nicht der Koll. Kunz (Direktor für Kundendienst und Ersatzteilwirtschaft des IFA-Kombinates) bis ins letzte Detail verständlich erklären konnten, wer eigentlich für diese Mißstände zuständig ist und an welches Ministerium ich mich mit meiner Beschwerde wenden muß.

Aber das kann doch nicht sein!

Oder resultiert dieser Zustand etwa doch daraus, daß hier leitungsmäßig etwas nicht stimmt, daß Kompetenzen und Verantwortlichkeiten zweier Ministerien nicht klar und exakt getrennt sind. Wieso eigentlich zwei Ministerien für ein Problem? Wo liegen die Ursachen für diese Schlamperei? Wer wird dafür zur Rechenschaft gezogen?

Es kann doch nicht angehen, daß man in Zwickau 25 Jahre und länger das gleiche Auto baut (Abgesehen von einigen Schönheitskorrekturen, die noch lange nicht dazu führten, daß der internationale Stand auch nur annähernd gestreift wird!), und immer noch nicht weiß, welcher Ersatzteilbedarf existiert. Für dieses Problem der Ersatzteilplanung gibt es zahlreiche wissenschaftlich begründete Modelle, die es sich lohnen würden, einmal anzuschauen. Ist man sich im zuständigen Ministerium darüber bewußt, welcher politischer Schaden unter den unbefriedigten Autofahrern angerichtet wird?

Hat man sich schon einmal die Gespräche der in der Schlange vor oder im Autohaus auf der Thälmannstraße in Dresden anstehenden Autofahrer angehört? Wem diese Leute, die zumeist vergeblich warten, die Schuld geben für diese Misere?

Ist es bekannt, daß zu jeder Tageszeit, wenn man das Geschäft betritt, mindestens 10-20% der Anwesenden in Arbeitskleidung (zumeist Schlosseranzug) in der Schlange stehen (ganz zu schweigen von den anderen Berufsgruppen, die man nicht an ihrer Kleidung erkennt), wie viele ihre Ersatzteilprobleme während der Arbeitszeit lösen und auch z. T. lösen müssen, da nach Feierabend das Angebot noch schlechter ist?

Bei dieser kleinen Auswahl von Fragen, die mich in diesem Zusammenhang bewegen, möchte ich es bewenden lassen. Sicherlich hätte man noch mehr Aspekte beleuchten können. Ich bitte Sie nicht um die Lösung meines momentanen Problems (mittlerweile habe ich mir einen Simmerring besorgt), mir geht es vielmehr um eine sachkundige Antwort auf meine Fragen, da man von mir, als Dr.-Ing. und Genosse, Antwort auf derartige Fragen erwartet, und was mir persönlich noch wichtiger ist, um eine baldige spürbare Verbesserung der angespannten Situation auf dem gesamten Sektor der Kfz-Instandsetzung.

Mit sozialistischem Gruß

KONSUMKULTUR 5:
ERHOLUNGSWESEN

HALB GAR GEKOCHTE BROILER

Erika und Bernd Hunger • Gera, den 9. Januar 1986

Liebe Redaktion Prisma!

Vom 27.12.85 – 02.01.86 hatten wir zusammen mit unserem Sohn eine Jugendtouristreise nach Erfurt in das neu errichtete JT-Hotel »Völkerfreundschaft« gebucht.

Voller Freude und Erwartungen traten wir unsere Reise an, es war unsere erste und noch dazu eine Silvesterreise, die wir über Jugendtourist gebucht haben. Beeindruckt waren wir von der großzügigen Bauweise und der modernen Ausstattung.

Aber entsetzt waren wir, als wir unsere Zimmer betraten.

Zuerst mußten wir mit Zellstofftaschentüchern den Schrank auswischen, damit wir überhaupt unsere Sachen verstauen konnten. Eine Kleiderstange, deren Fehlen wir meldeten, wurde uns bis zur Abreise nicht nachgereicht.

Schmutzig war auch der Fußboden. Große Staubflocken und feiner Sand waren unsere Mitbewohner. Wir waren genötigt, uns von der Rezeption Besen und Schaufel zu holen. Während der ganzen Woche sahen wir keine Reinigungskraft.

Im Bad waren keine Haken angebracht, so daß uns Heizung und Rohre als Handtuchhalter dienten.

Nach 7-tägiger Benutzung von Waschbecken und Toilette wurden natürlich auch hier Spuren sichtbar – trotz aller Vorsicht. Ein Lappen und eine Toilettenbürste wären angebracht, um selbst Abhilfe und Sauberkeit schaffen zu können.

Auch was zu den Mahlzeiten geboten wurde, entsprach nicht unseren Vorstellungen, denn die Qualität des Essens ließ sehr zu wünschen übrig (z. Teil versalzen, angebrannt, nur halb gar gekochte Broiler).

Ständig wurde unsere Reisegruppe an andere Tische plaziert. Sicher hätte doch hier ein fester Plan Abhilfe schaffen können. Unsere Getränke bekamen wir meist erst, wenn wir schon fertig waren mit dem Frühstück oder Abendbrot. Gutgemeinte und auch sachlich angebrachte Hinweise zur Verbesserung der Organisation wurden aber leider sehr unhöflich und mit frechen Bemerkungen quittiert.

Ein ganz dickes Lob allerdings gebührt den Organisatoren, Mitwirkenden und allen Helfern der Silvesterfeier. Da klappte alles prima, auch die Köche haben bewiesen, daß sie mehr können, als sie an den vorherigen Tagen geboten haben.

Wir haben gesehen, daß in diesem Haus ein absoluter Personalmangel herrscht und deshalb auch viel Verständnis und Geduld gezeigt. Wir sind aber nicht der Meinung und finden es nicht in Ordnung, daß das auf Kosten der Gäste geht, vor allem der Jugendreisegruppen.

Wir bitten Sie, sich dieser Sache einmal anzunehmen.

AUCH SILVESTER GENANNT

Erwin Zipser • Gera, den 1. Januar 1988

Bericht ueber eine Reisebusfahrt am Silvesterabend des Jahres 1987

Am 31.12.1987, auch Silvester genannt, unternahmen meine Frau und ich, ein mit uns befreundetes Ehepaar sowie weitere 42 Mitbuerger der naeheren und weiteren Umgebung von Gera eine durch das Reisebuero der DDR, Zweigstelle Gera, vermittelte Fahrt zur Silvesterfeier in das Hotel »Kurpark« in Bad Koesen.

Die Karten zu dieser Reisebuerofahrt zum Preise von 64,40M pro Person mussten durch ein mehrstuendiges Anstehen im November 1987 erstanden werden. Die meisten Mitreisenden mussten dafuer einen Tag Urlaub verwenden. Als glueckliche Besitzer einer Reisebuerobuchung zu einer Silvesterfeier begaben wir uns um am 31.12.87 um 17.00 Uhr zum Busbahnhof Gera, wo die Abfahrt erfolgte. In Erwartung einer gemuetlichen und schoenen Feier, verbunden mit einem ansprechenden Abendessen und gepflegten Getraenken konnte man schon darueber-hinwegsehen dass fuer die 46 Fahrgaeste im Bus nur 44 Plaetze vorhanden waren. Wer konnte auch zu diesem Zeitpunkt schon ahnen, dass es fuer unsere Reisegruppe nicht der erwartete, stimmungsvolle, aergerfreie Jahres-

Fernsehen der DDR,   Gera, den 1.1.1988
Redaktion Prisma,
Berlin-Adlershof   ≟ 167
1199

Bericht ueber eine Reisebueroausfahrt am Silvesterabend
        des Jahres 1987
===

Am 31.12.1987, auch Silvester genannt, unternahmen meine
Frau und ich, ein mit uns befreundetes Ehepaar sowie weitere
42 Mitbuerger der naeheren und weiteren Umgebung von Gera
eine durch das Reisebuero der DDR, Zweigstelle Gera,
vermittelte Fahrt zur Silvesterfeier in das Hotel "Kurpark"
in Bad Koesen.
Die Karten zu dieser Reisebuerofahrt zum Preise von 64,40M
pro Person mussten durch ein mehrstuendiges Anstehen im
November 1987 erstanden werden. Die meisten Mitreisenden
mussten dafuer einen Tag Urlaub verwenden.
Als glueckliche Besitzer einer Reisebuerobuchung zu einer
Silvesterfeier begaben wir uns um am 31.12,87 um 17.00 Uhr
zum Busbahnhof Gera, wo die Abfahrt erfolgte.
In   Erwartung einer gemuetlichen und schoenen   Feier,
verbunden mit einem ansprechenden Abendessen und gepflegten
Getraenken konnte man schon darueber hinwegsehen, dass fuer
die 46 Fahrgaeste im Bus nur 44 Plaetze vorhanden waren. Wer
konnte auch zu diesem Zeitpunkt schon ahnen, dass es fuer
unsere Reisegruppe nicht der erwartete, stimmungsvolle,
aergerfreie Jahresausklang werden sollte.
Im Bus wurden wir von der Reiseleiterin ueber die
Einzelheiten, wie Abendessen, Getraenke, spaeter Imbiss,
Unterhaltungsprogramm und Rueckfahrt informiert. Nach einer
Fahrzeit von 1,5 Stunden langten wir im "Kurpark" Bad Koesen
an.
Doch   welches Erschrecken,   als wir nach   laengerem
Raetselraten und Warten, aus dem Mund unserer Reiseleiterin
vernehmen mussten, dass fuer uns kein Platz zur Verfuegung
steht und das vom Reisebuero Gera keine Anmeldung bzw.
Vertrag vorliegt, eine zusaetzliche Unterbringung in dieser
oder einer anderen Gaststaette der Umgebung auch nicht
moeglich ist.
Ein jeder kann sich vorstellen, mit welchen Gefuehlen und
Groll wir unsere Garderobe wieder in Empfang genommen haben
und in den Bus eingestiegen sind, denn es stand uns ein
Silvesterabend, der nicht unseren Vorstellungen entsprach,
bevor.
Die   Rueckfahrt nach Gera verlief in sehr gedrueckter
Stimmung, denn ein jeder wusste, was auf ihn zukam. Eine
Silvesterfeier zu Hause, ohne Vorbereitung, meist ohne ein
geeignetes,   auf   jeden Fall aber spaetes Abendessen,
hoechstwahrscheinlich keine Getraenke im Haus, Sekt zum
Anstossen um Mitternacht auch nicht.
So hatte sich diesen Abend wohl keiner der Reisegruppe
vorgestellt. Immer wieder tauchte im Bus die Frage auf, ob
man so mit Menschen, die das alte Jahr gluecklich
beschliessen   wollten,   umgehen kann.   Wo waren die
Verantwortlichen, die diese Schuld auf sich geladen haben?
Sicherlich zu einer besseren Silvesterfeier.

»Wer konnte auch zu diesem Zeitpunkt schon ahnen, dass es fuer unsere
Reisegruppe nicht der erwartete, stimmungsvolle, aergerfreie Jahresausklang
werden sollte.«

21.30 Uhr war unsere Reise in Gera beendet. Versuche, in Gera in einer Gaststaette den Jahresausklang wuerdig zu begehen, z.B. im Haus der Kultur, scheiterten ebenfalls. So sind dann alle 46 Reiseteilnehmer in verschiedenen Richtungen auseinandergelaufen, mit der stillen Frage, wie dieser Abend und das alte Jahr noch wuerdevoll zu beenden ist. Eines blieb allen, die Hoffnung, dass das neue Jahr besser beginnen muss als das alte endete.
Fuer alle, die diese Reisebueroausfahrt, immerhin 4 Stunden im Bus, mitgemacht haben, stellt sich nun die Frage, wie die Leitung des Reisebueros reagiert, wie der entstandene Schaden wieder gutzumachen ist, welche Sanktionen auferlegt werden, wie die Schuldigen zur Rechenschaft gezogen werden. Allein das Zurueckzahlen des vereinbarten Vertragspreisses kann nicht ausreichend sein.
Ich denke, dass ich im Namen der ganzen Reisegruppe geschrieben habe, die jetzt auf die schriftliche Antwort des Reisebueros wartet.

Gera
6500

»Doch welches Erschrecken, als wir, nach laengerem Raetselraten und Warten, aus dem Mund unserer Reiseleiterin vernehmen mussten, dass fuer uns kein Platz zur Verfuegung steht.«

293

ausklang werden sollte. Im Bus wurden wir von der Reiseleiterin ueber die Einzelheiten, wie Abendessen, Getraenke, spaeter Imbiss, Unterhaltungsprogramm und Rueckfahrt informiert. Nach einer Fahrzeit von 1,5 Stunden langten wir im »Kurpark« Bad Koesen an. Doch welches Erschrecken, als wir, nach laengerem Raetselraten und Warten, aus dem Mund unserer Reiseleiterin vernehmen mussten, dass fuer uns kein Platz zur Verfuegung steht und das vom Reisebuero Gera keine Anmeldung bzw. Vertrag vorliegt, eine zusaetzliche Unterbringung in dieser oder einer anderen Gaststaette der Umgebung auch nicht moeglich ist. Ein jeder kann sich vorstellen, mit welchen Gefuehlen und Groll wir unsere Garderobe wieder in Empfang genommen haben und in den Bus eingestiegen sind, denn es stand uns ein Silvesterabend, der nicht unseren Vorstellungen entsprach, bevor. Die Rueckfahrt nach Gera verlief in sehr gedrueckter Stimmung, denn ein jeder wusste, was auf ihn zukam. Eine Silvesterfeier zu Hause, ohne Vorbereitung, meist ohne ein geeignetes, auf jeden Fall aber spaetes Abendessen, hoechstwahrscheinlich keine Getraenke im Haus, Sekt zum Anstossen um Mitternacht auch nicht. So hatte sich diesen Abend wohl keiner der Reisegruppe vorgestellt. Immer wieder tauchte im Bus die Frage auf, ob man so mit Menschen, die das alte Jahr gluecklich beschliessen wollten, umgehen kann. Wo waren die Verantwortlichen, die diese Schuld auf sich geladen haben? Sicherlich zu einer besseren Silvesterfeier.

21.30 Uhr war unsere Reise in Gera beendet. Versuche, in Gera in einer Gaststaette den Jahresausklang wuerdig zu begehen z.B. im Haus der Kultur, scheiterten ebenfalls. So sind dann alle 46 Reiseteilnehmer in verschiedenen Richtungen auseinandergelaufen, mit der stillen Frage, wie dieser Abend und das alte Jahr noch wuerdevoll zu beenden ist. Eines blieb allen, die Hoffnung, dass das neue Jahr besser beginnen muss als das alte endete. Fuer alle, die diese Reisebueroausfahrt immerhin 4 Stunden im Bus, mitgemacht haben, stellt sich nun die Frage, wie die Leitung des Reisebueros reagiert, wie der entstandene Schaden wieder gutzumachen ist, welche Sanktionen auferlegt werden, wie die Schuldigen zur Rechenschaft gezogen werden. Allein das Zurueckzahlen des vereinbarten Vertragspreisses kann nicht ausreichend sein.

Ich denke, dass ich im Namen der ganzen Reisegruppe geschrieben habe, die jetzt auf die schriftliche Antwort des Reisebueros wartet.

UND WAREN ENTRÜSTET

Das Erzieherinnenkollektiv der
Kinderkrippe Espenhain, den 30. Januar 1989

Werte Prismaredaktion!

Unser Kollektiv, die Erzieherinnen der Kinderkrippe Espenhain, möchten uns mit folgendem Anliegen an Sie wenden.

Eine Kollegin unseres Kollektivs bewarb sich um eine Ferienunterkunft an der Ostsee aus der Zeitschrift »Wochenpost«. Auf ihre Bewerbung erhielt sie folgenden Antwortbrief. Sie war darüber sehr empört, so daß sie den Brief dem Kollektiv zeigte. Wir konnten uns alle über den Inhalt des Briefes informieren und waren entrüstet über so ein Ferienangebot. Da Sie eine kritische Sendung sind, wären wir an Ihrer Meinung interessiert.

Mit sozialistischem Gruß,

(handschriftliche Bemerkung auf dem Brief: Generalstaatsanwaltschaft der DDR, Abt. II Gen. Dr. B.)

Der Brief – ein maschinegeschriebener Ormig-Abzug:

Werte Familie

Sie bewarben sich bei mir um einen Urlaubsplatz für den Sommer 1989.

Auf meine Annonce erhielt ich bisher über 500 Zuschriften. Nach irgendeinem Gesichtspunkt muß ich auswählen. Sie werden sicher verstehen, daß ich meine persönlichen Interessen dabei in den Vordergrund stelle.

In den Jahren 1989-1991 habe ich umfangreiche Baumaßnahmen auf meinem Grundstück vorgesehen. Ab 1991 werde ich dann einige Jahre vier Zimmer vermieten. Ich bevorzuge bei der Auswahl meiner Urlauber Partner, die mir bei der Materialbeschaffung bzw. Baudurchführung behilflich sein können.

Ich benötige Unterstützung bei der Beschaffung von guten Fußboden- und Wandfliesen, Parkett, Radiatoren, eines Zentralheizungsofens ab 2,2 m2 Heizfläche sowie Arbeitsleistungen als Fliesenleger und Putzer. Als Arbeitsleistung erwarte ich zwei, max. drei Arbeitstage.

Mein Angebot gilt nicht nur Einzelbewerbern, sondern auch Betrieben. Das Vermieten von ein bis zwei Zimmern an einen Betrieb wird von mir angestrebt.

Falls Sie mir helfen können, schreiben Sie bitte und unterbreiten genau die Art der Hilfe. Wer helfen kann, erhält mit größter Wahrscheinlichkeit ein Zimmer. Sollten Sie nicht zu denen gehören, die helfen können, schreiben Sie trotzdem. Die Chancen auf ein Zimmer sind dann zwar sehr gering, aber nicht ganz hoffnungslos.

Erhalte ich bis zum 28.2.89 keine Post von Ihnen, werte ich unsere begonnenen Verhandlungen als erfolglos beendet.

Mit freundlichen Grüßen

HINWEISBLATT

Bömitz ist ein Dorf im nördlichen Teil des Kreises Anklam. Mein Grundstück liegt direkt an der Straße zwischen Rubkow und Wahlendorf.

Das Angebot gilt den Urlaubern, die im Prinzip täglich zur Ostsee fahren wollen bzw. einen sehr ruhigen Urlaub verbringen möchten. Ansonsten gibt es hier in der näheren Umgebung kaum Sehenswürdigkeiten.

Ich vermiete nur an Urlauber, die motorisiert sind. Die Entfernung nach Anklam beträgt ca. 11 km, nach Wolgast ca. 20 km, nach Zinnowitz ca. 30 km.

Werte Familie

Sie bewarben sich bei mir um einen Urlaubsplatz für den
Sommer 1989.
Auf meine Annonce erhielt ich bisher über 500 Zuschriften.
Nach irgend einem Gesichtspunkt muß ich auswählen.
Sie werden sicherlich verstehen, daß ich meine persönlichen
Interessen dabei in den Vordergrund stelle.
In den Jahren 1989 - 1991 habe ich umfangreiche Baumaßnahmen
auf meinem Grundstück vorgesehen.
Ab 1991 werde ich dann einige Jahre vier Zimmer vermieten.
Ich bevorzuge bei der Auswahl meiner Urlauber Partner, die mir
bei der Materialbeschaffung bzw. Baudurchführung behilflich
sein können.
Ich benötige Unterstützung bei der Beschaffung von guten
Fußboden- und Wandfliesen, Parkett, Radiatoren, eines Zentral-
heizungskessel ab 3,5 m² Heizfläche sowie Arbeitsleistungen
als Fliesenleger und Klempner. Als Arbeitsleistung erwarte ich
zwei, max. drei Arbeitstage.
Mein Angebot gilt nicht nur Einzelbewerbern, sondern auch
Betrieben. Das Vermieten von ein bis zwei Zimmern an einen
Betrieb wird von mir angestrebt.
Falls Sie mir helfen können, schreiben Sie bitte und unterbreiten genau die Art der Hilfe. Wer helfen kann, erhält mit
größter Wahrscheinlichkeit ein Zimmer. Sollten Sie nicht zu
denen ☒ gehören, die helfen können, schreiben Sie trotzdem.
Die Chancen auf ein Zimmer sind dann zwar sehr gering,
aber nicht ganz hoffnungslos.
Erhalte ich bis zum 29. d. 07 keine Post von Ihnen, werte
ich unsere begonnenen Verhandlungen als erfolglos beendet.

Mit freundlichen Grüßen

Absender dieses Briefes
Fam

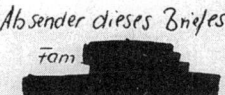

»Ich bevorzuge bei der Auswahl meiner Urlauber Partner, die mir bei der
Materialbeschaffung bzw. Baudurchführung behilflich sein können.«

Im Dachraum meines Einfamilienhauses befinden sich das 3- und 4-Bett-Zimmer, die Kochnische sowie ein Raum mit WC, Waschbecken und Dusche.

Jedes Zimmer hat einen Nachtspeicherofen und einen Kühlschrank. In Parterre ist ein Aufenthaltsraum mit Fernseher. Auf dem großen abgeschlossenen Hof befindet sich eine überdachte terrassenartige Sitzecke.

Sie müßten sich selbst verpflegen bzw. am Ausflugsziel essen. Der Weg zum Bäcker beträgt ca. 700 m. Das übliche Geschirr ist vorhanden. Bettwäsche ist mitzubringen. Von den Urlaubern sind die Zimmer während der Belegung selbst zu reinigen.

Der Preis je Zimmer und Übernachtung beträgt bei einer Belegung im Juli und August mit

2 Personen	20,- M
3 "	20,- M
4 "	25,- M

im Juni und September mit

2 Personen	5,- M
3 "	15,- M
4 "	20,- M

In den Akten findet sich ein zweiter Brief mit demselben Angebot.

WAS HAT MAN AUF DEM DORF

Ein anonymer Brief aus Großgrabe vom 20. März 1989

Da man gerade im Vorfeld der Wahlen viel über gute Lebensbedingungen, Wohlfühlen der Menschen, Bürgernähe usw. liest, möchte ich einmal ein langjähriges Problem unseres Ortes schildern, Was über Jahre diskutiert wurde, in Gleichgültigkeit endete, weil sich statt Verbesserungen nur Verschlechterungen ergaben.

Vielleicht deshalb auch, was soll es, daß man überhaupt schreibt. Vielleicht aber auch, weil Sie wissen sollten, es gibt nicht nur Positives zu berichten.

Im Jahre 1976 wurde eine neue Gaststätte unter Mitwirkung der Einwohner des Dorfes erbaut. Die Bürger leisteten in ihrer Freizeit Eigenleistungen im Wert von 800 TM. Es war ein Prachtstück geworden und diese gesellschaftspolitische Zentrum des Dorfes war weit über die Dorfgrenze bekannt und beliebt.

Wir waren stolz und fühlten uns wohl in unseren Gaststätte mit hohen Niveau. Nicht nur vom Angebot, sondern auch von den täglichen Öffnungszeiten. Man konnte abends ein Bier trinken, sonntags zum Mittagstisch usw. Aber dies sind nur noch Träume. Von Jahr zu Jahr heruntergewirtschaftet.

Die Öffnungszeiten wurden immer kürzer. Nachdem der letzte Wirt abgedankt hatte, übernahm ein Ehepaar aus dem Ort die Gaststätte. Alle dachten, nun wird es besser. Das Gegenteil. Weiterhin schlechter. Man kann es nicht mehr rekonstruieren, die vielen Veränderungen nach »unten«.

Jedenfalls die letzte Änderung:

Dienstag – Sonnabend: 8.30 – 14.00 Uhr

Freitag u. Sonnabend: 18.00 – 22.00 Uhr

Also für den Dörfler, der die Gaststätte mit erbaute, 1 x in der Woche abends auf. Jeder kennt das jahrelange Problem, der Bürgermeister und der Rat, der HO-Kreisbetrieb, der Rat des Kreises. Nichts ändert sich!

Vom Rat (5 Personen – 3 Direktoren, 1 Angestellter, 1 Arbeiter) einer Verwandschaft, einer Nachbar, einer holt Futterreste, einer Aushilfskellner. Da verbrennt sich keiner den Mund. Einstellung auf die Einwohner, Bürgernähe, Arbeit mit dem Menschen. Phrasen! Gaststättenbeirat gibt es keinen mehr. Was soll der Statistikposten?

Für die HO wird der heruntergesetzte Umsatzplan immer erfüllt. Jugenddiscos im überfüllten Saal mit viel Alkohol wirft ausreichend für alle ab. Wenn bei Jugenddiscos mehr Umsatz gemacht wird, wie bei Silvester, dann dürfte es vieles sagen. Aber wen interessiert dies?! Maßstab ist die Erfüllung des Umsatzplanes und das Problem Arbeitskräftemangel paßt immer. Das ist der staatliche Betrieb »VEB Handelsorganisation Kamenz«. Nur wo es Geld zu scheffeln geht, ist ausreichend Personal da.

Wir wissen, daß persönliche Bewerbungen von der Gaststätten-
leiterin abgelehnt wurden, da man ja ansonsten diese angenehme
Arbeitszeit verändern müßte. Jahrelang bleibt eine komplette Wohnung in der Gaststätte leerstehen (es wird ja kein Personal gebraucht). Als Familienbetrieb wirtschaftet es sich besser, als wenn
Fremde in die Karten schauen.

Bei Veranstaltungen hat man diese »Kneipentricks« schon oft zu
spüren bekommen. Einer Gaststätte, die ihren Umsatz bringt,
werden wir doch nicht auf die Finger schauen und verärgern. Besser
so, als wenn es vielleicht niemand macht. Und ein alleinstehender
Koch macht auch gern Überstunden, um mehr zu verdienen (bei ge-
schlossenen Veranstaltungen).

Was sollen wir mit veränderten Öffnungszeiten? Vielleicht richtig, wenn die Gaststättenleitung sagt, Freitag abend sitzen nur noch
2 Mann in der Gaststätte. Aber dies ist eine Entwicklung über mehrere Jahre. Nachdem die Gaststätte ab und an mal auf und zu hatte, viele umsonst hingehen, wird man »müde« und bleibt zu Hause.
Wieder etwas eingebüßt. Was soll es?!

Und dies spürt man ständig. Einige wenige Beispiele.

Die monatelang vorher bestellt Weihnachtsfeier für unsere Rentner wurde von der Gaststätte abgesagt. Begründung: die Gaststätte
hat nicht geöffnet und nicht umsatzträchtig. Trotzdem sich die Rentner bereiterklärten, die geforderten Bedingungen der Gaststätten-
leiterin (einräumen, Saal reinigen) zu erfüllen. Unsere Weihnachtsfeier mußte im Nachbarort durchgeführt werden. Bei Jugenddiscos
genauso (Gläser wegräumen, Tische säubern, fegen). Faschingsver-
anstaltung – Karnevalsklub (Veranstalter) mußte in der Nacht den
Saal säubern. Dorffest – Toiletten dürfen benutzt werden, wenn sie
von den Bürgern saubergemacht werden. Frauentagsfeier – Saal einräumen, saubermachen. Abschließend – Sitzungen der örtlichen Organe und Vereine sind umsatzlos. Also nicht bei uns. Trotz von uns
ein Vereinszimmer mit erbaut wurde, gerade für Veranstaltungen.
Es war ja auch mal so. Man konnte dabei essen und trinken. Nachdem später nur noch Bierkästen in Selbstbedienung hingestellt wurde, fahren die meist älteren Mitglieder mit den Fahrrädern zur Ver-

sammlung in eine Gaststätte im Nachbarort. Man könnte darüber ein Buch schreiben. Unsere Verkaufsstelle (Konsum) hat nur verkürzt geöffnet, trotz massenhafter Beschwerden. Es bleibt. Es geht ja nur um den kleinen Bürger!

Das jahrelang kein Einwohner zur Einwohnerversammlung geht (außer den geladenen Gemeindevertretern und Nationale Front), daß stört niemanden. Warum soll man hingehen, unsere Probleme interessieren doch niemanden. Aber große Zitate über das offene Ohr für Sorgen, Probleme, Kritiken und Vorschlägen.

In einer Prismasendung (September 1988) ereiferte man sich über Öffnungszeiten an einem Ruhetag. In Dresden erörterte man, die guten täglichen Öffnungszeiten um eine Stunde zu verlängern und bei uns ist ein u.a. selbstgeschaffenes Gasthaus für den Bürger 1-2 x in der Woche geöffnet.

Das ist die vielgepriesene Anpassung Stadt-Land. Was hat man auf dem Dorf außer arbeiten? Deshalb kann man unseren Enkelkindern nur raten, macht es einmal besser.

Das eine ist die Theorie, doch die Praxis sieht ganz anders aus. Dieser Brief soll Ihnen aufzeigen, was unsre jahrelangen Probleme sind, die alle von der Obrigkeit kennen (Bürgermeister, Gemeinderat, HO-Kreisbetrieb, Rat des Kreises), aber eben von allen als »es ist eben so« angesehen wird. Eine Hand wäscht die andere.

Da wir weiterhin in Großgrabe wohnen müssen, bitten wir Sie um Verständnis, wenn wir anonym, bleiben möchten. Es sollte auch nur Probleme aufzeigen, an deren Veränderung wir so und so nicht glauben.

Im Namen vieler Bürger von Großgrabe

NEUER SCHILDBÜRGERSTREICH IMGANGE

Paul Turm • Drosedow, den 16. Mai 1989

Liebe Rosi,

zunächst möchte ich mich bedanken für den freundlichen Anruf von Kollegin Lange und das Ergebnis ihres Recherchierens. Man sieht wieder einmal: Zerstören ist leicht, aufbauen schwerer, wobei hinzuzufügen ist, dass es ein völlig sinnloses Zerstören war. Nun wird es wahrscheinlich doch 1990, bis alles wieder in Ordnung kommt.

Pfingsten war ich ein paar Stunden in Drosedow bei Freunden (mehr Zeit hatte ich nicht – ich wollte noch etwas vom Treffen in Berlin haben) und es scheint so, als sei ein neuer Schildbürgerstreich imgange. In vielen Mecklenburgischen Dörfern steht es vor allem im Sommer mit der Befriedigung der Urlauberwünsche nicht zum besten. Daran haben sich die Touristen schon gewöhnt. Zum Beispiel an lange Schlangen, um Brot, Butter und Kartoffeln einzukaufen. Nun hat auch Drosedow so einen klitzekleinen Konsum und sonst nichts weit und breit. Wenn man ihn betritt, na ja. Wenn man das Wort »Hygienekommission« in den Mund nimmt, schreien alle »Um Gottes willen«, dann müssen wir ja noch 5 Kilometer weiterlaufen.

Nun gibt es in der Nähe des Dörfchens grosse Camping-Plätze, auch von Gross-Betrieben und einem von ihnen (man sagt, es sei Lauchhammer) gefiel dieser Zustand nicht mehr, und er beschloss, den örtlichen Organen unter die Arme zu greifen, was so aussah: eines Tages vor etwa zwei Jahren wurden am Ortsrand ein paar Tausend Hohlblocksteine gewichtigen Ausmasses abgeladen, bestimmt für eine neue, moderne und grössere Konsum-Verkaufsstelle verbunden mit einer Imbisstätte. O, wie war die Freude gross! Wanderer, kommst Du heute aus Richtung Rheinsberg nach Drosedow, so bemerkst Du vor dem ersten Haus links auf einer freien Fläche – nein, nicht, was Du denkst, einen neuen Konsum usw. – zertrümmerte Steine liegen und der heilen werden jeden Tag weniger und weniger. Wer hat heute kein Interesse, herumliegende Hohlblocksteine aufzusammeln und mitzunehmen? Manche sagen, es sei vielleicht Absicht des Grossbetriebes gewesen, grossen Bevölkerungskreisen eine grosse Freude mit den grossen Steinen zu machen. Aber das stimmt sicher nicht. Ja, die Bürgermeisterin in Wesenberg, zu deren Bereich Drosedow gehört, hat schon ihre Sorgen. Voller Stolz hat man mir erzählt, dass alle 62 Wahlberechtigten auch zur Wahl gegangen sind und hundertprozentig für die Kandidaten der Nationalen Front gestimmt haben. Da sieht man, was Drosedow wert ist.

Liebe Rosi, nun ist es doch wieder ein bisschen länger geworden, fast wieder eine »Brücke über den Weg«. Leider hatte ich keinen Fotoapparat mit, dann hätte ich alles noch ein bisschen illustriert. So muss ich es beim trocknen Text belassen.

Nochmals vielen Dank für Deine Anteilnahme am Schicksal unserer Minigemeinden und – natürlich nicht nur deshalb – herzliche Grüsse

GANZ UND GAR NICHT EINVERSTANDEN

Wolfgang Hase • Inhaber einer Ausflugsgaststätte •
Comtau, den 23. Juni 1989

Sehr geehrte Redaktion Prisma!

Den Anlaß zu diesem Schreiben gab uns Ihre Sendung vom 22.6.89, in der es u.a. um die Ruhetage in Gaststätten ging.

Wir haben ebenfalls eine Gaststätte und sind mit einigen Argumenten ganz und gar nicht einverstanden. Unsere Gaststätte liegt an der F 95 zwischen Karl-Marx-Stadt und Oberwiesenthal. Dadurch haben wir einen großen Teil der Durchreisenden, Urlauber der Umgegend sowie Kraftfahrer zu verpflegen. Wir haben jedoch auch Montags von 11.00 – 14.00 Uhr für unsere Gäste geöffnet. Unsere Ruhetage sind Dienstag und Mittwoch, Donnerstag ist von 12.00 – 18.00 Uhr, Freitag/Sonnabend u. Sonntag von 11.00 – 18.00 Uhr geöffnet. Für Familien- und Brigadefeiern ist natürlich Sonnabends auch länger geöffnet. Wir bieten an jedem unserer Öffnungstage unseren Gästen 2-3 verschiedene Mittagessen an. Unsere Gaststätte verfügt über 28 Plätze in der Gaststube, ca. 30 Plätze in der Diele und 36 Plätze im Garten. Unser Mittagessen wird so bis gegen 14.00 Uhr angeboten, danach geht es dann gleich mit einem Imbißangebot weiter.

Unsere Gaststätte ist nun in fast 100-jährigem Familienbesitz. Wir sind eine Konsum-Kommissionsgaststätte, die aber nur von 3 Personen bewirtschaftet wird. Von mir, dem Gaststättenleiter Wolfgang Hase, meiner Frau sowie meinem Vater, der kurz vor der Rente steht. Wir haben allerdings auch 3 Kinder im Alter von 6 Jahren, 4 Jahren und 10 Monaten. Zur Zeit wird unsere Gaststätte also nur von 2 Personen bewirtschaftet, da meine Frau bis Februar 1990 noch im Babyjahr ist. Kann man in solchen Gaststätten, von denen es noch mehr gibt, von den Mitarbeitern verlangen, ohne Ruhetag zu arbeiten? Wir sind der Meinung, daß jedem Werktätigen egal in welchem Beruf sein freier Tag zusteht. Auch Gastronomen sind nur Menschen, die nicht mehr können als arbeiten. Und warum sollen immer nur die Gastronomen für andere da sein, wenn sie auch von keinem Unterstützung bekommen. So müssen wir z.B. in unserer Gaststätte Fleisch- und Backwaren sowie Frischgemüse mit unserem Auto selbst holen. Gleichzeitig müssen aber auch unsere Kindern früh in den Kindergarten bzw. zur Schule gebracht und Nachmittags geholt werden, da wir 3 km vom Ort entfernt mitten im Wald an der F 95 liegen. Meine Frau hatte Anfang dieses Jahres beim VEB Kraftverkehr, Fahrschule Hermannsdorf einen Dringlichkeitsantrag zum Ablegen der Führerscheinklasse PKW (mit eigenem PKW) gestellt, der auch vom Rat der Gemeinde Comtau unterstützt wurde. Dieser Antrag wurde allerdings vom VEB Kraftverkehr Karl-Marx-Stadt abgelehnt, und wir wurden darauf hingewiesen, daß die Wartezeit 6 Jahre beträgt. Was ist dann ein dringender Grund, um die Fahrschule früher durchzuführen? Das Resultat der Ablehnung, den Führerschein früher zu machen wird eine weitere Verkürzung der Öffnungszeiten sein, da ich dann meine Kindern selbst abholen muß.

Weiterhin sind wir nicht damit einverstanden, daß eine Bockwurst im Angebot nicht genügt. Ein Wanderer ist froh, wenn er eine Gaststätte findet, in der er wenigstens eine Bockwurst und eine Limo bekommt. Auch bei uns kommt es vor, besonders in der Ferienzeit und ganz besonders Montags, daß wir nur noch Bockwurst mit Brot oder Kartoffelsalat und Spiegeleier mit Kartoffelsalat im Angebot haben. Bei uns sind aber die Wanderer froh und zufrieden damit. Und warum erhalten wir vom Rat des Kreises und unserer Konsumgenossenschaft Rundschreiben, in denen wir aufgefordert werden, mehr Wurstwaren in den Gaststätten anzubieten, wenn im Fernsehen darauf hingewiesen wird, daß eine Bockwurst im Angebot nicht genügt? Was ist an einer Bockwurst den schlechtes? Unter der Überschrift »Landpartie« war 1987 in der Zeitung »Sächsisches Tageblatt« folgender Artikel zu lesen:

»Die F 95 ist mit Gaststätten, mit Ausflugszielen, wo es auch ein Würstchen gibt, nicht gerade reich gesegnet. Wer aber den Harthauer Berg hinauffährt, der sieht linkerhand die alte Bärenschänke, einen Familienbetrieb, nunmehr in den Händen von Wirt Hase und seiner Frau Renate, und das Ganze in der 4. Generation. Der Wirt erzählt uns, daß man die schönsten Ausflüge zu Fuß unternehmen kann, in den Abtwald z.B.; man kann laufen durch wunderschöne Waldstücke, findet Schutzhütten vor und jene Seltenheit der Natur (jahrhundertealte Bäume) aufmerksam gemacht. Löblich, daß auch am Wochenende für die Ausflügler offen ist, ständig mehrere Speisen im Angebot sind, Kinderportionen zum Einmaleins gehören und man am Büfett eine wunderschöne Drucksache erwerben kann – 0,50 M kostet sie – aus der die Geschichte der Bärenschänke hervorgeht. Auf der linken Seite ist alles in erzgebirgischer Mundart formuliert, und auf der rechten Seite der Text sicherheitshalber

ins Hochdeutsche übersetzt. Vor Jahrhunderten verdingte sich in einer kleinen Hütte ein Besenbinder, der sein Gewerbe dann schließlich auf die Bewirtung von Reisenden erweiterte. Er ahnte nicht, daß die Bärenschänke heutzutage ein Ausflugsziel wurde, das man 1987 empfehlen kann.«

Was meinen Sie, für welche Version würden sich die Gäste entscheiden: Nur eine Bockwurst im Angebot zu haben oder die Gaststätte lieber ganz zu schließen? Es gibt, wie Sie sagen, Möglichkeiten zum Verändern. Auch wir haben umgedacht und vieles zum Wohle der Gäste verändert. Aber ein Gastronom ist eben auch nur ein Mensch und braucht Unterstützung von anderen.

Und nun noch etwas zum Urlaub in der Saison. Ich bin jetzt die 4. Generation unserer Familie in der Gaststätte »Bärenschänke«. Ich bin also darin aufgewachsen und mit Kindesbeinen an mit der Gastronomie in Verbindung gekommen, und weiß, wie es ist wenn die Eltern Sonnabend und Sonntag arbeiten müssen und Montags erzählen die Schulkameraden was sie mit ihren Eltern für einen Wochenendausflug gemacht haben. Das kann einen schon wurmen. Aber ich habe das alles überwunden. Ich habe Kellner gelernt und bin jetzt 33 Jahre und habe von 4 Jahren die Gaststätte von meinem Vaters übernommen. Meine große Tochter kommt dieses Jahr in die Schule. Demzufolge muß ich nun unseren Urlaub auch in der Saison (Schulferien) machen, oder was meinen Sie? In den letzten Jahren haben wir immer außerhalb der Schulferien Urlaub gemacht! Nur das 1. Vierteljahr 1988 war ganz geschlossen – Grund dafür Reservistenwehrdienst – was meinen Sie dazu?

Ich bin sicher, ich bin mit meiner Meinung nicht allein. Besonders bei vielen Kleingaststätten, die von 2-3 Personen bewirtschaftet werden, ist dies ähnlich.

Wir bitten Sie, dieses noch einmal zu überdenken und erwarten Ihre Antwort.

Mit freundlichen Grüßen

UMWELT
LANDSCHAFT
LEBENSWELT

MACHT UNS ETWAS STUTZIG

Familie Alfred Kuhnert • Außig, den 18. Dezember 1980

Seit dem 22.1.1980 haben wir 4 Kinder (Geburtsjahr 1974, 1976, 1978, 1980). Beim 2. Kind konnte ich meine Arbeit nicht wieder aufnehmen, da kein Krippenplatz zur Verfügung stand. Inzwischen haben wir 4 Kinder, zählen also zu den Kindereichen Familien unseres Landes: Als neulich die Prisma Sendung – ein Jahr Rückblick lief, macht uns etwas Stutzig. Wir bekommen eine jährliche Unterstützung von 500 Mark.

Im vergangenen Jahr hatte ich eine Unterstützung zum Schulanfang erbeten. Ich bekam 150 Mark ausgezahlt. Und am 10. Dezember den Rest von 350,- Mark für Bekleidung und Anschaffungen.

Ich möchte noch erwähnen, das ich ohne jegliches Einkommen bin, da noch zwei Kinder zu Hause sind. (ohne Krippenplatz) Mein Mann hat einen Verdienst von 600 Mark dazu 150 Mark Kindergeld.

Von diesen 750 Mark müssen Strom, Gas, Bekleidung und der Tägliche Lebensbedarf gedeckt werden. Von Neuanschaffungen kann garnicht die Rede sein. Die Kinder müssen auf sovieles verzichten. Nun meine Frage? Sie hatten doch eine Familie vorgestellt, welche diese finanziellen Schwierigkeiten nicht hatte. Ich bemühe mich ständig um Krippenplätze.

Doch von den »paar Mark« können wir nicht leben.

Gibt es eine Unterstützung für unsere Familie bis ich zwei Krippenplätze zugewiesen bekomme? Wieso sind die Unterstützungen innerhalb eines Landes so grundverschieden?

Auf Ihre baldige Antwort hoffend verbleibt Familie

Prisma antwortet am 6. Februar 1981:

Werte Familie Kuhnert!
Vielen Dank für Ihre Zuschrift zu unserer Sendung von 18.12.80. Die Unterstützung für kinderreiche Familien und alleinstehende

Bürger mit 3 Kindern ist bei uns gesetzlich geregelt und zwar auf der Grundlage einer Verordnung vom 4. Dezember 1975.

Danach erhalten kinderreiche Familien, deren monatliches Bruttoeinkommen unter 1500 Mark liegt, eine jährliche Zuwendung in Höhe von 500 Mark.

Soweit hat das seine Richtigkeit. Doch unverständlich ist uns, daß es bisher nicht gelungen ist, Ihre beiden Jüngsten mit Krippenplätzen zu versorgen. Wir sind der Meinung, daß Sie zuallererst Krippenplätze erhalten sollten, und daß Sie bei der finanziellen Lage Ihrer Familie über das übliche Maß hinaus unterstützt werden sollten. Wir werden deshalb eine Kopie Ihres Briefes zusammen mit einem entsprechenden Anschreiben an den Bürgermeister Ihrer Gemeinde senden und hoffen so, zur Lösung Ihrer Probleme beitragen zu können.

Wir wünschen Ihrer Familie alles Gute und viel Glück und würden uns freuen, wenn Sie uns wieder einmal schreiben würden.

Mit freundlichen Grüßen

FLEGEL IM KINO

Stefan Siebert • Stendal, den 8. Januar 1981

In Ihrer heutigen Sendung wiesen Sie darauf hin, daß Sie in der nächsten Prisma-Sendung über Probleme des Filmtheaterbesuchs berichten wollen. Hierzu möchte ich Ihnen einige Erfahrungen, die ich bei Kinobesuchen sammeln mußte, mitteilen, in der Hoffnung, daß diese Ihnen und darüber hinaus allen und der Filmkunst Interessierten helfen, neue Lösungen zu finden.

Seit meiner Kindheit besuche ich gern Filmveranstaltungen und rückblickend kann ich sagen, daß viele Filme mitgeholfen haben, meine Persönlichkeitsentwicklung zu beeinflussen. Wenn in den letzten Jahren meine Filmbesuche auch aus den verschiedensten Gründen (Zeitmangel, Fernsehen, Weg) nicht mehr so zahlreich sind, sehe ich mir künstlerisch wertvolle Filme doch noch gern im Filmtheater an. Das Angebot ist meist noch aktueller als im Fernsehen und die Vorführtechnik hat gewisse Vorteile.

Doch bei meinen Filmbesuchen in den letzten Jahren mußte ich zunehmend zur Kenntnis nehmen, daß das Niveau des Publikums sinkt. Hier einige Beispiele:

In Leipzig wurde von zwei Zuschauern während der Vorstellung geraucht. Ein zufällig anwesender Feuerwehrmann stellte die beiden Besucher in angemessener Form zur Rede. Daraufhin wurde er von den beiden angepöbelt. Die in unmittelbarer Nähe sitzenden Zuschauer spalteten sich in zwei Meinungsgruppen. Daraufhin versuchte der Feuerwehrmann vergeblich die Volkspolizei zu erreichen und zum Eingreifen zu veranlassen. Aber niemand erschien. Die unterbrochene Vorstellung wurde fortgesetzt als wäre nichts geschehen.

Das einzige Kino in meiner Heimatstadt Stendal wird vorwiegend von Jugendlichen besucht. Jede von mir besuchte Vorstellung wurde bisher von einigen Jugendlichen durch Zwischenrufe, laute Unterhaltungen u.a. gestört. Dabei mußte ich feststellen, daß ein erschreckend niedriges geistiges Niveau mit Brutalität und Gefühlslosigkeit einhergeht.

Außer mir hat sich in den von mir besuchten Vorstellungen noch keiner der erwachsenen oder jugendlichen Besucher gegen dieses Verhalten gewandt. Die Vorstellungen verlasse ich immer mit Bestürzung und Zorn.

Hinzu kommt, daß einige meist jugendliche Besucher sich in die Stühle flegeln und die Beine über die vordere Sitzreihe legen, ungeachtet der Beschädigungen und Verschmutzungen, die sie damit verursachen. Einige Stühle sind bereits beschädigt und nicht mehr benutzbar. Ich vermute, daß diese Problematik nicht nur in Stendal aktuell ist.

Mit freundlichen Grüßen

VON MIR KRITISIERTEN UNART

Wilhelm Kahlkopf • Karl-Marx-Stadt, den 18. Januar 1980

Heute erhielt ich per Einschreiben Ihr Schreiben vom 16. d.M. – Z 016/Gds/gi - ohne die von mir zurückerbetenen 4 Blatt Unterlagen. Diese Unterlagen werden zwar in Ihrem Schr. als Anlage erwähnt, doch waren sie nicht im Umschlag enthalten! Tolle Sache, was! Ich bitte um umgehende Rücksendung.

Muß ich im übrigen Ihr Schreiben als Ablehnung meines Anliegens betrachten? Was sind die von Ihnen erwähnten »Einzelfragen der Problematik«? Wieso gibt es bei der von mir kritisierten Unart des Beleckens überhaupt eine »Problematik«? Was soll ich unter »kurzfristig« verstehen? Will »Prisma« das Thema etwa nicht bringen, weil diese Unart selbst im Fernsehen nicht zu selten gezeigt wird? Ich meine, eine Prisma-Sendung zu diesem Fehlverhalten (um das Wort »Schweinerei« zu vermeiden!) ist gerade jetzt zur Zeit der Grippe sehr aktuell! Einerseits wird für Schutzimpfung geworben und auf der anderen Seite wird eine Ansteckungsquelle nicht verstopft, wozu »Prisma« einen nicht unwesentlichen Anteil beitragen könnte. Dazu kommen noch die von mir bereits erwähnten, nicht unwesentlichen Punkte.

Ein weiterer Punkt, in dem ich nicht mit dem Fernsehen klarkomme, ist:

Da wird in den Massenmedien auf die wegen der damit verbundenen Gefahren oft gerügte Unsitte des Rauchens im Bett hingewiesen. Was sieht man im Fernsehen gar nicht so selten? Es wird im Bett geraucht! Was denken sich eigentlich die für solche Sendungen Verantwortlichen? Wahrscheinlich nichts, absolut nichts! Ja, sind denn dann diese Leute ihrer Aufgabe gewachsen? Gibt es da etwa auch »Einzelfragen zu dieser Problematik«? Auch hier meine ich mit Goethe: »Vernunft wird Unsinn, Wohltat zur Plage!«

Ich bitte um eine klare Antwort auf meine unproblematischen Fragen und umgehende Zusendung der fehlenden 4 Blatt.

Mit freundlichen Grüßen

ELEKTRISCHER UNSINN

Gernot Schwimmer • Erfurt, den 16. Januar 1981

Liebe »Prisma-Redaktion«!

Seit einiger Zeit werden in den einschlägigen Geschäften im Bezirk Erfurt »Schuhtrockner« angeboten. Ist es wahr, daß die Schuhe heute nicht mehr im geheizten Zimmer trocknen? Bekanntlich schadet ja die direkte Wärmestrahlung dem Schuhwerk.

Mich würden folgende Fragen interessieren:

Welche Erfahrungen aus der Bevölkerung (nicht des Herstellers) gibt es zu diesem Gerät?

Wieviele davon wurden bereits hergestellt und wieviele davon etwa verkauft?

Hat man mit dem Schuhtrockner eine »Marktlücke« geschlossen oder hat damit ein Betrieb schnell und unkompliziert seine IWR 1980 erfüllt?

Können wir uns derartigen »elektrischen Unsinn« bei der gegenwärtigen Energie- und Rohstoffsituation leisten und wäre nicht Material und Produktionskapazität sinnvoller einsetzbar z.B. zur Produktion von Heizkissen als Gerät der Gesundheitspflege?

Seid so nett und nehmt Euch mal der Sache an.

Bis zu einer Antwort verbleibe ich als Euer ständiger und begeisterter Zuschauer Horst F.

Ich wünsche Euch auch im Jahr 1981 viele schöne Aufgaben.

ARBEITER DIE KNOCHEN BRECHEN

Horst Landmann • Campe, den 29. Dezember 1981

Liebe Kollegen von »Prisma«!

Ihr habt schon manchen »Brocken« ins Rollen gebracht, deshalb wende ich mich an Euch um Hilfe.

Als Genosse war ich immer der Überzeugung, bei uns steht der Mensch im Mittelpunkt. In unserem Kreis steht aber der Sprit an

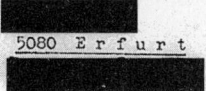

384

Erfurt, den 16.01.1981

1 9. Jan 1981

5080 E r f u r t

Fernsehen der DDR
1199 Berlin - Adlershof

Redaktion " Prisma "

2. 384

Liebe " Prisma-Redaktion "!

Seit einiger Zeit werden in den einschlägigen Geschäften
im Bezirk Erfurt " Schuhtrockner " angeboten.
Ist es wahr, daß die Schuhe heute nicht mehr in geheizten
Zimmer trocknen? Bekanntlich schadet ja die direkte Wärmestrahlung dem Schuhwerk.

Mich würden folgende Fragen interessieren:

1. Welche Erfahrungen aus der Bevölkerung (nicht des Herstellers)
   gibt es zu diesem Gerät?

2. Wieviele davon wurden bereits hergestellt und wieviele davon
   etwa verkauft?

3. Hat man mit dem Schuhtrockner eine " Marktlücke " geschlossen oder hat damit ein Betrieb schnell und unkompliziert seine TWP 1980 erfüllt?

4. Können wir uns derartigen " elektrischen Unsinn " bei der
   gegenwärtigen Energie- und Rohstoffsituation überhaupt
   leisten und wäre nicht Material und Produktionskapazität
   sinnvoller einsetzbar z.B. zur Produktion von Heizkissen
   als Gerät der Gesundheitspflege?

Seid so nett und nehmt Euch mal der Sache an.

Bis zu einer Antwort verbleibe ich als Euer ständiger und
begeisterter Zuschauer

Ich Wünsche Euch auch im Jahr 1981 viele schöne Aufgaben.

»Können wir uns derartigen ›elektrischen Unsinn‹ bei der gegenwärtigen
Energie- und Rohstoffsituation leisten...«

erster Stelle. 10 Jahre fahre ich mit dem Moped meine 12 km von Campe nach Schlabendorf in die Grube, wo ich als Pflugfahrer arbeite. In diesem Jahr wird kaum Schnee geräumt, geschweige denn gestreut.

Ist das die Sorge um den Menschen?

Unsere LPG (P) Zinnitz Campe darf keinen Sprit vergeuten. Könnt Ihr nicht mal die Verantwortlichen beim Rat des Kreises Calau anschubsen, denn ich bin wahrscheinlich zu klein dazu. Oder ist es für unseren Staat vorteilhafter, wenn sich die Arbeiter die Knochen brechen?

Es grüßt Euch ein etwas verbitterter Kumpel

HART UND ALT

Karola Luddin • Dresden, den 16. Mai 1982

Ursachen für das Wegwerfen von Brot

Wir diskutieren das Problem des Wegwerfens von Brot schon seit einiger Zeit und wollen die Ursachen erforschen. Ich möchte deshalb Ihnen folgende Begebenheit erzählen.

Als ich Freitag nachmittags 11.00 Uhr in der Kaufhalle 8036 Dresden Senftenberger Straße meine Einkäufe tätigte, stand eine lange Schlange Kunden vor dem Käseverkaufsstand. Erregt wurde diskutiert, denn es war keine Verkäuferin am Stand anwesend. Die Verkäuferin befand sich an den Regalen, wo das Brot zur Selbstbedienung angeboten wird. Einige Kunden hatte die Verkäuferin dorthin geholt, um darauf hinzuweisen, daß das gesamte angebotene Brot hart und alt wäre. Verschiedene Kunden beschimpften sich gegenseitig, daß sie das Brot ständig anfassen würden. Sie verlangten das Beschwerdebuch. Immer mehr Kunden kamen, denn am Freitag ist ja zu dieser Zeit Hochbetrieb in den Kaufhallen, und prüften das Brot, d.h. jeder nahm mehrere Brote nacheinander in die Hand und befühlte sie. Ich stand ungefähr 20 Minuten und beobachtete wie die Brote nun laufend von Hand zu Hand gingen. Was nutzt da ein Stückchen Papier, das in jedem Regal liegt. Auch andere Kunden gesellten sich zu mir und schimpften über einen derartigen Mißstand. Sie äußerten sich darüber, was wohl mancher von den Kunden in den Händen gehabt hätte – ich möchte hierzu nicht deutlicher werden. Während dieser ganzen Zeit – die Verkäuferin vom Käsestand hatte sich schon wieder an ihren Arbeitsplatz begeben – ließ sich niemand von der Leitung der Kaufhalle blicken. So verlangte ich den Leiter der Kaufhalle zu sprechen. Eine Verkäuferin gab mir eine ungenügende unfreundliche Auskunft, so daß ich selber auf die Suche ging, und mich auch einige Kunden dabei begleiteten. Aber die Suche blieb ohne Erfolg. Nach wiederholter Befragung der verschiedenen Verkäuferinnen verwies man mich an die Verantwortliche für Brot- und Backwaren. Diese sortierte in aller Ruhe Ansichtskarten. Sie erteilte mir die Auskunft, daß diese Brote heute vom Backkombinat Dresden in diesem Zustand geliefert worden wären. Wenn ich mich darüber beschweren wolle, dann sollte ich dieses dort tun. Die Frage von mir, warum sie das Brot vom Backwarenkombinat so annehmen würde, wurde empört von Frau Bär zurückgewiesen. Sie war der Meinung, daß das Brot, das geliefert würde, auch verkauft werden müßte. In der Zwischenzeit konnte ich feststellen, daß ständig die Kunden das Brot abtasteten und keines mitnahmen und sich äußerten, dann lieber kein Brot essen zu wollen. Ältere Kunden bemerkten, daß sie dann ihre letzten Zähne einbüßen würden. Auch hörte ich, daß man von solchen Broten nur ein paar Schnitten gebrauchen könne und den Rest wegwerfen müsse.

Ist das nun nur in unserer Kaufhalle in Dresden so, oder trifft das für viele Verkaufsstellen zu? Denkt man daran, daß in fernbeheizten Wohnungen ein schon hart gekauftes Brot schon in einem Tag zu einem »Ziegelstein« wird? Wie steht man zur Hygiene, ist es nicht zu verhindern, daß eine Menge Menschen jedes Brot anfassen, ehe es auf den Tisch kommt? Kann man vielleicht die Brote einpacken, um das zu verhindern? Kann man das Brot in Foliebeutel tun, die an der Kasse wieder abgenommen werden? Mir ist nach diesem Vorfall das Brotessen verleidet worden. Sollte man sich nicht überhaupt mehr Gedanken darüber machen, wie man die sozialistische Verkaufskultur überall verbessert!! Ich bitte darum dieses Problem einmal zu untersuchen.

Im Nachgang zu dieser Anfrage möchte ich Ihnen mitteilen, daß mein Anliegen mit Schreiben vom 10.1.82 Ihre Antwort vom 22.1. unter Ihrem Zeichen ... bis zum heutigen Tage von einer Stelle zur anderen weitergegeben worden ist und noch keiner Lösung zugeführt wurde. Es liegen inzwischen fünf Benachrichtigungen vor. Ich glaube nicht, daß dieses im Sinne unseres Genossen Erich Honeckers ist, der im Bericht an den X. Parteitag forderte: »..dem Arbeiterwort Geltung verschaffen, hellhörig auf alle Signale achten, rasch und sorgfältig auf die Vorschläge und Kritiken der Werktätigen reagieren und Lösungen herbeiführen, wo sie notwendig und möglich sind.«

Mit freundlichen Grüßen!

Es antwortet der Leiter der Fachabteilung Kaufhallen beim Rat der Stadt Dresden am 30. Juni 1982:

Werte Frau Luddin!

Von der Redaktion PRISMA wurde mir Ihre Eingabe zu den »Ursachen für das Wegwerfen von Brot« zwecks Beantwortung übermittelt. Ihre berechtigten Fragen und Kritiken zum Verkauf von Brot in Selbstbedienungseinrichtungen waren für mich Anlaß, eine persönliche Aussprache durch meine Fachabteilung mit der stellvertretenden Kaufhallenleiterin der KG Kaufhalle Senftenberger Straße und dem Konsum-Bezirksverband zu führen.

Zum Frischegrad des Brotes möchte ich Sie davon informieren, daß lt. TGL Brot bis zu 3 Tagen als TGL-gerecht anzusehen ist. Der Produktionstag ist aus der Prägung bzw. dem Etikett ersichtlich. Demzufolge ist Brot vom Vortag kein »altes Brot« und weder hart noch ungenießbar.

Zu Ihren Feststellungen in Bezug auf die Hygiene muß bedauerlicherweise eingeschätzt werden, daß sich ein Teil der Kunden unvernünftig verhält.

Dazu wurde folgendes veranlaßt:

Alle Fachdirektoren des volkseigenen Einzelhandels und die Vorstandsmitglieder der Konsumgenossenschaften wurden verpflichtet, in ihrem Verantwortungsbereich die Gesamtproblematik auszuwerten und im Rahmen von Schulungen des Verkaufspersonals auf die strikte Einhaltung der erforderlichen hygienischen Bestimmungen hinzuweisen.

Dabei ist von den Einzelhandelsobjekten zu beachten, daß

unmittelbar neben den Brotregalen ständig entsprechend geschnittenes Papier bereitliegt

die Verkaufsaufsichten bzw. beratenden Verkäuferinnen in den Objekten noch besser darauf Einfluß nehmen, daß Kunden nicht Brot anfassen, ohne es zu kaufen

die Brotregale, -wagen oder -fächer möglichst in der Nähe des Backwarenstandes stehen, um eine zusätzliche Aufsicht zu garantieren

die Brote so gelagert werden, daß sie mit der Kante der Brotregale bzw. -fächer abschließen und nicht darüber hinaus ragen.

Den wirtschaftsleitenden Organen des Einzelhandels wurde weiterhin empfohlen, durch ihre Werbeabteilung Hinweisschilder anzufertigen, die auch die Kunden beim Einkauf von Brot in Selbstbedienung an ihre Verpflichtung hinsichtlich der Hygiene erinnern.

Ich möchte mich für Ihre Hinweise bedanken und hoffe, daß Sie in den Verkaufsstellen weiterhin mit darauf achten, daß die getroffenen Festlegungen auch durchgesetzt werden.

Mit sozialistischem Gruß

KANN MANN SCHON WEGHÖREN

Ein anonymer Brief aus Baabe vom 10. Januar 1983

Da im Fernsehen soviel gesprochen wird das Altstoff gesammelt werden soll. Wenn mann das schon hört kann mann weg hören. Da in Baabe auf Rügen gibt es schon 1 1/2 Jahr keine Altstoffannahmestelle mehr. Wenn die Baabe ihr Altstoff los sein will müßten Sie erst 2 und 9 kielometer fahren das Sie was los werden. So was ist doch nicht richtig. Allso wer will da mit so weiter fahren den vergeht doch das sammeln von altstoff. Sie haten wohl 1982 mit einen halben zauhn angegangen und so wird das Stuck auch liegen blein.

Was nütz uns das wenn mann in Prisma immer wieder gesproch wird und in Baabe ist der schon der der Altstoff solange zu.

Aber Prisma kann auch nicht anderes machen.

SEHR STARK AUFGEWEICHT

Die Familie Angelika Bochmann •
Niederwürschnitz, den 11. Januar 1983

Sehr geehrte Mitarbeiter der Redaktion »Prisma« beim Fernsehen der DDR!

Als fast ständige Konsumentin Ihrer interessanten Sendungen gestatte ich mir Ihnen folgendes Problem zu unterbreiten:

Etwa Mitte Juli 1982 (!) mußten wir feststellen, daß im Keller unseres Hauses, Niederwürschnitz, Thälmannstraße 24, das kostbare Naß in der unmittelbaren Nähe der Wasseruhr in Richtung Kellerwand mit einem dichten Strahl weglief. Dabei wurde das Mauerwerk sehr stark aufgeweicht.

Ich bestellte sofort den Klempner. Dieser stellte fest, daß dies eine Angelegenheit für die zuständige Wasserwirtschaft sei. Der leitende Klempnermeister, Herr Kranz verständigte anschließend die Wasserwirtschaft in Oelsnitz/Erzgebirge, die für unseren Ort mit zuständig ist. Da sich aber nach 4 Wochen noch niemand von diesen Mitarbeitern sehen ließ, sprach ich selbst dort vor, um nachzufragen, ob unsere Reparatur bald erledigt werden könnte. Einige Tage später erschienen 2 Kollegen der Wasserwirtschaft um den Schaden zu beheben. Als sie jedoch den Hauptabstellschieber an der Straße betätigen wollten, stellten sie fest, daß dieser kaputt ist. So wäre es doch selbstverständlich gewesen erst einmal diesen in Ordnung zu bringen. Aber es tat sich nichts! – Nach etwa einem Vierteljahr sprach ich wieder bei der Wasserwirtschaft in Oelsnitz/Erzgebirge vor. Der zuständige Meister meinte wörtlich zu mir: »Ich dachte diese An-

gelegenheit bei Ihnen hätten unsere Kollegen schon längst erledigt.«
Er versprach mir wiederum baldige Erledigung.

Inzwischen ist nun schon 1/2 Jahr verstrichen und das Wasser läuft
noch immer sinnlos weg. Ferner ist also auch noch nicht der Haupt-
abstellhahn bzw. -schieber, noch unser Schaden behoben. Wie lange sollen wir nun noch warten und zusehen wie der Schaden sich
vergrößert??!

Bei meiner letzten Vorsprache bei der Wasserwirtschaft wies ich
darauf hin, daß ich mich um Hilfe für mein Anliegen an PRISMA
wenden werde, worauf ich zur Antwort bekam: »Sie wollen mich
wohl *erpressen*??«

Ich bin der Meinung, daß so eine Verhaltensweise, wie auch lang-
same Bearbeitung zur Erhaltung von Gebäuden, sowie Vergäudung
des besonders im vergangenen Jahr so kostbaren Wasser's nicht in
Ordnung ist!

Ich bitte um Ihre geschätzte Unterstützung!

Mit sozialistischem Gruß

UND DABEI KAUGUMMI KAUEN

Oliver Schuster • Mühlau, den 12. Januar 1983

Werte Kollegen!

In Ihren Sendungen, die ich regelmäßig verfolge, brachten Sie am
6. bzw. 7. Jan. den Beitrag über die Berufsberatung.

Im Prinzip habe ich gegen den Beitrag nichts, da Ihr Anliegen ist,
Schwächen und Fehler aufzudecken.

Ich habe mich aber stark gewundert, daß unsere zentralen Pub-
likationsorgane, die ja u.a. Normen für das Verhalten der Menschen
setzen, selbst zulassen, daß Jugendliche mit einem Angestellten der
Berufsberatung und einem Reporter sprechen und dabei Kaugummi
kauen.

Gehört das zur sozialistischen Persönlichkeit?

Ich bin seit 1945 Lehrer und Funktionär in der Volksbildung und meine, daß wir Texasmanieren nicht noch fördern. Oder sehe ich das falsch und habe noch zu altmodische Ansichten?

Am 21. Februar 1983 antwortet die Redaktion:

Lieber Herr Schwarzkopf!
Uns fielen die kaugummikauenden Jugendlichen natürlich auch auf, aber da wir sie völlig unvorbereitet ansprachen, wollten wir uns die Unmittelbarkeit der Reaktion nicht durch Vorschriften zerstören.
Im Übrigen: Gibt es überhaupt noch Jugendliche, die nicht Kaugummi kauen?
Mit freundlichem Gruß

EIN SCHÄNDLICHES BILD

Der Kulturbund der Stadt Neugersdorf, den 13. Januar 1983

Wir wohnen in der ca. 9000 Einwohner zählenden Industriestadt 8706 Neugersdorf/Sa..
Die meisten Bürger sind über die seit 1975 leerstehende HOG »Volkshaus« verärgert. Abgesehen davon, daß (außer einem Privathotel) alle Übernachtungen in den letzten Jahren abgeschafft wurden, bildet dieses ruinenhafte Gebäude im Centrum der Stadt einen Stein des Anstoßes. Niemand kann den Bürgern sagen, wie es mit dieser ehemaligen Gaststätte einmal weitergehen soll.
Das Hotel liegt direkt an der Transitstrecke zur CSSR und bietet für die vorbeifahrenden Gäste aus vielen Ländern ein schändliches Bild. Vor einigen Jahren wurde ein neues Stockwerk einschließlich Dach aufgesetzt, was bisher einige hunderttausend Mark kostete. Jetzt ist die untere Fensterreihe mit Brettern vernagelt und das Gebäude dem Verfall preisgegeben, obwohl viele Investitionsmittel ausgegeben wurden.

Es wäre für Sie bestimmt einmal gut, nicht nur die karnevalistischen Freuden der Stadt, sondern auch diesen »schwarzen Flecken« zu filmen. Alle Bürger wären Ihnen dankbar, wenn sich in dieser Richtung etwas zum Positiven ändern würde.

Wir erwarten gern Ihren Besuch und einen Bericht im Prisma.

DIESES SPOTTLOCH
Erwin Liebling • Adorf/Erzgebirge, den 28. Dezember 1983

Zur Kenntnisnahme und Hilfeleistung!

Der Rat der Gemeinde 9122 Adorf/Erzgeb. bereitet sich auf ein Jubileum vor, welches nicht zu sein braucht, man glaubt es kaum.

Im Jahre 1974 öffnete sich vor dem Eingang des Adorfer Gasthofes ein Loch welches sich seit dieser Zeit bedeutend vergrößert hat.

Was war geschehen? Das Mauerwerk des Dorfbaches war eingebrochen. Mal hieß es, es wird zugemacht, andermal kein Geld. So gingen laufend die Ausreden.

Eines Tages war ein Schild »Naturschutzgebiet« aufgestellt. Das Schild wurde wieder beseitigt, aber das Loch, ein Schandfleck für unseren Ort blieb.

Trotzdem erhielt unser Ort die Auszeichnung für vorbildliche Ordnung und Sicherheit.

Seit 9 Jahren wird von seitens des Rates der Gemeinde darum gekämpft, diesen Schandfleck zu beseitigen, aber immer vergebens. Nun heißt es, die Wasserwirtschaft ist dafür verantwortlich. Es tut sich aber trotzdem nichts.

Jeder der bis jetzt mit dieser Angelegenheit etwas zu tun hatte, mußte immer eine andere Ausrede finden, warum sich nichts getan hat. Seit 9 Jahren geht ein verstecktes Lächeln über die Gesichter unserer Einwohner. Ein Spott, wenn man in 9 Jahren nicht einmal in der Lage ist so eine kleine Angelegenheit zu bereinigen.

Zu jeder Sitzung oder Besprechung kommt seit Jahren diese Angelegenheit mit zur Sprache. Jedesmal gibt es eine andere Antwort.

Jeder tätige Bürgermeister im Ort konnte es bisher nicht schaffen dieses Loch zu beseitigen.

Es ist nicht nur das Loch! Es ist für unsere Bürger eine Gefahrenquelle an der Straßenkreuzung und bei Veranstaltung eine besonders Gefährlichkeit. Alles mögliche wird gebaut und hier will man nicht in der Lage sein dieses Spottloch zuzumachen.

Unsere Einwohner schütteln nur noch mit dem Kopf!

Wir bitten Sie sich dieser Angelegenheit einmal anzunehmen.

VERSCHWINDEN ZU LASSEN

Die Abteilung Transport des Photopapierwerk
Dresden, den 3. Januar 1984

Wertes Kollektiv der Fernsehreihe »Prisma«!

Dieser Brief bezieht sich speziell auf die Rückgewinnung von Silber aus Photopapier. Ich habe im Fernsehen die Dokumentarfilme darüber gesehen. Bei uns im »Photopapierwerk Dresden« werden aber Abfälle von dem Photopapier zu Ballen gepreßt und mit Fahrzeugen nach Freiberg gebracht, um sie dort in einer Kiesgrube verschwinden zu lassen.

Warum wird da nichts unternommen, um die Silberrückstände des Papiers zurückzugewinnen?

Silber ist auf dem Weltmarkt gestiegen, aber der Betrieb schmeißt es weg, damit entsteht dadurch praktisch auch ein hoher Geldverlust.

Da ich einmal schreibe, möchte ich auch noch ein zweites loswerden. Ob es bei Ihnen angebracht ist, weiß ich nicht.

Unser Betrieb wurde im Fernsehen öffentlich gelobt, wegen unserer ausgezeichneten Küche. Aber wissen die Leute auch, daß es keine ordentlichen Umkleidemöglichkeiten und saubere sanitäre Anlagen im Betrieb gibt?

Dafür werden Geldsummen für Aus- und Neubau von Büroräumen ausgegeben. Warum nicht für Lagermöglichkeiten und Duschen für die Werktätigen?

Ich bitte sie jetzt diese 2 Punkte zu überprüfen und in einer der nächsten Sendungen zu bringen.

Vielen Dank!

Es antwortet der Stadtbezirksbürgermeister Dresden Ost am 10. Februar 1984:

Dem Rat des Stadtbezirkes Dresden-Ost wurde der Teil der Eingabe zur weiteren Bearbeitung übergeben, der Aussagen zu den Arbeits- und Lebensbedingungen enthält.

Die Auswertung erfolgte im Betrieb zugleich mit einer Begehung im Beisein des Vertreters des Kollektivs, Herrn Reich.

Die kritisierten Zustände der sanitären Anlagen und des Umkleideraumes entsprechen den Tatsachen. Allerdings ist es Aufgabe des Kollektivs selbst, beide in einem sauberen Zustand zu halten. Die Pflege und die Herstellung von Ordnung und Sauberkeit sind Bestandteil des betrieblichen Wettbewerbes. In Auswertung des Wettbewerbes 1983 mußte eingeschätzt werden, daß diese Aufgaben vom Kollektiv nicht wahrgenommen wurden.

In Übereinstimmung mit Koll. Reich, der Betriebs- und Gewerkschaftsleitung wird mit dem gesamten Kollektiv bis Ende Februar 1984 eine Auswertung dazu erfolgen, in deren Ergebnis Festlegungen zur Herstellung von Ordnung und Sauberkeit durch das Kollektiv zu treffen sind.

KANINCHEN AN DIE LEINE

Margitta Laabs • Fichtenberg, den 5. Januar 1984

An die Abteilung Prisma

Mein Name ist Margitta Laabs, ich wohne ich Fichtenberg-Altenau, Kreis Bad-Liebenwerda. Ihre Sendung Prisma sehe ich mir immer sehr gern an. Überall in unserer Republik wird es besser nur bei uns wird es nicht. Unser Kreiskrankenhaus ist in Elsterwerda. Nichts gegen das Krankenhaus und Ärzte. Nur Verbindung müßte man haben. Am Mittwoch ist die Besuchzeit von 17.30 – 18.30. Da müssen wir Mittags 12.45 wegfahren und sind abends 23.00 wieder zu Hause. Sonntags ist es noch schlimmer da müssen wir früh 7.50 von Fichtenberg nach Riesa von dort nach Elsterwerda von 14.00 – 15.00 ist Besuchszeit. Zu Hause sind wir wieder kurz vor 19.00 Uhr wollen wir die lange Wartezeit nicht, müssen wir ein Auto besorgen es sind 35 km vom uns bis Elsterwerda.

Wollen wir in unsere Kreisstadt nach Liebenwerda müssen wir in Mühlberg umsteigen und Wartezeiten von 25-40 Min. hinnehmen, da unser Dorf von Kraftverkehr Liebenwerda nicht angefahren wird. Ist ein Kühlschrank oder Waschmaschine kaputt, kommen die Monteure von der PGH Liebenwerda mit den Auto können Sie die Reparatur nicht zu Hause machen muß man sich ein Auto besorgen und das Gerät nach Liebenwerda bringen 15 km. Wäscheschleudern müssen immer gebracht werden. Sie müssen auch wieder geholt werden. Seid September werden keine Kaninchen mehr abgeholt, alle müssen sie nach Mühlberg bringen das sind 5 km. Es gibt viele Rentner wie sollen die es schaffen zu fuß? Man kann ja schließlich die Kaninchen nicht an die Leine nehmen.

Es gibt also nur noch eins alles abschaffen nur ob daß für unsere Volkswirtschaft gut ist?

Wir haben ja nicht mal eine Öffentliche Fernsprechstelle. Telefonieren können wir nur von 11-13.30 und von 16-17.30 wenn die Post auf hat. Ich wäre Ihnen dankbar wenn Sie mir eine Antwort geben würden.

AUF DEM FALSCHEN DAMPFER

Alfred Krössin • Pferdebesitzer • Eichwalde, den 29. November 1984

Werte Kollegen!

Bittschön, ich möcht gern einen Rat von Ihnen haben. Bin ich auf dem falschen Dampfer, wenn mich die Umweltverschmutzung reißt?

Ich habe schon an die Zeitung geschrieben (1.10.84) habe aber keine Antwort bekommen. Kein Mensch fühlt sich angesprochen, irgend etwas zu unternehmen. Ich frage mich immer haben die Menschen kein Gewissen und Schamgefühl oder wie man es sonst noch ausdrücken kann?

Ganz in meiner Nähe, am Wasserturm, werden die ganzen Gartenabfälle, wie Laub, Unkraut, Wurzeln, abgeschnittene Äste ectr.

Gehe ich in den Wald, auch nicht weit von mir, sieht es nicht besser aus, sogar Fallobst wird hingeworfen. (Zu letzteren muß ich sagen, daß ich schon viel davon aufgehoben habe, weil meine Pferde mit Vorliebe davon Gebrauch machen.)

Eben so auf meiner Futterwiese, wie oben, dazu kommen noch die fröhlichen Rasenlatscher, wie man so schön sagt. Wenn man dann etwas sagt, muß man gewertig sein, aus sicherer Entfernung einen Stein an den Kopf zu kriegen. Auch in dem Zeuthener Wald oder Schulzendorf was das ist, sieht es auch nicht anders aus.

Sicher ich gebe zu, die Behörden haben wenig Zeit, aber es müssen doch Institutionen geben, welche da mal ordentlich eingreifen können.

Vielleicht geben diese Menschen noch an, wie schön ihr Grundstück in Ordnung ist.

In der Hoffnung nun an die richte Stelle geschrieben zu haben, verbleibe ich mit herzlichem Gruß

Es wäre auch nicht schlecht, wenn man mal eine Überprüfung unternehmen würde, wegen der Abwassergruben. X-Jahre stehen alle und es wird nach meiner Meinung dann mal eine Sickergrube drauß.

300 m vom Wasserturm entfernt ist Bedingung. Am besten wäre es, wenn man sich mal bei der Fäkalienabfuhr eine Liste geben ließ, wehr alles abfahren läßt. In unserer Straße weiß ich gerade einen.

Eichwalde, den 29.11.84

An den
Fernsehfunk
1199 B e r l i n
Abt. Umwelt Umschau

7 4. Jan. 1985
Z 12

Werte Kollegen!
Bitteschön, ich möchtet gern einen Rat von Ihnen haben. Bin ich
auf dem falschen Dampfer, wenn mich die Umweltverschmutzung
reißt?
Ich habe schon an die Zeitung geschrieben (1.1o.84) habe
aber keine Antwort bekommen.
Kein Mensch fühlt sich angesprochen, irgend etwas zu unternehmen.

Ich frage mich immer haben die Menschen kein Gewissen und
Schamgefühl oder wie man es sonst noch ausdrücken kann?
Ganz in meiner Nähe, am Wasserturm, werden die ganzen Garten-
abfälle, wie Laub,Unkraut,Wurzeln, abgeschnittene Äste eetr.
Gehe ich in den Wald, auch nicht weit von mir, sieht es nicht
besser aus, sogar Fallobst wird hingeworfen.(Zu letzterem muß
ich sagen, daß ich schon viel davon aufgehoben habe, weil meine
Pferde mit Vorliebe davon Gebrauch machen.)

Ebenso auf meiner Futterwiese, wie oben, dazu kommen noch die
fröhlichen Rasenlatscher, wie man so schön sagt. Wenn man dann
etwas sagt, muß man gewertig sein, aus sicherer Entfernung
einen Stein an den Kopf zu kriegen.
Auch in dem Zeuthener Wald oder Schulzendorf was das ist, sieht
es nicht anders aus.
Sicher ich gebe zu, die Behörden haben wenig Zeit, aber es müssen
doch Institutionen geben, welche da mal ordentlich eingreifen
können.
Vielleicht geben diese Menschen noch an, wie schön ihr Grundstück in Ordnung ist.
In der Hoffnung nun andie richte Stelle geschrieben zu haben,
verbleibe ich mit herzlichem Gruß

1603 Eichwalde,

Auf dem falschen Dampfer

326

Es wäre auch nicht schlecht, wenn man mal eine Überprüfung
unternehmen würde, wegen der Abwassergruben. X-Jahre stehen
alle und es wird nach meiner Meinung dann mal eine Sickergrube
irauß.

3oo m vom Wasserturm entfernt ist Bedingung.

Am besten wäre es, wenn man sich mal bei der Fäkalienabfuhr
eine Liste geben ließ, wehr alles abfahren läßt.

In unserer Straße weiß ich gerade einen.

K

»Kein Mensch fühlt sich angesprochen, irgend etwas zu unternehmen.«

SCHLAMPEREI UNGEHINDERT

Lothar Bestenreich • Colmnitz, den 22. Dezember 1984

Sehr geehrte Frau Ebner!

Ich höre mir immer Ihre Prismasendungen an und da kommen so oft Dinge die man erlebt, aber leider um 180 versetzt. Hatte mich schon oft entschlossen Ihnen zu schreiben, wenn man sich nicht von anderen Menschen beeinflussen liese. Die allgemeine Meinung ist »Eine Schwalbe Macht keinen Sommer« und ich meine vielmehr, weil alle so denken kann die Schlamperei ungehindert voran schreiten.

Damals wegen der alten Reifen die zerkleinert werden sollten und zum Straßenbelag verwenden. Nach dieser Sendung habe ich Rauch gesehen wo man verbrande.

Jetzt wieder wegen Papier sammeln um Bäume im Wald zu sparen. Nun eine Frage an Sie, was halten Sie von Gebäuden, die nicht mehr genutzt werden, wie große Scheunen wo viele m3 Holz, ob gute starke Balken oder Bretter als Nutzholz oder zum feuern verwendet werden könnten. Muß man da warten und zusehen weil das Dach schadhaft ist und beim Regen und Sturm alles verschlimmert und somit läuft das Wasser bis unten durch. Das Holz fault und eines tages bricht dieser Bau in sich zusammen. Kann man da nicht abreisen und retten was noch zu retten ist oder werden die Abbrucharbeiten zu teuer und wir können uns das leisten Holz verfaulen zu lassen?

Schlimm genug wenn die Behörde zu sieht wenn Privatgebäude vergammeln, aber noch schlimmer, wenn es Gebäude sind die der Gemeinde gehören. Ob Bäume für Bauten gespart werden oder Kohle.

Einer Antwort sieht dankend entgegen

NOTWENDIGEN ARZTBESUCH GESPART

Bertram Kleiner • Struppen, den 4. Januar 1985

Werte Kollegen!

Am gestrigen Donnerstag, den 3.1.1985 sah ich die Sendung Prisma. Im ersten Beitrag ging es um die Erweiterung der Sprechstundenzeiten in die Nachmittags- bzw. Abendstunden. Diese Idee als solche hat viel für sich. Für mich erhebt sich nur die Frage, werden diese Arztkapazitäten nicht an anderer Stelle eingespart.

Ich möchte Ihnen dies etwas näher erläutern. Struppen liegt zirka 5 km von Pirna entfernt. Die Arztpraxis betreut die Bürger von Struppen und Naundorf zirka 2 km entfernt. Vor einigen Jahren zirka 7-8, wurde im Neubaugebiet Pirna-Sonnenstein eine Poliklinik in Betrieb genommen. Zu diesem Zeitpunkt benötigte man wahrscheinlich den bis dahin in Struppen praktizierenden Zahnarzt, denn die Zahnarztpraxis wurde geschlossen und nun müssen alle zur Poliklinik Pirna-Sonnenstein. Auf Grund der Busverbindungen ist dies mit einem erheblichen Mehraufwand an Zeit verbunden. Jetzt steht ein neues Problem. Die allgemeine Arztpraxis hat zur Zeit 2 x wöchentlich Nachmittags Sprechstunde, in Zukunft soll dies nur noch einmal wöchentlich sein. Die Sprechstundenhilfe soll den 2. Nachmittag in der Poliklinik Pirna-Sonnenstein arbeiten. Dies kann ja Vorteile für die Poliklinik Pirna-Sonnenstein bringen, aber nicht für die Einwohner von Struppen. Die Verbindungen am Abend sind so schlecht, daß mancher sich den notwendigen Arztbesuch spart, oder am nächsten Vormittag während der Arbeitszeit geht.

Nichts gegen Verbesserungen im Gesundheitswesen, aber nicht auf Kosten der Landbevölkerung.

Sie sehen, der Vorteil für Einen kann der Nachteil für den Anderen sein.

Hochachtungsvoll

SCHON AUS FINANZIELLEN GRÜNDEN

Annegret Rauschenbach • Dresden, den 9. Januar 1985

Werter Herr Caspar!

Den anhängenden Artikel las ich heute in meiner Tageszeitung. Mit Energie sparsam umzugehen halte ich für sehr wichtig. Als Rentner machen wir das schon aus finanziellen Gründen ohne Aufruf.

Uns Mietern der Wohnzeile gegenüber stehen 3 Interhotels mit der Lichtreklame »Interflug«, »Willkommen« und »Neues Deutschland«. Diese Reklame ist in der Zeit, wo viele Touristen unsere Stadt besuchen, sehr angebracht. Aber jetzt im Winter läuft diese Reklame ebenfalls oft schon ab 16 Uhr bis früh zwischen 7 und 8 Uhr.

Genügte da nicht die Zeit bis 24 Uhr? Könnte nicht dort und vielleicht in ähnlichen Fällen Energie eingespart werden?

Ich hoffe, ich habe durch diesen Hinweis keinerlei Nachteile. Ich verfolge gern Ihre Sendung »Prisma«, die immer sehr interessant und aufschlußreich ist.

Mit freundlichen Grüßen

Sie schreibt noch einmal am 11. Februar 1985, nachdem sie eine nicht in den Akten überlieferte Antwort von Prisma erhalten hat:

Werter Herr Gierds!

Herzlichen Dank für Ihr Schreiben vom 29.1.85, woraus ich ersehen kann, daß die Angelegenheit meines Schreibens vom 9.1.85 nicht in Ihr Ressort gehört. Sendemäßig darauf einzugehen habe ich nie erwartet, bzw. es wäre mir gar nicht recht gewesen. Entschuldigen Sie bitte, daß Sie durch meinen Hinweis, den ich wohl besser in Dresden geben müßte, zusätzliche Arbeit gehabt haben.

Hier läuft die Reklame lustig weiter bis zum hellen Tag. Lassen wir sie laufen, wenn die dafür Verantwortlichen es für richtig halten. Auf Ihre immer interessante Sendung PRISMA freue ich mich auch weiterhin.

Mit freundlichen Größen

UNZUMUTBARER GESTANK

Gustav Hermann • Niederfrohna, den 4. Januar 1987

Werte Genossen und Kollegen!

Nach längerem Zögern bin ich nun doch zu dem Entschluß gekommen mich mit einem Problem an Sie zu wenden. Es handelt sich um die Kläranlage der Stadt Limbach-Oberfrohna, die auf dem Territorium Niederfrohna, angrenzend an Wohngrundstücke steht.

Diese Kläranlage bereitete seit Baubeginn in den 60ziger Jahren der Gemeinde und den Anwohnern nur Schwierigkeiten. Der Klärschlamm wird offen in einen Teich gepumpt. Das führt zu unzumutbaren Gestanksbelästigungen und deshalb zu einer Flut von Eingaben über mehrere Jahre.

Seitens der Leitung des VEB WAB wurden die Anwohner in mehreren Zusammenkünften zur vertröstet und mit Versprechungen, die nie gehalten wurden, beruhigt.

Die Gemeindevertretung und der Bürgermeister haben immer wieder versucht, dort einen ordnungsgemäßen und gesetzlichen Zustand herzustellen, doch vergebens. Ich selbst war viele Jahre Abgeordneter und wir haben diesen VEB WAB nicht dazu bringen können, daß die Vorgaben und Versprechungen erfüllt wurden. Der Bürgermeister kann doch dieses Problem nicht zu seiner Lebensaufgabe machen lassen. In der Gemeinde (Rathaus) ist ein voller Ordner mit Schreiben und Eingaben vorhanden, aber eine Lösung ist nicht in Aussicht. Bürger sind schon deshalb nicht zur Wahl gegangen.

Es sollte eine Leitung zu einer Deponie gelegt werden, Genehmigungen dazu sind vorhanden, nicht erfüllt. Eine Decenteranlage wurde eingebaut, ohne Zustimmung der Anwohner. Sie arbeitet nicht oder nur kurzzeitig. Der Schlamm wird weiter in den Teich gepumpt. Die Dämme wurden erhöht und verstärkt.

Nun kommt die größte Schweinerei. Wenn das Wasser im Teich (er ist schon etwas verlandet) nach starken Niederschlägen ansteigt, so wird durch die Rohre, die im Damm liegen, der Schlamm und das Wasser direkt dem Bach zugeführt. Da kommt ein Kollege der

Kläranlage und stochert die Rohre durch. Die Anwohner am Bach im ganzen Ort schimpfen dann über den Gestank im Bach. So leicht macht sich dieser VEB WAB die Arbeit. Jeder Betrieb wird mit Sanktionen belegt, wenn die Abwässer nicht in Ordnung sind und selbst kann der VEB WAB solche Schweinereien durchführen.

Die Kollegen, die in dieser Kläranlage arbeiten sind prima Kollegen, auch gesellschaftlich tätig und genießen unsere Achtung. Durch ihre Initiative wurde schon manches behoben.

Damit der Schlamm nicht mehr in den Teich gepumpt werden braucht, müßte die Decenteranlage (Zentrifuge) richtig arbeiten können. Dies ist seit einigen Jahren immer noch nicht möglich. Ich erhielt die Auskunft, daß die Zentrifuge nicht arbeiten kann, da das dafür benötigte Flockungsmittel nicht vorhanden sei.

Damit kann ich mich nicht zufrieden geben. Es wird angegeben, daß dieser Zustand auch im Ministerium bekannt sei. Für mich wäre es politisch eine große Enttäuschung wenn ein Ministerium diesen Zustand nach so vielen Jahren noch nicht gelöst hätte.

Dieser üble Zustand stinkt nicht nur in der Luft, man muß dies auch politisch sehen. Die Leitung des VEB WAB Karl-Marx-Stadt schlägt doch alle Äußerungen von Partei und Regierung, vom Vertrauen zu den staatlichen Leitungen und zur Partei damit in den Wind. Man wird ja unglaubwürdig gegenüber Bürgern, wenn man auf ihre Sorgen und Beschwerden keine Antwort geben kann.

Die Leitung des VEB WAB ist schon lange bei uns im Ort unglaubwürdig. Das ist doch eigentlich das schlimmste was einem passieren kann, doch diese Verantwortlichen haben sich noch nie etwas daraus gemacht. Eingaben und Beschwerden vieler Bürger haben sie bis jetzt noch nicht gelöst und diese Problem ist schon 13 Jahre alt. Vielleicht können Sie hier Abhilfe schaffen.

Als Beweis für obige Anschuldigungen möchte ich die Gemeindevertretersitzung in Niederfrohna am 04.12.86 anführen. Zu dieser Sitzung waren auch einige Anlieger zur Kläranlage geladen. Alle, selbst der Bürgermeister erwarteten an diesem Tag endlich etwas konkretes über die Arbeit der Kläranlage zu erfahren. Ein Vertreter des VEB WAB Karl-Marx-Stadt war gekommen und erläuterte dort die Arbeit der Kläranlage als sei alles in Ordnung. Den Leiter entschuldigte er mit dem Hinweis, daß dieser zum Ministerium gerufen war.

Nach den Ausführungen dieses Vertreters arbeitet die Decenteranlage, und nur in den seltensten Fällen wird noch Schlamm in den Teich gepumpt. Weil ich, als unmittelbarer Anlieger zum Schlammteich, aber den gesamten Sommer und Herbst fast täglich beobachten konnte, wie weiterhin der Schlamm in den Teich gepumpt wurde, habe ich diese Ausführungen widerlegt.

So kamen wir uns alle wiedereinmal mächtig veralbert vor.

Über das neuerliche schlechte Auftreten der Leitung des VEB WAB Karl-Marx-Stadt waren viele Abgeordnete und Gäste sehr verärgert. Die müsste nun endlich mal der letzte Beweis sein, wie diese Leitung mit dem Gesetz über die Volksvertretungen umgeht, und mit welcher Einstellung sie in solche Sitzungen kommt.

In der Hoffnung, daß Sie bei der Lösung dieses Problems helfen können zeichnet mit sozialistischem Gruß

IM GRABE UMDREHEN

Käthe Obenauf • Fürstenwalde, den 6. Januar 1987

Werte Mitarbeiter der Redaktion Prisma!

Ich weiß, daß Sie sich vorwiegend mit ökonomischen Problemen beschäftigen, was zweifellos auch den Vorrang hat, da ohne ökonomischen Leistungszuwachs kein Fortschritt zum Wohle aller möglich ist. Dennoch möchte ich mich heute mit einer Problematik an Sie wenden, die leider gar keinen ökonomischen Nutzen bringt, im Gegenteil, sie erfordert viel Ökonomie.

Mein Heimatort ist Gusow im Kreis Seelow. Hier bin ich aufgewachsen, habe meine ersten 20 Lebensjahre verbracht. Unser Grundstück, wo heute noch meine Eltern leben, liegt unmittelbar am ehemaligen Schloß Gusow. Dieses Schloß ist ein recht imposanter und großer Bau, der die Schrecken des Krieges recht unbeschadet überstanden hat. Nachdem dieses Schloß in den ersten Jahren nach dem Krieg vor allem als Lager für allerlei Waren diente, begann vor etwa 10 Jahren ein systematischer Ausbau des Schlosses.

Mit Freude registrierten es die Dorfbewohner, denn das Schloß ist heute noch ein architektonisch beeindruckendes Gebäude, wie sie es sicher nicht allzu viele in unserer Republik gibt. Das gesamte Obergeschoß wurde zu Unterkünften ausgebaut. Es entstand eine große Gemeinschaftsküche mit Essensaal, eine Gaststätte und weitere gesellschaftliche Einrichtungen. Heute dient das Schloß für den Kreis Seelow als Zentrum von Tagungen, Schulungen usw. Außerdem hat hier das größte Lager Erholung und Arbeit des Oderbezirkes, einige hundert Plätze in jedem Durchgang, sein Domizil.

Gegen diese Nutzung ist zweifellos nichts einzuwenden. Wo einst wenige wandelten, gehen heute Tausende ein und aus. Leider wurde bei dieser intensiven Nutzung einiges vergessen. So reicht zum Beispiel die für die Großküche und die Gaststätte gebaute Fäkaliengrube schon lange nicht mehr aus, um bedarfsgerecht zu entsorgen. Die Problematik bei der pünktlichen Abfuhr von Fäkalien ist Ihnen sicher auch bestens bekannt.

Seit Jahren fließen die Sanitärabwässer in den das Schloß umgebenden Graben. Der Graben ist seit gut fünf Jahren biologisch tot. Die Gerüche breiten sich nicht nur auf die umliegenden Häuser aus. Da vom Graben mehrere Zuflüsse in einstige Gräben des angrenzenden Parks münden, bietet sich hier das gleiche Bild, eine graue Strömung, die streckenweise sogar Schaum schlägt, wohl wegen des Fitwassers. Das ist jedoch nur das eine Übel.

Vor etwa 10/12 Jahren mußte auf der einen Seite des Schlosses, das übrigens in U-Form gebaut wurde, eine Notbrücke errichtet werden. Es hieß, die ursprüngliche Brücke wird wieder instandgesetzt. Inzwischen ist schon ein Jahrzehnt vergangen. Die alte Brücke fällt immer mehr ein, das Geländer rundherum wird zunehmend zur Gefahrenquelle für Kinder. Und die gibt es hier viel, weil in der Großküche die Schülerspeisung erfolgt. Jahr für Jahr stürzt auch immer mehr der alten Befestigung (gemauert) ein, so daß man sich nur wundert, das nicht das gesamte Bauwerk allmählich absackt. Von den verunzierenden unnötigen Anbauten, die das historische Antlitz des Schlosses verunzieren, sei einmal gar nicht die Rede.

Ein Wort muß ich allerdings noch zum Park verlieren. Er gehörte einst zu den Stückchen Erde, die Fontane auf seiner Wanderung bewunderte. Eine Fontane-Büste im Park erinnerte einst auch daran. Sie wurde allerdings schon vor vielen Jahren umdeponiert. Wohl auch deshalb, weil sich der gute Mann im Grabe umdrehen würde, sähe er den Park heute. Ich kenne den Park selbst noch als wirklich wunderschöne Erholungsstätte, mit vielen Bäumen, verschiedenen Naturgebieten (Feuchtgebiete mit entsprechendem Pflanzenwuchs und Tierbestand), mit großzügigen Wegen und alten Grabenanlagen. Unsere Eltern und auch wir selbst haben damals oft mit Hand angelegt, um dieses große Parkgelände halbwegs in Ordnung zu halten. Die heutige Situation des Parks zu beschreiben, ist fast unmöglich. Er ist eine Ansammlung von Gestrüpp und völlig verwildert. Wo alte Brücken Altersschwäche bewiesen, wurde einfach der Weg gesperrt. Von den friedlich dahingurgelnden Bächen ist nichts mehr zu finden. Die Wege wachsen fast zu, einige sind kaum passierbar, da sich zunehmend eine Sumpflandschaft breitmacht. Bei jedem Besuch meiner Eltern führt es mich und meine Familie in den Park und es will mir nicht in den Kopf, wie man solche Naturgegebenheiten so verwildern lassen kann. Wen wundert es, wenn die älteren Dorfbewohner von der Zeit schwärmen, wo die Grafschaft regierte, man Boot fahren konnte auf den schönen Gräben, Halt machen an der Grotte, oder wo man in landschaftlicher Idylle die Natur genießen konnte.

Ich bin Mitglied der SED, also keinesfalls ein Grüner, der irgendwelchen Illusionen nachhängt. Hier scheint mir jedoch eine große Unterlassenheit zu geschehen. Ich sehe auch das große Potential, das jährlich mit der Schülern im Lager E/A sowie im Herbst mit den Studenten im Ort weilt. Würde jeder Durchgang nur einen halben Tag im Park wirken, wäre das für alle ein großer Gewinn. An den Leuten kann also hier nicht liegen. Der Rat der Gemeinde bemüht sich auch seit Jahren, von übergeordneter Stelle Hilfe und Unterstützung zu bekommen. Eine Hilfe durch das Lager wäre auch eine gute Geste gegenüber der Gemeinde, die durch die vielen hundert Jugendlichen im Sommer über sehr gefordert wird. Denn in dieser Zeit gibt es auch bis auf einen kleinen Kiosk keine anderen Versorgungsobjekte im Ort.

Ich weiß nicht, ob die Problematik für Sie interessant genug ist, um sie einmal aufzugreifen. Erfolge sind heute schon nur auf lange Sicht möglich. Wenn jedoch noch einige Jahre gewartet wird, bin ich sicher, daß hier wertvolles historisches und natürliches Gut verloren geht. In der Hoffnung auf Nachricht von Ihnen verbleibe ich mit freundlichem Gruß

PS: Ich möchte nicht versäumen, dem Kollektiv der Sendung ein erfolgreiches 1987 zu wünschen. Auf das Sie weiterhin mit kritischem Blick analysieren und recherchieren, wie die Beschlüsse unserer Partei im Interesse und zum Wohle der Menschen verwirklicht werden.

HIMMELSCHREIENDE SCHLAMPEREI

Benno Schuhmacher • Bernau, den 11. Januar 1987

Werte Kollegen der Redaktion »Prisma«

Ich wende mich heute an Ihre Redaktion, weil alle anderen Versuche, Futtertonnen für unser Wohngebiet zu erhalten bisher fehlschlugen.

Zum Sachverhalt:

Seit dem 16. Januar 1986 wohne ich in Bernau, Hohe Steinstraße. Dieses Wohngebiet ist im Rahmen der Rekonstruktion Bernaus entstanden. Nun besteht seit o.g. Zeitraum von vielen Bürgern unseres Wohngebietes der verzweifelte Versuch Futtertonnen zu bekommen. Nicht nur ich, sondern auch andere Bürger fragen sich ob wir uns es volkswirtschaftlich leisten können so wertvolles Futter, wie es ja nunmal in Haushalten anfällt, einfach in die Mülltonnen zu werfen?

Das Problem verschärfte sich noch im Zeitraum von April bis September 1986 wo dann nicht einmal die Mülltonnen regelmäßig abgeholt und geleert wurden. Auf Anfrage bei der VEB Gebäudewirtschaft erhielt ich nur unzureichende Antworten und wurde zur Stadtwirtschaft verwiesen. Die Stadtwirtschaft erklärte damals, sie hätten nur ein Entsorgungsfahrzeuge und könnten deshalb nur unzureichend entsorgen.

Als dann die Mülltonnen (verursacht durch den hohen Futteranteil im Müll) zu »leben« begannen wendete ich mich an die Kreishygieneinspektion, doch diese Einrichtung fühlte sich für dieses Problem der Futterabholung nicht richtig zuständig. Bei nochmaliger Nachfrage bei der Gebäudewirtschaft sagte mir die Kollegin, naja da muß ich (also die Kollegin) nochmal bei der LPG anrufen.

Doch leider hat sich bis heute nichts an diesem Zustand geändert. Es kann doch nicht sein, daß in einer sozialistischen Kreisstadt wie Bernau es nicht möglich ist für eine ordnungsgemäße Futterentsorgung zu sorgen.

Das hat auch nichts mehr mit Aufdeckung von Reserven zu tun, sondern ist eine zum Himmel schreiende Schlamperei der Stadt Bernau. Da es sich ja bei uns um kein Neubaugebiet handelt, sondern um ein wieder aufgebautes Gebiet muß es doch möglich sein, diese Zustände abzubauen. Vor der Rekonstruktion dieses Gebietes wurde doch bestimmt auch das Futter abgeholt.

Zum Abschluß möchte ich noch auf etwas statistisches verweisen: Im betreffenden Wohngebiet sind es rund 14 Hauseingänge mit jeweils 6 Wohnungen, also 84 Familien.

Ich möchte mich verabschieden mit der Hoffnung aller Bewohner des Wohngebietes, daß sich schon bald etwas an diesem Zustand ändert.

Mit kommunistischem Gruß

HERRLICH DIREKT

Annette und Dietrich Mehlhose • Dresden, den 3. Januar 1988

Wir wohnen herrlich direkt am Flughafen von Dresden-Klotzsche, die Kaufhalle gegenüber, das Industriegebiet um die Ecke u. seit 8 Jahren sind wir dem großen Feuer ausgesetzt. Die Asche von 3000

Ztr. Kohlen und der Müll von 42 Familien wird 2 m vor meine Fenster und 3 m vor die Stubenfenster des 42 Fam. Wohnblocks (5 Häuser) abgekippt. Es fließen Eingaben und Eingaben usw. Doch die Feuer, Unfall, Schmutzbelästigung und der Bürgerkrieg wird von Tag zu Tag größer. Bitte bitte helfen Sie uns! Jeden Tag mit Einbruch der Dunkelheit brennen etliche der 34 Kübel. Ich habe sie bisher gelöscht. Die Feuerwehr kommt erst, wenn alles hell lodert. So wurde ich im Februar 1987 Louisenstraße Dresden Hauptfeuerwehr abgeblitzt ...

Mit bestem Dank und sozialistischem Gruß

MUND MIT VERSPRECHUNGEN

Ein anonymer Brief aus Großdubrau vom 25. Dezember 1987

Liebes Prisma-Kollektiv!

Dies soll ein Hilferuf im Namen vieler Einwohner von Großdubrau sein. Großdubrau ist ein Dorf in der Nähe von Bautzen im Bezirk Dresden. In unserem Ort gibt es außer ein Paar kleinen auch zwei wichtige Großbetriebe, den VEB Preßwerkzeugbau (Kombinat Ottendorf- Okrilla) und den VEB »Margarethen-Hütte«.

Wir sind ein großer Landkreis. Aus allen umliegenden Dörfern kommen die Einwohner nach Großdubrau arbeiten und somit auch einkaufen. Außerdem haben wir im Sommer einen regen Urlaubsverkehr durch unsere »Adria« zu verzeichnen. Unsere Versorgung jedoch ist katastrophal. Trotz mehrerer Eingaben an verschiedene Institutionen hat sich kaum etwas geändert.

Und nun zum Kern unseres Anliegens.

In Großdubrau wurde etwa vor 10 Jahren mit dem Bau einer Kaufhalle begonnen. Inzwischen sind weder der Bürgermeister noch seine Stellvertreterin im Amt. Der jetzige Bürgermeister hat zwar den Mund mit Versprechungen recht voll genommen, indem er auf der öffentlichen Einwohnerversammlung die Eröffnung zum 07.10. 1987 versprach, aber passiert ist wieder nichts. Erwähnen möchte ich noch, daß das Objekt in den vergangenen Jahren als Lagerraum genutzt wurde.

Auch wenn ich meinen Namen nicht unter diesen Brief setze hoffe ich, daß Sie sich dieser Sache annehmen. Sie werden feststellen, daß es schon fast ein Wirtschaftsverbrechen ist, wie hier Geld und Baumaterial verschleudert wurden.

Ich danke Ihnen im voraus.

Mit freundlichem Gruß!

SOZIALISTISCHER VIEHTRANSPORT

Kurt Markwart • Dresden, den 14. Januar 1988:

Werte Prisma-Redaktion!

Ich möchte mich mit einem sehr interessanten und zugleich sehr schwierigen Fall an Sie wenden. Ich muß ehrlich zugeben, daß ich kein ständiger Gast Ihrer Sendung bin. Es fällt manchmal ziemlich schwer, Ihre Beiträge mit Geduld und Verständnis zu verfolgen, wenn man tag-täglich ähnliche oder krassere Beispiele selbst erlebt, die die Wirklichkeit des real existierenden Sozialismus wiederspiegeln. Soll man dann am Abend im Fernsehen in Ihrer Sendung weiterhin mit solchen Problemen konfrontiert werden, so hat man doch nicht die Nerven dazu. Wenn Ihre Sendezeit mit 45 Minuten in 14 Tagen entschieden zu knapp bemessen ist, denn Stoff gebe es für mindestens 24 Stunden am Tag, und Sie mit Ihrer Kritik meist an der Oberfläche bleiben und nicht bis an die Wurzel des Übels vordringen, so stellt Prisma doch einen kleinen Gegenpol zu den standardgerechten Hoch-Rufen und der sonst üblichen rosa-rot Malerei in allen Medien dar ...

Als Fazit ... bin ich zu dem Schluß gekommen, daß derzeit bei den Verkehrsbetrieben Dresden nicht mal mehr das 1x1 beherrscht wird, wodurch diese chaotischen Zustände und das indiskutable Niveau entstanden sind. Die Ursachen sind darin zu suchen, daß bei den meisten Mitarbeitern der Verkehrsbetriebe (angefangen beim Betriebsdirektor über den staatlichen Leiter bis zum Fahrer) nicht die erforderliche Einstellung zur Arbeit und Einsatzbereitschaft vorhanden ist, mangelhaftes Bewußtsein vorliegt und teilweise die erforderliche Qualifikation fehlt. Um die erhöhten Aufgaben der Zeit zu lösen und zu beherrschen braucht man junge, dynamische, kreative Menschen, die die erforderliche Einstellung zur Arbeit mitbringen. ...

Immer wieder kommt es in Mode, daß die Bahnen nur mit Triebwagen bzw. nur mit einem Hänger verkehren und das jetzt im Winter, wo wesentlich mehr Fahrgäste zu befördern sind. Die Folge davon ist, daß ein Viehtransport das reinste Vergnügen dagegen ist. Das ist eben der sozialistische Viehtransport zur Arbeit. Es ist nicht schwer zu erraten, wie diese Werktätigen mit welcher Laune und »Zufriedenheit« auf Arbeit ankommen, aber dann täglich zu Hochleistungen angetrieben werden ...

Folgendes Gespräch fand im Herbst vergangenen Jahres an der Endhaltestelle in Zoschertnik zwischen zwei Fahrern statt:

A: Ich habe heute 15 min Verspätung.

B: Wieso?

A: Ich bin heut den ersten Tag nach dem Urlaub wieder auf Arbeit und mein Dienst begann um 4 Uhr. Da hat mich doch dieser Arsch gleich für die erste Bahn 4.04 eingeteilt. Da bin ich natürlich in aller Ruhe in die Kantine und habe erst mal meinen Kaffee getrunken. Als der nach 10 Minuten in die Kantine kam, und ich dort saß, hat der sich aufgeregt, ich soll endlich losfahren. Ich bin dann in aller Ruhe los und unterwegs kamen noch 5 Minuten dazu, so daß ich hier 15 Minuten später ankam. Wie soll man so etwas seitens des Fahrers und seines Vorgesetzten bezeichnen? ...

Wenn vom Betriebsdirektor darauf verwiesen wird, daß ein großer Personalmangel herrscht, dann muß man sich auch mal die Frage stellen warum? Vielleicht ist etwas mit der Entlohnung oder anderen sozialen Belangen nicht in Ordnung. Da ist es eben unsinnig, wenn man darauf stolz ist, daß man für 16 1/3 Pfennig quer durch die Stadt fahren kann. Kann man wirklich fahren? Ja, wenn zufällig eine vorbeikommt. Der größte Teil der Bürger wäre lieber bereit einen der Zeit angepaßten Fahrpreis zu entrichten, aber dafür ordentlich, pünktlich und niveauvoll befördert zu werden, im Gegensatz zu dem momentanen, niveaulosen, zufälligen Transport.

Im Anhang zum Brief findet sich ein Zeitungsausschnitt über die Tagung des Bezirkstages Erfurt, der folgendermaßen kommentiert wird:

Alles schöne und wahre Worte. Doch wie sieht es damit in Dresden in der Praxis aus? Was würde Genosse Honecker zu solchen Verhältnissen sagen? Was würde er dazu sagen, wie hier mit Vorschlägen und kritischen Hinweisen der Bürger umgegangen wird? Dem Text zu urteilen würde er dies bestimmt nicht begrüßen. In Dresden muß bestimmt noch viel Wasser die Elbe hinunterfließen, bis seine, so treffenden, Worte in die Tat umgesetzt werden.

DER TOTALE VERFALL

Meinhardt Stark • Bereichsleiter Bestattung •
Zittau, den 27. Januar 1989

Wertes Kollektiv der Prismasendung!
Nach langem Zögern wende ich mich heute an Sie, obwohl das Problem etwas außerhalb der üblichen Problematik Ihrer Sendung liegt. Für mich ist es der letzte Versuch, die Verantwortlichen an ihre gesetzlich festgelegte Pflicht zu erinnern.
Es geht um die Erhaltung oder den weiteren Verfall unseres Krematoriums in Zittau. Probleme der Bestattung werden im allgemeinen nicht in der Öffentlichkeit behandelt, aber hier kann nur noch dieser Weg helfen. Jeder hat einmal mit der Bestattung zu tun und es ist für uns als Bestattungseinrichtung selbstverständlich, allen Bürgern Dienstleistungen anzubieten, die eine würdige Bestattung jedes Verstorbenen sichert. Wichtige Voraussetzungen dafür sind unter anderen, Friedhofsbauten, die einen ordentlichen Bauzustand aufweisen. Am 1908/09 erbauten Krematorium sind seit längerer Zeit dringende Werterhaltungsmaßnahmen notwendig. Als erste: die Erneuerung des Außenputzes, da, an einigen Stellen das Mauer-

Bereichsleiter Bestattung
beim DLK Stadtwirtschaft Zittau

8800 Zittau, den 27.1.1989

&. doc 436

Fernsehen der DDR
Redaktion "Prisma"
B e r l i n
1 1 9 9

Wertes Kollektiv der Prismasendung !

Nach langem Zögern wende ich mich heute an Sie, obwohl das Problem
etwas außerhalb der üblichen Problematik Ihrer Sendung liegt. Für
mich ist es der letzte Versuch, die Verantwortlichen an ihre gesetzlich festgelegte Pflicht zu erinnern.

Es geht um die Erhaltung oder den weiteren Verfall unseres Krematoriums in Zittau. Probleme der Bestattung werden im allgemeinen
nicht in der Öffentlichkeit behandelt, aber hier kann nur noch dieser Weg helfen.
Jeder hat einmal mit der Bestattung zu tun und es ist für uns als
Bestattungseinrichtung selbstverständlich, allen Bürgern Dienstleistungen anzubieten, die eine würdige Bestattung jedes Verstorbenen sichert. Wichtige Voraussetzungen dafür sind unter anderen,
Friedhofsbauten, die einen ordentlichen Bauzustand aufweisen.

Am 1908/09 erbauten Krematorium sind seit längerer Zeit dringende
Werterhaltungsmaßnahmen notwendig. Als erste: die Erneuerung des
Außenputzes, da an einigen Stellen das Mauerwerk bereits durchfeuch-
tet ist. Notwendig ist in diesem Zusammenhang die Ausbesserung der
Dachhaut und die Erneuerung der Dachrinnen. Die malermäßige Instand-
setzung der Feierhalle kann nur als Letztes genannt werden, obwohl
dies für eine würdige Bestattungsfeier dringend notwendig wäre.
Seit Jahren gibt es vom übergeordneten Organ- Rat des Kreises Zittau-
Zusagen, daß diese Arbeiten ausgeführt werden, aber auch für 1989
fehlt bis heute jede Bilanzierung.

Wenn nicht bald etwas am Krematorium geschieht, ist die Zeit nicht
fern, da dieses Gebäude das gleiche Schicksal ereilt wie unsere
Friedhofshalle in der Hammerschmidtstr. Diese ist seit 1977 baupolizeilich gesperrt, muß aber heute noch zum Abstellen von Särgen
mit Verstorbenen genutzt werden. Ich bin seit 30 Jahren bei der Bestattung in Zittau (seit 1984 als Bereichsleiter) und kenne diese
Halle noch in einem funktionstüchtigen Zustand. Auch hier war es
nicht möglich, rechtzeitig notwendige Werterhaltungsmaßnahmen
durchzuführen. Der totale Verfall ist das Ergebnis.

Mein Anliegen ist es deshalb, alle dafür Verantwortung tragende
Stellen durch die Öffentlichkeit dazu zu bringen, endlich etwas zu
unternehmen (VO über Bestattungs-u.Friedhofswesen vom 17.4.1980).
Es ist nicht mein Ehrgeiz ins Fernsehen zu kommen, für mich ist es
wichtig und dringend notwendig alles zu unternehmen, damit endlich
etwas in Bewegung kommt.

Der totale Verfall

Besondere Bedeutung hat die Einhaltung und Verwirklichung der in diesem Zusammenhang gefaßten Beschlüße. Zu diesen Beschlüßen kam es einmal durch eine von der ABI des Bezirkes Dresden im Mai 1987 durchgeführte Kontrolle aller Bestattungseinrichtungen- Beschluß Nr. 220/87 rat des Bezirkes Dresden vom 16.9.1987. Zum anderen auf Grund einer Eingabe von mir an den für uns zuständigen Minister-Bezirksgeleitete u.Lebensmittelindustrie vom 6.1.1987. Die Eingabe ging den üblichen Dienstweg zurück und kam also wieder auf den Tisch der Abt. ÜVW beim Rat des Kreises Zittau. Hier ist man einfach überfordert, Veränderungen mit der notwendigen Konsequenz durchzusetzen.

Meine Bitte an Sie und Ihr Kollektiv ist, sich dieser Angelegenheit anzunehmen, damit in absehbarer Zeit wieder ordentliche Voraussetzungen für eine würdige Bestattung in Zittau geschaffen werden. Das es möglich ist beweisen im Kreis Zittau die Gemeinden. Hier wurden in den letzten Jahren die z.T. ebenfalls in keinem guten Zustand befindlichen Friedhofshallen mit viel Liebe zur Sache wieder hergerichtet.
Das Argument, es kann nicht alles auf einmal verändert werden, ist uns zu lange bekannt.

Es ist für mich als Leiter einer solchen Einrichtung nicht leicht, das Kollektiv für Neues zu motivieren, wenn immer wieder eingestanden werden muß, daß wieder nichts passiert bzw. festgelegte Termine nicht eingehalten werden. - Unser kleines Kollektiv der Bestattung vollbringt Leistungen, die nicht in prozentualer Erfüllung ausgedrückt werden können. Jeder ist sich aber dessen bewußt, daß gerade hier eine Dienstleistung für unsere Bürger gebracht wird, die einfach notwendig ist und auch eine große gesellschaftspolitische Seite hat.

An den Bestattungsfeiern gleich welcher Art, ob Erd- oder Feuerbestattung, nehmen nicht nur Bürger der DDR daran teil. Ohne das die Teilnahme der BRD- Bürger überbewertet wird, aber gerade hier hinterlassen wir keinen guten Eindruck. Den meisten Angehörigen bleibt eine Trauerfeier in langer Erinnerung.

Ich hoffe auf Ihre Hilfe.

Sollte das Gerücht, das bei uns im Umlauf ist, doch den Tatsachen entsprechen - Probleme aus unseren ostsächsischen Kreisen werden nicht von Ihnen bearbeitet, sondern nur über den Rat des Bezirkes Dresden - so bitte ich, dieses Schreiben ohne Weiterleitung an andere Dienststellen an mich zurück zu senden. Dieser Dienstweg ist mir inzwischen zu lang und aussichtslos geworden.

Mit freundlichen Grüßen

Anlage: Fotos vom Krematorium, Dezember 1988
und Fotos von der Friedhofshalle, Juli 1988.

»Meine Bitte an Sie und Ihr Kollektiv ist, sich dieser Angelegenheit anzunehmen ...«

werk bereits durchfeuchtet ist. Notwendig ist in diesem Zusammenhang die Ausbesserung der Dachhaut und die Erneuerung der Dachrinnen. Die malermäßige Instandsetzung der Feierhalle kann nur als Letztes genannt werden, obwohl dies für eine würdige Bestattungsfeier dringend notwendig wäre. Seit Jahren gibt es vom übergeordneten Organ – Rat des Kreises Zittau – Zusagen, daß diese Arbeiten ausgeführt werden, aber auch für 1989 fehlt bis heute jede Bilanzierung.

Wenn nicht bald etwas am Krematorium geschieht, ist die Zeit nicht fern, da dieses Gebäude das gleiche Schicksal ereilt wie unsere Friedhofshalle in der Hammerschmidtstraße. Diese ist seit 1977 baupolizeilich gesperrt, muß aber heute noch zum Abstellen von Särgen mit Verstorbenen genutzt werden.

Ich bin seit 30 Jahren bei der Bestattung in Zittau (seit 1984 als Bereichsleiter) und kenne diese Halle noch in einem funktionstüchtigen Zustand. Auch hier war es nicht möglich, rechtzeitig notwendige Werterhaltungsmaßnahmen durchzuführen. Der totale Verfall ist das Ergebnis.

Mein Anliegen ist es deshalb, alle dafür Verantwortung tragende Stellen durch die Öffentlichkeit dazu zu bringen, endlich etwas zu unternehmen ... Es ist nicht mein Ehrgeiz ins Fernsehen zu kommen, für mich ist es wichtig und dringend notwendig alles zu unternehmen, damit endlich etwas in Bewegung kommt...

Meine Bitte an Sie und Ihr Kollektiv ist, sich dieser Angelegenheit anzunehmen, damit in absehbarer Zeit wieder ordentliche Voraussetzungen für eine würdige Bestattung in Zittau geschaffen werden. Das es möglich ist beweisen im Kreis Zittau die Gemeinden. Hier wurden in den letzten Jahren die z.T. ebenfalls in keinem guten Zustand befindlichen Friedhofshallen mit viel Liebe zur Sache wieder hergerichtet. Das Argument, es kann nicht alles auf einmal verändert werden, ist uns zu lange bekannt.

Es ist für mich als Leiter einer solchen Einrichtung nicht leicht, das Kollektiv für Neues zu motivieren, wenn immer wieder eingestanden werden muß, daß wieder nichts passiert bzw. festgelegte Termine nicht eingehalten werden. Unser kleines Kollektiv der Bestattung vollbringt Leistungen, die nicht in prozentualer Erfüllung ausgedrückt werden können. Jeder ist sich aber dessen bewußt, daß gerade hier eine Dienstleistung für unsere Bürger gebracht wird, die einfach notwendig ist und auch eine große gesellschaftspolitische Seite hat.

An den Bestattungsfeiern gleich welcher Art, ob Erd- oder Feuerbestattung, nehmen nicht nur Bürger der DDR daran teil. Ohne das die Teilnahme der BRD-Bürger überbewertet wird, aber gerade hier hinterlassen wir keinen guten Eindruck. Den meisten Angehörigen bleibt eine Trauerfeier in langer Erinnerung.

Ich hoffe auf Ihre Hilfe.

Sollte das Gerücht, das bei uns im Umlauf ist, doch den Tatsachen entsprechen – Probleme aus unseren ostsächsischen Kreisen werden nicht von Ihnen bearbeitet, sondern nur über den Rat des Bezirkes Dresden – so bitte ich, dieses Schreiben ohne Weiterleitung an andere Dienststellen an mich zurück zu senden. Dieser Dienstweg ist mir inzwischen zu lang und aussichtslos geworden.

Mit freundlichen Grüßen

SIND DIE MUTTIS

Erna Reimer • Rochlitz, den 17. März 1989

Liebe Frau Rosi Ebner!

Zunächst Dank für all Ihre Prismasendungen. Ich sehe und höre sie regelmäßig.

Anbei schicke ich Ihnen einen Durchschlag eines Briefes an das ND. Da Ihr Name darin vorkommt, bekommen Sie diesen Durchschlag. Ob Sie daraus etwas machen können? Ich fürchte so sehr, als Antwort vom ND einen allgemein gehaltenen Schrieb zu bekommen. Das sind aber nicht die einzigen Fragen, die mich sehr beschäftigen.

Wo sind in unserem Staat der Gleichberechtigung der Geschlechter in »sichtbar« hohen Positionen die Frauen??? Ich weiß, daß etwa die Hälfte aller Richter Frauen sind. Warum kein weib-

licher Justizminister? Ein neuer Gesundheitsminister wurde eingesetzt. Warum keine Frau? Wir haben doch genügend hochbewährte
Kräfte – weiblich – im Gesundheitswesen!

Wie sieht es im ZK, bei Messedelegationen usw. aus? Wer marschiert da *fast* allein? Die Männer. Nicht persönlich gemeint!

Und wenn unsre einzige Ministerin für Volksbildung einmal in die
verdiente Rente geht, wer wird da Nachfolger?

Die Frauen in unserem Staat machen zum großen Teil Doppelschichten, eine im Beruf, die andre daheim als Haus- und Ehefrau
und Mutter. Wenn sie mit dieser ehrenwerten Bürde fertig werden,
warum kommen sie nicht auch in vorgenannte Positionen? Zeitfrage
ist doch ne Ausrede.

Wenn die Kinder beginnen, selbständig zu werden, sind die Muttis
doch im besten Alter, entsprechende Aufgaben zu übernehmen.
Unsren männlichen Politikern hatte man ihre heutigen Funktionen
auch nicht in die Wiege gelegt. Anna Seghers, Lea Grundig, Hilde
Benjamin, Clara Zetkin würden mir zustimmen. Ganz bestimmt.
Und Sie?

Freundliche Grüße!

Anlage: Der Brief an das Neue Deutschland

Seit Jahrzehnten bin ich Leser des ND.

Jetzt direkt vor den Wahlen und im 40. Jahr des Bestehens unserer
Republik mache ich mir über mancherlei Erscheinungen Gedanken
und ernste Sorgen. Täglich lesen wir über enorme Leistungen unserer Volkswirtschaft, von Leistungswachstum, übererfüllten Plä-
nen, Schlüsseltechnologien, Megabit, sozialistischer Rationalisierung usw.

Außer Berichten aus Gerichtssälen und schweren Unglücksfällen
durch menschliches Versagen kommt aber *keine* offene Kritik über
Versäumnisse, die großen volkswirtschaftlichen Schaden hervorrufen. Gibt es diese nicht, und wenn ja, warum verschweigt man
sie?

001008

Liebe Frau Rosi Ebner!

Zunächst Dank für all Ihre Prismasendungen.Ich sehe und höre sie
regelmäßig.

Anbei schicke ich Ihnen einen Durchschlag eines Briefes an das
ND. Da Ihr Name drin vorkommt,bekommen Sie diesen Durchschlag.
Ob Sie daraus etwas machen können? Ich fürchte so sehr,als
Antwort vom ND einen allgemein gehaltenen Schrieb zu bekommen.
Das sind aber nicht die einzigen Fragen,die mich s e h r beschäf-
tigen.
Wo sind in unserem Staat der Gleichberechtigung der Geschlechter
in "sichtbar" hohen Positionen die Frauen???
Ich weiß,daß etwa die Hälfte aller Richter Frauen sind.Warum keine
weiblichen Justizminister?
Ein neuer Gesundheitsminister wurde eingesetzt.Warum keine Frau?
Wir haben doch genügend hochbewährte Kräfte - weiblich - im Gesund-
heitswesen!
Wie sieht es im ZK, bei Messedelegationen usw.aus?Wer marschiert
da f a s t allein? Die ~~nichtimmerxauszichnxten~~ Männer. *nicht persönlich*
gemeint.
Und wenn unsre einzige Ministerin für Volksbildung einmal in die
verdiente Rente geht,wer wird da Nachfolger?
Die Frauen in unserem Staat machen zum großen Teil Doppelschichten,
eine im Beruf,die andre daheim als Haus-und Ehefrau u n d Mutter.
Wenn sie mit dieser ehrenwerten Bürde fertig werden,warum kommen
sie nicht auch in vorgenannte Positionen? Zeitfrage ist doch ne Ausr
rede.Wenn die Kinder beginnen,selbständig zu werden,sind die Muttis
doch im besten Alter,entsprechende Aufgaben zu übernehmen.Unsren
männlichen Politikern hatte man ihre heutigen Funktionen auch nicht
in die Wiege gelegt. Anna Seghers,Lea Grundig,Hilde Benjamin,
Clara Zetkin würden mir zustimmen.Ganz bestimmt. Und Sie?

          Freundliche Grüße!

**»Anna Seghers, Lea Grundig, Hilde Benjamin, Clara Zetkin würden mir zustimmen.
Ganz bestimmt.«**

Folgendes veranlaßt mich gerade jetzt zu diesem Brief: Vor wenigen Tagen brachte das ND einen Artikel aus der Iswestija über bedenkliche Verluste im Fährbetrieb Klaipeda-Mukran. Es wird da von Kooperationspartnern gesprochen, die ihren Verpflichtungen nicht nachkommen, von Verlusten durch erzwungene Liegezeiten, mangelhafte Auslastung der Fähren. Weiter steht da, es gäbe keine Klausel über die ökonomische Verantwortlichkeit für Störungen ... Am Schluß dieses Artikels steht: Wäre es nicht an der Zeit, daß jeder Teilnehmer .... für seine Sünden nicht mit Versprechungen, seine Arbeit zu verbessern, antwortet, sondern mit Geld zahlt, wie das überall in der Welt üblich ist?

Setzen wir für den Begriff Fährbetrieb das Wort »Kranauslastung«. Da steht auf der Baustelle der Kreisstadt Rochlitz Thälmannstraße/Gärtnerstraße seit dem 6.12.88 ein Großkran MB 88. Noch nicht abgeschlossene Projektierung des geplanten Neubaublocks, nicht termingerechte Zulieferung des Materials usw. lassen ihn fast nur stille stehn. Die Arbeitskräfte müssen inzwischen behelfsmäßig anderweits eingesetzt werden. »Unkosten« wachsen durch Standzeiten.

Vor reichlich einem Jahr hatte ein Kran gleichen Typs beim Bau des Häuserkomplexes Nuschkestraße eine Havarie. Er stand monatelang – unrepariert – in einer nahen Sandgrube. Weitere Krangeschichten könnten im VEB Vereinigtes Sodawerk Staßfurt und in Dresden Institut Stahlbau Schäferstraße – Ecke Institutsstraße unter die Lupe genommen werden!

Sind das alles Ausnahmefälle in unserer Republik. Es wäre ein dankbares Überprüfungsgebiet für die Sendung »Prisma«. Rosi Ebner endete ihre gestrige Prismasendung mit den Satz ... ließen sich Schäden von Millionenhöhe vermeiden.

Unsere Bevölkerung sah und sieht das alles und diskutiert sehr kritisch darüber. Es ist an der Zeit, daß unsere Presse nicht vorwiegend über ernsthafte Probleme in unseren sozialistischen Freundesländern berichtet. Wollen wir doch von unseren sowjetischen Freunden lernen, unsre eigenen Mißstände deutlich, offen und kritisch, auch zu politischen Tagungen und in der Presse anzusprechen, die Verantwortlichen beim Namen zu nennen und Maßnahmen dagegen zu ergreifen.

Etwas anderes macht mir auch noch Gedanken: Warum werden im ND vom 16.3. nicht die Gründe dafür angegeben, warum Begegnungen mit einer Reihe von BRD-Politikern auf der Leipziger Messe und Besuche von DDR-Ministern in die BRD nicht stattfanden??

Als mündige Bürger sollten uns gleichzeitig die Gründe dafür genannt werden. Nachrichten dieser Art führen immer mehr dazu, daß viele Bürger vorbehaltlos ihre Informationen aus Westmedien beziehen.

Ich bin Jahrgang 1917, war bis zum 70. Lebensjahr noch im Lehrerdienst an der Berufsschule tätig, war zur Zeit Adolf Henneckes jahrelang Bezirkstagsabgeordnete und habe die Ehrennadel der DSF in Gold. Die Entwicklung unserer DDR liegt mir nach wie vor am Herzen, daher bitte ich, meine kritischen Zeilen zu verstehen.

Bitte betrachten Sie diesen Brief als Eingabe.

Mit sozialistischem Gruß!

ARROGANZ UND ÜBERHEBLICHKEIT

Hans Wehler • ehemaliger Bürgermeister •
Gotha, den 24. Mai 1989

Werte Genossen!

Anläßlich der Wahlen 1986 und am 07.05.1989 war ich als Wahlhelfer tätig.

Mit der Überbringung der Wahlbenachrichtigungskarten führte ich mit allen Familien aufgeschlossene Gespräche, faßte ihre Anliegen und Kritiken zusammen und leitete sie auf dem vorgegebenen Wege dem Vorsitzenden des Wohnbezirksausschusses zu.

Beiliegend übersende ich Ihnen je eine Ablichtung der Information vom 22.05.1986 und 22.04.1989. Daraus können Sie entnehmen, daß die zunehmende Umweltbelastung durch den VEB Gothaer Metallwarenfabrik, inmitten eines Wohngebietes gelegen, ausnahmslos alle Familien bewegt. Auf die Anliegen der Bürger erhielt ich mit Schreiben vom 08.05.1989 eine Stellungnahme des Betriebes, die keinesfalls befriedigen kann. Ich füge auch davon eine Ablichtung bei.

Das Schreiben ist m.E. voller Widersprüche, durch Arroganz und Überheblichkeit gekennzeichnet und entspricht weder dem Eingabengesetz noch dem Geiste des Wahlaufrufes. Der Betrieb hat nie den Dialog mit den Anwohnern gesucht, geschweige gepflegt, sondern immer vollendete Tatsachen geschaffen und nach dem Selbsteingeständnis jeweils nur auf Beschwerden und Eingaben reagiert.

Auch Genehmigungen des Rates der Stadt und des Stadtbaudirektors sind kein Alibi für den Betrieb, denn auch von dieser Seite sind keine Bürger vor der Zustimmung gehört worden.

Die angekündigte Aussprache im Juni im Betrieb soll auf unseren Vorschlag zustande kommen. Erfahrungsgemäß werden die betrieblichen »Spezialisten« im Sinne des Schreibens des Betriebsdirektors argumentieren, ohne das sich etwas grundlegend ändert.

Über das Problem habe ich sowohl vor als auch nach der Wahl die WPO der SED informiert.

Da wir auf örtlicher Ebene keine positive Veränderung erwarten, bitten wir Sie, uns in geeigneter Weise zu unterstützen.

Ich selbst vertrete die Auffassung, daß objektiv notwendig begründete Maßnahmen des Betriebes im Gespräch mit den Anwohnern besser gelöst werden können, als mit dem Hammer.

Als ehemaliger Bürgermeister der Stadt Gotha von 1963 bis 1981 genieße ich noch das Vertrauen der Bürger beider Straßen, das ich nicht leichtfertig verlieren möchte.

Ich habe mehreren Familien von weiteren Eingaben und Unterschriftensammlungen abgeraten und versichert, ihre Anliegen ordnungsgemäß weiterzuleiten. Die Reaktion des Betriebes wird jedoch keine Anwohner in ihrer Hoffnung auf eine positive Veränderung bestärken.

Mit sozialistischem Gruß

UMWELTSAUEREI

Dieter Stock • Magdeburg, den 21. August 1989

Eingabe

Am 17.8.89 wurde in den Straßenbereichen Peter-Paul-Straße/Schifferstraße/Ottenbergstraße eine chemische Unkraut-bekämpfungsaktion gestartet, wobei die Gehwegbereiche mit einem stinkenden weißen Pulver bestäubt wurden. Selbst das Umfeld des Kindergartens wurde dabei nicht ausgespart.

Es erscheint unwahrscheinlich, daß die verwendeten Herbizide für spielende Kinder, Allergiker und Haustiere nicht gesundheits-schädlich sind.

Ich habe in einem Brief an die Volksstimme meinen Protest bereits angemeldet, insbesondere auch deswegen, da diese Maßnahme all-gemeinen Unmut bei den Bewohnern hervorgerufen hat.

Heute wende ich mich an Sie, da ich erst jetzt erfahren habe, daß diese »Aktion« auch im Neustädter Feld stattfand. Mir ist völlig un-verständlich, wie man angesichts der anstehenden Umweltproble-me eine derartige Umweltsauerei anordnen kann.

Wen stört es eigentlich, daß hier und dort etwas Wildwuchs zwischen den Gehsteigplatten sprießt? Dieses Kraut schadet uns nicht! Dafür aber die Herbizide, die beim nächsten Regen über die Kanalisation in unsere Kläranlagen und Flüsse abgeleitet werden.

Welche Art »Leiter« ordnen solche Aktion an?

Es ist nun endlich an der Zeit, daß wir unsere Sicht bezüglich des-sen was wichtig und unwichtig ist, an Hand der Auswirkungen auf die Natur klären. Gesunde Natur und saubere Flüsse sind wichtiger als »saubere« Gehsteige. Es sollte uns wirklich nicht abstoßen, son-dern eher beglücken, daß sich die Natur in unserer gebauten Beton-plattenumwelt noch (!) so vital durchsetzt. Es wäre gut, den ab-wertenden Begriff »Un«kraut endlich aufzugeben, schließlich han-delt es sich um Wildkräuter, die wir Menschen mit diesem Makel belegt haben.

Es ist an der Zeit, die biologische Brille aufzusetzen, damit wir »richtig« sehen lernen und aufhören, mit der chemischen Keule über-

351

all dazwischen zu gehen. Wir sollten auch unsere ästhetischen Vorstellungen revidieren und Schönheit als einen universelleren Begriff zu definieren versuchen. Was ist schön? Ein »sauberer« Gehsteig oder eine saubere, gesunde Umwelt (nichts gegen saubere Gehsteine!).

Da ich anders denke und fühle als jene Leiter, die die genannten Maßnahmen angeordnet haben, wende ich mich an Sie mit der Bitte um Stellungnahme.

SINNLOSE VERGEUDUNG

Annemarie Gehring und Heike Nielius •
Weinböhla, den 22. August 1989

Sehr geehrte PRISMA-Redaktion !

Wir sind in Weinböhla, einer großen Gemeinde im Kreis Meißen zu Hause, in der es sozusagen »zum guten Ton gehört«, Obst und Gemüse in den Hausgärten und privaten Plantagen über den eigenen Bedarf hinaus anzubauen. Was sich aber z.Zt. vor unseren Augen abspielt – unsere Wohnhäuser befinden sich in unmittelbarer Nähe einer der 4 Aufkaufstellen für Obst und Gemüse unseres Ortes – läßt uns nicht mehr zur Ruhe kommen. Es veranlaßt uns, diesen Hilferuf an Sie zu senden, in der Hoffnung, daß sich in dieser scheinbar ausweglosen Situation doch noch etwas, zumindest aber in Zukunft, bewegt.

Bis gestern, Montag, den 21. 08.89, haben sich in dieser Aufkaufstelle 13 Tonnen Tomaten angesammelt, für die es keine Abnehmer gibt, sondern nur noch der Weg auf die Schutthalde bleibt. Und es wird weiter aufgekauft – 2,- M pro kg erhalten die Erzeuger!

Wie wir in Erfahrung bringen konnten, ist dieser Zustand kein Einzelfall, sondern die Regel, denn seit Sonntag, dem 20.08.89, befinden sich über 200 t Tomaten im Kreis Meißen auf Lager, für die auch in anderen Bezirken kein Aussicht auf Verwendung besteht...!

Hier drängt sich unweigerlich die Frage auf, ob wir es uns denn leisten können, daß

- Volkseigentum, sprich Aufkaufgelder, die aus dem Staatshaushalt subventioniert werden;
- wertvolle menschliche Arbeitskraft, die von den Kleingärtnern in ihrer eigentlichen Freizeit investiert wird;
- Wasser, mit dem es in unserem Ort große Probleme gibt und das in den Sommermonaten ohnehin äußerst knapp ist;
- Düngemittel, deren Einsatz Boden und Grundwasser belastet so *sinnlos vergeudet* werden ?

Der Gedanke an diesen Zustand ist uns unerträglich, wenn man in Betracht zieht, daß z.B. Ketschup seit Jahren ein großer Engpaß in den Geschäften ist und wir in diesem Jahr nur ein Mal Ketschup in unserer Lebensmittelverkaufsstelle zu kaufen bekamen!

Wir sind der Meinung, daß es endlich an der Zeit ist, in die Planungen und Konzeptionen unseres Territoriums auch eine Modernisierung und Kapazitätserweiterung der verarbeitenden Industrie einzubeziehen, denn es ist nicht das erste Mal, daß mit einer Obst- oder Gemüse-»Schwemme« derart verfahren wird. Vor einigen Jahren wurden tonnenweise die Birnen auf Halde gefahren...

Paradox erscheint das Ganze erst recht, wenn man weiß, daß es bis Anfang der sechziger Jahre in Weinböhla – 200 m von besagter Aufkaufstelle entfernt – die Konservenfabrik »Elbtal« gab, in der Obst und Gemüse konserviert und Marmelade hergestellt wurde. Dieser Betrieb gehört jetzt zum VEB Fleischkombinat Meißen und stellt Wurstkonserven her.

In der Hoffnung, daß durch Ihre Mitarbeit etwas bewirkt und weitreichende Überlegungen bei allen Verantwortlichen in Gang gesetzt werden grüßen Sie

KEIN WUNDER, DA DIE LEUTE

Karin Schön • Ottendorf-Okrilla, den 28. August 1989

Wertes Kollektiv der Prisma-Sendereihe!

Am Sonntag, dem 27.8.89 brach früh gegen 9 Uhr erneut ein größerer Brand auf der Müllkippe Wachberg aus, die etwa 150 m schräg gegenüber unserer Grundstückseinfahrt liegt. So konnten wir also beobachten, daß in der Zeit zwischen 9.30 und 10.30 Uhr laufend Neugierige mit Autos, Mopeds und Fahrrädern hier ankamen, sich die Lage besahen und zumeist gleich wieder davonfuhren.

Also muß diese hohe, schwarze Rauchsäule ziemlich weit in der Ferne gesehen worden sein. Der Großbrand geht von uns meist noch zu verkraften, aber die darauf folgenden tagelangen Schwelbrände nicht. Das ist unzumutbar!

Ich sehe mich deshalb heute dazu veranlaßt, noch einmal mit Ihnen in Korrespondenz zu treten und danke Ihnen erst einmal für Ihre Rückantwort vom 19.07.1989 (...) Wir wandten uns damals (am 25.06.1989) gleich mit drei Problemen an Sie:

– Bitumenmischanlage
– Mülldeponie
– Trinkwasserversorgung

Sie waren so freundlich und haben damals unser Schreiben an den Rat des Bezirkes Dresden, Dr.-Rudolf-Friedrichs-Ufer 2, Dresden weitergeleitet, was wir eigentlich in Ordnung fanden und auch erst einmal beruhigt waren, daß überhaupt etwas unternommen wurde. Nur hatten wir gehofft, daß wir von Rat des Bezirkes irgendwann einmal ein Schreiben erhalten würden, in dem uns mitgeteilt wird, ob überhaupt irgendwelche Maßnahmen für unsere Probleme ergriffen werden und wenn ja, welche. Bis heute (6 Wochen danach) blieb ein »Aufunszukommen« vom Bezirk aus. In Sachen Wasser hat sich wenig geändert, ähnlich auch das Problem Bitumen-Mischanlage. Wir sind stets wind- und wetterabhängig.

Ich frage mich nun, ist Ihre Post an den Rat des Bezirkes überhaupt dort eingetroffen, ist es vielleicht nicht üblich, uns Anlieger zu informieren oder was ist hier der Fall?

Nun weiter zum Beginn meines Schreibens (Müllkippe 27.8.89)! Es wurde versucht, die Feuerwehr anzurufen, ebenfalls zur DLK Radeberg, aber sonntags geht da keiner ran.

Gegen 12.00 Uhr sah ein Anlieger ein Wassertankfahrzeug Richtung Müllkippe fahren. Die schwarze Rauchsäule hatte sich jedoch inzwischen etwas verzogen, so daß jetzt damit wahrscheinlich der Schwelbrand beseitigt werden sollte. Nachmittags, gegen 16.00 Uhr war mein Mann und ich auf der Müllkippe, um uns zu überzeugen, was denn eigentlich unternommen wurde. Und zwar wollten wir uns deshalb überzeugen, weil je nach Stärke und Richtung des Windes Schwelgas zu uns herübergetragen wurde. Das Feuer konnte also nicht aus sein.

Was wir sehen mußten, war fast nicht zu glauben.

Am liebsten hätte ich Sie als Redaktion in diesem Augenblick zur Stelle gehabt, damit Sie mir das auch glauben. Es sind Fotos von uns gemacht worden, die aber heute noch nicht fertig sind. Ein Streifen von ca. 80 m Länge und ca. 4 m Breite schwelte dort unsagbar. Unser Großes Glück gestern war, daß der Wind aus Richtung SW kam. Heute abend sieht das leider anders aus, da der Wind aus Richtung W kommt und wir leider wieder voll diesem Schwelgas ausgesetzt sind. Es ist eine Schande!

Ich schreibe Ihnen das deshalb so ausführlich, weil ich befürchte, daß ich mit meinen Kindern bzw. wir selbst wieder zum Arzt müssen, was wir am diesjährigen Mittwoch nach Ostern tun mußten. Der Schwelbrand damals dauerte von Grün-Donnerstag bis Mittwoch nach Ostern.

Ein Schreiben über die Bestätigung der Kinderärztin wegen starker Reizung der oberen Luftwege legte ich ihnen im Schreiben vom 25.06.89 mit bei. Ich möchte das nicht noch einmal erleben, aber wer hilft mir?

Ostern hat sich über einen Anruf der Kinderärztin unser Bürgermeister mit eingeschaltet, so daß wir bis gestern im Großen und Ganzen nicht klagen konnten. Mir ist es aber sehr peinlich, jetzt schon wieder zum Bürgermeister zu gehen, da wir ja wegen der anderen zwei Probleme auch ständig bei ihm vorgesprochen haben. Er allein kann eben auch nichts abändern. Es wurden mehrere Aussprachen mit dem DLK Radeburg geführt, aber leider blieb alles ohne Erfolg. Ist denn die Gesundheit der Bürger so wenig wert? Wir kommen uns veralbert vor, denn nach so vielen Aussprachen mit den entsprechenden dafür zuständigen Stellen, hätte sich längst etwas ändern müssen. Für mich steht nur noch fest, daß mir keiner hilft!

Bestimmt kann es auch nicht Sinn und Zweck sein, unsere Probleme im Fernsehen zu zeigen, dafür sind diese Probleme wirklich zu unberechenbar, denn sollten Sie hierherkommen, dann ist an diesem Tag bestimmt gerade kein Schwelbrand, oder die Bitumen-Mischanlage arbeitet gerade nicht und das Wasser läuft.

Vielleicht darf ich an Sie noch einmal die Bitte aussprechen, daß Sie sich beim Rat des Bezirkes Dresden erkundigen, ob unsere Probleme überhaupt bearbeitet werden. Möglicherweise könnten Sie evtl. eine gewisse Kontrolle der Bearbeitung durchführen?!

Sollte es aber wirklich so sein, daß unsere Angelegenheiten als klein und nichtig betrachtet werden, wundere ich mich nicht mehr, daß so viele Menschen unser Land verlassen wollen.

Wenn es so weiter geht, kommen bestimmt ständig neue Bürger dazu. So läßt es sich jedenfalls nicht mehr länger aushalten, denn eines dieser drei Probleme ist ständig da.

Es grüßt Sie hochachtungsvoll

SENDEKRITIK

IHR SCHREIBEN WEITERGEREICHT

Gernot Richter • Radebeul, den 5. Januar 1981

Nach dem ich mich bereits wiederholte male an Sie gewandt habe, möchte ich heute eine Anregung zur Bearbeitung von Eingaben geben.

Entsprechend der Eingabenverordnung sind Sie verpflichtet, dem Einreicher einer Eingabe innerhalb von 21 Tagen einen Bescheid zukommen zu lassen. Dieser Bescheid trifft auch prompt und regelmäßig am 20. oder 21. Tag seiner Laufzeit ein. Er lautet dann sinngemäß »Wir haben Ihr Schreiben weitergereicht ...«

Damit hat Ihre Redaktion Prisma der Eingabenverordnung Genüge getan. Die nächste Institution, die dieses weiter delegierte Schreiben erhalten hat, antwortet wieder prompt entsprechend Eingabenverordnung am 20. oder 21. Tag nach der Weiterdelegierung. Dieses Schreiben stellt nunmehr wieder einen Zwischenbescheid dar und man kann froh sein, wenn es die letzte Institution war. Es kann aber auch passieren, daß diese Institution, wieder zuständigkeitshalber entsprechend Eingabenverordnung, innerhalb von 21 Tagen an die untergeordnete Dienststelle weiter delegiert. Bis dann die Eingabe des Bürgers auf dem Sachbearbeitertisch liegt, vergeht über 1/4 Jahr.

Inwieweit Sie als Fernsehfunk die Rückmeldung des Sachbearbeiters interessiert, weiß ich nicht. Ich habe jedenfalls den Eindruck, als wenn dieser Mechanismus absolut lieblos und bürokratisch ist. Ich glaube nicht, daß es unbedingt notwendig sein muß, daß jede Dienststelle ein 3-wöchiges Eingabenpaket vor sich her schieben muß. In diesem Zusammenhang möchte ich auf die gleiche Unsitte verweisen, die in einzelnen Dienstleistungseinrichtungen (Uhrmacher, Schuhmacher, Fotografen u.a.), die ebenfalls eine solche Karenzzeit vor sich her schieben, besteht.

Auch in diesem Falle müßte es möglich sein, die sogenannten Bearbeitungszeiten, die ja weiter nichts als ein Sicherheitspolster darstellen, abzubauen.

Mit bestem Gruß

GIBT NOCH WIDERSPRÜCHE

Paul Leber • Berlin, den 12. Januar 1988

Werte Kollegen!
Zuerst einmal meine persönliche Meinung zu Ihrer Sendereihe. Ich finde sie sehr gut, denn es gibt noch Widersprüche in unserer Gesellschaft, welche oft auf mangelnde und verantwortungslose Leitungstätigkeit und Zusammenarbeit zurückzuführen sind. In Ihrer Sendereihe werden Probleme nicht nur angesprochen, es werden auch Wege zur Lösung im Interesse der Gesellschaft und ihrer Bürger gefunden und aufgezeigt. Die Sendereihe Prisma wirkt auf mich mobilisierend, selbst Mängel und Fehler zu erkennen und aktiv bei der Beseitigung mitzuwirken. Ich bin sogar der Meinung, der erzieherische Wert würde sich erhöhen, wenn man in der Sendereihe auch auf disziplinarische Folgen, z.B. für verantwortungslose Leitungstätigkeit eingehen würde.

NICHT MIT DEN ALLTAGSERFAHRUNGEN

Oberbürgermeister Klose • Schwedt, den 24. Dezember 1986

Werter Genosse Herrmann!
Der Sendebeitrag zu Handelsfragen aus dem Stadtkreis Schwedt in der Prisma-Sendung am 30.10.1986 hat bei unserer Bevölkerung zu erheblichen Diskussionen geführt.

Es ist offensichtlich, daß der gesendete Teil zum Handel nicht mit den Alltagserfahrungen unserer Bürger überein stimmte. Das war uns Anlaß, eine gründliche Auswertung sowohl im Ratskollektiv als auch in der Versorgungskommission und mit den Leitern der Kaufhallen durchzuführen.

Die festgelegten Maßnahmen haben zum Inhalt, das in der Sendung zum Ausdruck gebrachte Niveau zum Maßstab der Versorgung zu machen. Dabei konnte in den zurückliegenden Wochen eine Niveauerhöhung bei der Versorgung mit Waren des täglichen Bedarfs erreicht werden.

Die mir mit dem Schreiben vom 11.11.1986 übersandte Zuschrift des Bürgers Raykowsli aus Schwedt enthält mehrere Formulierungen, die uns Anlaß waren, mit ihm und mit Vertretern seines Betriebes zu sprechen, um eine sachlichere Haltung zur realen Versorgungssituation zu erreichen.

In dem Gespräch gelang es, diesen Bürger davon zu überzeugen, daß seine Formulierungen die Sachverhalte weder vor noch nach der Sendung realistisch charakterisieren.

Abschließend möchte ich feststellen, daß dieser Sendebeitrag durch die ausgelösten Diskussionen von uns dazu genutzt wurde, Fragen der Versorgung mit Waren des täglichen Bedarfs kritischer zu betrachten, daraus Maßnahmen abzuleiten und diese im Interesse der Bevölkerung durchzusetzen.

Mit sozialistischem Gruß

MASSLOS ENTTÄUSCHT

Frank Gellert • Leipzig, den 11. Februar 1988

Heute erhielt ich Ihr Schreiben und möchte Ihnen folgendes mitteilen. Für was gibt es da Prisma wenn einem sowieso nicht geholfen wird. Wahrscheinlich haben Sie durch mich keinen Nutzen. Jedenfalls bin ich maßlos enttäuscht. In Zukunft werde ich Ihre Sendung nicht mehr anschaun es ist doch sowieso alles sinnlos. Nicht mal das einfachste können Sie regeln. Es ist kein Wunder das es in Zukunft nichts mehr geben wird weil nur kritisiert wird und sich sowieso nichts ändert.

EINFACH UNDENKBAR

Anton Tollert • Görlitz, den 2. Mai 1989

Sehr geehrter Herr Kaspar !

Immerwieder 3 haarsträubende Fälle (26.4. d. J.) über – nicht wegen Materialmangel – sondern bodenlose Schlampereien, die ja leider überall und noch viel grasser vorkommen. Findet sich wirklich Niemand der sich die Frage stellt, wieso und warum das nach 40 jähriger socialistischer Erziehung, Leben und Wirken noch weiter möglich wurde?

Ein Zustand der in normalen Verhältnissen einfach undenkbar ist.

Die bloßen Feststellungen der Miseren, die immer nur den einzelnen Fall vielleicht auch kurzfristig ändern, nie aber auf das ganze Problem einwirken, wirken im Laufe der Jahre absurd oder langweilig, auch traurig, einer Lethargie entsprechend, wodurch die Lebensqualität ins Uferlose rasant weiter absinkt, ohne einen Hoffnungsschimmer.

Beweis – der Abwanderungswille.

Diese Tatsachen, in Verbindung mit dem zu Recht ernstem Gesicht des Vortragenden sind keinesfalls Lebens und Arbeitsfreude stimulierend.

Alle guten Wünsche für eine realere Auswirkung Ihres ehrlichen Bemühens, freundlich grüßend

P.S. Ich erwarte keine Antwort, mußte mir aber angesichts der abrutschenden Lebensqualität Luft machen.

THEMEN FÜR ZWEI JAHRE

Heinrich Leinkauf • im Juni 1989

Werte Genossen!

Da Sie neben dem »Eulenspiegel« weit und breit die einzig Mutigen sind, die Probleme, Schlampereien und Schildbürgereien offen beim Namen nennen, möchte auch ich auf diesem Wege einen kleinen Beitrag im Kampf gegen die Bürokratie liefern.

Ich will Sie nicht vor meinen »Karren spannen«, denn ich hoffe, mein persönliches Problem löst sich mit der Eingabe, doch ich bin sicher nicht der Einzige, dem so etwas widerfährt. Was wir im letzten Jahr im Rahmen der Wohnungssuche, der gesundheitlichen Betreuung, der Arbeit der VP und der Versorgung im Wohngebiet (Renovierung der einzigen Kaufhalle für 10.000 Bürger) erlebt haben an Faulheit, Denkfaulheit, Arroganz und Frechheit, das spottet jeder Beschreibung. Themen für 2 Jahre »Prisma«, doch daran wird es Ihnen sicher nicht mangeln. Mir tun alle die leid – darunter viele alleinstehende Frauen – die sich kaum ihrer Haut wehren können!

Dies vielleicht als Anregung. Ich hoffe, Sie können Ihre Sendung noch lange so weitergestalten wie bisher, vielleicht auch mal über Trödelmärkte (oder Schwarzmärkte?)

Herzliche Grüße

DER LETZTE WEG

Gustav Helmich • Karl-Marx-Stadt, den 16. Juni 1989

Sie, werte Mitarbeiter von Prisma sind für uns der letzte Weg gewesen! Sie schreiben, daß Ihre Befugnisse begrenzt sind, sicher glauben wir Ihnen, daß Sie keine Weisungen erteilen können, es geht aber doch darum, daß Sie als Journalisten das Bindeglied, das Informationsmittel zur Bevölkerung sind. Oder sollen wir es so verstehen, daß Sie glauben, durch eine Veröffentlichung nichts in Bewegung setzen zu können? Das hieße ja zu behaupten, daß diesem Staat sein Image nichts bedeutet, daß er Desinteresse am Wohl seiner Bevölkerung zeigt. Seit Bestehen dieses Staates hat eine Regierung versucht, und das auch mit Erfolg, sich für die Belange seines Volkes einzusetzen, doch zu jenem Machtapparat gehören auch die »Hände« der Durchsetzung von Maßnahmen. Doch was nützt es, wenn diese »Hände« Unfähigkeit zeigen? Sie dürfen nicht vergessen, daß es hier nicht nur um materielle Werte geht, und gerade deshalb müßte doch von einigen staatlichen Seiten, insbesonders von Seiten des Bürgermeisters, mehr Verantwortungsbewußtsein verlangt werden können.

Mit freundlichen Grüßen

den 2. Mai 1989

001451

Fersehen der D D R
1199 Berlin-Adlershof
Rudower-Chaussee

„ P r i s m a "

Sehr geehrter Herr Kaspar !

Jmmerwieder 3 haarsträubende Fälle (26.4.d.J.) über -nicht wegen
Materialmangel - sondern bodenlose Schlampereien,die ja leider überall und auch noch viel viel grasser vorkommen. Findet sich wirklich
Niemand der sich die Frage stellt,wieso und warum das nach 40 jähriger
socialistischer Erziehung,Leben und Wirken noch weiter möglich wurde?

Ein Zustand der in normalen Verhältnissen einfach undenkbar ist .

Die bloßen Feststellungen der Miseren,die immer nur den einzelnen Fall
vielleicht auch kurzfristig ändern,nie aber auf da-s ganze Problem
einwirken,wirken im Laufe der Jahre absurd oder langweilig,auch traurig,einer Lethargie entsprechend,wodurch die Lebensqualität ins Uferlose rasant weiter absinkt,ohne einen Hoffnungsschimmer.
Beweis - der Abwanderungswille.
Diese Tatsachen,in Verbindung mit dem zu Recht ernstem Gesicht des
Vortragenden sind keinesfalls Lebens und Arbeitsfreude stimulierend.

Alle guten Wünsche für eine realere Auswirkung Jhres ehrlichen Be -
mühens

freundlich grüßend

P.S. Jch erwarte keine Antwort,mußte mir aber angesichts der abrutschenden Lebensqualität Luft machen.

»Findet sich wirklich Niemand der sich die Frage stellt, wieso und warum
das nach 40 jähriger socialistischer Erziehung, Leben und Wirken noch
weiter möglich wurde?«

DER FEIND VOR DER TÜRE

anonym • Borna, den 27. Juni 1989

Wir wollen doch alle, daß es bei uns vorwärts geht und der Schlendrian endlich aufhört. Entweder wollen diese leitenden Kader nicht oder sie sind unfähig, dann soll man sie absetzen und für den Schaden, aber sollen Ersatz leisten lassen.

Dies schrieb eine Bürgerin der Gemeinde Borna aus Sorge was um uns rum so in der Welt passiert. Wenn Unzufriedenheit herrscht und der Feind vor der Türe sitzt und lauert um uns zu schlucken.

Bin keine Genossin und habe keine Funktion, nur ich liebe unser Land.

ARTERHALTENDES VERHALTEN

Dr.-Ing. Bruno Flatter • Berlin, den 1. Oktober 1989

Sehr geehrter Herr Teichmann!
Für Ihr Schreiben vom 19.9.89 (Z 2768/89) danke ich Ihnen.

Sie haben wenigstens versucht, etwas zu tun, wenn ich auch nicht glaube, daß damit etwas bewegt wird. Meine Jahrelange Erfahrung in diesen Dingen besagt folgendes: In einiger Zeit wird die Sachproblematik bei mir auf dem Tisch liegen. Ich bin Mitarbeiter im Energiekombinat Berlin, unterstehe somit dem Minister MKE und werde mir eine Antwort auf meine Eingabe, die ich gar nicht gemacht habe, selbst schreiben dürfen.

Selbstverständlich wäre der kürzeste und scheinbar richtigste Weg, einen nicht vertretbaren Zustand zu beseitigen, die sofortige Einschaltung der zuständigen staatlichen Organe. Ich habe diesen Weg bereits einmal als TKO-Leiter beschritten.

Sicher ist Ihnen das arterhaltende Verhalten von Krähen bekannt. Auch Genossen wissen sich dieser positionssichernden Mimikri zu bedienen. Dabei spielt es offensichtlich keine Rolle, wenn dadurch der Volkswirtschaft Schäden in Höhe von einigen Hunderttausend, wenn nicht Millionen Mark zugefügt werden.

Ich habe damals meine Arbeitsstelle verloren.

Da das nicht meine einzige derartige Erfahrung mit unseren staatlichen Organen ist, werden Sie verstehen können, wenn ich in diese keine Vertrauen mehr setze. Ich habe von Anfang an nicht damit gerechnet (wenn auch eine stille Hoffnung bestand), daß ich bei journalistischen Einrichtungen der DDR Unterstützung in der vorliegenden Problematik finden würde. Wenn man jedoch eine Sachlage wissenschaftlich klären will, muß man im Experiment auch die Wege ausschließen, die nicht zum Ziel führen.

Unsere Zeit braucht Klarheit. Dieser fast zweijährige Schriftwechsel hat sie mir gebracht. Er ist ein Dokument über die Medienpolitik und erklärt die Schwierigkeiten, die es heute in der Kommunikation in unserem Land gibt.

Ich hoffe, daß die von Ihnen eingeleitete Intervention bei unseren staatlichen Organen mich nicht wieder meinen Arbeitsplatz kostet.

22. Oktober 1989

Da ich Schreiben dieser Art vor dem Versand meist einige Tage ruhen lasse, ist der obige Text von den Ereignissen der letzten Zeit überrollt worden. Ich habe mich trotzdem entschlossen, ihn nicht zu ändern, weil sich meine Ansicht der Dinge in unserem Staat nicht geändert hat. Wohl hat sich die Medienpolitik bei uns gewandelt, aber es sind dieselben Journalisten, die heute ganz anders handeln als zwei Wochen zuvor. Ich stehe sicher nicht allein, wenn ich diese Änderung begrüße, aber auch nicht, wenn ich ihr mit einer gewissen Skepsis begegne.

Ich hoffe für uns alle, daß der nun eingeschlagene Weg erfolgreich sein wird. Sollten sich meine o.a. Befürchtungen bestätigen, so werde ich Sie davon in Kenntnis setzen.

Ich verbleibe, als jetzt wieder interessierter Zuschauer des DDR-Fernsehens mit freundlichen Grüßen

NIE WIEDER

Heiner Obst • Cottbus, den 27. Oktober 1989

... Ich hatte mir ja geschworen, nie wieder an »Prisma« zu schreiben, nachdem ich aufgrund eines Hinweises meinerseits, auf schluderhafte Arbeit im Bauwesen von dem Cottbuser Baudirektor 1981 als »Nestbeschmutzer« titutliert und von meiner Person beim HAG entfernt wurde. ...

UNFÄHIGE BETRIEBSLEITER

Erich Kermel • Bützow, den 27. Oktober 1989

Mit Interesse verfolgte ich bisher Ihre Sendungen, setzten sie sich doch mit Mißständen in der gesamten Volkswirtschaft auseinander. Mit Ihrer Sendung vom 26.10.89 unternahmen Sie den Versuch, sich den neuen Verhältnissen anzupassen. Ich muß Ihnen bestätigen, daß Sie von dem gegenwärtig vorgehenden Prozeß nichts verstanden haben. In allen vier Beiträgen zeigen Sie korrupte bzw. unfähige Leiter von Betrieben. Damit sollte unserer Bevölkerung wohl klar gemacht werden, daß an dem gegenwärtigen Zustand nur die unfähigen Betriebsleiter schuld sind, wie es Harry Tisch gegenwärtig macht. Auf diese Art und Weise die Situation anzuheizen halte ich gelinde gesagt für eine Verfehlung ihrerseits. Schwarze Schafe gibt es überall, es können doch nicht ausschließlich alle Betriebsleiter sein.

Sie kritisieren zu recht, daß zweite Arbeitsverhältnisse, insbesondere der Bauleute, ohne das Warum und Weshalb. Klein- und Mittelbetriebe haben in der Regel keine eigene Baubrigade, sodaß sie selbst keine Rekonstruktionsmaßnahmen durchführen können. Ihnen bleibt nur die Möglichkeit nicht ganz legal die Probleme mit einer Feierabendbrigade notdürftig mit viel persönlichem Einsatz zu lösen oder alles beim alten zu lassen. Nicht ganz legal heißt: wer arbeitet nach Feierabend für 5,- M pro Stunde, wenn er in der Arbeitszeit schon wesentlich mehr verdient. Das Gesetz ist mittlerweile über

14 Jahre alt und überholungsbedürftig. Bilanziertes Material ist ebenfalls nicht vorhanden.

Wer trägt dafür die Verantwortung: der unfähige Betriebsleiter.

Ich schreibe dieses aus eigener Erfahrung. Fünf Jahre kämpfe ich als Leiter der BHG darum, durch einen Neubau mit Gleisanschluß die Arbeitsbedingungen der Kollegen zu verbessern, da ich der Meinung bin, daß man im 20. Jahrhundert, das Mittelalter nur aus den Geschichtsbüchern kennen sollte. Eine Projektierungskennziffer gibt es nicht, aber eine Baukennziffer. Ein Bau ohne Projekt ist gesetzlich verboten. Nachdem es uns gelungen ist, die Projektierung durch die Hintertür zu realisieren, gibt es keine Baukennziffer. So etwas zermürbt auch einen Leiter, da er seine Ohnmächtigkeit erkennen muß. Ich könnte noch eine Reihe solch »guter« Beispiele nennen.

Hinzu kommt, daß der größte Teil, ich würde soweit gehen und sagen fast alle, keine Ausbildung zur Führung eines Betriebes und eines Kollektivs erhalten hat. Den Leiter »guckt« man sich aus und bearbeitet ihn solange bis er ja sagt.

Über diese Dinge sollten Sie nachdenken und ich erwarte von Ihnen eine Richtigstellung, denn ich bin der Meinung, daß sich der überwiegende Teil ehrlich bemüht.

UND DAS IN EINER ZEIT

Konrat Erben • Devin, den 29. Oktober 1989

... Sie haben es verstanden, mit echter Parteilichkeit für das Recht u. das Wohl vieler einzelner Menschen zu kämpfen und das in einer Zeit, wo wo etwas in unserem Land eigentlich unmöglich war. ...

WENIGEN LICHTBLICKE

Gerda Friedrichs • Berlin, den 1. November 1989

... Ihre Sendung »Prisma« war für mich in der Vergangenheit einer der wenigen Lichtblicke innerhalb der Medienpolitik. Jetzt, da sich sicher auch für Sie die journalistischen Arbeitsmöglichkeiten endlich motivierender darzustellen beginnen, dürfte die Popularität und Wirksamkeit weiter wachsen ...

IN DER REGEL NEGATIVFIGUREN

Siegfried Enderlein • Boitzenburg, den 6. November 1989

Werte Genossin Ebner!

Herzlichen Dank für Ihre jahrelange Arbeit. Sicher verbindet uns, daß viele jetzt diskutierte Probleme, uns schon Jahre bekannt sind. Ich bin Bürgermeister einer Gemeinde von 1600 Einwohnern. Und so verbindet uns sicher auch nicht erst seit heute, daß wir schon lange um Veränderungen für einen effektiveren, angenehmeren und auch liebenswerten Sozialismus kämpfen.

Ihre letzte Sendung vom 26.10.1989 ist mir jedoch Anlaß zu einigen Gedanken. Ich bitte Sie folgende Aspekte zu prüfen:

1. Tendenziell wird in Ihren Beiträgen von guten, willigen und fleißigen Arbeitern und Bürgern ausgegangen, während Leiter in der Regel als Negativfiguren dastehen. Damit wir uns richtig verstehen, Korruption, bleibt Korruption, fehlende Sachkompetenz darf nicht sein. Ich glaube z. B., daß der Leiter des Wohnungsbaubetriebes Bergen aus Takt (sicher falschem) geschwiegen hat.

Ich weiß aus eigener Tätigkeit, wie kompliziert es manchmal ist, die einfachsten Dinge zu regeln. Ca. 40 – 50 % meiner Arbeitszeit muß ich für die simpelsten materiellen Dinge aufwenden. So geht es den meisten Leitern. Bitte in Ihren Sendungen differenzierter werten und tiefer auf tatsächliche, Ursachen eingehen. Sie bleiben mir oft noch bei Erscheinungen stehen.

Eine Frage: Ist es attraktiv für junge, fachlich qualifizierte Kader Leiter zu sein? (Heute muß ich, wohl schon fragen: War es?)

2. Ich habe Ihre Sendung immer so verstanden, daß es um Erschließung von materiellen, geistigen und auch moralischen Reserven in unserer Gesellschaft geht. Bisher stand fast nur die »unterste« Ebene zur Disposition. – Bitte künftig jeder!

Wendet Euch bitte auch den riesengroßen Möglichkeiten von Reserven zu, nur einige Stichpunkte:

– Staatsjagd,

– Was sind alles LVO Maßnahmen,

– Wer kauft für unser Geld westliche Konsumgüter ein,

Sicher ist es nicht möglich, alles komplex in einem Brief darzulegen, daß ist bei den vielen Diskussionen auch nicht nötig.

Mit freundlichem Gruß

BERICHTETEN AUCH WAHRHEITSGETREU

Hans L. • Berlin, den 21. Dezember 1989

Werte Redaktion!

Mit Interesse und gleichzeitiger Betroffenheit habe ich heute Ihre Sendung gesehen. Mit den letzten Worten der Moderatorin »mit welcher Herzlosigkeit in unserem Land umgegangen wird« habe ich mich entschlossen, zu schreiben. Ich war 25 Jahre Angehöriger des MfS. Mir geht es insgesamt um die derzeitige Kadersituation in der DDR.

Mit dem Ruf STASI IN DIE PRODUKTION wurde die erste Wende zur Erneuerung eingeleitet. Die zweite für uns schmerzlichere Wende war der Auftritt unseres ehemaligen Ministers in der Volkskammer, der alle Leute liebte. Die dritte Wende war die Übernahme seines Nachfolgers mit zwei leeren Panzerschränken.

Im Gegensatz dazu stellten sich die einfachen Mitarbeiter des MfS unter fast allen Bedingungen den Aufgaben zur Sicherung der Volkswirtschaft und zur Stärkung unserer Republik.

Sie lebten in der Lage und berichteten auch wahrheitsgetreu. Auch wenn diese Fakten heute keiner mehr hören will.

Ihre Redaktion macht sich in der Dezembersendung Sorgen um 500 Werktätige der Elektroindustrie, die in ihren Berufen zu anderen Tarifen und möglicher Alternativen zur Berufswahl und Umschulung weiterarbeiten sollen und können. Gewerkschaftliche Rechte und individuelle Interessen sind in Gefahr und werden berechtigter Weise eingeklagt.

Doch ich bitte Sie, auf diesem Gebiet die Situation unserer ehemaligen Mitarbeiter und -innen zu beleuchten.

40.000 ehemalige Mitarbeiter in den Bezirksverwaltungen und 30.000 im Ministerium in Berlin (diese Zahlen sind bisher geheim) müssen falsche Sicherheitsdoktrin der ehemaligen Staats- und Parteiführung ausbaden. Ein Großteil dieser Mitarbeiter stellt sich auch dieser Aufgabe und will in die Produktion. Nur leider will sie niemand haben!

Es stimmt mich traurig, wenn Diplomjuristen – Einrichter, Diplomkriminalisten – Busfahrer und operativ-wissenschaftliche Spezialisten – Hausmeister werden. 40 entlassene Generale im arbeitsfähigen Alter sitzen seit November 89 zu Hause und bekommen keine Arbeit.

Viele Betriebe lehnen Angehörige des MfS und der SED einfach ab und vermitteln keine Stellen. Die noch nicht arbeitsfähigen territorialen Eingliederungskommissionen vermitteln Haftentlassene und ehemalige Angehörige des Staatsapparates mit wechselnder Sympathie. Beide sitzen im Vorzimmer auf einer Bank und hoffen auf Arbeit. Der Haftentlassene beruft sich auf das Wiedereingliederungsgesetz, der ehemalige Mitarbeiter des MfS hat nichts. (D.h. Bestimmungen der NVA werden mit einem Lächeln für das MfS beiseite geschoben)

Das MfS besitzt nicht einmal gewerkschaftliche Rechte und das AGB zählt beim Militär nichts. Umschulungsprogramme des ehemaligen Brötchengebers MINISTERRAT der DDR gibt es nicht.

Auch ist das ehemalige MfS seit 8 Wochen in keiner Weise mehr arbeitsfähig. Wir verschleudern nicht nur Volksvermögen und Bildungspotenzen, sondern ohnmächtig sehen die Genossen zu, wie sich faschistische Gruppierungen formieren und reiche Spekulanten schnell noch reicher werden.

Verbitterung über den entgegengehenden Ruin der DDR und die eigene Behandlung als Abschaum der Nation macht sich bei den ehemaligen Mitarbeitern des MfS bereit. Doch dafür werden die Genossen mit 4000,- Mark Übergangsgeld auf die Straße gesetzt und bilden die ersten Arbeitslosen der DDR (vielleicht auch Verräter oder Rechtsradikle?).

Diese Situation müßte im Fernsehen vorgeführt werden. Über die Pressestelle des ehemaligen MfS (59 22222) oder den Kaderchef, Generalleutnant Kohl (59 26901) ist hier mehr zu erfahren.

Ich hoffe, daß sich unser Fernsehen dieser Aufgabe stellt!

Aus guten Gründen bitte ich meine Anonymität zu Akzeptieren.

SOO VIEL GELD

Elisabeth Eisenmann • Seifhennersdorf 28. April 1990

Möchte gleich um Entschuldigung bitten!

An das Kollektiv von »Prisma«.

Ihre Sendung war ja wieder hochinteressant! Aber es gibt ja so viele Sachen! die haarsträubenden Verbrechen von der gemeinen »Obrigkeit«! Jetzt sollen diese gemeinen Verbrecher, die nicht einmal gefragt haben, wie es den Kleinen Volk u. den Kindern geht, so viel Renten kriegen!! Habe diese Schufte uns nicht schon genügend beschissen?! Die sollen mal mit 350-400 M leben, wie so viele leben mußten! Wieso brauchen die denn soo viel mehr? Haben die noch nicht genügend verbraucht? So steht in der Zeitung: Soo ein Geld!

Milke: 8750, Honnecker: 5000, Seine Frau: 3850, Stopf: 6850, Sindermann: 4850, Axen: 1850, Hager: 3950, Marcus Wolf: 4500, Keßler: 6850 = Bald 50 000 ! Für 10 Mann soo viel Renten?! Soll das so bleiben?! Es kann doch nicht wahr sein! Daß ist ja ein Wahnsinn! 46350M!!

"An das Kollektiv von Prisma"

Ihre Sendung war ja wieder hochinteressant! Aber es gibt
ja so viele Sachen! Die haarsträubensten Verbrechen von der
gemeinen "Obrigkeit"! Jetzt sollen diese gemeinen Verbrechen, die
nicht einmal gefragt haben, wie es dem kleinen Volk u. den Kindern geht,
so viel Rente kriegen?! Haben diese Schufte uns nicht schon genügend
beschissen?!. Die sollen mal mit 350-400 Me leben, wie so welt ле-
ben müssen! Wieso brauchen die denn 500 viel mehr? Haben die noch
nicht genügend verbrecht! So steht in der Zeitung: Soo ein Geld!

Mielke:8850   463 Stck.! Wieviele Menschen zusammen müssen
Honecker:5000   denn von dem, von dem Betrage leben wie viele Kinder
Seine Frau:2850 Das kann doch nicht wahr sein, daß Die sowenig
Stoph: 6850   500 viel Geld in die Gurgel geschmissen kriegen?!
Sindermann:4850 Dazu die vielen WN! Die um auch schon 40 J.
Axen: 1850 Dollar so viel Geld gekriegt haben! Und überall hin fahren
Hager:3950   können, umsonst! Mit Begleit.Person! Wenn sie die
Mückenwolf:4500   auch nicht brauchten!! Ich habe gleich zu Anfang
Keßler 6850   mit Einschreiben, an Hans Modrow geschrieben, ein
Das ist ja ein Witz, Sinn! paar Tage später wurde er erst Ministerpräsid,
Darf ich Ihnen meinen Ge-   ob die das wohl so viele, fahren um noch viel!
schicke erzählen? Also: oder ob Die um endlich auch mal genügend kürzt
                            Die Villen von der Stasi, die Villen von U. haben
Mein Kind wurde mit doppelseitiger Hüftgelenkverrenkung zu der Armee!
bohren, war alleinstehend mit noch einer 15j. Tochter, die da viel mithelfen um
sie. Ich mußte Heimarbeit machen, denn es war ein besonderer Pflegefall, u ich
wollte mich bemühen, daß mein Kind als junges Mädchen auch mal richtig laufen
könnte! Es war ein Schock für mich, denn ich hatte im Betrieb eine 2.J. Kollegin
neben mir, die so von einer Seite auf die andere Schwenkte! Also mein Arbeitszeit
ging von 7 1/2 bis nachts um 1! Bis 1/2 11 hat die große alte Tage, Nächte, bis 1/2 11
mit Handschuh umgedreht, u. dann, früh in der Schule geschlafen! Ein Lehrer hat
ihr Matte Nachträge gegeben, in allen anderen hatte sie 1, sie wurde Jg. OK.
Mit viel Fleiß, konnte aber erst mit 24 studieren, von jeder Vater bekam ich 30%
vom Staat 2×20! Für 5 Monate! Bekam ich nicht mal den Hausrat! Weil ich zu
wenig verdiente! Bis ich den Kinderarzt sagte, der ist bald explodiert!

372

Die VVN haben zur gleichen Zeit 2000 /o erhalten! ~~wem/woher?~~
~~Bekommen die das viele Geld weiter??~~ Da könnte Sie mal was
soll??

Ich, mit 3 J hatte mein Kind alle Kinderkrankheiten, 2 od 3W. gearbeitet
wieder paar Wochen krank! Wie? haben wir da gelebt! Ich habe jedesmal
gekündigt, wenn ich wieder 20 M weghatte, weil ich nicht wußte, wie es weitergehn
sollte! Das Kind war 26 Wochen krank, 26! Tage! Krankengeld! Für 5
Monate habe ich nicht 1 Pfennig! bekommen! Und die Verbrecher haben
so viele Millionen, verprasst!! Fürchterlich! Und jetzt können die noch
so fürstlich weiterleben! – Eines Tages, vor ¾ J wurde ich aufs Rathaus
bestellt u. bekam 100 M! Lächerlich, wollt ich nicht nehmen, das war die
Antwort auf mein Einschreiben an Herrn Modro! Vom Rathaus, stellv. Bürgermeisterin, sehr zugeredet, ich sollte nehmen, so was war bald entwürdigend.

– Ich möchte noch etwas ansprechen. Vor vielleicht ⅚ J. stand mal in
der Zeitung, daß nicht genügend Zeitungspapier abgeliefert würde, ero
Und jetzt gibts bloß noch so ein paar Pfennige dafür, daß die Leute lieber
das Papier in den Ofen stecken, so stands schon paar Mal in d. Zeitung
Und die Kosten stark Zulo jetzt 10! M Prozeßen Anzeigen, Anzeigen
ohne Ende! Mindestens 3 x an der Zeitung! Das ist doch auch so
verrückt, die war sonst ½ so dick, u. so wärs auch jetzt noch, da steht
ja auch, alles drin! Wer braucht 500 viel Anzeigen Und 500 viel
Geld dafür ausgeben?! Und wie steht es mit den vielen Bäumen
die dazu abgeholzt werden müssen?? Wo schon so viele Bäume ab
sterben wegen der Luftverschmutzung! Nun noch so viel Rauch aus
den Schornsteinen der nicht sein müßte, u. alles andre muß ab Holz
werden! Gibt es in 10 Jahren noch irgendwo Wald? Noch 1 Baum,
der ja eigentlich die Luft verbessern sollte? Und dazu noch Erosion
verhindern sollte! Ich glaube in 20 J. ist bestimmt nichts mehr
davon übrig! Bitte verzeihen Sie, das rein geschrieben aber Sie
werden verstehen, daß ich alles in Aufregung geschrieben habe!

Freundliche Grüße!

Was soll mit den vielen
andren Sero Kltstoff werden?
Sollen sich die Abfall Haufen   Seiffenerdorf
in den Wäldern zu Bergen türmen?   8812
Vor Jahren hatte mir der Sero Händler gesagt
das er wegens Glas zertrümmerung, daß
man es nach dem Westen liefern, das alles
wird nicht mehr gebraucht?? Auch ein Thema für Sie?

Wie viele Menschen zusammen müssen denn von den von den Betrage leben, wie viele Hundert. Das kann doch nicht wahr sein, daß Die sorte noch soo viel Geld in die Gurgel geschmissen kriegen!! Dazu die vielen VVN! Die nun auch schon 40 J! so viel Geld gekriegt haben! Und überall hin fahren konnten, umsonst! Mit Begleit-Person! Wenn se die auch nicht brauchten!! Ich habe gleich zu Anfang mit Einschreiben, an Hans Modro geschrieben, ein paar Tage später wurde er erst Minister Präsid. ob die das nach soo vielen Jahren auch noch beko? oder ob Die nun endlich auch mal genügend gekrieg haben? Die Vielen von der Stasi, die vielen von der Armee!

Darf ich Ihnen meine Geschichte erzählen? Also: Mein Kind wurde mit doppelseitiger Hüftgelenkverrenkung geboren, war alleinstehend, mit noch einer 15j. Tochter, die da viel mithelfen mußte Ich mußte Heimarbeit machen, denn es war ein besonderer Pflegefall und ich wollte mich bemühen, daß mein Kind als junges Mädchen auch mal richtig laufen könnte! Es war ein Schock für mich, denn ich hatte im Betrieb eine 24j. Kollegin neben mir, die so von einer Seite auf die andere schwankte! Also mein Arbeitstag ging von ½ 5 bis nachts um 1! Bis ½ 11 hat die große alle Tage, Nächte! bis ½ 11 mit Handschuh umgedreht, u. dann früh in der Schule geschlafen. Ein Lehrer hat ihr Mathe Nachhilfe gegeben, in allen anderen hatte sie 1. Sie wurde Ing. ÖK: Mit viel Fleiß, konnte aber erst mit 24 studieren, von jeden Vater bekam ich 30! M von Staat 2x20! Für 5 Monate! bekam ich nicht mal den Haustag bezahlt! Weil ich zu wenig verdiente! Bis ich es den Kinderarzt sagte, der ist bald Explodiert!

Die VVN haben zur gleichen Zeit 2000 M erhalten! Bekommen die das viele Geld weiter?? Da könnte sie mal was dran drehen!?

Also, mit 3J. hatte mein Kind alle Kinderkrankheiten, 2 od 3 W. gearbeitet wieder paar Wochen krank! Wie! haben wir da gelebt? Ich habe jedesmal geheult, wenn ich wieder 20M weg hatte, weil ich nicht wußte, wie es weiter gehen sollte! Das Kind war 26 Wochen krank, 26! Tage! Krankengeld! Für 5 Monate habe ich nicht 1 Pfennig! bekommen! Und die Verbrecher haben so viele Millionen verpraßt!! Fürchterlich! Und jetzt können die noch so fürstlich weiterleben! – Eines Tages, vorm ¼ J. wurde ich aufs Rathaus bestellt und bekam 100 M! Lächerlich, wollt ich nicht nehmen, daß war die Antwort auf mein Einschreiben an Hans Modro! Vom Rathaus stellv. Bürgermeisterin sehr zugeredet ich solls nehmen, so was war bald entwürdigent.

Ich möchte noch etwas ansprechen. Vor vielleicht ½ J. stand mal in der Zeitung, daß nicht genügend ZeitungsPapier abgeliefert würde, Sero Und jetzt gibts blos noch so ein paar Pfennige dafür, daß die Leute lieber das Papier in den Ofen stecken, so stands schon paar Mal in d. Zeitung Und die kostet statt 3M jetzt 10M! Anoncen, Anzeigen, Anzeigen ohne Ende! Mindestens ¾ von der Zeitung! Das ist doch auch so verrückt, die war sonst ½ so dick, u. so wärs auch jetzt noch, da steht ja auch alles drin. Wer braucht soo viel Anzeigen! Und soo viel Geld dafür ausgeben?! Und nie steht es mit den vielen Bäumen die dazu abgeholzt werden müssen?? Wo schon so viele Bäume absterben wegen der Luftverschmutzung ! Nun noch soviel Rauch aus den Schornsteinen der nicht sein müßte u. alles andere muß abgeholzt werden! Gibt es in 10 Jahren noch irgendwo Wald? Noch 1 Baum der ja eigentlich die Luft verbessern sollte? Und dazu noch Erossion verhindern sollte! Ich glaube ich 20 J. ist bestimmt nichts mehr davon übrig! Bitte verzeihen Sie, das rein geschrieben, aber Sie werden verstehen, daß ich alles in Aufregung geschrieben habe.

Freundliche Grüße!

Was soll mit den vielen anderen Sero Altstoff werden? Sollen sich die Abfall Haufen in den Wäldern zu Bergen türmen? Vor Jahren hatte mir der Sero Händler gesagt daß er Waggons Glas zertrümmer muß, daß muß er nach den Westen liefern, das alles wird nicht mehr gebraucht?? Auch ein Thema für Sie?

Die SPIEGEL-Titelbilder 1947–1999

Herausgegeben von
Hans-Dieter Schütt und Oliver Schwarzkopf

Mit einem Vorwort
von Rudolf Augstein

Schwarzkopf & Schwarzkopf

DER SPIEGEL hat in unverwechselbarer Weise Zeitgeschehen kritisch begleitet, hat in beispielgebender Manier politische Aufklärung betrieben und in diesem Zusammenhang den journalistischen Begriff der Titel-Geschichte zu einem Markenzeichen erhoben.

Hans-Dieter Schütt und Oliver Schwarzkopf
DIE SPIEGEL-TITELBILDER 1947 – 1999
Mit einem Vorwort von Rudolf Augstein
und einem Interview mit Stefan Aust
ca. 480 Seiten, etwa 3000 farbige Abbildungen
ISBN 3-89602-326-8, Großformat 22 x 25 cm, gebunden
mit Schutzumschlag, Ca. 68,00 DM • 496 öS • 64,00 sFr

Titelbilder erinnern und dokumentieren Kulturgeschichte. In einer Zeit der medialen Überreizungen und des überbordenden Printmedien-Marktes erzählen SPIEGEL-Titel so vor allem die Geschichte einer großen Unbeirrbarkeit und eines wertkonsequenten Selbstbewußtseins: Trotz rasender Zeit, trotz wechselnder ästhetischer Moden und wachsenden Erfolgsdrucks ist dieses Magazin sich und seinen Lesern stets treu geblieben: Die Titel folgen einer ebenso sicheren wie flexiblen Auffassung von Blickfang, Konzentration und Metaphorik, und so sind diese etwa 3000 Abbildungen im wahrsten Sinne des Wortes auch eine Geschichte prägender bildkünstlerischer Gestaltung im Journalismus.

Rudolf Augstein, Gründer und langjähriger Herausgeber des SPIEGEL, Nestor des deutschen investigativen Journalismus und der unbestechlich-streitbaren Publizistik, schrieb das Vorwort. Das Buch enthält zudem ein ausführliches Interview Hans-Dieter Schütts mit Stefan Aust, dem Chefredakteur des Nachrichten-Magazins, und ein Gespräch mit dem langjährigen Leiter der SPIEGEL-Titelbildredaktion, Thomas Bonnie.

Frühjahr und Sommer 2000

Frank Schäfer

KULTBÜCHER

Von »Schatzinsel« bis »Pooh's Corner« — eine Auswahl

Mit Gastbeiträgen von Hartmut El Kurdi, Gerald Fricke, Jürgen Roth und Michael Ridolfi

Schwarzkopf & Schwarzkopf

G O T H I C !

MARCEL FEIGE

DEEP IN TECHNO
DIE GANZE GESCHICHTE DES MOVEMENTS

SCHWARZKOPF & SCHWARZKOPF

Keine Macht für Niemand

Die Geschichte der TON STEINE SCHERBEN, erzählt von Kai Sichtermann, dem Bassisten der Band.

Mitarbeit: Jens Johler und Christian Stahl   Schwarzkopf & Schwarzkopf Verlag

Messe-
männchen
und
Minol-Pirol

Werbung in der DDR

Von Simone Tippach-Schneider

Schwarzkopf & Schwarzkopf Verlag

ROGER MELIS

London zu Fuß

FOTOGRAFIEN

Mit einem Vorwort von Marlies Menge und einem
Gespräch von Hans-Dieter Schütt mit Roger Melis

Schwarzkopf & Schwarzkopf

SCHWARZKOPF & SCHWARZKOPF

VERLAG · BERLIN

Die DDR-Themen

ABI	Arbeiter- und Bauern-Inspektion
ABV	Abschnittsbevollmächtigter der VP (heute KOB = Kontaktbereichsbeamter)
AGB	Arbeitsgesetzbuch
APO	Abteilungsparteiorganisation (SED)
AWG	Arbeiter-Wohnungsbau-Genossenschaft
BGL	Betriebsgewerkschaftsleitung
BHG	Bäuerliche Handelsgenossenschaft
BT	Betriebsteil
BVB	Berliner Verkehrsbetriebe
DPA	Deutscher Personalausweis
DSF	Gesellschaft für deutsch-sowjetische Freundschaft
GHG	Gärtnerische Handelsgenossenschaft
HGL	Hausgemeinschaftsleitung
HO	Staatliche Handelsorganisation
HOG	HO-Gaststätte
JT-Hotel	Jugend-Tourist-Hotel (Einrichtung der FDJ)
KWV	Kommunale Wohnungsverwaltung
Lager E/A	Lager für Erholung und Ausbildung (Mischung aus Ferienlager und bezahltem Arbeitseinsatz für Schüler, Lehrlinge und Studenten organisiert)
LO	Benzinbetriebener Lastkraftwagen aus DDR-Produktion
LPG (P)	Landwirtschaftliche Produktionsgenossenschaft, Pflanzenproduktion
LPG (T)	Landwirtschaftliche Produktionsgenossenschaft. Tierproduktion
ÖVW	Öffentliche Versorgungswirtschaft
OPO	Ortsparteiorganisation (SED)
PGH	Produktionsgenossenschaft des Handwerks
RKV	Rahmenkollektivvertrag (wurde zwischen Gewerkschaften und Betriebsleitung vereinbart und enthielt Regelungen über soziale und kulturelle Aktivitäten)
SERO	Sekundärrohstofferfassung
TGL	Technische Gütelehre (war anstelle der Deutschen Industrienorm – DIN gebräuchlich)
TKO	Technische Kontrollorganisation
VdK	Verband deutscher Konsumgenossenschaften
VK-Fonds	Zuteilungen von Vergaserkraftstoff
VP	Volkspolizei
WPO	Wohnparteiorganisation (SED)
WtB	Waren des täglichen Bedarfs
ZGB	Zivilgesetzbuch

Ina Merkel, Jahrgang 1957, studierte Kultur- und Theaterwissenschaften in Berlin. Arbeitet als Kulturhistorikerin und Ausstellungsgestalterin (z.B. 1996: »Wunderwirtschaft. DDR-Konsumkultur in den 60er Jahren«). Ihre Forschungsschwerpunkte sind Geschlechterverhältnisse, Konsumgeschichte und Medienkultur.

IMPRESSUM
Ina Merkel (Herausgeberin)
Wir sind doch nicht die Meckerecke der Nation. Briefe an das Fernsehen der DDR
Stark erweiterte Neuausgabe
Mit einer Einführung von Ina Merkel und Felix Mühlberg
Ein Schwarzkopf-Paperback.
ISBN 3-89602-337-3
Abbildungen: Arne Mantay
(2, Innenansichten einer Küche);
Bernd Nickel
(2, Prisma-Team auf einer Baustelle),
Klaus Winkler
(1, Innenansicht eines Schuhsalons)
© bei Schwarzkopf & Schwarzkopf Verlag GmbH, Berlin 2000

KATALOG
Wir senden Ihnen gern
unseren kostenlosen Katalog.
Schwarzkopf & Schwarzkopf Verlag GmbH /
Abt. Service
Kastanienallee 32, 10435 Berlin.
Service-Telefon: 030 – 44 11 778.
Service-Fax: 030 – 44 11 783

INTERNET
Ausführliche Informationen
zum Verlagsprogramm
finden Sie im Internet.
www.lexxxikon.de
www.schwarzkopf-schwarzkopf.de